中国近代人物日记丛书

中华书局编辑部 编 童 杨 校订

孙寶瑄日記

上册

中华书局

图书在版编目(CIP)数据

孙宝瑄日记/中华书局编辑部编;童杨校订.—北京:中华书局,2015.8(2019.11重印)
(中国近代人物日记丛书)
ISBN 978-7-101-10994-8

Ⅰ.孙… Ⅱ.①中…②童… Ⅲ.孙宝瑄(1874～1924)-日记 Ⅳ.K827=6

中国版本图书馆 CIP 数据核字(2015)第 116345 号

书　　名	孙宝瑄日记(全三册)
编　　者	中华书局编辑部
校订者	童　杨
丛 书 名	中国近代人物日记丛书
责任编辑	张玉亮
出版发行	中华书局
	(北京市丰台区太平桥西里 38 号　100073)
	http://www.zhbc.com.cn
	E-mail:zhbc@zhbc.com.cn
印　　刷	北京瑞古冠中印刷厂
版　　次	2015 年 8 月北京第 1 版
	2019 年 11 月北京第 2 次印刷
规　　格	开本/850×1168 毫米　1/32
	印张 50　插页 10　字数 1200 千字
印　　数	2001-3000 册
国际书号	ISBN 978-7-101-10994-8
定　　价	148.00 元

孙宝瑄像

与梁启超、谭嗣同等人合影,后排左三为孙宝瑄
(见日记光绪二十三年三月二十八日)

二月強學書局封而復開:

「二月初一日大兄來書言強學書局設於京師者封而復開封者以去歲楊崔伯奏也其開者封而復開封者以去歲楊崔伯奏也其開以胡公度奏也余兄聞京局封禁憤懣累日寫諸伯約令其上書力爭伯約奏稿成自以在局中引嫌授胡君上之竟獲允準且許推廣中國幸事」

《日益斋日记》摘抄（一）

六月初二先生抱微恙孫仲愚來訪談六統之說

"六月初二日至時務報館梁卓如抱微恙與談六統之說卓如堅不謂然守師說也……初九晡訪藝仙旋至時務報館繼談六統之說夜歸……二十日莫至時務報館堅仲穗卿於是晚登輪北行卓如約飲萬年春夜獨與堅仲至味蒓園談至夜深旋車至報館堅仲登舟余歸……二十九日晡至報館見時務報第一冊"

……摘抄日益齋日記

《日益齋日記》摘抄 (二)

梧竹山房日記

癸巳十一月初二日晨陰日中晴暑短極俊忽已昏暮晏起讀左傳晡閱明紀夕讀謝希逸月賦觀郭景純遊仙詩太冲招隱詩及謝康樂諸紀遊詩

初三日晨微陰俄晴余具衣冠往謁房師戴少懷師為今科薦卷受知者既見歸吳修兄徐博泉適來寓末去溫左傳晡閱明紀兼閱明史徐達李文忠胡美茹太素等傳夕讀月賦成誦閱顏延年應詔觀湖北回收詩至劉公幹贈從弟詩是晚風甚毒

初四日晴起聞僕人言市將刑人其一男子感婦言忤母母服毒死斬決其一婦人與叔通殺其夫凌遲余聞而慘然俄陸晃僑過坐未久去讀至崔杼弒子之死不葉掉日中陰晡日光微透復晦觀明紀兼閱明史李善長陸仲亨費聚等傳夕讀孔德璋北山移文詞旨清朗文采明麗觀陳恩王贈徐幹等詩

辛也其始大院君專政頗憋餁紀綱既弛捐清明之法無何閔妃煽其黨與李大院君之搆隙是賣官鬻爵賄賂公行國民嗟怨朝鮮省軍籍世襲之人如我國八旗兵丁者食王家之餉矣自閔妃秉權不發餉者數月軍籍人啣之虜大院君入宮討閔妃彰治其黨大院君為人也直而昧闇之命焉建忠往毀日本使館日人悠恃闖罪我國此淋大建忠受之謀大院君來見却以歸時吳壯武公引兵至朝鮮建忠謂公曰凡作亂者皆叛民也拏獲公受其戮乃畫居軍籍民朝鮮人自是莫不怨支那顋日本
燕公又云甲午之役朝鮮無能謂東學黨其事為袁王凱昕煽送兩國固之釀戰禍卒於割地賠款使支那受重厚損兄氣書云惟士興戎可不慎哉勸袁士凱之繼吳壯武鎭朝鮮也顧

日记中关于朝鲜政变之记述（见光绪二十七年正月十六日）

日记中所录《铁道臆说》之修改笔迹（见光绪三十三年十月十一日）

孙宝瑄书札

《中国近代人物日记丛书》出版说明

编辑出版《中国近代人物日记丛书》，旨在为学术界提供完备、可靠的基本资料。

日记体裁的特殊性，使其具有其他种类文献所不具备的史料价值。日记中的资料，有的为通行文献所不载，有的可与通行文献相互印证、补充，有的可以订正通行文献中的讹误。中国近代许多著名的历史人物都留有非常丰富的日记，较为著名的有晚清四大日记翁同龢《翁文恭公日记》、李慈铭《越缦堂日记》、王闿运《湘绮楼日记》、叶昌炽《缘督庐日记》等，都是具有较高史料价值、经常被学者征引的重要文献。

然而许多日记文献藏于图书馆、博物馆、研究机构或个人手中，学者访求不便。为此，系统发掘整理这类文献，是一项很有意义的工作。中华书局于二十世纪七十年代开始策划《中国近代人物日记丛书》，出版了多个品种，受到学术界的重视与好评，《翁同龢日记》、《郑孝胥日记》等至今仍是引用率较高的近代日记整理本。

新世纪以来，我们继承这一传统，加大近代人物日记的出版力度，试图通过进一步完善整理体例、新编更便利使用的索引、搜集更完备的附录资料等方式，使这套丛书发挥更大的作用，继续为学术研究贡献力量。

编好这套丛书，一定会遇到不少困难，但我们相信，在学术界、文博界和公私收藏机构与个人的大力支持下,这套有着悠久历史的基本文献丛书将会有更多更完备、精良的品种问世并传世。

中华书局编辑部

目 录

前 言 ………………………………………………………… 1
序 ……………………………………………………………… 1

光绪十九年癸巳(1893年) ………………………………… 1
十一月 …………………………………………………… 1
十二月 …………………………………………………… 12

光绪二十年甲午(1894年) ………………………………… 23
正月丙寅 ………………………………………………… 23
二月丁卯 ………………………………………………… 41
三 月 …………………………………………………… 51
四 月 …………………………………………………… 55
五 月 …………………………………………………… 59
十一月 …………………………………………………… 62
十二月 …………………………………………………… 64

光绪二十三年丁酉(1897年) ……………………………… 75
正月壬寅 ………………………………………………… 75
二月癸卯 ………………………………………………… 84
三月甲辰 ………………………………………………… 94
四月乙巳 ………………………………………………… 104
五月丙午 ………………………………………………… 112
六月丁未 ………………………………………………… 124

七月戊申 …………………………………………… 134

　八月己酉 …………………………………………… 142

　九月庚戌 …………………………………………… 148

　十月辛亥 …………………………………………… 155

　十一月壬子 ………………………………………… 162

　十二月癸丑 ………………………………………… 171

光绪二十四年戊戌(1898年) ……………………… 180

　正月甲寅 …………………………………………… 180

　二　月 ……………………………………………… 191

　三　月 ……………………………………………… 203

　闰三月 ……………………………………………… 211

　四　月 ……………………………………………… 223

　五　月 ……………………………………………… 233

　六　月 ……………………………………………… 255

　七　月 ……………………………………………… 265

　八　月 ……………………………………………… 278

　九　月 ……………………………………………… 288

　十　月 ……………………………………………… 297

　十一月 ……………………………………………… 304

　十二月 ……………………………………………… 315

光绪二十七年辛丑(1901年) ……………………… 326

　正　月 ……………………………………………… 326

　二　月 ……………………………………………… 341

　三　月 ……………………………………………… 354

　四　月 ……………………………………………… 368

五　月	383
六　月	396
七　月	409
八　月	423
九　月	437
十　月	453
十一月	469
十二月	485

光绪二十八年壬寅(1902年) …… 503

正　月	503
二　月	518
三　月	534
四　月	552
五　月	566
六　月	578
七　月	592
八　月	605
九　月	620
十　月	631
十一月	644
十二月	657

光绪二十九年癸卯(1903年) …… 678

正　月	678
二　月	692
三　月	706

四　月	720
五　月	737
闰五月	750
六　月	762
七　月	777
八　月	789
九　月	799
十　月	816
十一月	843
十二月	858

光绪三十二年丙午（1906年） …… 871

正　月	871
二　月	886
三　月	900
四　月	914
闰四月	931
五　月	943
六　月	956
七　月	970
八　月	984
九　月	997
十　月	1006
十一月	1015
十二月	1029

目 录

光绪三十三年丁未(1907年) …………………………………… 1047
 正　月 ………………………………………………………… 1047
 二　月 ………………………………………………………… 1064
 三　月 ………………………………………………………… 1079
 四　月 ………………………………………………………… 1092
 五　月 ………………………………………………………… 1105
 六　月 ………………………………………………………… 1119
 七　月 ………………………………………………………… 1130
 八　月 ………………………………………………………… 1144
 九　月 ………………………………………………………… 1153
 十　月 ………………………………………………………… 1168
 十一月 ………………………………………………………… 1186
 十二月 ………………………………………………………… 1200

光绪三十四年戊申(1908年) …………………………………… 1212
 正　月 ………………………………………………………… 1212
 二　月 ………………………………………………………… 1226
 三　月 ………………………………………………………… 1238
 四　月 ………………………………………………………… 1253
 五　月 ………………………………………………………… 1271
 六　月 ………………………………………………………… 1288
 七　月 ………………………………………………………… 1301
 八　月 ………………………………………………………… 1314
 九　月 ………………………………………………………… 1327
 十　月 ………………………………………………………… 1340
 十一月 ………………………………………………………… 1353

十二月 …… 1367
附录一　日益斋日记摘抄 …… 1377
  光绪二十一年 …… 1377
  光绪二十二年 …… 1377
  光绪二十三年 …… 1380
  光绪二十五年 …… 1381
  光绪二十六年 …… 1382
附录二　刘厚生跋 …… 1386
人名索引 …… 1389
书名篇名索引 …… 1491

前　言

孙宝瑄，一名渐，字仲玙（一作仲愚或仲瑜），浙江钱塘人。生于清同治十三年（1874），卒于民国十三年（1924）。其父诒经，曾任光绪朝户部左侍郎；兄宝琦曾任清廷驻法、德公使暨顺天府尹，入民国后一度任北洋政府内阁总理；其妻父李瀚章，即李鸿章之兄，任清两广总督。

宝瑄可谓典型的"官二代"。然而这种得天独厚的背景却未能使他在仕途上走得更远。宝瑄于晚清以荫生得分部主事，继得保补员外郎，历工部、邮传部及大理院，民国初任宁波海关监督。这恐怕与其本人性格有关，在日记中他曾自道心声："丰衣厚食，拥书册，享安乐，傲逸自得，恐一获科名，反不能如初也。"或许正是如此，他能够有充足的时间和精力做两件事，交游与读书。

孙氏结交多一时名流，其中不乏李鸿章、袁世凯这样的权力核心人物，但他最喜结交的，还是可以朝夕论学、相互砥砺的学人，如章太炎、梁启超、谭嗣同、汪康年、夏曾佑、严复、张元济等，或讨论时政，或切磋学问，其乐何如。

孙宝瑄笃志向学，读书甚勤，凡有所得必录于日记。从现存日记可以窥见，其所寓目者囊括四部，旁及释道，并重西学，无所不窥。他生活在新旧之交，西方思想的活跃因子与传统文化的基础产生碰撞、融合、分梳、重构，使孙宝瑄目不暇接，兴奋不已，每每在日记中详述己见，举凡历代典章、政制得失、哲学流变、宗教传播乃至科学论题,皆有独到见解。特别是政治制度和学术思想,他在日记中多次论述旧制度的腐朽,以设报馆、立学校、开议院为具体措施,提出开民智、兴民学、扶民权的主张,反映出那一代传统知识分子在面临新旧之交时所做的探索和抉择。

日记对当时发生的重大历史事件,如中日甲午战争、列强瓜分狂潮、戊戌变法、辛丑议和等,皆有记录;对于生活环境、社会新闻、地方风物,也有具体而微的详细记载。所有这些,无不是研究近现代政治史、思想史、社会史、生活史的难得资料。

孙氏日记虽不及"晚清四大日记"那样有名,但在学界也可谓影响深远了。早在1983年,其《忘山庐日记》便已整理刊行,学术界对孙氏日记的研读也形成了一个高潮。在中国知网上搜索,以孙宝瑄在晚清民初的有限声名和影响,关于他的论文竟多达几十篇,不能不说是拜上海古籍出版社《忘山庐日记》整理本刊行所赐。然而成也萧何败萧何,孙氏日记因上古本而得到学人重视,但也因此而被误会,认为孙宝瑄之日记,即是《忘山庐日记》。实则不然。

上古本之前言中云,《忘山庐日记》今仅存"过录本",现藏上海图书馆,具体为:癸巳、甲午合一册,丁酉、戊戌、辛丑、壬寅、癸卯、丙午、丁未、戊申各一册,该书即根据此本标点整理而成。

应该感谢《续修四库全书》将此"过录本"影印收入,使得我们有机会见到这个本子的原貌。通过研读,以下两点似乎值得注意。

一是关于"过录本"之说。影印本笔迹多有不同,这似乎验证了上古本前言提出的"过录"之说。但是细绎笔迹却不难发现,其中时或出现修改,这种修改不同于日记文献常见的校改(多因日记主人借给友人阅读以交流心得、借阅者就某内容进行校正,或日记摘抄、誊抄后校订笔误、讹字),而是关于文句措词的斟酌润色。如丁未年(光绪三十三年,1907)十月十一日始录于日记的《铁道臆说》长文,其中有不少涂抹修改,且多为遣词造句之润色。一般来说,借阅者或抄录者不大可能会为原稿润色文笔,那么只有两个可能,若非是抄录时曾根据其他版本(如家藏文稿或他处发表之同篇文章)校录异文,则当系作者本人之修改。遗憾的是笔者见闻浅薄,孙宝瑄氏之笔迹见者甚少,加之书写者容或有书体字迹的变化,因此尚无法从笔迹上判断这部分是否为孙宝瑄氏手迹。谨备一说,俟诸高明。

二是关于文字差异。上古本与《续修四库》所影印之本有不少文字上的差异,这是此前未曾料到的。这种差异不限于混淆正文与夹注之字号、手书之误释,更有与内容乃至倾向相关者。其中最典型的是辛丑年(光绪二十七年,1901)正月十六、十七日日记,有关朝鲜政变的记述:

朝鲜国王幼主也　　影印本作:朝鲜国王庸主也
先入闵妃言　　　　影印本作:闵妃私馈黄金五万两,建忠
　　　　　　　　　　　　　　受之
皆叛民也　　　　　影印本作:皆叛民也,杀无赦
公受其言,遂命营官掩捕百五十馀人,平乱
　　　　　　　　　影印本作:公受其欺,乃尽屠军籍民,
　　　　　　　　　　　　　　朝鲜人自是莫不怨支那而
　　　　　　　　　　　　　　亲日本
尝受人私托　　　　影印本作:尝受人私贿

未知上古本何所据而改,这使得我们在使用时不得不慎重了。已刊的上古本《忘山庐日记》,既非孙氏日记原貌,也非现存

孙氏日记之全部。孙宝瑄的日记,还有一个名称:《日益斋日记》。而这个书名的出现,得益于另一个近代文化名人——梁启超。

　　罗志田先生说,中国近代史上,对同时代知识分子影响最大的有三个人,梁启超就是其中之一。任公逝世不久,即有家属、友人为其操持全集的刊行,于是有了后来由中华书局出版的皇皇四十册的《饮冰室合集》,其时距任公逝世已七年之久。同时还有一个项目,却过了若干个七年才得以付梓,那就是《梁任公先生年谱长编》。《长编》的出版始末,可参见各版前言及新近出版的《饮冰室合集》典藏版之附册《梁任公著作在中华书局出版始末》。引起笔者兴趣的是,孙宝瑄氏《日益斋日记》,就是多亏这部年谱长编得以保存吉光片羽的。

　　事情要从任公逝世的 1929 年说起。从《胡适来往书信选》中我们可以看到,那个时候,负责《长编》工作的丁文江,为收集任公书信和其他资料四处奔走,七、八月间曾连续致函胡适,其中一封提到:

　　　　我听见人说,孙慕韩的兄弟孙仲屿有很详细的日记,所以用思成的口气写了一封信给慕韩托菊生转交,请他借给我一看。(孙是李瀚章的女婿,和丁叔雅、陈伯严、谭复生齐名,当时所谓"四公子"也。)慕韩说,日记是有的,但是在杭州,等他写信去问。我知靠他写信不中用,又托余绍宋(樾园)就近在杭州想法子。今天接到他的信说,日记已借到了,但是甲午到庚子有八大册之多,孙家不肯邮寄。他就从头至尾看了一遍,把与任公有关系的记录抄了出来,寄了给我。就所抄的十几张看起来,的确是很重要的史料。譬如庚子年上海容闳、严又陵所组织的"国会",是一件很重要的事情,而《申报》上没有一个字的记载。我问过了当时与闻其事的人(如菊生、楚青)都不得要领,从孙的日记得了最详细、最忠实的叙述。余樾园说,这日记每天有几百字到几千字,关于学问的札记极多,有刊行的价值。但我曾向菊生提过,他说商务现状太坏,决计印不出来。所以我又想到你,不知道新月、亚东有没有法子想。请你想一想,给我一个回信。(1929年7月8日,见《书信选》上册页517—518)

在这封信前后,丁文江的信件中多次提到"好几封信给你,问你好几件事,都没有接着回信,甚为闷闷"(1929年7月3日),"我给了你好几封信,都没有接到回信"(1929年7月8日),"接到你无年月日的信,又看到你的字迹,心里很痛快,但是我前次问你最要紧的事,你全没有答复,恐怕这封信你竟没有收到罢"(1929年7月15日),看来此信或许是寄丢了。果然,丁氏在另一封信中言:

> 我想起遗失去的那封信,还有一件事。孙慕韩的老弟仲屿,有很详细的日记,庚子的一部分,我已经托余樾园抄来,是年谱(就是历史)的绝好材料。樾园说日记极有发表的价值,希望我在上海设法。孙是李瀚章的女婿,文忠极信任他。他能文章,谈时务,是当时"四公子"之一(四公子是丁叔雅、谭复生、陈伯严和孙)。你肯在《新月》上登载,然后印为单行本,孙家当可不要稿费(但是卷册极多,恐怕有八百万字)。余樾园住杭州法院路,你何妨直接问他一问。(1929年8月13日,见《书信选》上册页530)

想必前一封信果然是寄丢了。从《胡适书信集》中并没有见到回复丁文江此事的信件,翻看此信之后的《新月》杂志,也未见有关孙氏日记的内容(其实以《新月》这样的新文学刊物,实也无处安置这部日记)。第二封谈孙宝瑄日记的信件似乎也未得达,抑或面对这样一部篇幅巨大的日记胡适也难于措手。

既无后文,心有不甘,逆推前文之线索——余绍宋。翻检《余绍宋日记》,果有发现。己巳年(1929)的日记中,详细记载了余氏受人之托忠人之事的全过程:

五月初六日,新历六月十二日:访程仰坡不值,谒其尊甫紫缙先生,托其待觅孙仲屿日记遗稿,丁在君所属者,谓其中有涉于任公事实,将据以实年谱也……程紫缙丈来,复我日记稿已觅得,日内可送到。

初七日,新历六月十三日:作书复丁在君。

十六日,新历六月二十二日:程仰坡来谈……孙慕老有弟曰宝瑄号仲愚者,已故,当清季时,与丁叔雅、谭复生、陈伯严号称四公子者也。前烦紫缙丈往觅其遗孤,求借其日记稿,今日始送到。自甲午至庚子凡七册,其孤名用恒以书来,文义字体俱整洁,当亦佳子弟也。住浣纱西路七衖一号。阅其甲午、乙未两巨册,甲午年多及文词之学,偶及史事,皆在京师所作。至乙未居海上,思想大变。盖中东战后,一时士大夫咸感旧学之不可图存,故仲愚亦发愤研求新学,日记中除读子史外皆读译书之记载,其与任公辈交好亦在是年。所论俱涉偏激,甚至以孔子不如耶稣,以华盛顿贤于尧舜,而以中国历代政治皆不如泰西,其读史目的谓因不知西国政治之良,故只得读其反面之中国政治史,亦可谓奇谈矣。其中议论亦有警辟者,如谓天下人才有四等:第一等能集思广益、举两用中者,上之上者也;其次有坚定之识,所见深远,不为群说所惑,即稍有差误,不过十之一二,所获者多而失者寡,为第二等;次则心甚灵而无执择之识,意甚厚而无坚忍之力,然能勤恳不倦,尽其心力,亦能有益于人;最下则专恃奋往之气,自信太深而稍昧于事理,故有时足以济事,亦有时足以偾事。此四等外,则自郐以下矣。又论任天下事,必须网罗人才,盖凡当大事者,不必己有所长,贵能集众人之长以为长,知人善任而不疑,明理善断而力行,无妒嫉之心,爱才若己有,无自是之心,从谏如转圜,夫而后可以总大权,而天下人皆为己用。一或阙焉,其器即小,非任重致远者矣。

十七日,新历六月二十三日:竟日阅孙仲愚日记。

十八日,新历六月二十四日:竟日阅仲愚日记毕,凡七厚册,俱蝇头小字,甚费目力。此公读书甚勤,每读书必有札记。自丙申至庚子五年之中,思想亦时变,其庚子年终自云,初惟知海西政治之美,后以本国历代沿革比较,即悟君主、民主之别,为第一年境界;后读释、景、儒三教微言,贯彻三统之义,为第二、三年境界;最后治天演学,兼读道家言,深知道、释同宗,而生物学家足为之证,为第四、五年境界云。

五月廿四日,新历六月三十日:作书复丁在君,寄去所摘抄之孙仲愚日记。

六月十三日,新历七月十九日:夜仰坡招饮,以孙仲愚日记七册托其代为送还。日记中有言元时书院山长似官职一条云:元时凡书院山长似列官职,如《贡奎字仲章传》称"仕元为高山书院山长",《黄泽字楚望传》称"成宗大德中署江州景星书院山长,已移洪州东湖书院",殊有可疑,待考云云。余昔撰邑志已言元时书院山长为职官,此两例可补余说所未及,特录之。

此后直至本年末,再无关于孙氏日记之记载。于是,这部"极有发表的价值"的日记巨著(近代日记文献不乏篇幅巨大者,然似尚无八百万言者。即以著名的"晚清四大日记"而言,翁同龢日记三百万言,王闿运日记两百五十万言,叶昌炽日记尚未全部整理刊行,估计不会超过三百万言,篇幅最大的李慈铭日记亦未全部整理刊行,当在五百万言左右),就此失却刊行的机会,只留下甲午至庚子的部分摘抄。

这份余氏之摘抄,就是后来保存在《梁任公年谱长编》中的《日益斋日记》片段。可喜的是,这些片段虽然篇幅不大,但主要集中在光绪二十一年至二十二年、光绪二十五年至二十六年,恰为上海图书馆藏本所缺之年份,光绪二十三年之日记数则也有溢出上图藏本者,殆上图藏本有所删弃亦未可知。所记之内容,除前引丁文江信函中提及的"国会"成立事外,多涉及维新变法与康、梁诸人。故此,以《日益斋日记》为题的这些日记残片,其史料价值是值得重视的。

《长编》随着编纂过程中的体例调整和人员改换,出现了不同版本,后出之本删削了不少史料,《日益斋日记》片段也在此列,再一次被摘抄,只剩下千馀言。

鉴于孙宝瑄日记之史料价值,已刊整理本在存真、求全上尚有不足,有必要对这部重要的日记文献重新进行整理。此次整理,主要做了以下工作:

1. 正名。孙宝瑄之日记,有梧竹山房、日益斋、忘山庐等诸名,为免以偏概全,也为给今后发现其他日记留出馀地,统名《孙宝瑄日记》。

2. 整理。以《续修四库》所收影印本为底本,重新标点,凡发现上古本改动之处,谨据底本改回,并将上古本涉及古代文献和典章制度的断句疏误在此次重新整理过程中进行了改正。

3.增补。以《梁任公先生年谱长编》稿本为据,录出其中所见的所有《日益斋日记》。同时重新编制人名索引,增加书名索引。本拟增加《忘山庐诗抄》作为附录,但考虑到日记篇幅本已较大,又闻诗词而外孙氏尚有刊载于晚清报刊上的文章,一时难以搜集齐全,姑待来日。

限于整理者之水平和见闻,整理工作肯定还会留有瑕疵和遗憾,期待方家指正。

2014年12月

序

孙宝瑄,字仲玙,钱唐孙子授侍郎诒经之次子,慕韩总理宝琦之胞弟,李筱荃制军瀚章之女夫,以荫生得分部主事。生于同治甲戌,与余同岁。甲午平壤丧师,上书主和,谓晚明耻与本朝言和,以致亡国。为主战派所诃。奉母出都,寓沪八年。回都签分工部行走,长沙张文达公赏之,派编书局。文达长邮传,调充庶务司主稿。后与陈雨苍尚书不合,拂衣去。又入大理院。民国初,简宁波海关监督,殁于任,年五十有□。君幼而好学,敬兄,家事皆慕韩料理,多椷书供其浏览。同时师友皆绩学劭闻之士,故所得宏富。癸巳以前,好读宋儒书,研义理之学。以后泛览史鉴,于历代兴亡得失,及典章制度之沿革迁变,究其大凡。又喜诵汉魏六朝之文赋。居沪后,获交章太炎、贵翰香、严几道、谭壮飞、梁任公、夏穗卿、蒋观云、汪穰卿、欧阳石芝、邵二我诸君,徧涉诸子百家,旁及释道家言。又习日文,凡新译东邦书,无不读,尤注重政治、哲学。于清代大儒,服膺梨洲与习斋,故留心时事,嫉朝政之不纲,主张民权,进为君主立宪。佩太炎之文学,而反对其逐满论,但未尝不主革命。尝读《明史》,谓如王振、汪直、刘瑾、严嵩、魏忠贤之跋扈,当时拥强兵如孙承宗者,倘兴晋阳之甲入清君侧,即并暗君黜之,亦无愧于名教,病在胶执程朱之说,拘守名分太过云云,可知其思想进步之一斑矣。君于癸巳年始为日记,每年一册,未曾间断。今仅存癸巳、甲午合一册,丁酉一册,戊戌一册,辛丑、壬寅、癸卯各一册,丙午、丁未、戊申各一册，共九册。计戊申以前尚缺六册，己酉以至殁世，当尚有十馀册，均于杭州兵燹中失去。君极佩李文忠甲午之战主和，而反对与俄订密约。庚子以后，深知文忠之联俄有救国之苦心。又佩项城之雄才，谓其赞助立宪，有功于国家。惟现存日记中断于项城罢斥之年，不知辛、壬以后其论如何。君之论学、论政、论人、论事，皆平心静气，不执成见，不尚空谈。如苏、浙各省拒款筑路一事，此倡彼和，狃于路亡国亡之说，君独引各国已事为鉴，谓借款筑路并非失策，可谓朝阳鸣凤。日记中于友朋酬酢、家庭琐屑，以及诙谐狎邪诸事，无不据实直书，绝无隐饰，盖君固以毋自欺为宗旨者也。君之姊，为余叔岳夏厚庵先生敦复之继室，故余以姻叔称之。每入都，必往来谈讌，至为莫逆。辛亥以后，会面甚稀，今得于断缣零璧中温其绪论，斯诚光绪以来读书明理之君子矣。辛巳十一月尽，叶景葵识。

光绪十九年癸巳(1893年)

十一月

初二日　　晨阴,日中晴

昼晷短极,倏忽已昏暮。晏起,读《左传》。晡,阅《明纪》。夕,读谢希逸《月赋》,观郭景纯《游仙诗》、左太冲《招隐诗》及谢康乐诸纪游诗。

初三日　　晨微阴,俄晴

余具衣冠往谒房师戴少怀,师为今科荐卷受知者,既见归,吴修兄、徐博泉适来寓未去。温《左传》。晡,阅《明纪》,兼阅《明史》徐达、李文忠、胡美、茹太素等传。夕,读《月赋》成诵,阅颜延年《应诏观北湖田收》诗,至刘公幹《赠从弟》诗。是晚,风甚。

初四日　　晴

起闻仆人言,市将刑人。其一男子惑妇言忤母,母服毒死,斩决。其一妇人与叔通,杀其夫,凌迟。余闻而惨然。俄陆冕侪过,坐未久去。读《左传》,至崔杼子之死,不禁捧腹。日中,阴。晡,日光微透,复晦。观《明纪》,兼阅《明史》李善长、陆仲亨、费聚等传。夕,读孔德璋《北山移文》,词旨清朗,文采明丽。观陈思王《赠徐幹》等诗及茂先、士衡、彦升赠答诸诗。风大甚,夜深,寒气凛冽。

初五日 晴,风犹未息

读《左传》。晡,阅《明纪》,兼览沐英、蓝玉、傅友德等传,风始稍静。夕,仍读《北山移文》,观谢康乐《登江中孤屿》等诗数十首。

余谓太祖之薄待功臣,殆过于汉高。沛公虽猜刻,然菹醢信、布,罪止三族。若太祖芟夷勋旧,株连累万人,何其残与!郭德成尝醉伏上前,帽脱发种种。上曰:"醉风汉发如此,非酒过耶?"对曰:"臣犹厌之,尽剃乃快!"太祖默然,盖隐刺其心矣。

初六日 晴

余兄弟晨诣长椿寺作佛事永日,盖先子忌日也。岁月不居,忽已三年。追忆庚寅岁之今日,作何如情状,不胜悲感!是日宾友杂至,有拜已即去者,有坐良久始去者,有饭后去者,有逮暮始去者,甚觉喧阗。夜尚有焰口,余俟三鼓乃归。是日诣寺中,未携书去,闷甚。因检老僧榻畔,有书数卷,曰《禅林宝训》,览之甚有意趣。其与儒门相通者甚多。有云巧梓顺轮桷之用,枉直无废材;良御适险易之宜,驽骥无失性。又云桂植中途,必无经时之翠;兰生幽谷,终保弥年之丹。盖其篇中俱为住持丛林者戒,故治己治人之道皆备,几不远于圣人之教。

初七日 晴

晏起录日记,读《左传》数叶,已日中。饭后阅《明纪》第六卷毕。太祖已崩,惠帝嗣祚,燕王桀骜不可制,而建文长者,懦弱无断,为之掩卷太息。兼阅王弼、冯胜等传,又观《太祖本纪》。夕,月明如昼,风大作。读《北山移文》成诵,观陈思王《美女篇》暨《白马篇》,又陆、谢乐府及缪、陶诸人挽歌,又观王贻上诗。

初八日 晴,微风

晏起录日记。俄顷介轩过,坐良久去,已日中。饭后诣厂肆,欲购《四库未收书目》，不获。归阅《明纪》第七卷毕，睹燕王杀戮之惨，不胜发指。夕，读《离骚经》，及仲宣、公幹诸人《杂诗》。二鼓寝，月犹未落。

初九日　晴

晓起，约冕侪具衣冠偕赴市观秋决。值囚车方出，犯者约十馀人，众蜂拥至，入其南，有囚棚止焉。其东北复有棚南向，状如屋脊，监刑者所居也。旁有小棚，祀刑具，俗呼曰神器。自明至今数百年，杀人无算，血迹斑然，似钝甚，而用之若新发于硎，亦奇物也。是时，刑部各官并至，执事人布满衢路，执戟数十人皆立而待，云候旨。盖凡部臣具狱上，其生与死犹候上意，故必俟旨降乃决。须臾，群呼曰：至矣。则见警跸者前趋，有监刑牌、清道牌数对，中一美少年，不知为何许人，朝服轻骑，端奉黄篋，徐徐行。继一老者，服乘如前，从之。其后有朱轮二，皆刑部长官。既至棚，咸降车入，南向坐，馀执事官旁立，冠裳齐整，书吏唱名，众拥罪人出前跪，报名讫，牵而东，众皆随之。俄顷欢呼而西，一人持首级，血淋漓趋而前，报首级到。于是吏复唱名如前，如是者凡四而毕。然其后三人皆绞，唯前一人独斩，盖其犯较重也。馀得生还者六人。时众皆散，余及冕侪亦归，入中厨，窥水瓮中影，云祓除不祥。

午后，偕仲骥驾小车，出广安门，游天宁寺。寺有古塔，高矗云端，犹隋时所造。塔之北有铜佛，亦二丈馀。应试举子率以青铁掷其手，以卜中否，习以为常。塔之西为寺正院，堂宇深邃，庭植白皮松数本，苍郁可爱。迤而北，曲折行入一曲院，登高台，有小阁数椽，闲静无尘浊气，启窗可以远眺。余挟诗一卷，高吟其中，乐甚。其西有小山，寒林古木，缭绕其次，春夏间必有可观者。自西阶下，一鹿居短篱中。忆秋月间曾偕履平、地山游此，纳杂花败草饲之，今皆枯尽,鹿不得食矣,遂出。其东南有别院,静闼无人,廊宇朴雅,几榻皆精洁,小坐片时,不啻仙境。其西南有小堂,东向。堂后有短垣,启牖望之,则天低野旷,西山历历在目。又有远树含烟,茅屋数家,疏密可绘。近则田畴十亩,而隆冬更无青草,洗然平净,亦有别趣。须臾,暝烟四起,余偕仲基遂相与归。是夕,月倍明。读《离骚经》及陶彭泽《杂诗》、谢康乐《望所迟客》诗。

初十日　　晴

晏起,录昨日记。仲基来,书舍中小坐。余与观客岁在杭以及过苏抵沪诸日记中叙西湖之胜,及留园、顾园、愚园等游行之乐,其景物如在目前,偶一翻阅,可以排闷。须臾已日中,余甥水孟庚来视余,余与午饭。晡,览《明纪》及《纪事本末》。会大哥自东城归,曾至汪柳翁,为余谋万寿庆典差。逮暮,孟庚始去。晚,读《离骚经》及《九歌》之《东皇太一》章,又读司马长卿《难蜀父老》,雄直之气,瑰丽之辞,卓绝千古。又观谢玄晖《和王著作八公山》、陆士衡诸拟古诗。是夜,寒甚,月色朦胧。

十一日　　晨晴

止潜过,坐须臾即去。云与子颐出沙门视粥厂。余苦读性钝,旧书重理,皆艰涩不能成诵,故于前年曾拣择经书中精粹之语、温丽之词,随手摘录,顾无恒性,或断或续,至今日始成一帙,盖五经皆备焉。因题曰《经籍膏腴》。晡,览《明史纪事本末》开国规模篇。下晡,阴霾四合,若欲雪然。夕,月稍露,甚暗。仍读《难蜀父老》,又诵江文通《杂体诗》及王贻上古体诗。

十二日　　晴

晓起,观贻上诗。诣余师漱兰先生,不遇。乃入城,至李新吾处探其夫人病,坐良久,归已日昃。会陆勉侪来,邀仲基及余东至大栅栏观剧。既至，以斋戒日罢弦吹，怅然欲返，遂南至仁钱馆访夏粹卿。粹卿适观洪北江《伊犁日记》，又以钱谦益《列朝诗选》示余，云已散失，今搜辑尚未全也。须臾，余欲还，渠亦至官菜园看屋，遂俱与西。余先归，顷之，粹卿亦至，坐谈诗，良久去。览《明史纪事本末》削夺诸藩篇。是夕月明虚幌，玉宇空净如洗。读屈子《九歌》、《九章》，及宋玉《九辨》、《招魂》，刘安《招隐》，又观江文通《杂体诗》、王贻上诗。

十三日　　晴

天子于巳正诣天坛，宿斋宫，以翼日冬至，将有事于圜丘也。余晨偕仲基及大哥，诣正阳门前义和公绸缎铺，自牖窃观，始则车尘飒沓，人声沸天，数有赤衣乘马者欢呼腾跃而过，云皆天子舆人，沿途换班者。顷之，翎顶补服乘马过者不计其数。既而戒道者至，声渐阒寂，各廛闭尽阖，路畔惟见戎衣佩刀者旁立无算。又顷之，遥见一曲柄黄盖迤逦来，其后有负长刃者、佩弓矢者数十人，咸侍卫乘马左右，整肃徐徐行。俄乘舆至，舁者三十二人，后从骑无虑数百匹，冠服不一。又豹尾枪、大纛旗，皆天子卤簿也。既过，市中人蜂拥而出，喧阗如故。余与仲骥、大哥等遂相与归。

饭后，整治书帙碑版，移徙厨几毕，日已薄暮，微阴。夕，月复明而晕，惧有风。阅《明史纪事本末》。燕王即位，建文逊国，壬午殉难诸臣方孝孺、铁铉、景清等死事最惨烈。读王贻上诗，至《蠡勺亭观海》。早眠，以夜将至天坛观典礼也。

十四日

夜分起，月亭亭清光可爱。具衣冠，乘车偕介轩、仲基、遹堂暨大哥，由珠市口出诣天坛，约二里许。路砥平，灯火历乱，唯闻车声、马蹄声，杂逻不绝。须臾至，入其西外扉，一望寥阔，林木槮疏，人影在地,有青布幂无算,皆各署长官止息之所,鞍马布满。遂入其内门,迤而南不数武,有回廊赤壁,云即斋宫墙。循墙曲折行,过一石桥,复南行数十武,始抵坛门。既入,皆长松翠柏,夭乔盘拏,微风动,清香芬郁。又曲折数四,有双石扉相向屹立,其南即圜丘,北黄穹宇也。遂入其南,出坛后,遥见长木三,悬灯火摇映。仰视坛凡三成:中祀大明、夜明、星辰、风雷云雨;最上则皇天上帝;旁祀列圣配位。皆布幄,灯烛青荧,遂登而遍观其祭品,乃下。是时,孤月斜转,众星寥落,四顾清旷。良久,冠裳云至,乐器罗布,执事者皆集,介轩以讲官应陪祀,遂前立。余数人退避西偏,遥而望之。俄见灯火前导,迤逦入。又久之,鼓钟皆鸣,乐作燔燎,光喷起不绝。礼郎读祝声远闻,然皆满洲语,呕哑不可辨。时月微晦,北风惨栗。顷之,四围燎光皆起烛天,俄见介轩暨诸陪祀官皆散,余数人亦从之,复循故道曲折行,良久始得出,各登车归。东方未白,仍伏枕眠。

日高始起,风犹不息。观《南》、《北史》。午后观《明史纪事本末》及《明纪》。永乐二年三月,选二三甲进士文学优等杨相等五十馀人及善书汤流等十馀人为翰林院庶吉士。今则殿廷考试专取善书,而文学优等与否,不复问矣。是夕,月复明。读枚子《七发》,又观汉武诸诏、潘勖《册九锡文》、任彦升《宣德皇后令》及王贻上诗。

十五日　　沉阴黯黯,有雪意

阅《南》、《北史》。晡,览《明纪》。成祖遣中官将兵四出。初,建文帝御左右严,成祖北来,中官窃出,漏京师消息,成祖以为忠于己,即位后,遂委以事权。嗟乎,成祖以一时浅识褊见,遂启一代祸乱之阶,抑何其不仁也!夕,月复明。读枚子《七发》,观傅亮《修张良庙教》及王融等诸《策秀才文》。

十六日　　晨,日光微暗,天色黄,大风寒

览《南》、《北史》。日中,开朗。闻余兄暨仲基均在广和居酌饮,余亦踵往,则何砚蕃、夏粹卿、方啸霞、樊、濮两公皆在,乃大酦,啖毕遂归。阅《明纪》成祖杀陈瑛、纪纲二人事,为之快甚。夕,月出稍迟。读枚乘《七发》及孔北海《荐祢衡表》,至李密《陈情表》。

十七日　　晴

晓起,诣漱师处。坐顷之,又有曹某来谒,遂共坐,痛谈近来朝廷纪纲之颓,以及士林风气之坏,太息久之。日中,归。饭后,阅《明纪》。下晡,余具衣冠诣止潜处,盖止公于是日释服升祔,晚在江苏馆设宴款客,余亦与焉,饮毕各散。夕,览陆士衡《让平原表》。是夕倦甚,不乐久坐。

十八日　　阴云暧霴

起,阅《南》、《北史》。日中,约冕侪来共午饭,毕,同往庆和茶园观剧。余素性好丝竹,虽非知音,而听之忘倦,最喜徽曲,尤爱其老生,谓其一唱三叹,有激扬慷慨、淋漓悲壮之致,若遇忠臣孝子事,则尤能感人。薄暮,归。夕,览《明纪》。仁宗践祚,倚任二杨、蹇、夏,虚怀纳谏,大非其祖父可比。又观刘琨《劝进表》,至任彦升《为范尚书让吏部封侯表》,天色犹未开豁。

十九日　　晨积翳未散,日卓午晴

粹卿过。顷之,渠暨大哥咸赴徐博兄之约。余饭后诣署,当月同事者为满人荣斌。既至署,亦无他事,惟诣监印处监用堂印,又至堂官前画押毕,散署。遂至李新吾处,新吾云:杏孙令弟谋出洋事可望成。坐良久,日已薄暮,大风,遂出城。复谒沈兰师,谈陕西查办事甚详。顷之归,过市,灯火烂然。夕,览《明纪》,宣宗立。

复观任彦升《为萧扬州荐士表》,至《为范云求立太宰碑表》。二鼓眠,众星历历,斜月东上。

二十日　　晴,风

阅《南》、《北史》。饭后,阅《明纪》。晡,余诣朱桂卿兄处小坐,为余诊脉,云左脉较前颇健,唯脾胃脉仍稍弱,遂索前拟丸方,余适忘携去,辞以须归即奉上。顷之,复至沈萼孙处,遂返。复阅《明纪》。是晚连聪肃要余及余兄、仲基等酌饮,仲基等咸往,独余辞焉。暮,侍母亲晚饭。风息。夕,读枚乘《七发》,观李斯《谏逐客书》及邹阳《上梁王书》,又《狱中上书》,渔洋山人诗。

二十一日　　晴,天气和暖

晨,书对联数幅。午后,览《南》、《北史》。晡,阅《明纪》。初,太祖不令中官读书识字,又曰:内官但备使令,无多人。又曰:勿令有功,有功则骄恣。至成祖时,即令中官将兵,而听选教官入内教习。及宣帝立,遂建内书堂,改刑部主事刘翀专授小内使书。复增至四五百人,翰林官四人教习,于是始通文墨,掌章奏,竟有擅传旨者。古今事前后相反,往往如此。

给事中戴纶,于成祖时侍太孙,太孙好游畋,纶具疏为成祖言之。后上问太孙:宫臣相得为谁?太孙以纶对。因出奏付之,太孙由是怨纶。及即位,纶卒不免于死。李时勉曾触怒仁宗,宣宗怒,召而亲鞫,欲杀之。骂曰:"尔小臣,敢触先帝,疏何语,趣言之!"时勉叩头曰:"臣言谅闇中不宜近妃嫔,皇太子不宜远左右。"帝为之色霁,遂以为忠,由是得解。人情偏私有如此者,可发一笑。

暮,方啸霞约晚酌,余偕仲基方出门,见一老马,颓瘠骨立,一老仆夫在傍曰:此张宫保即张朗斋之坐马也,自关外来者。仲基曰:宫保升天矣。余笑曰:斯真可谓淮南鸡犬。遂至啸霞处。须臾,群贤毕集。既坐，甘脆嘉珍咸备，饮尽欢乃归。

夕，读枚子《七发》，又观《谏吴王书》，有云："铢铢而称之，至石必差；寸寸而度之，至丈必过。"石称丈量，径而寡失。故凡吾人论议学问之间，须务夫大者远者，若为苛论细辩，宜日形其不足也。又观江文通《上建平王书》。

二十二日　　晨晴，无云

览《南》、《北史》。王宏之为桓谦参军，殷仲文还姑熟，送者倾朝，谦要宏之同行，辞曰：凡祖离饯别，必在有情。下官与殷风马不接，无缘扈从。此可为今之世俗人戒。

午后，厚庵过访，适余兄方趋署，与余坐谈，良久去。下晡，天忽昼晦。览《明纪》。初，黄福治交址，得民心，后召还。及黎利反，帝复遣往，未至，柳升为黎利所败，福走鸡陵关，为贼所执，欲自杀，贼罗拜曰："公，交民父母也，公不去，我曹不至此。"黎利闻而叹曰："中国遣官吏，使人人如黄尚书，我岂得反哉！"然则自古边圉之启衅，寇贼之萌芽，未有不由于官吏之失人也。得人而治，而又更调，岂不可惜。

夕，寒星满天。读《七发》。又观任彦升《奏七夕诗启》，至《奏弹刘整》。又观渔洋诗。

二十三日　　早晴

览《汉书·艺文志》及陈涉、吴广传，暨《南》、《北史》。日向午，昼忽冥晦。饭后，子颐约余及仲基至庆和茶园观同春部，末一出有老生名叫天者，亦名优也。音喉宛转激楚，抑扬有致，惜已曛黑，不能卒听，急归。时介轩、止潜、博泉、冕侪皆在，为骨牌之戏，灯烛辉煌。须臾，陈果肴，宴饮尽欢而罢。

仲基云：十四之夜，在天坛，乐作时，有大星东南方殒，光芒闪灼,适余亦见之,然不为意,至昨晚始闻浙抚崧镇帅骏于二十日卒官,盖去星殒日才七日也。仲基谓,此事甚奇。前闻张朗帅卒之前数日,亦有星殒之异。古来如此类甚多,不得谓天象竟无凭也。

夕,观沈休文《奏弹王源》,至陈孔璋《答东阿王笺》。是日,腹泻三次,倦甚。

二十四日　　晴

览《汉书·项籍传》,作《读项籍传书后》。

余幼时读《项籍传》,乌江之役,至"天亡我,我何渡为",为之凄然泪下。以项王将百万之众,战无不胜,攻无不取,卒有今日,不第籍不自信,抑亦千载后读书者所不信也。虽然籍之败固当,独惜其喑噁叱咤,气冠三军,湛船破甑,而破秦钜鹿,百世下犹有生气焉。乃亦困顿穷迫,不能自脱如此,为可悲耳!

日中,大风。览《南》、《北史》暨《明纪》。下晡,诣冕侪纵谈。须臾,粹卿亦至,谈洪北江赐环事,及中外通商情形。顷之,梓泉自江苏馆归,遂在彼晚饭,毕,介轩亦来。

夕,归,览吴季重《答魏太子笺》,至阮籍《奏记诣蒋公》,风犹未息。复观渔洋诗。

二十五日　　晴

览《汉书·陈馀张耳传》。天气和煦,有早春意。晡,览《南》、《北史》及《明纪》。

初,太祖十五年,广平府吏王允道言磁州产铁,元时置官,岁收百馀万斤,请如旧。帝曰:"朕闻王者使天下无遗贤,不闻无遗利。今民生甫定,复设此,必重扰。"杖之,流海外。后宣宗三年,锦衣指挥钟法保请采珠东莞。帝曰:"是欲扰民以求利也。"下之狱。可谓善法祖训。

宣帝四年，陈瑄言济宁以北，自长沟至枣林淤塞，计用十二万人疏浚，半月可成。帝念瑄久劳，命黄福同往。大臣督漕运自此始。

明故事：官吏有罪，不问轻重，许运砖还职。至是，御史王翱请，犯赃吏但许赎罪，不得复官，以惩贪黩。帝从其请。未几，有赃吏纳米赎罪者，吏部请降一级用。帝曰：纳米乃一时之权宜，惩贪为立国之大法。遂诏文吏犯赃，如律科断，罢赎罪例。今之朝政有类此者，惜不得御史如王翱者言之耳。

宣宗用顾佐为都御史，任事岁馀，奸吏诉佐受隶金，私遣归。帝以问杨士奇，对曰："中朝官俸禄薄，仆马薪刍资之隶，遣隶半，使出资免役，隶得归耕，官得资费，中朝官皆然，臣亦然。"帝叹曰："中朝官贫如此。"由是得解。此盖明时相沿之习。如近来官京师者，辄受外官别敬、炭敬，亦此类也。又如各省学政、乡试考官所得之赢馀，皆非公法，然亦无伤大体。余每爱古人之度量恢广，为不可及。如韩魏公有玉盏，绝宝也，每召客，特设一席置之。一日，吏误触碎之，惶恐伏罪。琦徐曰："汝误也，非故也，何罪之有。"夏忠靖公吏污所服金织衣，曰："勿怖，污可浣也。"此皆足令人爱敬。或问忠靖量可学乎，曰："吾幼时有犯未尝不怒，始忍于色，中忍于心，久则无可忍矣。"

是夕，余兄宴客，余及仲骥不与焉。读《七发》及太史公《报任安书》。又观孔北海《论盛孝章书》、朱浮《为幽州牧与彭宠书》、陈孔璋《为曹洪与魏文帝书》。

二十六日　晨起，晴

顷之忽暗晦，寒甚。余更烧兽炭，览《南》、《北史》。方啸霞来，坐顷之去。日昃，始稍开朗。头忽胀，手足蹶冷，乃剃头，毕，胀如故,倦观书,遂至厚庵处,坐良久复还。至冕侪处,头胀不可解。会大哥暨仲偕来,余先归,已昏暮,始觉发热,早眠。

二十七日 晴

热未退,不能起。

二十八日

病愈甚,夜辄魂梦颠倒。桂卿来诊,云冬瘟,尚不甚重。

二十九日

新吾来。候桂卿不至,延梁医来诊,服其药。

三十日

梁医复来视,云是瘟疹,急拟一方,已服其二煎。晚,桂卿来,云梁医非是,宜用石膏,勿耽误也。遂复服朱药。

十二月

初一日 晴

梓潜来视余,小坐即去。始延叶晋叔诊,服其药,自此日至。【叶晋叔尔度精岐黄,是年由四川入都,应北闱,为人施诊。是为余之族叔祖。景葵记。】

初二日 终日阴

初三日 早,阴;午后,晴

初四日 晴

新吾来。

初五日 晴

下晡,熟睡中偶成一联云:"其中有磊落不可塞之怀,常回往于周秦而下,汉唐而上,思得数十名贤,相与酝酿琴书,从容杯酒;此心有低徊不能置之概,常眷顾于深山之东,大泽之西,觅得一椽老屋,以此优游形迹,颐养精神。"晚,桂卿、聪肃俱来诊。

初六日

薄暮,新吾与陈级三同来,昏黑始去。

初七日　晴

自廿六日以后,胸中烦腥,夜寐不得安。自服叶、朱两兄方,屡用石膏、参须等药,至是始得小瘥。晚,陈菊生自天津至。是日颇思饮食。

初八日　晴

清晨,购盆梅二本,尚含苞未吐,置南窗下,饶有生趣。晡,观漱师《挽王可庄》七律十六首。薄暮,新吾来。

初九日　晴

观《湖山草堂图》,赵松雪晚年行书。午,作字为戏,母亲不许,命屏去笔砚。

初十日　早,阴

俄即晴。病大有起色,惟作咳不已。

十一日

晓,旭光可爱,时闻鸟声,襟怀豁然。读司马子长伯夷、管晏、屈平三传,又观欧阳文忠《丰乐亭记》。顷之,又读唐诗。午,着衣起坐,观渔洋山人诗十数首。俄复登榻小眠。复观唐诗。是日,咳小愈。

十二日　晴暖

坐榻上读《外戚世家序》、《高祖功臣侯表》、《秦楚之际月表》、《项羽本纪赞》、《五帝本纪赞》。俄又读欧阳子《秋声赋》,心境为之洒然。午,观张雪鸿竹石卷、蒋南沙梅竹卷,老干横斜,苍润之色,潇洒之神,玩之不置。晡,起小坐,旋即登榻。薄暮,新吾来,坐未久去。是日精神甚爽。

十三日

晨,披衣起,静坐久之。窗前茉莉花放,微香扑鼻。日卓午,诵唐诗。俄观新吾处假来杨子鹤山水花卉画册,神韵骨格,无不引人入胜。中有一册绘松风涧水图,览之不觉释却凡想。馀梅、兰、竹、菊,皆神味超然,真名画也。既又观渔洋山人诗。暮,桂卿来诊,云病势已大减。

十四日

晓,咳吐痰,俄起视,痰中微有血丝,甚惊讶。须臾,陈菊生来,示之,渠谓此瘟病后往往有之,无妨。既诊脉,云已平静,惟阴分犹稍虚,宜培养。顷之,叶晋叔来,其言与陈大同小异。午,日光满室,微风。余下榻,小步至南窗下看梅花。复还坐榻前,始稍食。饭毕,读渔洋山人《秋柳诗》及《姑苏怀古》三首,深情远韵,极往复之致。俄,又观唐诗,因忆彭刚直登泰山有集唐句联云:"我本楚狂人,五岳寻山不知远;地犹鄹氏邑,万方多难此登临。"数语沉雄豪放,想见其为人。是日,步履稍健。

十五日　　晴

晨起,读吴梅村七古,观国初三家山水,首王石谷,次高澹游,次无名氏,画笔皆足相敌。午后,观张桂岩山水,皆苍劲可观,尤善着色烘染,几无笔墨痕。又观马文璧《秋山红树图》,复览杨子鹤山水,爱之不忍释。俄,接读叔父家言,知得松沪五厘局差,慰甚。暮购《三国演义》,灯下观之排闷。

十六日　　晴

晨,作书与濮止潜,欲取还《禅林宝训》,适止潜入城未归也。

午后,诵梅村七古《圆圆曲》。俄作字为戏,临赵松雪晚年行书,既又观渔洋山人诗。

余此次卧病,举室惶惧,母亲及大哥尤甚。既余稍瘥,而大哥忽咽痛发热,母亲亦病喉身痛。幸陈菊生、朱桂卿更相诊视,不数日咸有起色。母亲刻已大愈,唯胃气尚未开。余兄亦瘥,第未能下榻耳。隆冬旱干,久不得雪,一时受此疾者不可胜计,余其稍重者耳。晚,止潜遣人送《禅林宝训》来。

十七日　　早,阴,日光时露

余坐窗前理发。读吴梅村七古。始闻许星翁之没于前月廿九夜,今已半月馀矣。因命仆持邸报观之,恤典甚隆重,两子长赐郎中,次赏举人。赐陀罗经被,赏银二千两,遣贝勒奠酹。余谓吾杭乡老中又少一人矣。既复询之仆,始知孙莱山调补兵部尚书,薛云阶迁刑部尚书。午后沉阴,观恽南田画册,作字为戏,又读梅村诗。

十八日

晓觉红日满窗,起观宋景濂《阅江楼记》、刘青田《司马季主论卜》及《卖柑者说》。俄坐窗前,吸淡巴菰,酌茗。日光射地,暖甚。梅开数萼,微有香。命仆持自余病后二十馀日邸报阅之。二十八日,御史郑思贺奏各省州县不宜轻易更调。近数年久不闻此等言语,真高冈之鸣凤也。已奉旨着吏部议。初三日,上命徐用仪入军机学习行走。初四日,上谕:三载考绩,国家大典,近来每届京察,各部院往往有举无劾,殊失激扬之道。嗣后着各堂官认真考劾,如有庸劣不堪造就者,即据实严劾,勿得瞻徇情面,稍事姑容。十一日,御史恩溥奏参捕务废弛之将弁,近来盗风日炽,皆由于此。是奏颇有关系。复观瑶华道人画册。日中,读梅村诗。俄,临倦舫法帖李太仆札,复临陈海樵札,作书与新吾。是日,扫屋舍。

十九日　晴

起,食粥,啖寒具毕,诵梅村诗《虎丘夜集图》长句,阅邸报。邀仲基入坐谈。仲基将南归,已定期廿二搭伴陆行,相聚无多日矣。仲基云,已丐得徐筱云书,来岁或可得京饷差,又得会面,此不过暂别耳。仲基此次捐同知,分发江西。坐良久去。观先祖日记,自钞病后日记。日中,啖鲫鱼。饭已,观王廉州山水画册,每页咸有自跋语。画固超妙,不名一体,字亦带烟云气。每怪名画家无不善作字,可知书画固相通也。临倦舫法帖。闻新吾世兄秉庵于今早抵京。复自钞日记。晚诵梅村《九峰草堂歌》及观王石谷画山水图。是日,菊生来诊,云余阴分亦渐复。

二十日　早,晴

起浣漱毕,会新吾送《国朝别裁集》来,遂静坐诵之。宋嘉升《题南阳旅壁》有句云:"真人白水生文叔,名士青山卧武侯。"陈玉文《发南陵》诗:"秋从黄叶声中老,人向青山缺处行。"皆名句也。观高西唐墨笔山水画册,用笔夭矫不群,布景皆奇绝,出人意表。每页皆有题句,超然不俗。午,作大字,临画像赞。俄,阴晦,雪花飘洒,而日光不时露。余笑曰:可称雪日交辉。室人在旁,亦笑曰:此时雪正与日斗。余谓此语趣甚,急识之。须臾,秉庵衣冠来,醉容可掬。盖从聘师处饮酒来,相见劳苦讫,坐定始稍稍醒。雪大甚,屋瓦尽白。良久,秉庵去。对雪窗观梅村诗。暮,雪止。灯下览先大父壬戌、癸亥日记,及《复见心庵冬馀录》,临倦舫法帖。闻雪复大作。

二十一日

晨,觉白光荡漾,雪犹未止。披衣起,浣漱,食早粥。俄晴霁。半响,忽闻母亲语声,则已扶仆妪手,微步出后轩来。余惊喜,盖多日不见。须臾，至余卧室中，坐谈前病事，悲喜交集。日中，复还前室，读《别裁集》，忽传傅相处有人来，馈室人年物数事。饭后，临画像赞，作大字。日昃微暗，俄即冥晦。读韩文，复观《梅村集》。晚，仲基来作别，因留共饭，话良久出。接到撷珊兄书，云已戒烟，托余购参为调养计。余因作答书。闻窗外雪复作。

二十二日

枕上闻仆人语，雪数寸厚。余惊起视，犹霏微不绝。顷之，仲基复入，坐话良久，因相揖殷勤而别。寒甚，读《别裁集》张玉函《咏早梅诗》："浅濑影疏人小立，曲帘香动鸟先知。"诗有画意。既询之仆，知仲基已登车良久。饭后，临画像赞。天微朗，雪不止，俄复沉晦。新吾处送花灯来。读昌黎文，即沈归愚《八家读本》，为先外祖旧册，每卷后皆有手迹，记某月日阅，又或杂记阴晴。自首至尾，墨笔圈点，无一挂漏。可见先辈用功之勤，且有恒性，断非后生所及。复细读画，览子政《列女传》。俄，余兄亦有与撷兄书，送余观之。大哥日来中宵不寐，忽觉京曹味如鸡肋，思改捐，改道员分发直隶，因于撷兄书中发之，并道其所由，且言有五善，语皆具书中。然吾不知兄意果决否也。览毕并余书封入，付仆明早交去。晚，张花灯，悬卧室中，晖耀如白昼。请母亲、两妹来观，皆坐欢笑，小妹嬉弄解颐。良久，母亲暨妹复还前室。览柳文《愚溪诗序》等篇。大雪竟日，夜复甚。

二十三日

迟起。瓦上雪堆五六寸，日光微透复隐，雪如故。自钞日记。午读《梅村集》，临画像赞。余素能悬肘作大字，颇善榜书，虽不工，而纵笔奔放，尚有豪迈之气，时辈颇许可。小楷最劣，且性亦不近也。读《别裁集》秦泉南先生《夏日闲居》诗，有云："微风生秋意,雨气在远山。""良友欣然来,小酌俱陶然。"语近天籁,有柴桑神味。晡,朗霁,坐窗前观堆雪狮,读陶诗。晚,阅邸报。

昔有无名氏女子,颇擅才誉,工诗词,偶行桥上,为绝对云:"人立小桥,形影不随流水去。"苦思不能属对,以是病死。后每夜桥上辄闻人朗诵此语。未几,有学使舟过,夜泊其地,闻之,询于舟子,悉其故,乃悟为鬼。因为对云:"客宿孤艇,梦魂曾自故乡来。"自此其声遂绝。此语传之久矣。余亦曾戏为对云:"客穿曲径,屐声如逐落花来。"已而嫌其上联形影二字似太凄冷,近鬼语,为改孤影,云:"人立小桥,孤影不随流水去。"余下复为对云:"鸟来闲院,低声疑为落花啼。"亦佳联也。

是晚,祀灶,余兄弟俱不能行礼,命厨子代叩。阅柳文《永州新堂记》等篇。柳最长于诸记,曲折摹绘,皆有生趣,余最爱之。

二十四日

迟起,天色晴朗,风起檐下,窗梅大开。钞日记。午,静坐观画,忽闻两童子庭中偶语,盖每日来余家担粪儿,仆人辈戏令续成昨堆雪狮。于是抟雪刻形,拮据喘汗,颇解颐。因忆客岁在里中,偶与兄偕游湖上,两童驾小舟,皆十岁上下,嬉笑憨态可掬,问其姓,其一自云姓沈,其一曰我亦不知,趣极。俄顷,其不知姓儿忽失足堕水中,余一手挽出之,至今忆之,犹在目前也。饭后作大字,读陶集,有云:"凄凄岁暮风,翳翳经日雪。倾耳无希声,在目皓已絜。"颇有数日来光景。晚,览先大父《冬馀录》。

马少游尝哀其兄援慷慨多大志云:士生一世,但取衣食裁足,乘下泽车,御款段马,为郡县吏,守先人庐墓,乡里称善人足矣。致求盈馀,徒自苦耳。又闻昔有诗云:宁与燕雀翔,不学黄鹄飞。黄鹄志四海,中路将安归?具此等见解者,自是一流人物。然余谓必其人智术浅短,自问才不足有益当世,学不足裨补国家,于是作为抱朴守贞之想,深伏闾韬匿,以独善其身。是则深于自知,不屑屑与知小而谋大、力小而任重者比肩而伍,亦豪杰之所为也。若其人学实足有补于国,才实足有用于世,而亦玩岁愒日,志气衰堕,甘自委废,将国是安寄、生民安赖耶?故少游所言,在少游则可,伏波则不可耳。

二十五日

起,浣漱毕,日将近午。读《别裁集》。新吾送盆花八九本,红梅、碧桃、月梅、天竹四种,室拉杂堆砌,无可位厝。因将红梅、碧桃送桂卿处,留月梅置忆莼室,天竹两盆置余榻左右。天竹无花,垂子如樱桃,红而小,叶敷舒有致。天竹、月梅,亦一佳对也。日中,大哥亦出房,来余室,谈许久去。晡,微阴,即晴。磨墨作大字,读靖节《闲情赋》、《归去来辞》、《桃花源记》、《五柳先生传》。日暮,静坐。晚,观柳文《平淮西雅表》、《桐叶封弟辩》、《封建论》、《剑门铭》、《寄许京兆孟容书》。夜,风。

二十六日

早起。览柳州文《与萧翰林俛书》、《与昌黎论史官》、《答韦中道师道书》,末后论文自"参之穀梁以厉其气"以下,余谓柳文胜处,尽此数语。上段蜀日越雪,皆愤世嫉俗语,所以訾当世也。其《与昌黎论史官》,意议正大,较韩书为长。午,观倦舫帖,诸家书甚夥,然合余意者少,而趣态无不超然拔俗,余亦能摹之,奈仅得其形貌。饭后,燔兽炭,剃头。少息,阅昨来邸报,周福清已定案斩监候。先是,刑部奏拟杖一百,流三千里,为其与已成未中者有别,请从末减。上不许,曰:"科场舞弊,例禁綦严。该员辄敢递信函求通关节,目无法纪,胆大妄为。"命改为斩监候,秋后处决。晡,复作大字。暮,子颐馈余板鸭、酱豚各一。晚,秉烛危坐,读杜诗。

二十七日

早,复观柳文《兴州江运记》、《四门助教厅壁记》、《道州毁象鼻亭神记》、《零陵郡复乳穴记》。日中,余潜步出户,至母室坐话。寻诣子颐,谢昨馈物。遂入视兄嫂,皆小坐。还至余书斋中,凡几榻、茗碗、笔研、压架之书、护窗之竹,皆宛然一如故态。余徘徊良久,复旋卧室。午饭,仆媪辈以年近,张灯施幕,文以绮绣,华美如新婚时。俗例如此,盖始婚之首年也。晡,作大字。是日新吾处复送灯来,方绢绘山水颇雅。晚,复诵杜诗。

二十八日

晨起,询之仆人,问杏孙来未,云已遣车往迓。盖杏孙昨晚宿他处。日向午,闻其已至,乃出相见,劳苦讫,畅话。时冕侪于厅间书春联。日中,复入。午饭毕,览柳州《始得西山宴游记》及《钴鉧潭记》等篇,观其炼局之奇,琢句之坚,刻划绘水,奇凿珑玲,画笔所不到。写石,写泉,写林木。《小石潭记》写鱼,《袁家渴记》写风,皆有神助。又,《石渠记》亦写风,云风摇其颠,韵动山谷,视之既静,其听始远。《袁家渴记》写风,云每风自四山而下,振动大木,掩苒众草,纷红骇绿,蓊葧香气,冲涛旋濑,退贮溪谷,摇扬葳蕤。余正披览神往,忽风作窗户间,摇触凄戛。余瞿然掩卷,听之乍近乍远,其声不绝。余遂不敢复出。磨墨作字。晚,购画报观之。读杜诗。

二十九日　　晴暖

是日立春。晏起,早粥。出诣前厅,仆隶辈拭拂几案,扫洒庭户。镫系垂赤须,楹易新联,气象崭然。适杏孙出,何颂臣来,坐子颐室,余往见之。渠亦病后强出,尚未复原也。午倦,小憩,起览永叔文。柳文幽崎奇崛，多悲慨语。欧阳则纡徐溶漾，中正和易，大雅之音也。晡，沉晦。暮，新吾来。是晚祀神，余兄弟衣冠出将事，祭品既秩，三牲咸备，乃相与献爵焚香，行三跪九叩礼。顷之，再献礼如初。又顷，三献如初。乃送神燎燔于庭，爆竹震于户，醍盎灌于地，三揖礼成。灯下仍读杜诗。

三十日 晴

积翳未消。起，诣书斋中，杏孙不见，顾见其案头书《泰山纪游诗》七古长篇，读之叙次历落，摹拟诡奇。亡何而杏孙至。盖杏孙竟于某日过安州，登泰山绝顶。杏孙且言："余在泰山顶时，更无他忆，独恨少孙仲玙一人。盖是日风色凄冷，且日短极，易他人必怠且倦，岂肯岸然不顾，作此痴游？苟与偕，则有阻而无劝，又安望其从吾行乎？而吾游兴亦为之不鼓。仲玙则不然，此吾所以不忆他人而忆子也。"杏孙又极称泰山之胜，为生平所未睹。谓此次北来，独获登泰山为最乐，其他实无谓。余亦谓然。时厅间已悬像，陈设咸备。饭后，阴晦。览欧文《王彦章画像记》、《樊侯庙灾记》、《六臣传》、《一行传》。昏暮，遍张灯烛，祭品既列，乃遍拜六世祖像、先考妣像。礼毕，乃向母亲辞岁。室人进岁烛，献茶。俄设宴，母亲中坐，余进酒，室人更进毕，余辞出，暨杏孙、子颐、月塘、大哥、子颐世兄金梁六人共饮。宵，余复诣杏孙谈。杏孙曰：今夕盍往镜听？镜听者，古法持镜至灶间暗祝，旋其柄，随所指方持镜往窃听人家语，以卜来日之吉。因为余言：国初，昆山三徐科甲最盛。三人未第时，于除夕之夜窃出镜听，其父愚之，因戏拱手贺曰，恭喜三鼎甲。三人亦不为意，遂出。未数十武，忽闻两醉汉行相谇，窃听之，一人大言曰："噀儿子，乃翁语不差。"三人窃喜，归。其后果一状元、两探花，符前兆。又国朝黄机，其未达也，尝镜听。则闻一人家似将祀神,妇问其姑曰:宰黄鸡乎,宰白鸡?姑曰:宰黄鸡。机始闻不解其疑焉,后卒为相国宰天下。二事皆见《熙朝新语》。杏孙为余述之,可谓善于选言。

光绪二十年甲午(1894年)

正月丙寅

初一日

己卯。元旦试笔,口占七律一首:"隆隆竹爆催银曙,隐隐羲和丽赤霞。案底犹烧除夕烛,窗边新放早春花。墨烟洒作吉祥字,槐火煎成安乐茶。陆放翁诗:暮年常苦睡为祟,好事新分安乐茶。况是草塘初起候,一庭瑞色倍添华。"是日早,日光微见。午,沉阴,逮暮。夜,又书七律一首,赠忆莼。就寝时,风大作。

初二日 风静晴和,天色明净

介轩来晤。午,接新吾字,云昨接阁报,家君得宫保衔,家叔得三眼翎。又送来傅相与大哥贺岁书,并馈炭仪三十金。晡,新吾世兄来,云今午入内观筵宴,谈其状云:天子中坐,诸大臣皆旁跪。陈果肴积数尺许,皆不能食。顷之,忽传天子退,皆纷纷攘掬,充然怀袖,殊可笑。俄,秉庵去。览欧文。

犹记今早大哥与余谈诗,谓古风虽不拘平仄,任意挥洒,而亦有一定音节。试观《声调谱》,每诗一句中,或一字两字,必有万不能不平、万不能不仄者,皆有细圈志出,可省验也。余始不解,今晚覆案杜诗,细细验之,颇有所悟。盖凡句中着眼字,上句既平,下句万不能不仄。如"落日照大旗,马鸣风萧萧",照字既仄,风字必平;"风吹客衣日杲杲,树搅离思花冥冥",日字既仄,花字必平,吹字既平,搅字必仄,诸如此类。然亦不可泥定,要在平仄上下呼应,读之音响铿□。更有全篇平仄相呼应者,此亦天籁,自然合拍成章,在作神而化之耳。

余谓天下文字之佳,两字尽之,曰:不同。譬之诗,上用平,下必用仄,此声调之不同也。譬之文,前既疏落,后必缜密,此格局之不同也。即如琢句,其新警动人者,必有万不能合举之语,而竟合焉,则语始奇,此琢句之不同也。即运词,亦必拣上下字绝不能联系者,而竟联焉,则其藻始新,此运词之不同也。亦有寻常沉腐之语,而所用之地自不相同。有万不应用者,而竟用之,则腐化为奇矣。其馀如此类甚多。要之,字字有来历,非可杜撰耳。余观名人著作,每每如此。然亦不能细为毛举,而其理自不易也。

初三日　　晴

余未下榻,大哥送诗来,示余《除夕口占》及《元旦感赋》七律二首。日中,余晤兄,因道昨晚所悟,兄亦谓然。是日宴客。晡,叶晋叔、李新吾、戴青莱、樊补山俱至,乃设饮。陈菊生逮暮始来。新吾先归。饮毕,众星历落,各散。菊生遂留宿焉。夜览杜诗《有客》诸歌,因叹文章造神化之境,虽嬉笑悲吒,皆有趣态。故史至马迁,文至退之,诗至少陵,千古不多见也。

席间,阅邸报:元旦庆赏,凡军机、内廷、六部尚书侍郎以下,有赏紫缰者、宫保衔者、双眼翎者、黄马褂者、交部议叙者,各有差等,不可胜数。外而封疆亦如之。下至提督,亦有宫保衔及尚书衔者,真异数也。

初四日　　早微见日,俄阴,午后稍晴复阴

母亲为余言:昨晚梦见乌云翳然四合,天色晦暗,俄风起,披拂

散去，仰视蔚蓝可爱，是何祥也？余曰：此所谓披云雾见青天，乃大吉兆。因忆病前偶梦天大雨，余趋避溷轩中，矢狼藉满地，无可置足，然无如何。既而雨止，天大晴，阳光四射。余谓此皆主余病先危后安也。是日读杜，二鼓就枕。

　　早间，诣杏孙谈诗，杏孙云其客岁北来，途中携得李莼客诗一册，自首至尾细阅一过，吐属雅饬，自不愧名下士。然气局魄力终嫌狭小，是真不可勉强耶。故凡世之擅英声、驰重誉者，非无人也。偶成一文，戚友朋侪交口而推重，视其所作，合诸所称，非尽溢美也。一旦刻诸集以问世，覆视其文而改观矣。夫人之目，非宽于前而苛于后也。其所成就者小，而不足以致乎远也。譬之舟楫，泛小船于涧溪，已觉其巨也。试之江河，则眇然无物矣。浮巨舫于江河，已觉其可行也。试之海，则倏然不见矣。故必有甚巨舟，而后可以行甚巨水。文之行于世而得名者，何独不然？故今日之友朋交相誉者，一时之名也。刻书以传世者，千古之名也。一时之名，如涧溪池沼之间，至极者不过江河，故舠与舫可容与而游。千古之名，乃大海波涛雄阔，非甚巨舟不能游也。古今舟之至大者不过三四乘，其馀虽不无巨者，而乘风破浪，坚利猛锐，且不能相抗；若夫滨岸渔艇，蜂拥蚁集，不可胜计，彼非不扬扬自得曰：吾亦浮于海也。而又安足数哉！故以一时交游之推重，而遽欲刻集以传世，是以舠舫之材而入大海，吾惧其日与渔艇为俦伍也。悲夫！

　　初五日　　晴

　　子颐以五十金购得董文敏墨迹一册，中皆裱摺扇面，以示杏孙，辨其真赝，余亦见之。前数幅颇可疑，败笔固多，且气亦不凝。后四幅笔墨脱化，精神飞动，皆叹绝。以为虽仅此数幅，亦值五十金。晡，补山来晤。读苏明允文。梅花已齐放，而姿态殊不胜前。

夜,仍读杜。

初六日　晴

出诣杏孙闲话。余于同乡中所最契者有四人焉:吴君子修、濮君止潜、姚君稷臣、陈君杏孙。四人者与余交最密,故知之深。吴君清峻凝远,粹然而和。濮君闳肆英隽,秩然而平。姚君恬旷明邈,超然而夷。陈君和易朴直,廓然而有容。其资禀气质,虽各有所不同,而臭味之投,性情之得,与夫植学、树品、志趋、福泽,皆不相远。余又尝谓,子修者,伯夷之风也。杏孙者,柳下惠之风也。他不敢轻许焉。余又忆前年由杭至苏,偶游留园,顾见其西偏一堂上横额书曰:"振衣千仞冈,濯足万里流,大丈夫不可无此志趣。月到天心处,风来水面时,大丈夫不可无此胸襟。海阔从鱼跃,天空任鸟飞,大丈夫不可无此度量。珠藏川自媚,玉韫山含辉,大丈夫不可无此蕴藉。"此殆见《格言联璧》及《呻吟语》等书中,余甚爱之,谓丈夫生世间,果能尽得此数语,亦极人生之乐趣焉。然吾思四君子中固有各能造其一语者,至是与杏孙道及,以为珠藏川自媚,玉韫山含辉,吴、濮二公当之;月到天心处,风来水面时,姚稷臣当之;海阔从鱼跃,天空任鸟飞,杏孙当之;振衣千仞冈,濯足万里流,仲愚自当之。相与大笑。

晡,剃头。览章实斋《文史通义》,笔墨芜冗,议论虽有可采,然识解颇小。可见著书立说之难。又观恽子居《项王都彭城论》、梅伯言《晁错论》。戏作咏笔歌七古。晚,寒甚。夜,阅杜近体诗。

初七日

早,诣大哥书斋,阒无一人,案头置苏长公诗一卷,余拊案高吟。须臾,大哥出,知许星叔于今日同乡公祭,送经共三十馀人。日中,补作日记。下晡,览昌黎《南海庙碑》、《柳州罗池庙碑》。

晚，阅梅伯言《臣事论》、管异之《蒯通论》《范增论》、朱伯韩《续苏明允谏论》等篇。连日遥闻金鼓声喧杂满耳，即俗所谓年锣鼓也，因赋诗一首云："献岁回春数日中，几家箫鼓迓东风。喧阗不仅赓人乐，弦吹还疑答圣功。天子勤劳忧岁旱，小民歌舞拜年丰。试看岁暮连朝雪，应识璇宫树德隆。"

初八日 风色晴和

迟起，母亲已出贺岁。庭作傀儡戏，价甚廉，不过京蚨数百文，殊可笑。余检阅宪书，知初八成日吉，因闲步诣止潜，晤冕侪，介轩亦在焉。顷之，介轩去，余独留，谈良久。止潜归，共午饭。冕侪呼余为再世人。饭后，复至介轩处。下晡，始归。览曾文正批牍。晚读杜，览《续辞类纂》。

初九日 晴，风

案头水仙花放。补钞日记。出晤杏孙，大兄已先在。杏孙云：袁简斋诗曰："早仕如早起，所见人事多。早退如早眠，心神自安和。"盖大兄素有早仕早归之志，尝慕梁山舟，山舟有诗云："一事比人差胜处，不曾强仕已归田。"故杏孙道及此。又，冕侪昨对余言，渠将来亦无大志，惟词林不可不得，不必留馆，但求散一知县，历任数年，归享泉林之福，足矣。以余观之，人世升沈，泛泛如一叶之浮江湖，任其飘转，其权岂能自我操哉？随所居之地，尽所当尽之道，斯无入而非乐境，无往而非享福。夫乐与苦之相寻，犹阴阳之互为消长者也，未有不苦而能乐者也。田家力作，劳筋苦骨，盛夏之际，日曝其背，佝偻喘汗，不少歇止，苦矣。无何，日薄西山，凉风徐来，柳阴下与其侪荷锄而归，鸡犬迎门，妻儿欢笑，乐也。遐陬寒畯，家无儋石，咕哔半生，崩波数千里，钩心镂血，撑肠挂腹，以争长斗技于矮屋之下，苦也。及至春风榜下，金殿一呼，杏花插鬓，绣韱缠身,跻瀛桥,登赤陛,峨峨然,于于然,乐矣。今夫丰约之家,日燠衣饱食,不习劳苦;天潢之胄,日峨冠襜裙,立廊宇之上,而亦不觉其乐,何也?乐不可久,久则忘其乐。故骤得之则瞿然,移时则安然,又久之则索然。彼先苦而后乐者且不能长且久如此,而况生于安乐者哉?故乐必由苦而得,小苦则小乐,大苦则大乐。苟能于苦中寻乐,则随所往而皆有乐境。必欲俟抽簪散发、归享林泉而后以为乐,万一人事牵阻,不如子之愿,则一日不归,一日不得此乐,奈何耶!且即幸而获焉,吾犹恐其久而忘其乐也。

日中,览朱伯韩《名实说》、龙翰臣《伊尹五就桀解》、《陈平周勃论》,暨鲁通甫《秦论》,又观其《盖宽饶论》、《朱建论》,断制深严,使魏侯、平原君两人无可置喙。薄暮,至青莱处小坐。晚,览杜,观苏长公《议学校贡举札子》。

初十日　晴

观眉山《代张方平谏兵事书》、《庐陵论》、杜衍《范仲淹政事状》,浮一杯茗;复观姚惜抱古文,笔力太弱,不足取也。日中,饱餐,衣冠出贺岁。先诣下斜街,晤子修,谒漱师,已他出,不得见。至长椿寺晤净波,小坐。复周转十馀里,车中览《小仓山房尺牍》。重裘暖汗,促舆人返辔归,日已晡。顷之,步至止潜,大哥已先在。介轩、冕侪、补山、止潜为骨牌戏,逮良久各散。余归时,月明在地。复览随园尺牍。随园云:所读之书不古,则所作之文亦不古。故昌黎自言,非三代两汉之书不敢观,惧其杂也。随园才笔横世,吾独惜其气息殊不古,当亦是读书太杂之故。复读杜《大食刀歌》、《王兵马使二角鹰》。

十一日　晴,大风

杏孙招余出,两人掎裳对榻,谈诗,谈古文,谈人事,谈物理,语刺刺不休。余谓古文最不喜观苏,如檐间之溜,石上之瀑,崩腾倒注,更无滢洄渟潊之致。杏孙曰:是不然,凡饱学之人皆喜为繁称博引,势不得不尔,袁随园、毛西河皆是也。余曰:西河于古文,本不深究。袁随园文虽亦纵横恣肆,然尚有停顿流转,第气息不古,不及东坡耳。必谓饱学之人文皆如是,则昌黎学问岂逊于眉山?而文章之深醇博厚,操纵起落,含宏万象,不必繁征博引,而蔚然之光,苍然之色,自不可测视,岂若子瞻之倾筐倒箧,不稍含蓄耶?子才云:天上有文曲星,无文直星。黄河之水天上来,且九曲而后达于海。文犹水也,能曲则其势缓,其味长。余非敢轻议东坡,但苦其议论太快,笔少曲折,不耐寻味耳。

饭后,余示杏孙日记,观至初六日览恽子居《项王都彭城论》,忽谓余曰:日间曾见一人咏项王诗,奇崛异常,劈空数语云:"不杀沛公,不都关中,不渡江东,三以天下让,项王真重瞳。"天然韵脚。古人云:文章本天成,妙手偶得之。信然。

下晡,与杏孙同至莲花寺。盖杏孙于明日乔迁,约余往视其屋。迤逦行,不半里已至。门径萧然,老树三五行,修干扶疏。曲折而入,忽得一静院,颇闲敞,房栊明洁,庭前亦植木数本,春夏间布叶垂阴,必有可观者。览毕,归经一曲巷,忽有声颇厉,回视,两女孩怒目相向。余顾谓杏孙曰:奇,此两人非欲斗也耶?言未绝,竟大为所诟摘,申申不已。余行不返顾,若不闻者。因忆去春偶至厂肆,游人填塞,彼此拥挤,腹背受敌,忽身后一人扑地,顾之,一四十馀妪。行不数武,其人自后大声辱骂,余亦听之。又记在杭时,行街巷中,忽劈面一人来,与余适相触,其人大言曰:"尔真无目人耶?"余亦不与较。归言于家,咸谓余曰:尔宜拱手称谢,云老兄目光如炬,自愧弗如。余笑曰:其时余亦忘之,但深自咎责,何暇及人耶！至今思之，可发一笑。

　　十二日

　　早，复出，与杏孙论文，反覆雄辩，杏孙不能屈余。午，入卧室，舒纸伸笔，戏作《文说》云：

　　《鲁论》曰：子以四教，文、行、忠、信。又曰：文莫吾犹人也。又曰：天之未丧斯文也。子贡曰：夫子之文章。甚矣文之见重于圣门也。文以载道，道非文不传。国朝人有云：古今人皆死，惟能文章者不死。斯言至矣。故历观千古贤豪忠烈、峻节奇伟之士，其兼能文章者而其名愈彰，何也？文以传道，亦以传人。读其文，见其人。天无往而不覆，而人不见天之神也，睹日月风雷而瞿然惊矣；地无往而不载，而人不见地之大也，见江海河岳而耸然骇矣；道无往而不在，而人不见道之用也，见《六经》《四书》而瞿然顾矣。故无日月风雷而人不知天，无江海河岳而人不知地，无《六经》《四书》而人不知道。《六经》《四书》，古今至文之所萃也。而历圣前贤，笑貌形声，虽百世下，犹觉跃然森然如目见、如耳闻者，何也？文在也，道在也，人在也。分而言之，吾知为文也、道也、人也。合而观之，吾不知为文耶、道耶、人耶？

　　既卒稿，掷笔徘徊啸咏。会杏孙在余兄处，隔壁闻之，大呼仲愚。余亦大呼应之，遂各大笑。声相闻，因急趋而往，相视复大笑，坐久之。杏孙将往莲花寺，什物已先往。大兄因与偕行，余辞不往。暮，观书，黄石孙来。夜览梅伯言与人诸书，苏子由《家诫序》、章实斋《答客三难》、杜工部《魏将军歌》。是日杏孙去，余即在前厅东室观书，书籍皆携出。

　　十三日　　雨水

　　早起，观魏默深《海国图志》。何颂臣来。子颐出细花磁酒杯示之，润洁可爱。午后，观吴才老《韵补》、《长春真人西游记》。厅后忽闻鸣金声，出观之，则弄猴与鼠为戏者。猴眇小，尺许长，自能启箧，戴进贤冠，啮鬼面，作人行。须臾，又立木架于庭，细刻杂戏具其上，出鼠无算，荷校者、汲水者、偷桃者，左右指画，唯所命。嘻，猴与鼠，微物也，而性又至顽，然而饮食之、教诲之，且驱遣唯人，不少忤，何也？与人习熟且久，而性情相浃也。夫物与人且能浃以性情，人与人何如哉！然而天下犹有不化之民、无用之人，居上者之过也。

哺，读马季长《长笛赋》，忽思杏孙，小步诣莲花寺，日已沉西，相见谈甚欢。案头置其令伯七十岁时照像，须眉如画。寿终客春，年八十三。其一勾山先生《紫竹山园图》，亦缩小成照片，林麓城堞，峰峦庭院，历历可指。又诸皇子题诗无算，盖时入直上书房也。暮，还过吴虎臣小坐。是晚为上灯之夕，家祭，月色甚明。复读嵇叔夜《琴赋》。

观《文史通义·妇学》，洋洒数千言。实斋自云：所以救颓风、维世教、饬伦纪、别人禽，非好辨也，不得已而言也。以余观之，其大旨尽于末章"古之妇学，由礼以通诗；今之妇学，因诗以坏礼"二语，其意盖欲使妇人学礼而已。而所以学礼之细微曲折，条目工夫，并无一语道及。乃长篇累牍，猥琐繁重，不过盛举古来由礼通诗之人某某，痛诋后世因诗败礼之人某某，罗列故实，以炫其博。譬之教人射者，不告以若何弯弓发矢，而但举古今某善射、某不善射者以示之，何异于隔靴而搔痒耶？颓风安救、世教安维、伦纪安饬、人禽安别？哓哓多言，徒辞费也。尤可笑者，中间忽夹论教坊曲里倾城名妓，戒人渔色，自干禁令。实斋自谓：维世教、救颓风者，盖在此耳。抑知齐国女闾，谢家乐妓，自古有之，无害于世。世道人心,自有大者、远者,岂区区禁狎游而谓可以挽回之耶!且此种议论,与妇学直风马牛不及,吾不解(直)〔实〕斋搦管时作何主见。

十四日　　微阴

庭院静闲,鸟声琐碎。览沈子敦《新疆私议》,见《落帆楼文稿》中,大旨谓守边之道,不可轻言弃地,自撤藩篱,而归本于屯田积粟,以省中国转输。因历举自汉逮明边防得失之故,昭然可鉴。此君深于舆地,故言之凿然也。日昃时,衣冠谒戴少怀师。复至南横街,晤地山、坚仲畅谈。暮归,灯下复续《文说》云:

古之以诗文鸣后世者众矣,然而翕然推奉为大家者,其所作必博且繁,其下笔时,必不假殚思苦索,顷刻无不成。何也?人生之光阴有限也。苟笔性淹迟,十日而画一水,五日而画一石,一岁之中所作几何?且凝思竭虑,移日累时,其心必苦,苦则必不肯多作,其势然也。夫为文不多,而欲其登峰造极,进窥古人之堂奥,是犹作万里游而日行不数武,虽三尺童皆知其毕生不能至矣。聪明智慧,人所固有也,不屡用则不生。精采光气,文所自有也,不多著则不出。多则熟,熟则化,化则神。老杜诗,子长文,足以亘天地,并日月,历久而不磨者,化也,神也。雕琢讵不甚工耶?润饰讵不甚完耶?乃雕琢愈工,而气机愈促;润饰愈完,而魄力愈小。何也?彼为文既艰且少,自顾中不足制胜,乃斤斤焉饰其外以救之,未见其有济也。故自其外观之,迟者工,速者率矣;少者精,多者杂矣。然吾正以其率且杂,为人所难能。何也?大也。余居京师久,凡自远方来,始至者未有不厌且苦。询其故,曰:街衢凸凹,尘风泥雨,牛溲马勃,嚣浊蒸郁,秽区也。未几,余与观庙廊坛宇间,壮耸巍峨,严森寥廓,则矍然愕然,讶为天上。退而叹曰:惜哉!使衢巷间,皆平除荡涤苗蓐发栉,坻平如申江夷界间,乃完美矣。余曰:不然。王者之都,地大物敷,藏垢纳污,故有至贱者,有至尊者,有至富者,有至贫者,有至清者,有至浊者,无不包,无不容也。有容乃大,今子欲修而完之,是直欲斫而小之也。故文之有大家,犹天下之有京师也。彼大家之文,其只句片语,获訾议于后世者众矣。然而不掩其为美者何也?大也。从事于大,不能不遗夫细,其势然也。

十五日 晴

忆昨地山云,闻杭省有举子十五人,连辞控仁和县,皆阴受钱塘县某指使者。仁和某不知作何弊窦,有私册在某举子家,故挟为凭。会仁和出贿丐其册,其人贪焉,竟与之。馀十四人皆大怒,聚讼于杭城之松澜阁,不识确否。又闻京兆孙驾航余太夫子撤任,调还陈六舟,邸报未见也。

览管异之文。观《唐两京城坊考》,徐星伯松撰,凡城垣、宫殿、街坊、寺观、池渠,及名贤故宅,皆一一博考确证,使千百年规模形势了如指掌,快甚,趣甚。

观袁简斋《答尹相国书》,有云:饮食之道不可以随众,尤不可以务名。燕窝、海参,虚名之士也,盗他味以为己味;鸡、鸭、鱼、豚,豪杰之材也,卓然有自立之味,各成一家。妙论解颐。

是夕,笙歌四起,月明如昼。阅邸报,孙京兆果以屡被参劾,开缺另补候简用,顺天府尹着陈彝补授。

览沈归愚诗,有夷旷恬适之致。其《王耘渠春晓读书图诗》云:"耽书如贪人,年老志未满。又如游名山,深入自忘返。"

十六日

早,杏孙来。览《续辞类纂》。午后,偕杏孙、石孙、大哥及甥孟庚往观剧。方至骡马市，履平、坚仲亦踵来，遂偕观同春部戏，甚佳。有名优曰小桂铃者，演《长生殿》，色技双绝，且举止闲雅，有闺秀态度。观者眉舞色飞。暮，还过市，灯火笙箫，故是昇平景象。晚，地山、厚庵来寓，共酌饮毕，观放花爆，喷高三丈，堕地如金钱。古所谓火树银花者似之。俄悬一具，状如盒，俗即称盒子，燃火线，徐徐上，忽烟焰喷薄，盘矫而下，现五彩花篮。顷之，又现一楼船，玲珑荡漾。又久之，现葡桃一架，光青碧可爱。观毕，内作戏法，共四五人，目睫手敏，俶诡幻怪，奇谲不可测。览曾南丰《与孙司封书》。

十七日

晏起，读杜。成子蕃来。饭后出拜客，车中览曾文正书札。向晚，归，天色半阴，空中闻纸鸢声，远近不绝。灯下观黄仲良《皇朝经籍志》。

十八日　　晴

又览其《三长物斋诗略》。仲良又字虎痴，其诗洒落有致，刻有《三长物斋丛书》，中多自家著述编辑之书，又其父石樗、兄花耘诗文遗稿。惟《集古录》、《金石录》等书系其重刊者。

读杜古体毕，阅近体。每怪古人诗至佳处，虽极淡语，皆有精神。如"秋水清无底，萧然净客心"，真善于写水，令人想见空明澄澈之状，妙在一净字，为传神也。

日向午，往谒漱师。先至子修处，晤炯斋谈。闻师已他出，遂不往。至长椿寺蔬饭。案头有《同州圣教序》拓本，精绝。余素爱褚书，谓其细劲峭折，如极疲人而筋骨强健者。又《无量寿佛经》一部。饭已，至徐季禾年伯处贺喜，新放浙江学政。复周转数家投刺毕，遂诣莲花寺，大哥及青莱咸在。有长老，白髯瘦颊，精神矍铄,善谈笑,云是张子盛大令,亦杭州人,久为直隶州县,刻已宦成解组矣。其人颇谙书画,持何子贞手卷,超逸入神,良久皆散。余俟暮乃归。夜,览吴南屏文。

十九日　　早起,沉阴

乘车入城,至吕祖阁还愿,遂至署。是日午正开印,内外皆张幕结彩,朱绿晖映,焕然改观。余小坐即行,遍谒长老,如翁叔平、钱子密、徐筱云,又孙、汪两堂官,皆投刺毕,至新吾处,时已日中。小雪,坐良久,归。车中观曾文正诗集,兴至则朗诵,往往湫尘嚣溢,人声喧沸,而余吟咏自若,如坐书斋。晡,杏孙邀饮,赴广和居,坐中有伯唐、伯臯、百约、青莱、补山暨余兄,又有将出洋之宋芸子。席间谈灯谜甚欢。有绝佳者,如上去一,下去十一。《四书》一句:"此天地之所以为大也。"上土下阝。截《四书》两句:"城郭不完,为其不成享也。"数虚字皆有神。散时已昏黑,雪犹洒衣。

欧阳永叔为其叔欧阳公墓志云:"尝奉太夫人之教曰:尔欲识尔父乎?视尔叔父,其状貌起居言笑皆尔父也。"余家叔父亦酷类先子。忆壬辰岁秋,至苏馆叔父家,晨暮侍坐,每于黑暗中听叔父言笑,俨然吾父犹在,为之凄然而悲。然住苏不过三四日,即由沪北上,虽甚乐,日亲叔父且不可得也。先君身后有遗像,殊不肖。近西洋照像法丝毫不爽,而先君亦竟无有,抱恨终天,复何及邪!

二十日　　早晴,俄阴,微雪;午后晴,风

览曾文正《答刘孟容书》,论格物诚意之学,《与朱仲我论小学书》。又观蒋心馀《四六法海》、朱竹垞《经义考》。复览《明儒学案·师说》,谓吴康斋日记云:澹如秋水贫中味,和似春风静后功。可为先生写照。充其所诣,庶几《中庸》遁世不见知而不悔气象。

夏东岩云:卓然竖得此心,便有天旋地转气象。又云:涵养此心,须如鱼之游泳于水始得。又云:寻常读与点一章,只说胸次脱洒是尧舜气象。近读二典三谟,方知兢兢业业是尧舜气象。余谓二者尧舜兼有之。精一危微是尧舜愤处,春风沂水是尧舜乐处。

下晡,诣梓潜。暮,复偕梓潜、冕侪同至伏魔寺晤补山、介轩,小坐即归。晚,读杜,复读成公子安《啸赋》、潘安仁《笙赋》。

二十一日 晴,风

坐竹窗下读梅村诗。

余谓人生世间不为大贵,必为大富,而后快吾之志,而为所欲为。盖贵者居高位、挟权力,举目摇指,出生民于荼炭而燠咻之、润泽之,小则造一方之福,大则天下受其利,固极人生之快事矣。而富者积钱累百万,蓄谷千万斛,视有愁苦窘急、穷饿无聊之人,而振之、翼之、扶之、起之,顷刻间皆苏息宽缓,而熙熙然有生意,如涸鲋之遇大川,槁苗之逢急雨。呜呼,岂不快哉!岂不乐哉!夫今世之贵者众矣,富者亦不少矣,而吾卒未闻其有此快、有此乐者,抑独何邪?抑独何邪?马伏波谓,富不能施者为守钱之虏。吾不知贵而无作为者使伏波见之,抑又守位之何物耶?一笑。

览俞理初《癸巳存稿》。又郑浣香复光《镜镜诊痴》中原光、原色、原景、原镜色、原镜质,牛毛茧丝,剖析微渺,谈镜之理,可谓精矣。

晚,览《文选》及吴梅村诗。是晚入内室洗足,观花灯,亦一韵事也。

二十二日

晨,谒漱师,谈及殷秋樵之弟,名如珠,字还浦,为江苏教谕有声,经师保荐,以知县用,出任云南,亦著政绩,未几竟卒。师为联挽之云:"季智本儒生,小试已登循吏传;伯仁由我死,大招难返故人魂。"

午后，览《通鉴》，又观竹柏山房刻书。暮，厚庵来，晚饭后去。晚，览梅村《画中九友歌》，观魏文帝《与吴季重》诸书。

林鉴唐名其斋曰竹柏山房。以庭前有竹、有柏也。左太冲诗："峭倩青葱间，竹柏得其真。"而余斋前有梧、有竹，因亦自颜曰梧竹山房。自题一联云："翠竹碧梧，常觉生机洋溢；粗茶淡饭，无忘物力艰难。"以自警云。

二十三日　　晴，午后，阴

观《群书治要》。又《元朝秘史》，语皆俚俗。首叙元始祖，乃天生白狼与鹿交而生者，殊可骇怪。卷末钱竹汀跋，皆刊杨墨林《连筠簃丛书》中。与前观《镜镜诊痴》、《长春真人西游记》等书皆在焉。携短麦两瓯，置案头砚池之侧，新翠可爱。日昃时，诣林清宫，至许恭慎公处叩奠。悬遗像极肖，绘冠服工细绝比，其价盖百馀金。是日，饭僧诵经一日，以明早出丧。回忆去秋，余偕杏孙来此观剧，夜演《凰求凤》，灯彩笙箫，团花簇锦。余顾杏孙曰：富丽极矣。不谓今日重来，惟闻满耳此梵音，哀厉激楚，为之愀怆不已。屋宇东西，雕栏画栋，皆数年来恢拓添造者，今皆冷落，令人有仰屋之叹。

暮归，灯下览邸报。日来朝廷殊有振厉气象，屡读上谕，语皆严峻可畏。苏老泉谓，宋朝以弱政败强势，今诚能用威，一赏罚，一号令，一举动，无不一切出于威严。用刑法而不赦有罪，力行果断而不牵众人之是非。用不测之刑，用不测之赏，而使天下之人视之如风雨雷霆，遽然而至，截然而下，不知其所从发而不可逃遁。近今之朝政颇有类此者，且言路亦颇开，吾知海内当有额手相庆者矣。

二十四日

起，阴云暗蔼。赴全浙馆，同乡官为许大司马路祭，灵舆诣长椿寺,旗旛鼓吹引导二三里,观者阗咽。入寺时大雪,宾友杂遝,拜已各散。

览《通鉴》,梁统请光武更定律令,谓刑罚在衷,无取于轻刑,轻则民轻犯法,惠加奸轨,而害及善良。因历数初元、建平前车之鉴。立论非不甚善也,第统顾未尝审度时势。使当承平日久,政教废弛,则猛以济宽。古人有行之者,孔明、子产是也。光武之时,何时哉?大难初平,海内疲耗,疮痍未起,正宜和平宽大,与天下休息,而复用严刑重法以从其后,岂复仁人君子之用心耶?刘青田谓明太祖云:霜雪之后,必有阳春。谓宜稍减刑威,布施德惠,太祖卒不听。胡、蓝之狱,死者累数万人。夫光武岂明太祖之俦哉?史臣责统苛虐,神人共愤,亦不为过。

韩歆之死也,《纲目》书自杀,是以过委光武也。吾谓光武特小不能平耳,必无欲杀韩歆之心,歆不当自杀。歆自杀,成君之过也。夫郅郓拒关不开,郭宪拔刀断车鞅,且优容之不加罪,何区区指天画地之细故,必欲杀之而后快哉!歆好直言,直诚直矣,惜乎悻悻然小丈夫也。

夜读杜,有云:"竹凉侵卧内,野月满庭隅。重露成涓滴,稀星乍有无。"数语寻常情景,使他人为之,必流纤小。唯此老信笔濡写,不失醇厚气象,故为大家。

二十五日　阴

饭后诣杏孙谈。余谓杏孙曰:余昔行路,每欲速至,而愈觉其途之远。唯信步而行,则倏忽已至。杏孙曰:"善哉言乎!为学亦然,循序日益,必有精造之日;躁情躐取,终无见功之时。斯至理也。而子于行路得之,子真默而好深湛之思者乎。"

余平素于科第甚淡,非能淡也,其所以致此者有由也。人或家计雕落，朝不谋夕，专视科名以为出路，而余无有也。丰衣厚食，拥书册，享安乐，傲逸自得，恐一获科名，反不能如初也。此其一也。或欣羡富贵，营情绂冕，壹心单力，务在必得，而余亦无有也。生长京洛，习见熟睹，贵官显达，车载斗量，不可胜数，思即跻身其地，不过如是。此其二也。或曰："子之所以轻科第者，信矣，独不见夫韩稚圭与文文山乎？彼若不获甲第，能若是之经纬事业而不负所学耶？子何轻视科第之甚也？"余笑曰：然。使余之树立，果能如韩、文二公，则一登仕版，身非己有，尚何能暇逸闲放以自适乎？姑无妨迟迟吾出，丰其羽毛，养其精锐，多享数年之福，俟学成而后用，何必孜孜而迫不及待耶！故余于科第甚淡者有由也。或又曰："子独不为显扬计乎？早获科第则亲心慰矣。"余曰：不然。夫余曷尝不欲应试耶？特功名得失有命存焉，非可强而致也。知其不可必得，故视之甚淡耳。岂真欲屏弃帖括，迟之数年耶！

览《通鉴》，余最爱马伏波凡人富贵，当使可复贫贱之语，能如是则自无患得患失之心矣。如伏波者，其人也。观《廿一史四谱》。

二十六日　　晴，大风

余兄弟在馀庆堂宴客，皆先君庚午、丙子两科陕西、福建门下。晡，归，厚庵来晤。夜，览曾文正《圣哲画像记》，圣门高弟德行、言语、政事、文学，不过偶然自分品格，遂使古今人物不能出此四种，亦奇矣哉。

二十七日　　晴朗

温经，览《书经传说汇纂》。午，访杏孙不遇。

苏诗云："鸟囚不忘飞，马系不忘驰。"又云："君看厌事人，无事乃更悲。"余兄谓：子瞻真满腹牢骚，情见乎词。余曰：此亦至理。

凡人久于仕宦者,未有不厌倦而思退也。使其果退,则又闲静不得,复思出焉,皆是也。

观竹垞诗。近时诗人运用典实,竞尚新僻,竟有全首不能解其出处者。余谓能用僻典者不足贵,惟能化陈为新者乃足贵。如竹垞诗"短发参军帽,重寒范叔衣",二事人人知之而不觉其腐者,以作者之善用也。诗所以道性情,何必专以难人为能事耶!

二十八日

是日惊蛰。晏起,温经书。午后往观剧,会座已满,无位置处,遂至厂肆,携得《元遗山集》及《清仪阁题跋记》。归,读《通考序》。晚,阅《古文辞类纂》,柳子厚《论语辨》二首,方望溪评云:摽然如秋云之在远,可望而不可即。又《辨列子》一首。余谓列子近佛,其言有云:"死之与生,一往一返。死于是者,安知不生于彼。"即轮回之说也。

轮回之说,世儒所不道。然合诸阴阳消长、四时旋转之理,亦不悖谬。吾虽不能断其必有,又安能保其必无邪。佛老之言,精澹奥妙,要非聪明绝顶者不能为,故亦能自树一帜,历千百年,攻之不摇,辟之不绝,第未可为常法耳。

览元遗山诗,清健排宕,纯任自然。有《萧斋诗》四首、《九日读书山用陶诗露凄暄风息气清天旷明为韵》十首,皆可想见其胸襟怀抱。

二十九日　　晴

砚池旁麦高数寸,葱翠有生趣。立日钞册,分经史子集四门。凡阅群书有可采语,或足为词章之助者,皆录其中,以备遗忘。

午,偕余兄诣杏孙,小谈即归。览《通鉴》。冕侪来晤。夜,观张平子《两京赋》,复览《曝书亭集》。自立课程:午前治经,治帖括；午后作字，治史，治《文选》；晚杂览诗文，录日记。

二月丁卯

初一日　　早微阴，即晴

晏起，温《书经》。余谓尧既知鲧方命圮族，何以仍令治水？注谓当世廷臣无有能于鲧者，故岳言试可乃已，取其可以治水而已。盖鲧外著之才干，实有足以钓弋华名而惊动一世者，虽尧之明圣，心知其不可，尚难众意，必俟其绩用弗成而后黜之。甚矣小人之可畏也，如宋之王介甫是已。当时岂竟无深识远见如老泉者，然卒不能禁当世人之心，使终不见用也。温公曰：有德而无才谓之君子，无德而有才者谓之小人。若鲧与荆公，其小人之尤者乎？盖其才其能，实足令人爱慕，虽欲攘斥不用而不得也。噫！

日中宴客，座中有二长老：一汪子长，一张子盛。皆清癯洒落，谈笑如少年。饮尽欢而罢。晚，与大哥偕方甘士往湖广馆观剧。夜四鼓乃归。

初二日　　晏起晴，午后阴

观《书经》传说在璇玑玉衡，以齐七政诸解。余平日于天算一门，如堕云雾中，尝疑先儒言天有三百六十五度，彼何以知之？今观陈氏师凯说云，浑天家见天体圆如弹丸，南北东西纵广如一，遂借三百六十五度阔狭之限，横布于天，以记二极相去，及出地、入地，冬夏二至，春秋二分，日行相去，中间所隔广狭多寡之数，余始恍然大悟，而笑前此之愚也。又郑康成云：凡日景于地，千里而差一寸。即土圭之说。此说吾不知从何而起，抑何据而云然耶？容他日质诸算学家者。至其勾股推算自有成法，苟能细心测度，余谓亦无所难。

杏孙来晤,同诣子修,共晚饭。时土地庙西偏施放烟火,余偕杏孙、子修、䌹斋暨余兄是日䌹斋约在全浙馆饮叙等六七人,登看山楼望之。人声腾沸,灯光历乱,如繁星可观。花爆递放,忽起忽落,有如明月者,如连珠者,又豆棚花架。惜远望视模糊,不得细视。最后放盒子,凡五层,亦无大诡异,不过灯火联缀晖耀而已。观毕,复诣子修,小坐始归。

初三日　晴

览《尚书注疏》,《书》言九族既睦,平章百姓,百姓昭明,协和万邦。注:蔡氏曰:百姓,畿内民庶也。孔颖达曰:百姓,百官也。是说吾以孔为长。盖由九而百,由百而万,以次递言,文势较顺。若以民庶解,则岂但畿内民可称百姓,即万邦之民何不可称百姓。仅言百姓,何以别耶?且何不直言畿内邪?董子曰:为人君者,正心以正朝廷,正朝廷以正百官,正百官以正万民。董子所言百官,盖统中外而言。所谓朝廷者,必在公卿大夫,未有公卿大夫不正而可以正诸侯者。夫至公卿与诸侯皆正,而万民有不正者乎?故曰黎民于变时雍也。由是观之,作百官解于理既确,于文势亦顺。不然,则百姓既下与黎民重复,且又须分别畿内畿外,似古之史官,不应如是之费解也。

然余窃有疑者,下文百姓如丧考妣,百姓不亲,罔咈百姓以从己之欲,岂皆指百官邪?又如允釐百工,则百官称百工,谓其亮天工也。至率百官如帝之初,则直称百官,何必此处独以百姓作百官,使与下文百姓相混邪?且何不直言百官邪?若如此说,则又疑蔡说为是。古人文法往往有不甚醒豁者,学者但得其修齐治平之大意,更不必于字句间深考细辨,转至左支右吾。陶靖节云:读书但观大意,不求甚解。斯言最得。

下晡,读杜诗。地山来,云自署归,道余得庆典差。晚,厚庵复来。夜,风。

初四日　晴

日向午,履平来晤,与谈算法,测度星月去地远近里数法。履平于算学颇能深造,言之皆有根据。午后,子颐约大兄及余往观剧,甚不佳。晚至万福居小酌,夜归。余昨闻初一日午未间,日重晕,有白环三相连。余时未见也。余兄言《通考》载之,主边兵动,不知确否。

初五日

晨,往谒汪柳门少司空,谢庆典。于路览玉溪生诗。日向午,至仁钱馆春祭。同乡至者二十馀人,团向而拜,拜已,相与酌饮。晡,归。黄石孙来晤。

初六日

早,温经书,读管韫山时文。午后,作文半篇,仍去岁故君子必慎其独也题。览杜诗。晚,至湖广馆观夜剧。夜深归。

初七日

晏起。读杜诗。《瞿塘两崖诗》:"三峡传何处,双崖壮此门。入天犹石色,穿水忽云根。"《诸葛庙诗》:"虫蛇穿画壁,巫觋醉蛛丝。"《秋日闲居诗》:"寒水光难定,秋山响易哀。"《南楚诗》:"无名江上草,随意岭头云。"《溪上诗》:"古苔生窄地,秋竹隐疏花。"天地间一名一物,一形一色,莫不有真精神、真趣态。或过焉不留,或日当其前而不知,或知焉而不能言,多矣。而惟诗人能刻划之,形容之,使天地间名不虚名,物不虚物,形不虚形,色不虚色。故画家能画其迹而已,而诗能画其神。有诗笔到而画笔不到者,未有画笔到而诗笔不到者。且诗与画其传世之远近何如耶？画依乎楮与墨，虽有名绘，而雕残剥蚀，渐久即化乌有，而诗则火不能燔也，水不能濡也，虫不能蚀也，风霜不能侵也。遂使天地间真精神、真趣态，偶一呈露，即长留于人间。噫嘻！此诗之可贵也。

是日，午前阴，日中晴；晡，复阴。吴虎臣来，嘱余书大字。暮，诣止潜，晚饭。归，览曾文正送刘椒云、谢吉人、周荐农诸序。

初八日　　晴

晏起，观《文选》，书大字永聚丰横匾。午后，诣孙燮翁及怀塔布、英年各堂官处投刺。车中览玉溪生诗。其《夕阳楼》绝句云："花明柳暗绕天愁，上尽重城更上楼。欲问孤鸿向何处，不知身世自悠悠。"归时日犹未落。步访杏孙不遇，微风拂面。

余窃怪曾涤笙《画像记》独不列三闾、彭泽两人，岂以其人微有不足法者欤，抑或编辑时有所遗漏欤？夫屈子行吟泽畔，未尝忘君。陶公采菊东篱，未尝忘世。之二子者，其胸中皆有磊落瑰伟奇崛之气，抑郁不得伸，虽一则形诸悲骚，一则托诸闲谈，而高风峻节，同得天地清明之气，而卓然独步于千古者，无殊焉。然而曾涤笙独不列诸三十二子之列者，何欤？抑别有故欤？

陶靖节《观山海图》诗："孟夏草木长，绕屋树扶疏。众鸟皆有托，吾亦爱吾庐。"四语吾谓其有天地万物，上下同流，各得其所气象。

初九日　　晴

早起，温经，读时文，观《文选》，治史。午后，诣杏孙谈，许尺衡在焉。须臾，粹卿亦来，与谈初一日日异。向晚，归。读杜，及《渔洋精华录》，又《昌黎集》。是日，有新科举人三名在保和殿覆试，皆去岁中式，因枪，后为御史言者，不知若何情形，能否完卷。

晚,诣江苏馆赴许尺衡约,二鼓始散,月甚明。

初十日

早,课程如昨日。嗣后每日如常,不复缕载。饭后,乘车至厂肆,还诣杏孙,偕往谒聘臣师,不遇;又诣兰秋师,亦不遇。仍至杏孙处,谈近时丁、饶两公事,得其原委。盖其始也,厂书肆中有所谓二酉堂者,江西饶姓人业之。其人与饶公同族,去岁考差后,饶公之族人忽来言曰:"目今得差,非安坐可得。然子欲之不难。"问其故,曰:"禁中某宦者与吾有故,颇往来吾家,贿之使为某谋,无不可。"饶正色拒之。他日,丁公亦来,谓饶曰:"闻厂肆二酉堂与内监通,可为力,有之乎?"饶曰:"然。此余族人,曾为余言,已却之矣。"丁嗾饶曰:"迂哉!果然,何必捣虚名而遗实利?"饶曰:"苟子欲之,吾为子谋。"遂倩其族人者与内监约:广东若干,四川若干,而己亦与焉。约既定,未几,两省差出,皆非其人。疑而询之,内监曰:"此亦无奈何者,虽然,必有以报子。"俄,丁放陕西考官。内监问二酉堂索贿,丁、饶始俱不可,后丁许五百金,既而悔之,以为所获违所愿,安知果内监力。继饶来取金,丁不与。饶怒曰:"子反覆食言,何面目见故人。"遂相诟厉,丁忽遁入不出,饶无如何。盖丁识饶而不识二酉堂,饶识二酉堂而不识内监。故内监日向二酉堂喧逼,二酉堂亦日逼饶。饶大窘,而丁坚不出,未几,轺车远扬。于时都中物议腾沸,饶惧,乞假归江西。越数月,陕西试竣,丁还,御史疏劾其事,诏查办。讯丁,丁不承。传旨召饶,饶至。丁遣人于路迎谓曰:"尔宁抵赖毋承,吾赠公千金。"饶大怒曰:"子之谋也,五百金尚吝鄙不与,今竟不惜千金邪?"既至都,叹曰:"不招无以对君,不死无以见吾亲。一念之差,身败名裂。"遂书清供,缕述其始末,服鸩而卒。于是,丁褫职严讯,今尚不知若何。噫!饶之死可悲也,丁实杀之。不然,彼其拒族人时固佼佼丈夫也,而竟为丁堕行,利欲之诱,人可惧哉!然其终也,不贪丁千金,必招必死,饶固犹可原,若夫丁,则吾不敢知矣。

  十一日 晴

  饭后,放笔作大字,颇苍劲可观。作书答仲基,中有云:"人生聚散,飘忽无常,阁下一北一南,不过旬月间,忽而相亲,忽而相隔。今人心目,颠倒恍惚,不知世间之境,果以何者为真,何者为伪邪?"暮,杏孙招余往谈,即留晚饭。杏孙云:最喜东汉名流之十六字:郭林宗隐不违亲、贞不绝俗,黄叔度浑之不浊、澄之不清。以为可作绝对。俄,余戴月而归,览曾集。

  十二日 晴

  续成前故君子题,文尚得手。送还杏孙之《文选集腋》。因论《史》、《汉》不当史读,宜仍作文集读。盖其书重在文,不重在史也。书以示杏孙,渠以为然。夜,仍览曾集。

  十三日

  数日来温经,看望溪稿,览经义,读管文,治《文选》,看史,尚无间辍以馀暇杂览他书,或出小步。是日饭后,诣介轩不遇,因访冕侪。归,命仆隶持斧芟庭前竹,去芜秽者。读杜,览《养一斋集古》。晚,复览《续辞类纂》鲁絜非《上朱梅崖书》及梅崖答书。

  十四日

  午后,访杏孙不遇,归览《文选》及史书毕,整治书籍,拂拭几案。窗外丛竹迎风洒然,砚池水清莹可玩,阁笔小山黝黑而磊砢有古趣。余坐啸其间,甚乐。读杜,晚复观《养一斋文集》,又观恽子居《大云山房集》,皆阳湖宗派。国朝古文家,阳湖与桐城并驾而驰,然桐城用笔轻趄盘折,其弊也薄,阳湖用笔质重直遂,其弊也滞。夫文各道其所欲言，各遂其笔性之所成，期于达而已，而必拘以流派，摹拟而仿效之，而所固有之天资性灵转汨没焉，而无以自见。噫，何其愚邪！生计颠迫，不克自振，而衣食依于人者有之矣，奈何为文而亦依于人邪？是可耻也。

十五日

起稍晏。衣冠诣陕西巷还愿，遂至聘师处，絮谈久之。师刻《结网珊斋文稿》，携二册归。午饭后，偕兄步诣介轩，复过梓潜，偕往莲花寺观许竺生、王晋吾等与杏孙书札，字固超敏，辞亦雅澹。晡归，阴霾密布。读史。夜读玉溪生诗。

十六日　　晏起，阴

作粤东书二函。余最爱坡老诗："雨昏石砚寒云色，风动牙签乱叶声。"谓可作书斋对联，遂书而悬之。沈兰秋师过谈。观史。忽见竹色深暗，小雨廉纤，逮暮不绝。晚，读杜。

十七日　　雨

坐小窗下食早粥，钞日记。午霁，俄复雨，向晚始晴。治《文选》，观史。晚读杜，览玉溪生诗及《元遗山集》。义山诗多道丽哀艳之句，神韵疏朗，气骨清耸；惟出语间涉纤佻，失诗人浑厚之旨，为足憾耳。遗山诗文亦浏亮豪迈，然轻浮无醇厚气，不耐细玩也。二鼓入寝，疏星朗月，凄澹入画。

十八日　　晴朗，微风

览《元文类》。向午，诣于忠肃祠，杭郡春团。晡，至全浙馆，林莲孙寿其母，称觞演剧，宾友杂沓。余昏黑始归。读《通考序》。

十九日　　晴，日中半阴，大风

余晨观史。即诣下斜街，黄师母生日也。复入城，至新吾处，小坐即归。午后至湖广馆观剧。夜还，月色满庭。

二十日　阴

观史。饭后，许季侯以将南旋来别，与谈词曲甚详。季侯言，夏月酷暑疲苶，会夕阳既下，凉风入夜，邀良友数人，携筝笛群坐于绿阴之间，明月之下，引声度曲，令人精神耸然，亦一乐境也。忆昨又与人谈弈，谓弈可以观人之心术性情，其诚实者、谲诈者、谨细者、粗忽者，皆无遁形。晚，读《通典》、《通志序》。

二十一日　晴

观史。饭后，览《文昌功过格》。暮，石孙来晤。

二十二日　晴

衣冠入城，诣长官徐会澧、凤鸣两处投刺，过甘石桥旧居，门庭如故，不知僦居者何人。又出神武门，望见万寿山亭，即明怀宗殉国处也。归，日已斜。

二十三日　晴

录日记。览赵子昂《兰亭跋》。窗前花忽欲放，不知何名，色黄而小，对之甚乐。饭后写扇，临松雪《兰亭》，读杜。庭间柳渐有绿意。

二十四日　晴

晏起。日中诣全浙馆团拜，观剧，甚有情致。夜演《梦游上海》，灯彩缤纷，夜四鼓始归。是日，杰臣抵京，亦来会馆团拜。

二十五日

晏起，观史。樊铭舫、彭伯偕来。览《明儒学案》。下晡，诣莲花寺访稷臣谈，即在寺中晚饭，谈外洋事甚详至。

又论曾文正。稷臣谓：曾文正其人近于诈。余曰：此非诈也，权也。稷臣曰：其所著于事者如此，而本心之诚足以副之，谓之权；其著于事如此，而本心之诚不足以副之，若是者谓之诈。然则曾文正若何？曰：吾知其非尽出于本心者也。何以知之？曰：吾以一端窥之：昔者天津教堂之案，诋毁文正者不知凡几，竟有投以书诟责之者，而曾公嘱幕友作答书，无不婉辞逊谢，深自咎责。乃私观其于来书，则皆痛加涂抹，若甚自以为是者。夫公论大臣体国之心，则大难初平，疮痍未起，老成持重，自不能不隐忍一时之小辱，而奠社稷于安全，正公之所以不可及也。然当时执一二无辜冤民，杀之以弭外国之患难，事出于无奈，而返躬自问，能无愧疚心，而尚敢自以为是乎？吾是以谓公为诈者在是也。余曰：不然。此公度量之稍狭耳，非论诈也。夫人之所以责公者，大都不识大体，不察时事，而第见夫甘于自弱，舍战而和，以为非理，遂作此乡曲之论，以相訾詈，而不知公之有定见也，其自信甚深也。其所以涂抹者，必于此也。若夫戮无罪百姓，公何尝不内疚神明，而谓于其责之者而涂抹之，必无是理也。盖观公平生之气象，与夫所以自命者而可知也。夫第据至微之一事，而不深辨其所以然，遂欲重诬一古今之完人，抑亦过矣。

二十六日　　晴

午，访介轩不遇。诣稷臣，则介轩亦在焉。归，鲍祥士姊丈抵京，已来寓。晡，行李始来，即下榻于客厅之西舍。是晚，室人举一女。

二十七日　　阴

杏孙衣冠过寓。

二十八日　　晴

饭后，诣杏孙畅谈，论阴阳果报事。

二十九日　　晴

诣署，复至新吾处小坐，即出城，大风，尘沙迷路。

三十日　晴

作《治盗议》。

治盗之法，先辈言之详矣。有云宜分别首从者，有云不宜分首从者。余谓二者皆失之。分别首从，将使盗之为从者咸谓罪有所归，即不幸被获，法不至死。而为首贪于财物，希冀漏网，遂谓不妨一试。于是掉臂一呼，从者愈夥，且竟有一案既出，为从者尽获，为首者远飏，此案遂不能办者。此分别首从之失也。不分别首从，则又恐有愚懦小民困于饥寒，为盗所诱，未尝逾垣登屋，但为之接赃担负，受其役使，一经破案，骈首都市，而凶险元恶或转有逍遥法外者，仁人君子所不忍闻。此不分首从之失也。以余观之，国家设刑，有一定之法，有无定之法。一定之法，以法断者也。无定之法，以情断者也。以法断者，守法而已矣。以情断者，视乎用法之人。夫分别首从，法之至宽者也。然其间或有凶悍异常，为盗已久，或刃伤事主，其情可恶者，虽仅为从，而亦不得不杀。不分首从，法之至严者也。然其间或有懦弱无知，迫于穷饿，初为盗诱，情有可原者，虽已为从，而亦不得尽杀。此所谓以情断者也，无定之法者也。然必听狱者能平其心察之，虚其心体之，而后能得其情，非卤莽灭裂者所能办。故又曰视乎用法之人。伏思当今之时，盗风日炽，岂能复作分别首从之谈。然惟期听狱之人，咸能于不分首从之中，略示区别，酌乎其情，以量为减等，庶几无知小民，不至缘饿寒所迫，偶然失足，而遽干至惨之诛，则我国家仁厚为治之德，庶几无微不至，而泽被无穷矣。

三 月

初一日
日食。自巳至未,一千分食至八百六十馀分,可谓甚矣。而是日阴霾,不能见。余日中诣汪少司空处,盖其弟妇始入门会亲友也。其东院新筑屋十数间,廊宇精雅,陈设字画,皆有幽趣,惜少花木为之烘染也。晚,大风。

初二日　　晴,风
日向午,诣陶然亭宴客,座中有子颐、啸霞、颂臣及詹黼廷太守、多舒农观察。子颐教伶人弦歌侑酒,尽欢。是日,山色不见,杨柳渐成阴,野水晶漾可画。暮,散归。

余前数日因睹垂柳,得句云:"东风吹绿庭前柳。"苦思不能属对。是晚,小步阶间,祥士忽为对云:"细雨粘青石上苔。"妙在一粘字,极生动。

初三日　　晴

初四日
午后,诣湖广会馆己尹团拜,演戏。晚,宴客,稷臣、杏孙俱在座。

初五日
工部团拜。诣安徽馆。夜深归。

初六日
祥士移小寓,会总李兰孙、徐笤阁、汪柳门、杨□□。

初七日
万小湖为母寿称觞。余午衣冠往贺,宾客甚夥,并招优伶奏清娱母。

初八日　　大风

作大字数纸。履平来晤,畅谈。渠不信鬼神因果之说。余为反覆辩论,渠终不愜心,然亦不能答也。暮,诣莲花寺,夜深始返。稷臣颇信果报,与余意同。

初九日　　晴

录先君《请治盗分别首从奏议》一道。晡,诣伏魔寺示介轩。又见安晓峰近日劾甘肃巡抚祖庇冒籍一摺,明白晓畅,用笔如刀。此晓峰第二奏议也。前《请慎重馆选》一疏,立论正大,亦卓卓可传,数年来所罕见。晓峰,甘肃人,先君庚午门下士。平日讷然如不能出诸口,不论其立朝侃侃之节,有如此气概,可佩可佩。

初十日

母亲诞日,具衣冠拜已,乘车诣于祠接场,晤王信臣。日向午,翔士始出。午后归,过厂肆,携得《石渠馀记》一部归。余兄已检束行李,拟明早启行南旋。场内题为:达巷党人曰大哉孔子。

十一日

早起,送余兄行。读时文。午后,临《画像赞》,览《庚子山集》,作粤东信一函。晚,览章实斋《文史通义》。是早,晴;晡,微阴。

十二日　　雨

作文,即达巷党人题,至中股,文思艰涩。诣地山谈,时雨已止,路泥泞,天尚沉阴。晚,大哥来电,云已抵津。

十三日　　雨终日

午后,坚仲约同往于祠接场,遂冒雨行,于路见人家墙内树木遥翠可爱。至祠中,则祥士已出。须臾,厚庵亦至。时已将晚,急归,至室中,则上灯已半响矣。

十四日 晴

饭后入城,至新吾处小坐,复至灵清宫晤春卿。门庭冷落,气象迥殊。归,复诣萼孙处谢寿。

十五日

录前作文。诣莲花寺示杏孙、稷臣,皆云此题宜对针下文博学二字,则大哉始有着落,谓余作不免于空。因留谈,畅论鬼神事,不计其数。晚归,则大兄自津门来函,因作答书。

十六日

复将前题重作,至晚成。中后四比,尚自许可。晚诣止潜,因同至小湖处小坐。晚观放洋花,子颐所购也。其形圆如开花炮子,立竹桶数尺高,内藏火药,置子其中,下以药线燃之,大声如雷。其物至空中,忽崩裂,喷薄蟠变,有如扫帚星者,如柳枝下垂者,有如残星数点者,皆中国所未睹之物,群叹咤以为奇,惜是晚放者不得其法,故可观者甚少。

十七日

祥士归。午后,同诣杏孙,不遇,遂至江苏馆闲步,屋宇曲折精雅,绿篱之间,杨柳倒垂,海棠满地。是晚,复放洋花。

十八日

录前数日日记。作杭州信一函。诣黄师处缴文。至寺中小坐,观净波作八分书。复至全浙馆,则杏孙、稷臣、菊仙、炯斋会课将毕,余将至会馆门外,睹上谕,始知月二十六日翰詹大考。遂偕杏孙至厂肆购书,昏暮始归。

十九日

早,诣访伯皋不遇,复至厚庵处小坐。又诣石孙,诣介轩。午后复拜客,至馀庆堂,赴范赞臣之约,座中有伯皋、伯唐,皆见。是日午后,阴闷欲雨。暮归,与祥士谈。余将来果得两榜,誓欲复归原班,不愿词林。盖余于词章、小楷,均非所长,不如就故职,而补缺较易也。

二十日

晏起。夜醒时已闻雨声,起时微滴尚在。诣漱师小谈论文,复至子修处,即归。午后朗霁,偕祥士同至陶然亭,碧苇插渠,山翠欲滴。即邀厚庵来游。会有海宁同乡在彼接场,宴饮极欢,俄尽散。余与厚庵皆归,复至莲花寺,俄至厂肆,为杏孙购书。大哥来电,云已到沪。

二十二日　阴

余兄生日。作书寄杭州。温经书,读时文,观史。暮诣梓潜,晤修甫。夜,大风。是日戏作山水一纸。小窗人静,清风徐来,颇有逸趣。

二十三日　　晴,风

拟作时文,苦思未能下笔。晚间,复诣梓潜,晤厚庵。

二十四日　　早阴,午后晴

全浙馆同乡接场演剧,逮暮而止。余上灯时归。母亲小不适意,延梁医诊视,云微受时疫,尚不甚重,须稍见汗即愈。因拟一方,为解疫和肝化饮之剂,服之而眠。

二十五日　　晴

母亲小愈,出谒客。传闻陶然亭后有水怪,其声如牛发水中,皆不睹其为何状。余暮诣观之,亦闻其声。数日来观者如堵,喧阗特甚。

二十六日　　晴，风，暮微阴

余是日午复诣陶然亭，日暖风和，柳丝摇曳，唯见槛外游人杂遝，多次第作声于于然，远近云至。余与子颐等酌茗闲话，须臾即归。暮，至湖广馆观剧。

二十七日　　阴

早，往视介轩，复诣杏孙，即归。衣冠偕子颐、梓潜、厚庵、介轩同入城，至平则门诣崧镇帅处，公祭甫毕，登车，微雨洒衣，同还，备酒款客。晴，复诣莲花寺。

二十八日

早，诣署，当月退值，过新吾小坐，复至桂卿处，即归。始知大考第一为文芸阁，余房师戴少怀在第四。日昃时，诣漱师不遇，过子修小谈，知菊仙在二等第三。复诣杏孙，渠尚无消息也。

二十九日

午后，谒东城客，各投刺归。复诣子修、杏孙，昏黑始归。

四　月

初一日

早，诣江苏馆郑仁黼拜寿。即诣漱师，谒见谈文。午后诣地山，偕履平同至陶然亭，归诣介轩，始见大考全单。

初二日

早，至愿学堂大课，题为：天地之道可一言而尽也其为物不贰。余成一讲，日已卓午，笔枯墨燥，渴思水不得，败兴而归。

初三日

晨起读经书，览时文，观史。午后，谒见少怀师贺喜。复投刺数家,即诣莲花寺。

初四日

全浙馆演剧,丙子世兄弟约往。

初五日

子颐请粤东馆。

初六日

初七日　　雨

戴少怀师邀江苏馆宴聚。晡,诣广和居。

初八日

晨,诣潘仲。午,复至陶然亭,绕道而归。午后,诣莲花寺,知杏孙遇缺题奏,杰臣发俸一年。

初九日

初十日

午后,邀稷臣来为母亲诊。母亲虚火上延,口上腭溃痛,拟一方。是晚,偕地山、坚仲同诣梓潜,与冕侪辩食色非性,相恃不下。

十一日

早,作《食色非性论》示冕侪。午后,同往听红录,云场规甚严,音息不得出,遂同车至陶然亭。天色清明,山光疏朗。晡,始还至厚庵处。复诣梓潜,夜二鼓,归。未眠,祥士报至,中六十六名,大快。

十二日

早起,睹《题名录》,熟人中并无馀人。午,诣长椿寺,厚庵为祖母诵经一日。

十三日

早,谒漱师不遇,晤子修。晚,访青莱,小坐。夜,月色甚明,徘徊槐阴院中,精神爽朗。

十四日

起,温经书。午后,访何颂臣,不遇。归,览《皇朝经世文编》。晚,大嫂发热染瘟,延医拟一方服焉。夜,至梓潜处,送冕侪行,渠因下第,甚愤懑,拟明日南归。

十五日

早,谒漱师,复诣何颂臣,谈次观《方桼如集》,虚斋古文幽峭有别趣,然以词胜,故觉驳杂不纯。又观颂臣所作《陶然游记》,过午,归。晡,复入城,至东华门新吾小寓接考。是日祥士亦入内覆试,寓在方略馆。余往觅之,尚未至也。薄暮,归。

十六日　　早阴

起观史,温经书。访杏孙、稷臣,复谈食色非性,与稷臣辩驳不相下。归,偕颂臣诣祁景沂,渠客舍甚精洁。归,午饭,诵李义山诗,览《明儒学案》。白沙先生云:学无难易,在人自觉耳。方觉退,便是进也。才觉病,便是药也。晚,雨。数日内梧桐叶大,书斋中饶有清翠之趣。

十七日

起作《性善论》,录前《食色非性论》二篇。午后,诣稷臣示之,渠不谓然。盖稷臣认性为二,认理亦为二,故与余所论大相反也。晚,览《荀子·性恶篇》。

十八日　　晴

作与稷臣论性书,为祥士抄殿试比格。晚,诣伏魔寺晤彭伯、铭舫,又诣梓泉未见,渠肝气痛,卧在床也。晚,秉烛坐斋中,录日记。

十九日　　晴

早温经书，览方灵皋稿。稷臣覆函来，渠犹不服。余复书难之。览《曝书亭集》。衣冠出，诣黄慎之处贺喜，复至万小湖处贺喜。观新妇入门，交拜合卺，鼓吹阗咽。晡，归，览《经世文编》畿辅水利疏数篇。晚，复往，则见乐妓如云，奇形异状，不堪入目，遂私归。

二十日　　晴

起，食粥未毕，稷臣覆书至，观之，渠驳语仍近隔膜，遂复作答书。是日沈先妣忌日，备祭品上供。

二十一日　　晴

览时文。午后入城，诣新吾处小坐，即至灵清宫晤春卿。为张府上租屋事。既出城，复看水孟庚甥，仍至莲花寺，昏黑始归。

二十二日

早，闻梓潜已迁居，即衣冠往贺喜，坐久谈，午归。窗前竹笋出，余命仆辈以水灌之。傍晚，独坐庭中，清香扑鼻。览古文。晚，复至莲花寺。

二十三日　　午后大风

二十四日

早，偕祥士衣冠诣乾清门听胪唱，状元张季直。

二十五日

偕梓潜等观大胪唱，天子御殿受贺，朝容肃整。

二十六日

二十七日

二十八日

晚，诣东华门内接祥士考。

二十九日

暮,至新吾处小坐。先晤聘臣、兰秋两师。

三十日

五 月

初一日

方啸霞处新妇入门,余往贺喜。宾友如云,宴聚甚欢。

初二日

谒客一日。晚,晤梓潜、伯皋。

初三日

衣冠入城,至广济寺。晡,复诣梓潜。是日天子祈雨。

初四日　　早风,午后阴

厚庵来,即去。会何颂臣亦至,谈次天作雨,因留晚食,对酌。听廊外声,畅话,因论吸烟之品格有殊,以淡巴菰为最高。盖以之观书,以之读画,以之吟风而醉月,明窗净几之间,深院曲栏之地,无适而非宜。若夫水烟,已落俗韵,大都谈宴之场、酒肉之会宜之,舍是而外,不宜携入。至于芙蓉罂粟,又烟之至卑下者,不足登大雅之堂。然而沉痼其中者,虽知其非,不能自脱,尤可悲也。昔人集洋烟一联云:"重帘不卷留香久,短笛无腔信口吹。"工绝佳绝。

初五日

衣冠拜母,礼毕,诣厚庵,小坐即归。备祭品祀先。午饭后,内兄幼珊来晤。晡,地山、坚仲约往陶然亭。是日,天色凉润,山翠欲滴,游兴甚鼓,日暮,归。晚,复诣莲花寺畅谈。

初六日

日中,水孟庚甥来晤,逮晡始去。览竹坨诗、梅伯言古文。晚,诣介兄处絮谈。

初七日　　晴

访祁景沂不遇,见其小叔友蒙,十二龄,眉目疏朗如画,气度稳重,而老成可爱。是日,在子修处午饭。晡归,大兄来书,自松江发也。

初八日　　晴

是日祥士入内引见。晚阴,诣安徽馆,黄榜团拜,观优。

初九日

初十日

午后,张仲仙来,同诣陶然亭,天色半阴,坐久之始归。复诣龙泉寺一游,归知祥士得知县。

十一日　　早晴

诣观音院,为四先姊之十周年,厚庵在彼诵经一日。寺在南下洼之北,庭院甚幽静,而基址甚高,其东有桥亭,下可以行人,溪径甚佳,有山谷间幽趣。又其西曲折而行,有园植老树数十行,中有池水,不甚清。旁有土山,林草蓊荟,俨若西湖之孤山光景。日中,即在寺中蔬饭。午后,偶与老僧闲话,其人曰净天者,年三四十馀,颇解理趣。余笑而问之曰:和尚亦肉食否?答曰:否。余复笑曰:即肉食,亦无妨。如以为过,则吾辈宁无过乎?僧曰:不然。纤缟之文,粱肉之美,天所以养人,亦所以报人。彼夫居高位者出一谋,建一策,无往非为苍生造福,则一日所为之事,与所享之禄,功过足以相抵也。若吾释氏之徒,不耕而食,不织而衣,无功于人,而日受十方之豢养,即蔬食已过分,而敢言肉食乎!余思其言,颇有见地。

默识之，以为吾辈素餐者戒。

十二日

十三日

十四日

十五日

十六日

十七日　　夜雨

十八日　　雨止，阴霾未朗

早，诣土地庙，购白石榴、夹竹桃各两盆，置庭院中槐阴下鱼瓮之侧，饶有生趣。

余素无恒性，且心思多滞碍，一小事，即胸内不能自解。故自五月、六月、七月、八月、九月、十月，数月间，时忽忽不乐。兼之倭人肇衅，屡有锋镝之警，长安居者，迁徙纷纷，以是心绪恶劣，而日记遂辍而不续者六七月矣。继而思之，人生天地间，胸中自有真乐，岂利害所能摇惑。即离徙患难间，而吾但事于"无愧于己，有益于人"八字，则何往而不能怡然自得。苟胸中无真主见，则其为外物累宜矣，故日来稍觉胸襟泰然，不致如前之不自解。时时跨马出游，返则静坐观书，如《明史纪事本末》及《先正事略》、《吴梅村集》、《圣武记》、《海国图志》，罗列于左右，兴至则信手抽一卷，斜倚南窗而吟诵之。时或挥毫作大字，亦颇劲健可观，足以写胸中愤郁之气。苟闷极，则更跨马或趋公署，或寻僚友。喜驰骋，尝悟骑马有飞鸟之乐。忆七八月间，放马于陶然亭之左右，夹道芦苇丛深，后一望无际，于是心为大快，一若天地之大，唯我一人。此等景象不可多得也。然非笔墨不能传其精神，留其陈迹，故今复作日记,每日所看之书、所历之境,苟有心得,志之勿忘。时十一月二十五日书。

十一月

二十五日　晴

读汤蛰仙大令所撰《危言》一书,专论时务,洋洋洒洒,数千万言。其分目曰迁鼎、尊相、议院、中学、考试、书院、部臣、停捐、保举、冗员、限仕、世俸、包厘、盐捐、小轮、开矿、洋税、钱粮、邮政、铁路、兵制、海军、筹边、保朝、防俄、夷势、教民、僧道、盗工、罚锾、京路、内旗、水田、水利、卫屯、分河、堵口、东河、北河、变法,凡四十门。皆洞悉中外利弊,当兴当革,牛毛茧丝,剖晰无遗。而文笔则如长江大河,浩渺无际。令读者爽心豁目,开拓心胸,足以辟中朝士大夫数百年之蒙蔽,惜不令当局者见耳。

二十六日

冬至。晚,具衣冠家祭。览闽县王雁汀文勤公《石渠馀记》。是日晴,无风。

二十七日

黎明起,诣太和殿,贺冬至也。时百官云集,冠裳琳丽。须臾,钟鼓鸣,静鞭,百官皆就位,跪听宣诏书,既而行三跪九顿首礼,毕,各鸟兽散。归甫食,时天清日晏。

向午,诣聘师处。是日为聘臣师点主冯仲芷先生。礼成,余即归。聘师长于制艺,余兄弟从游甫半载,馆于余家,面而受业。辛卯南旋,壬辰复北上,遂改从黄漱兰师。然情谊殷殷,有愈往日。不意得暴疾,遽捐馆舍,曷胜伤感。

晡,偕青莱、地山诣圆通观之粥厂,观扶箕。扶者叶懋如等五六人,用沙盘方尺馀,箕具木为之,如丁字势而屈其尾,二人持柄,则箕尾自画沙上。作字皆大草书,点画雄劲,语多不可解。有云:"口外桃花,口里人家。白云封洞,红叶停车。"又云:"奇动称匹马,阵势演长蛇。但听铙歌曲,何劳蝶恋花。"不知何所谓也。

二十八日　　晴

晨起,日光满室。阅《明史纪事本末》,至甲申之变。明祚半误于宦寺,怀宗即位,首诛魏忠贤,罢天下内监之军,天下称快。乃不数年,仍令中贵四出,资其耳目,此仍不可解。迨李闯陷宣府,内使杜勋、杜之秩首迎降贼,至京都,曹化成开门内应,明社遂屋。噫,怪哉!晚,览《石渠馀记》,纪本朝科举篇目。

二十九日

早,聘师出殡。余诣广惠寺,宾友杂沓,安灵讫,鼓乐竞奏,哀声感人,闻之凄绝。拜讫,归。饭后,偕地山观优,为葆胜和班,操秦声,繁音促节,盘薄摩荡,颇有歌呼呜呜之遗。归而悔之曰:子于是日吊则不歌。余朝吊而暮观剧,可乎?遂记过一次。晚,微雪,即止。

三十日　　晴,大风竟日

早阅《明史纪事本末》,终卷。午诣长春寺,许恭慎公周年,汪子常老伯于是日殡于寺中,吊者云至。归,作陈聘师挽对云:"神仙幻术戏人间,桃李无言,至今成谶语;都市开门作师表,绛纱宛在,何处听琴声?"盖聘师于未病之先,曾至南横街粥厂中祷于箕仙,先询国事若何,继问己之行止,拟移住霸州田某家,师之及门者也。箕于国事云:事机将定,有居者、行者,俱无恙也之语。而答师之行止则云:公门桃树留东道,笑剩无言李半边。殊不可解。时师母方抱微疾,师殊恶之,不谓其应竟在己也,奇甚。余故于挽语道及之,以志感云。尤可异者,二月间,叶懋如等偶然扶箕,忽书无算兵乱之诗,类皆血肉模糊语,惨淡已极,末缀语云:关内则无恙也。彼时东事毫无动静,边围静谧,咸大怪之。迨倭人肇衅,始知神人有先见云。

闻钦命张荫(垣)〔桓〕樵野为全权大臣,邵小春副之,诣东洋讲和。又闻邵辞不胜任,改命李经芳,未知确否。边事如此,不得已出此下策,非可战而和者比也。彼中朝士大夫,动以和为耻,其心固可嘉,抑思为朝廷谋所以为战之具耶?战无可恃,而又耻言和,是以宗社生灵作孤注也。噫!

十二月

初一日　　晴

拟作《消寒九字图》,未成。昔人曾有旧句云:"庭前垂柳珍重待春风。"九字皆九笔。巧极。后有人续撰云:"盼封姨飞度红香音信。"亦字各九画。余苦索不能得,自叹才尽也。

午后,诣夏地山,家兄偕往。复至徐博泉处,观博泉与兄对弈。弈有深趣,合于战法,错综变化,不可测度。其扼要之着,正如兵家制胜,必先占据形势。差之毫厘,谬以千里。盖若是其精细也。

晚,阅《先正事略》王渔洋、熊文端诸公事迹。文端当圣祖初年,权臣擅国,首疏侃侃陈时政得失,毫不避忌,当亦国朝有数直臣,与魏敏果、杨以斋诸人并驾而齐驱者。

初二日　　晴

观书,书挽对。午后风甚,乘马诣长春寺,为七妹荣姑化纸衣冥器，母亲亦往。又，汪子常太守于是日设奠。俄，偕夏厚庵诣勉善堂暖厂。厂在善果寺之西，皆茅舍纸窗，中洼下，如都中人所谓花洞者，贮木榻无算，皆收养妇稚，每间可容十馀人。前有司事所一椽，俱新筑未久。拟初五开厂。地左右皆平圹，多林木。俄归，日西斜。晚间阅邸报，上谕："近因时事多艰，凡遇言官论奏，无不虚衷容纳，即或措词失当，亦不加以谴责。其有军国紧要，必仰承皇太后懿训遵行。此皆朕恪恭求治之诚心，天下臣民早应共谅。乃本日御史安维峻呈递封奏，托诸传闻，竟有皇太后遇事牵制，何以对祖宗天下之语，肆口妄言，毫无忌惮，若不严行惩办，恐开离间之阶端。安维峻着即革职，发往军台赎罪，以示儆戒，钦此。"

初三日　　晴

观书。饭后至广惠寺，聘师于是日设奠。师绘像极肖。宾友沓至，晡始归。晚，览《先正事略》于清端公事迹，欣快无似，几欲浮一大白。公知罗城县，每春命两猺持异竹舆，行田野中，见力耕者辄呼与语，相劳苦，民率妇子罗拜，或坐树下与饮食笑语，欢如家人。奖勤抉惰，民大劝。东山寇作，巡抚张公国珍命公讨贼，反者刘君孚。公行次阳逻，侦知君孚众未合，遂直趋贼寨，未至十里止宿，榜示胁从者，许自首免罪，投者日千人。贼势孤，欲即降，惧诛。公遣一人持檄往谕，而自骑一骡，一人张盖，一人鸣钲前导，命行呼："太守来救尔山中人。"君孚匿后山，夹道伏枪弩数百。公疾驱抵贼舍，坐厅事，贼众环列。公问："老奴安在？"君孚尝隶公岐亭役，故呼以昵，易之。又问："山中雨水禾稼若何？若良民，何为作贼取屠戮？若父母妻子匿何所？得毋苦邪！"贼皆罗拜泣。时方酷热，公曰："热甚，须少憩。"遂熟睡，鼾声如雷。移时寤，又谩骂："君孚老奴何为久不至？客至乃不设酒脯？"君孚初惧见绐，及是出,叩头受抚,即日降其众数千。捷闻,张公持露布语僚属曰:"人谓我不当用醉汉,今定何如?"公常襄事秋闱,大吏觞,公抵掌论时事,饮数十巨觥,吏人窃笑公酒狂,故张公及之也。

初四日　　晴

观书。徐博泉来,留午饭。石孙亦至,闲话至暮。览苏文忠诗集。余每爱读名家专集,以为读其书,如见其人,如与其人为友。聆其议论歌咏,想见其模范。故每读一集,辄精神为之一变。日读数集,如晤数良友,其益我何穷耶!

晚,览《石渠馀记》,纪吏治,纪守令。乾隆十三年谕:知府非久任不可。有云题升题调,此地得一良吏,即彼处失一良牧。孰非赤子,孰不当善为抚字,顾数数更易乎?至哉王言,惜部臣不能善体圣心,但知以迁擢鼓励人才,其议止于限年升调,而久任之法遂格不能行。

初五日　　晴

观书。青莱过,小坐去。向午,乘马诣观音院,秦幼蘅师为其弟病殁设奠。余即归。午后,至厂肆,购得《皇朝直省府厅州县图》。又得《啸亭杂录》一书,为礼亲王汲修主人所辑,皆纪国朝掌故逸事,鳞次可观,共八卷,又《续录》二卷。晡,诣李新吾,渠方见客。余入其室,顾见案头破书一卷,阅之,盖谶纬书也,不知从何处假观者,然语多俚俗,无文理,谬误亦多。

新吾言,安晓峰事,天子实为援手。盖上见其奏大惊,急召见大臣,拟旨毕,始并其奏呈太后览。太后怒曰:"即此足了事耶?毋乃已轻?"恭邸跪奏曰:"本朝开国三百年,从未杀谏臣,乞太后原之。"太后意始为稍解。

初六日 晴

饭后诣聘师处，师母嘱为聘师作哀启。遂入见，口授事绩。余以笔记之，拟携归。复往视安晓峰，渠托疾不见客。然余兄晨往，曾见之。渠拟于十五启行。

晚，览《石渠馀记》、《列朝兵制大略》。

初七日 晴，风

览《经世文续编·通商新议续议》，又，刘韵珂《致直隶讷制军书》。饭后，为聘师作哀启，成。晚，阅姚熙之尚书及宋牧仲、陆清献事迹。熙之尝说耿精忠降，单骑入其营，精忠飨之。熙之剧饮健啖，指画伉爽。精忠曰："此李抱真之流也，必不欺我。"遂降。与前于清端降刘君孚，同一英姿倜傥，豪杰之士，不可多见。清献理学，有实政及民，非空言者比，其从祀孔庙，宜哉。牧仲以诗名亚于渔洋，圣祖称其居官安静和平，得大臣体。前后居巡抚任，多善政，清廉为天下最。上尝赐御书：怀抱清朗。又赐联云："儿孙歌舞诗书内，乡党优游礼让中。"亦异数也。

初八日 晴，午后风

观书。旧仆张忠自宣化归，此人于前年冬与人斗殴，刃伤人，诉诸官，论法徒二年，至是甫归。然其人颇刚直，事上勤干有血性。余故赐名曰忠。惟素负气，不容于众，其获罪也，亦有激而然也。是日，博泉、青莱、介轩俱留舍晚饭。

初九日 晴

起，录聘师哀启，毕。饭后，诣公坦，出哀启令呈师母。师母素谙文义，泛览书史，近体羸多病，年甫五十馀。余由公坦处复诣新吾。余昨得秘法，剪纸作圆周，书十二辰，拣骨牌不类者十二，各置辰下，令人默思所识。年几许属某，即由某辰下牌，顺子丑寅卯默数之,满其年即停,默记所止某牌,余辄能知之,不爽毫芒。余以难新吾,渠大诧怪,以为神,后告其故,渠始爽然。余因尚欲难人,故不欲明言于此。晡,出城,诣长春寺,与寺僧闲话许久。归,行过牛街一带,人家疏落,地闲圹,一若风俗醇茂,熙熙然有太平景象。折而东,见矮屋数椽,中有读书声,清朗远彻。余跨马过,即至夏地山处,余兄已先在。暮,与伯唐、地山同至便宜坊晚酌。夜,归。

初十日　晴

妹霞裳生日,始着裙梳髻,年甫十五。庭院奏杂技、弹唱,虽里歌巷曲,亦别有风调,至夜深乃已。

十一日　晴

观史,补昨晚看《先正事略》。晡,乘马诣夏地山,适厚庵抱微疾,介轩、梓泉咸来视。闻卫汝贵将械至都,盖前月有旨拿问者也。夜,月明如昼。览张清恪公事迹。读《国朝别裁集》,张半园为友赋《久客夜吟》诗:"半天霜堕杵声急,一院月明人影单。"又,廖人也《饮酒诗》:"万古此一时,天地为我宅。"又,先迂夫《病起截句》:"移植甘蕉为绿阴,经年长大已成林。天寒霜落休轻剪,恐有秋来未死心。"自写逸民身分,寄托遥深。又,吴鸣夏《出宁羌马上漫成》,有"马首青横剑外峰"之句。又云:"天边鸟道秋无际,云里猿声树万重。"皆雄阔清健,可称诗豪。

十二日　晴

闻张樵野侍郎今日启行,由山海关登轮诣倭议和。此数日内,都中颇平静,士大夫酌酒相庆矣。早,览史。午后,沈鄂孙来谈妙峰山事。忆去年四月,闲诣妙峰山,山在京西北,地绝尘壒,泉清可汲,山雄秀,绝壁万仞,盘纡苻郁,茏嵷崒崪。余盘折而上,约四五十里,始抵其巅。四顾连峰叠嶂,巚崿巑岏,云浦烟腾,迷茫叆叇,皆在其下。多闻瀑布声,泠泠漱玉,亦北方罕覯之境也。鄂孙言:我等所经乃北路,少风景。若南路,绝险,然多茂林巨木,苍翠夹道,桃杏花繁然满溪谷,可爱。晡,余乘马过汤蛰仙,谈时务良久。复至李梅孙,见其所为《甲午宝鉴》,游戏之笔,仿《水浒》、《三国》标目状,皆类今年事迹,有涉诙谐,裁对极工,可为喷饭。余强携归。

十三日　　风,冷,早阴,向午晴

观史。午后,石孙过,会胡仲基自江西解饷抵京,昨晚甫到,今始来寓,抵暮乃去。

余昨闻李梅孙言:大同沟之战,邓世昌因船破跃水,其所畜二狗,泅水翼世昌抵德国兵轮遇救。世昌既苏,见士卒皆尽,仍不欲生,复赴水死。时二狗因救世昌倦,睡熟不知也。既觉,不见世昌,亦皆赴水死。始而救主,继而殉主,大义凛凛,忠臣孝子之所为也,不谓于狗得之。嗟夫!使天下人皆耻不若狗,则仗节死义之士接踵起矣。

十四日　　晴

观史。向午,余兄命车来,遂至致美斋,有楼数间,颇高耸。余兄及仲基兄皆在,相对小酌。须臾,夏地山亦至,饮讫,同步往观剧。抵暮,始各归。晚,览陈恪勤、杨文定、朱文端、陈清端诸公事迹。又观《石渠馀记》纪国家会计之数一。

十五日　　阴,寒甚

早观史。午后,诣上斜街花厂购梅花,遂至新吾处,观其所画山水。晡,出城诣厂肆,购得《中西纪事》、《竹叶亭杂记》、《万国史记》携归。《竹叶亭杂记》,桐城姚伯昂著,亦多载本朝掌故,共八卷。《万国史记》,日本阿波冈本撰,共二十卷。闻倭人又增精锐万馀人,皆东行。日间恐奉天告急,张樵野侍郎虽已首涂,尚未抵其国。时事如此,不知作何了结。曾见樵野有七律二首云:"六朝烟水气常清,浊世何当有盛名。掌上未逢天外使,膝前遥隔塞垣兵。山川莫喻人情险,风雪悬知驿路平。一语赠行应自慰,不曾卖赋缀金籝。""论都旁魄岂冯虚,昏眊惭无谏猎书。地上麒麟西苑马,天边貔虎北门鱼。已看七校能为武,始信长安不易居。闻道成城资众志,风云应为护储胥。"

十六日　　晴

昨购梅花送来,置窗下,红萼未吐。向午,李梅孙来,同至江苏馆赴戴青莱、姚菊仙之约,肴果杂陈,饮尽欢罢。大风,夜尤甚。览《竹叶亭杂记》。

十七日　　晴

砚池冰结,《消寒图》已入三九矣。命仆持梅花一株遗地山。读史。腹微泄。午,食不下咽。晡,仲基、石孙咸来小坐。晚,加餐。观《先正事略》史文靖、沈端恪诸公事迹。二鼓寝,月明如昼。

十八日　　晴

观《明史·神宗纪》。有明一代半亡于宦寺,而宦寺中未尝无贤俊者。如明孝宗初立,刑部尚书何乔新,以刚正为万安、刘吉所忌,欲借升秩以远之,迁南京刑部尚书。中官怀恩诣阁,正色曰:"新君宜用正人,胡为出何公?"安等默然。神宗有疾,召见沈一贯,谕以罢矿税及江南织造、江西陶器,撤还所遣中官,一贯方拟有进。翼日帝瘳,悔之,追还前谕。一贯惶遽缴入。时司礼太监田义力争,帝怒,欲手刃之。义言愈力,而中使已持前谕至。后义见一贯,唾曰:"相公稍持之,矿税撤矣!何怯也?"使宦寺尽如此等人,未必无益于国。而人君又未必尽纳其言而宠任之也。其所宠任者,则皆顽庸无识之徒也。悲夫!闻盖平失守,王师又败绩。此信颇确。又闻张樵野于十六日自津启行,倭人亦派大臣,其名曰井上馨,此得诸地山所言。

十九日 晴

读史。午后诣厂肆,见安御史奏稿。晚,接撷珊来书。是日封印。

廿日 晴,天气煦暖

厚庵约仲骥小酌,余亦与焉。座中有蔡穆如、方啸霞、戴青莱、许子元及余兄。设座广和居。饮罢,余归,往视陈世兄公坦疾,发热未退。复诣李新吾,不遇,即归。晚,作上岳父书,议论时事,约千馀言。灯下作字甚潦草。余昨见安御史奏稿于书肆中,其所言仍劾合肥,语多市井无稽之谈,肤浅已极,文亦夹杂,不堪入目。不意此君竟自鸣得意,于原摺掷还后,令人各处传写,已遍都市,适足资为笑柄焉耳。

二十一日 晴,风

沈兰师来,小坐即去,送至门外。闻市将刑人,往视则甫搭棚,观者如堵,知为卫汝贵。今日刑部方奏定其案,必奉旨处决矣。至日中尚未来,即归。午后,复同地山、伯棠往视,仍未至。群谓今日不复行刑。俄日暮,忽报已来。余即往观,人声阗咽,拥挤不可近视。执戟者数十人。须臾,有乘舆者至,云为薛云阶大司寇。既至,半响始纷纷散,则已毕刑。余遂归,赴徐博泉之约,夜饮于广和居。风甚。

二十二日

起观史,忽闻吹螺声,出诣市观之,旌旗拂天,戈矛林竦,冰刃露结。赳材之士,捷勇之夫,风驱而雾集,无虑数千人。马步相间,皆自西而东,云咸赴南苑。盖自山、陕调来之劲旅入卫者。其能否制胜,则未敢必也。午,至江苏馆,樊介轩封翁鸿甫先生生辰。

二十三日　　晴

仲骥于今日出都,余往送行。复诣长春寺与寺僧谈,即留蔬饭。是晚祀灶,爆竹声不绝。晚饭时,余与兄论食物之品格,当以鸡、鱼为最高。鸡之品雄,鱼之品逸,豚已为庸材,而鸭尤其下焉者也。若果实之类,以橄榄为最高,清苦坚涩,毫不取媚于人,久而知其味,故名敢谏果。其次莫如橘,亦非凡品。至于花,则兰为君子,而梅为高士。木则松似元老,而竹似直臣,皆品之极上者也。

二十四日

甫四鼓起,偕兄诣隆□门内乾清朝房。盖是日为全浙谢蠲免恩。钱子密宗伯、汪柳门司空皆已先至,馀同乡甚夥。其在内服役者曰疏腊,国语也,凡给使及传命皆用之,屡在左右,或献茶,或来剪烛,有事辄通报。坐久之,忽报谢恩摺下,内传:知道了。钱、汪诸公遂偕同乡出诣乾清门外,望阙叩头。礼毕,月色犹明。遂坐朝房,待曙始徐步出□□门,绕□□御箭亭及文华殿后身。行时晓色盈盈,四顾瑶甍飞宇,寂静清凉,几疑天上,唯闻履声橐橐而已。出东华门,遂同至叙风堂小酌。有厅三间,亦朴雅不俗。

二十五日　　晴,寒气袭人

书春联,读史,至元《成宗纪》;览《啸亭杂录》。内臣之刻。世祖鉴前明阉宦之弊,立铁牌于交泰殿,内官不许干预政事,官不过四品,皆隶内务府总管。岁时谒见,如堂司制,有周官冢宰统摄之义。和珅在纯庙时,虽贪黩,然其居内务府也,制内官颇严。军机随侍,尝有背呼梁文武公名者,和闻之奋然曰:"梁为朝廷辅臣,汝辈安可轻之!"立杖数十。近日内务府大臣多由僚属骤迁,又无重臣兼领,故敬事总管辈多与大臣分庭抗礼,无复统辖之制矣。览

《先正事略》。复观《石渠馀记》。

二十六日　阴

览《通鉴》。元成宗五年，罢征东行省，以平章奇尔济苏言高丽王擅署官府，及僭用天子礼仪器物，况官冗民稀，刑罚不一，若止依本俗行事，实难抚治。帝遣刑部尚书王泰亨等往厘正之。盖元时固尝有为高丽革政之举。今日本启衅之初，亦以为朝鲜革政为名，而中国弗许。请中国为革政，而中国又弗应。以致锋镝相寻，两国构难，谁执其咎欤？午后，复书春联。晴，跨马诣新吾，晤费屺怀、屠静山。屠有诗讽合肥相国云："清时谈笑空三岛，今日忧虞到两宫。"

二十七日　晴

览《通鉴》元武宗、仁宗时事。元人封拜之滥，古今所罕见。凡僧、宦、伶人，皆可以拜翰林学士或开府仪同三司。甚至使宦者祀孔子。仁宗元年，又欲以伶人为宗伯，张珪谏而止。其开国未久，即如此紊乱，欲其运祚之长，得乎？昨在新吾处，闻日本攻威海可危，今日闻荣城已不守。时局如此，奈何，奈何！饭后，访李梅孙，渠新选安徽青阳县，时梓泉、厚庵、地山皆在，议论时事。梓泉谓：今日中国之不振，非不肖者多也，实似是而非之贤者多也。余以为名言。

二十八日　晴

览史。午后，偕兄诣沙滩关帝庙谒王夔翁姻伯，不遇。晤稚夔表姊丈。夔翁自滇南奉诏来都，前数日甫到，今早召对，派充帮办北洋大臣。稚夔谈云南风俗情形甚夥。晡，归。晚，祀神，俗称烧年纸。礼毕，余兄弟偕至啸霞处晤勉甫年伯。勉翁与先君子三十年旧交，通籍后居京师，屡往来其家。啸霞时年十二三，为言当时情景，历历在目，今犹其故屋也。勉翁今由天津道挂冠来都，年已六十有六,少先君三岁,精神未衰。余兄弟既见,谈良久。余不觉凄然,几欲泪下。

二十九日　　晴

览史。午后,观德人所论欧洲大局,及日本与西洋定约,各国旅日本民归本国管辖,皆余兄所手钞者。俄,李梅孙来。余即诣新吾,渠甫起,与谈至暮归。地山在舍,方与兄围棋。晚,与兄谈西事。《西事类编》谓:西人议院之设,亦多流弊。每树立党援,挟持朝政,不论理之是非,而一二有识之士,或以寡不敌众,引身乞退,如是者比比。故西人亦有称中国法制为善者。天下无无弊之政,信然。

三十日　　晴

早,悬像,备祭器。午后,衣冠跨马出谒黄漱师,未见。至长椿寺小坐。由上斜街一带遍投刺,遂至周涤峰处,谈良久。渠屋宇甚宽绰,独桥梓二人居其中,闲静特甚。余复至水孟庚甥处,渠家书籍碑帖满架,上复有奚铁生墨迹山水一册,颇雄奇,未辨其真赝也。闻其隔壁粥厂中因拥挤毙数人。此皆司事者办理不善,救生反致戕生,抑亦可笑。暮归,家祭。厚庵、地山、蛰仙、博泉咸来,相与酌饮尽欢。是晚,灯烛烂然,气象颇佳。

光绪二十三年丁酉(1897年)

正月壬寅

初一日 晴

起拜天,书福祥字十馀,皆古人成语。微感寒,腹作痛,登楼饮姜汤,晚即愈。览《樊南文集》。

初二日 阴

起甚晏,肩舆出贺年。叔处养狗子,能作人拜状。内典云,狗亦有佛性。盖云非但狗也,无物不有。自动于妄念,作种种形,惟心所变。及归觉海,皆成虚空。如眼中花,如镜中象,永无乐苦境。谓有非有,谓无非无。佛家繁复言,皆是此意。是日,不读书。

初三日 微晴

诣燕生,不遇。归,造严筱翁小谈。筱翁工书,临《圣教序》惟肖。是日,书屏,杂临三希堂诸家草书,亦有意趣。归成《书城映雪》七律一首,录之云:"坐卧群书太不廉,横风吹雪冻云粘。窥穷壶奥五千卷,守若金汤三万签。贫士庭庐皆皎洁,词坛壁垒更精严。丈夫志学坚如石,旧说高风有织帘。"晡,览玉溪生诗。晚,观《大乘起信论》上卷终。是书为马鸣菩萨著。名马鸣者,菩萨初生之时,感动群马,悲鸣不已,故称。其造论专言大乘,有粗中之粗,凡夫境界;细中之细,是佛境界。

初四日　晴

成《雨几洗尘》一首云："形如槁木至人居,静扫芸窗抱太虚。促膝未成安国赋,开帘更读孔融书。扁舟云水栖身地,笔架江山豁眼馀。隐坐闭门消百虑,破闲还欲注虫鱼。"晡,施子英过谈。读《庄子》。俄坐人力车诣味莼园。有普法战图,绘较奇,园尤精。夜,观《大乘起信论》。

初五日　晴

作寄杭诸亲友书。成《炉山浮霭》一首云："紫烟吞吐近蓬莱,驾鹤翔龙矫首回。天外香风被兰绮,盘中春色冷刍灰。博山佳丽披云见,喜气氤氲拂日开。道力慈悲熏习久,梁元旧有勒铭才。"昨与杏孙论书法,杏孙谓前人有言,无论诗文书画,欲精一艺者,其初须与古人合,其终当与古人离。能合者名家,能离者大家。合已不易,离则尤难。晡,谒外舅,留晚饭。夜归,览《还读斋诗》。

初六日　雪

起,录日记。成《碑林览古》一首云："揭来乐共古人游,断碣残砖奇字留。笔力狂横劈金石,鸟文盘屈寿春秋。周秦遗迹真无价,魏晋丰碑尚易求。惯喜临模二王帖,风神枯树益清遒。"晡,检阅家藏碑板,置精者案头。晚,览《大乘起信论》,有云:"佛与众生曰:净与染,染者无始有终,故众生皆成佛也;净者有始无终,故佛不复为众生也。"

初七日　微晴

仲逊过谈。录日记。成《茶瓯泻泉》一首云："苍松鸣雪晚骚骚,自煮风炉鱼眼高。石脉香多喷火活,心源浊尽作诗豪。蓬山叶坠供仙品,碧玉瓶开拂素涛。汲取寒泉到舌本,须知换骨胜春醪。"晚,在外舅处宴饮。夜,观优。

初八日　阴

录西史。晡,悬腕作行书,有自得之趣。夜,未下楼,观《还读斋诗集》,韩桂舲蓔著,诗笔闲逸有秀色。

初九日　晴

览《起信论》,终卷。愚谓教主之言,彻上彻下,如《大学》在明明德,即教人悟真如也;在新民,度众生也;在止于至善,修无上涅槃果也。自知止而后能定至虑而后能得一节,大乘止观之说也。访燕生,谈至暮。燕生云:铁木真、张献忠一流人,皆前生修声闻缘觉果不成者。何也?声闻缘觉工夫,其视我身及众生身之死生、祸福、苦乐,无足撼其心也。彼铁木真等固先能视众生身之死生、祸福、苦乐,心不为动矣。而视己身则犹重,故翼世肆其贪憎,而杀人累千万,遂造无量劫。悲夫!暮,归。夜,览《六祖坛经》。

初十日　晴

诣仲逊,风冷日昳,偕诣施子英。晡归,览《六祖坛经》,终卷。六祖名惠能,殆菩萨化身。闻五祖说经,言下了悟,然不识一字。同学有说偈云:"身是菩提树,心如明镜台。时时勤拂拭,勿使染尘埃。"六祖时未闻道,一见即知其浅。自说一偈云:"菩提本无树,明镜亦非台。本来无一物,何处染尘埃。"五祖大悦,授以衣钵,使南行传道。于是佛门有禅宗一派。晚,杂录《庄子》精语,作小行书。

十一日　晴

录西史。览《随园诗话》。随园为人聪敏,常见古贤有甫受人荐举,即反颜攻讦,当世以为直者,心大不然。著诗曰:"若无施报事,忠孝何由来?"彼见忠孝亦在施报中,识解绝顶。

记余十一岁时,从黄四斋业师读书,冬窗晴暖,日光满几,师与家兄魏若对坐,手镜仰日转动,光射屋顶倏烁。师笑谓家兄曰:"盍成五字诗绘之。"兄曰:"殊难。"余从旁应声曰:"日照镜光飞。"师大嘉赏。

人每不自知性真本体,余忽然大悟。盖试静坐,一念思贵,高车羽盖现前;一念思富,金银累然现前;一念思美色,嫔嫱粉黛现前;一念思丰食,炮羔臑鳖现前。俄万念息绝,视诸境复净明彻无一物,此清净朗彻者,即性真本体也。

晚,览《朱子集》存养诸说,谓治心以静为主。然须令活,不可令死,否则近于禅家入定。此不解佛理也。佛岂教人心如死灰乎?观妙觉圆明心莹然无涯际,如何圆活,乃谓其死,真门外语也。

十二日　　晴

昨内兄乂三来自金陵,寓宝善书局,余马车往视之,与同谒外舅,午食。晡归,览宋无尽居士《护法论》,谓孔子曰朝闻道夕死可矣,所闻之道即无上菩提之道,颇有见。夜,览《御选禅门语录》僧肇永嘉诸人论说。

《吴书》云:吴王孙权问阚泽曰:孔子、老子得与佛比对否?泽曰:孔、老设教,法天制用,不敢违天;诸佛说教,诸天奉行,不敢违佛。以此言之,实非比对明矣。观此则知《易》称大人先天而天弗违,殆即指佛也。

十三日　　阴

日中,宴杏孙、二梅及内兄乂三、内弟汇东于雅叙园。晡,诣《时务报》馆,即归,雨。作书寄杭。

夜,览《永嘉禅师语录·答朗禅师书》,有云:先须识道,后乃居山。若未识道而先居山,见山必忘其道。若未居山而先识道者,但见其道,必忘其山。忘山则道性怡神,忘道则山形眩目。是以见道忘山者,人间亦寂也。见山忘道者,山中乃喧也。至言,名言。余因自号忘山居士,名其庐曰忘山庐。

复读寒山大士诗。

十四日 阴

录西史。晡,访杏孙,谈诗、谈佛。晚归,览袁简斋诗《水西亭夜坐》云:"钟声偶然来,起念知三更。当我起念时,天亦微云生。"有佛理。览《御选语录》,读寒山、拾得诸人诗。复观沩山、仰山禅师语录。

十五日 阴

录西史。晡,览洪北江大考《征教匪疏》,谓教匪不可尽歼,宜重惩肇衅之地方官,可谓言之有本。北江诗亦清朗超卓可诵。夜,观《赵州禅师语录》。禅家问答多涉隐秘,有可解,有不可解者,或故示神奇,亦未可知。

十六日 微晴

余生日。《自述》七古一首,录之云:"无明风动扇四极,金磨火蒸纷变沴。洼者为海高为山,水土融抽草木植。色香味触生六妄,觉知见闻起丛棘。茫茫情想,吸引无穷,胎卵湿化如纠缠。想爱同结贪同滋,弱者之肉强者食。羊死为人人为羊,死死生生俨追逼。更有情想多寡歧,天渊阿鼻修罗不可测。物穷则返似转轮,跃者复起飞还蹐。悲哉众生苦乐相缠缚,大千微尘郁充塞。于中有我无始(未)〔末〕,受劫不知百千万亿。灵光不昧游人间,明镜独抱勤拂拭。幼信因果若形影,前后作受希差忒。已知身外自有身,不随耳目百骸同变熄。年来栖身大海澨,偶遇人天善知识。授我无穷微渺言,化我故执祛我惑。顿悟性天觉海本澄圆,大地山河中结辖。一念不动四维通,识浪无端相吹息。回顾一身如叶飘,万波浮沉东西逐南北。始叹众生尽同体,大海浮沤摇澢汍。如何肝胆竟越秦,甘蹈声闻缘觉域。诸佛菩萨皆此意,志惟洗尽犁泥黑。不辞化作亿千身,尽度众生消障慝。我今俄顷不迷性,亦欲奋身然灯侧。日读佛书三万言,学大乘禅朝朝动悲恻。跂行喙动悉平等,烦恼菩萨非降陟。皆缘妄念无解时,长令坦夷化幽仄。我悲众生还自悲,何时同入清凉国?脱尽三途入涅槃,不使阎浮留遗蠧。昨闻阿母语,生予颇奇特。一夕有僧梦中来,敝衣黄冠排阃阈。始信前身是老僧,曾受菩萨教仪式。又羁富贵临绝险,试我金刚坚定力。殷勤善护妙觉心,弗负前因自沉抑。"

　　十七日　　阴

　　撰《生日自述诗》成。庭作傀儡,大足排闷。夜,览《云门禅师语录》。禅家每遇学徒问元妙法,辄任指一物使精思。说者谓足以祛人妄念,此颇近理。云门师有云:见露柱但唤作露柱,见柱杖但唤作柱杖,有什么过?斯语可细参。夜,雪,屋瓦皆白。

　　十八日

　　醒闻雪厚五六寸,已止,俄,晴霁。录西史。过午,阴。作寄余兄书。伊峻斋过,谈佛,各执一理不相下。峻斋云:闽中龚蔼仁家有道坛,扶鸾作种种灵迹,神仙累降。盖以其地洁而奉事极诚焉。余酷信之。晚,包鸿卿招饮复新园,夜归。昨览《还读斋诗》,有句云:"心似养花随地活。"颇有禅趣。是夜,复披读。

　　十九日　　晓晴,昳时阴

　　录西史。晡,访杏孙不遇。谒外舅,与内弟斗象棋而负。留晚食。归,览《永明禅师语录》,有心诀、万善、同归等篇,精湛透进,辟我未见之境。有云:入佛阶梯,有顿悟渐修,有渐悟顿修,有渐悟渐修、顿悟顿修诸种不同。以明一心为体,积万行为用,阙一不可。

又云:悟而后修,所成愈大。又云:求大乘法,轻忽戒律,是犹欲造建章宫不求瓦木,如何得成?

二十日　　晴

录西史。晡,阴。晚,仲巽招饮,燕生、杏孙皆在坐,纵谈。仲巽之族长,有久客蜀中三十年而归者,道及四川及滇、藏交界处有野蛮,肉骨毕黑,居万山中,亦有酋长,此亚洲之黑种人也。燕生谈西藏风俗甚奇,往往一女娶五夫。又岭南黎人许嫁女则面刺花,别于未字者。可知宇内风教不同如此。

燕生累称颜习斋为国初通儒,有《颜氏学记》一书,是晚,余向仲巽假观,携归读数页,得其宗旨。盖先生专以崇实为本,恶汉、宋以来专执书本为学问,即程、朱主静,亦谓无裨于民物政教,皆虚学也。旨哉,其洞知本原乎!

二十一日　　早晴

录西史。览《颜氏学记》,痛诋后儒仅以讲解诵读为学之极则,犹学琴者专习琴谱不知操琴,真善喻也。要了三代以后,自秦焚书,书虽复出,人皆视类碑碣玩好之物,不复求于书之外。余尝论之于前矣,习斋之意与余正合。习斋以为,世间真学问,不外天文、律历、兵农、水火、礼乐诸有实用济民事。盖已窥见今日泰西学校之本。吾不意国初时竟有此种人物。

二十二日　　晴

录西史。晡,诣燕公谈。晚归,览《颜氏学记》。

韩退之尝称:越椒始生而知其必灭若敖,晋扬食我始生而知其必灭羊舌,以是为性恶之实证,此误也。越椒、扬食我不过因声容之不平,知其非善相,足以灭宗耳。相也,非性也。颜氏极力辩之,甚是。

宋儒论性,有义理、气质之分,最费解而无理。既云义理,则属之天地自然乎?属之人生各具乎?如天地自然,则义理而已,性何与也?曰人生各具,已是气质,何能别有义理之性?颜氏驳之,虽与余稍异,皆足使程、朱无置喙处。

二十三日　　阴

录西史。午,食毕,览第十八册《时务报》,有瑶林馆主论俄人国势酷类强秦,前后比证颇确。阅《三希堂帖》,作小行书。颐斋过谈。

晚,观简斋诗《偶然作》等篇,随园善以浅言说理,极有意味。

观《颜氏学记·四存篇》,终有李塨、王源所撰年谱,先生亦知推重王荆公,可谓卓识矣。惟为韩侂胄辩诬,似稍过。然侂胄志亦无他,惟不审度时势耳。先生少事程、朱,称为圣人,及年长,知其非。即谓破一分程、朱,始入一分孔、孟,何其善变也!

先生尝云:以七字富天下:垦荒、均田、兴水利。以六字强天下:人皆兵,官皆将。以九字安天下:举人材,正大经,兴礼乐。想见习斋先生胸中气象,惜乎其未知民主之义。

二十四日　　晴

录西史。晡,答拜汪柳门,即归。览《说文解字》,读荀卿、淮南文。上烛时,览东坡诗。夜,观《颜氏学记》。

中国无实学,无论词赋讲读,甘蹈无用。即名为治经济家,往往纸上极有条理,而见诸实事,依然无济,不核实之病至此。昨见习斋先生云:自帖括文墨遗祸斯世,即间有考纂经济者,亦不出纸墨见解。悲夫!

二十五日　　阴

录西史。晡,至棋盘街书肆购书,见有《日本外史》一部,闻文笔极条达,索价颇昂,未购也。俄至《时务报》馆,见吴铁桥。晚,观《颜氏学记》。

《周礼》一书,后儒多疑汉人伪作,余每不谓然。今观李恕谷先生辩之极详。且曰:若果汉人伪作,则当尽作,何故缺其《冬官》一篇?斯语尤可解疑。

余前年读《通考》,尝论《周礼》国服为息之义,兹览李恕谷先生言,亦有见地。云《周礼》贷货国服为息,止一泉府司之。泉府乃士职,与汉之游徼啬夫、今之耆老官不甚悬殊。故民取携便而弊不滋。今之守令,即古诸侯。其位尊,则民畏而出入不便;其事繁,则必委胥徒而奸窦易生。况重之以君相之尊威,而立法使守令遍行,宜其败也。冯绘生又云:周时民皆有恒产,所以可以国服为息。然尚多补助,不必取偿。今贫民多无常业,贷之将不能偿,必取偿,将贷不及贫民,或及贫民而反以病之。荆公志在利国,势必扰民矣。

二十六日　　阴

读《荀子》。晡,诣峻斋,见济颠祖师鸾笔书道字,斗大,雄奇恣肆。自题紫金刚身阿那尊者南屏老衲书赐宏基。宏基,峻斋友,朱姓,亦有志学道者。晚归,读苏诗,观《颜氏学记》。

邮政局立,扰民殊甚,寄书多遗,又不能与置辩。或曰:新法其果不可行乎?曰:中国势殊,骤增一事,弥多一病。根本不固,求其枝叶之茂,未之闻也。必也报馆、学校行之十年,又徐开议院,庶几可举行一二,今则不能。

二十七日　　晴

阅江郑堂《汉学师承记》。

二十八日　　阴雨

录西史。晡,阅《说文释例》。中国文字,当古篆之作,极有命意,至流而为今之楷书,而古意几全失矣。古人为文,用字不苟,剖别深细。今人尽茫然也。故我辈即偶有论说之作,可称散文,不得谓古文。古文如泰西之腊丁文,非通小学不辨。晚,览《颜氏学记》。颜氏论《大学》古之明明德节,以为其所格之物,即修身、齐家、治国、平天下之实学、实政,如射御书数、兵农礼乐,莫非物也。知至即知此物也,意诚则专意此物如好色恶臭也,心正则无忿忧患能移夺此物之心也,而身无虑不修,家无虑不齐,国与天下无虑不治平。

览李恕谷先生传注:向谓朱子教人学鬼,直可捧腹。盖朱子解鬼神,以语为神,默为鬼;动为神,静为鬼。而又教人半日静坐,非使之学为鬼乎?先生真善滑稽,先生亦谓天地之中,人物之外,实有鬼神。盖通儒之论。

二十九日　晴

录西史。泰西能扶植民权者,始于法兰西王腓立第四创民会也。而路易第十、腓立第五继之。复绝哉,宜今日变法兴盛之暴也!

晡,马车驰味莼园。余携书中观之,验目力之速数,抵园甫阅五叶,而去寓所七八里遥,可谓钝于目矣。步行至弹子房迤东低垣乱树间,有残梅数本,余徘徊良久,有踵来遥揖者,乃胡二梅。遂相与穿茅亭松径,曲折而出,暮归。夜,览《颜氏学记》。

二月癸卯

初一日　微阴

录西史。晡,访欧阳石芝谈佛。晚归,读《荀子》。夜观《颜氏学记》。

前见李恕谷言：人之行有几微不可告人，即谓行不顾言；言有毫发回护，即谓言不顾行。名言可以训世。

初二日 晴

录西史半叶。晡，宋燕生先生过谈，出所和余生日自赋诗步原韵，稿另存，兹不录。燕公前有《赠杏孙行》七律，中有联云："浊世难为随武子,谓甲午年十四人上书请和事。愚忠能识郭汾阳。谓深知李傅相。"皆杏孙一生长处。夜，读《荀子》。

初三日 晴

录西史。过午，诣杏孙。晡，诣《时务报》馆，见枚叔及仲华。归，阅《玉篇》、《广韵》。愚谓中国教小儿识字解文义，宜另编简易之书，仿泰西法，由浅入深，庶人人皆可成就也。余尝疾中国类书多分剖不精，欲自拟类书条目，以质诸世。

初四日 阴，微雨

送杏孙北行，日中别。归过视蛰仙。晡归，读《荀子》。新吾至自扬。

览《颜氏学记》、程绵庄《论语说》。

初五日 雨

览《颜李弟子记》，是日终卷。冒雨诣祥士。晚归，读《荀子》，览包慎伯《齐民四术》。慎伯颇有救世之志。

初六日 微晴

祥士处治丧，余往款客。晡，出城，诣次申谈，暮归。晚，穰卿招饮。终日不读书。问槎至自杭。

初七日 雨

览包慎伯《齐民四术·农政篇》。中国士大夫留心此道者盖罕。慎伯之言曰：近者农民之苦剧矣，为其上者，莫不以渔夺牟侵为务，则以不知稼穑之艰难，而各急子孙之计故也。仆深以为忧，故少小讲求农事，为郡县农政一书。其用意深远矣。

初八日　晴

读《荀子》，览《齐民四术》。晡，燕公过谈。燕公谓：小儿教之读书通文，自有捷径。自言其女十岁时尚不识字，十一岁起课以《十三经集字》，日识四十字，兼为解字义，半年已能自阅《三国演义》。说部最佳书。即为讲《左传》，使读，不令背诵，甫读完，能成数百言。嗣为解《国语》及《史记菁华录》，三书讫，能自览御批《通鉴》。可知中国文理得善法教之，更不难。要在先史而后经，世间昧昧真可嗟痛也。又见其所缀咏史诗已，颇有味。

初九日　微雨

宴新吾、次申等于复新园。晡，至张园一带相地，晚归。夜，忆莼返扬，送之登舟。旋诣日新里金妓家，胡二梅约饮，坐有次申、仲逊、新吾等六人。俄，群妓翩跹，筝弦杂奏，有讴渔词者，幽怨动人。夜深归，终日不读书。

初十日　阴

读《荀子》，有云：可以夺国而不可以得天下，可以窃国而不可以窃天下。故谓汤武未尝取桀、纣之天下，桀、纣自亡之也。何则？天下归之谓之王，天下去之谓之亡。当桀、纣未放诛时，天下早去而归商、周，为天下所归，则汤、武久矣。夫为君而桀、纣，早为独夫，以君诛独夫，而后世迂儒目之曰弑，不亦慎乎？荀卿意如此，正可为《孟子》注解。

荀卿非宋钘之情欲寡，亦有所见，道本以无欲为上乘也。然而据乱之世，不能骤令人无欲也。故圣人先因其欲而利导之，使有节制而不为乱,则圣王持世之苦心也。荀子知因欲利导之善,而不知进而益上之道,未为得也。

十一日 阴

读《荀子》。为沈伯驯书屏,临画像赞,未毕,次申过,折简延燕公至,纵谈。晚,雨,余与次申同车出。夜归,览《齐民四术·银荒刍议》等篇。慎伯深有经世之才、援世之志,非寻常著作家比。

十二日 阴

读《荀》,续书屏,毕,览《时务报》麦孟华驳税务司新立章程议。过午,出诣次申,不遇,暮归。余兄来书。复览《安吴四种》。包慎伯亟欲行钞法,贱银而贵钱,以为可以救民之急。其法未尝不善,顾此亦非君民共主之世,不能行也。中国官民之气隔阂久矣,欲令官与民交涉而无弊,不可得之,势也。何也?官有权而民无权也。民无权则官欲左,民不能右也。官有所欺虐,民不得而抗也。故市贾非不能居奇而垄断,然民尚无大苦者,以平等之人相接,所持者暂而已矣。若入官吏之手,则处处抑勒侵削,而民无完肤,尚可问乎?慎伯殆未见及此也。

十三日 阴

日中微晴,即暗。读《荀》。周秦诸子文章自推庄、列,荀卿似近乎滞,然其骨力矫健朴重,亦能自成一派。次申北行,夜登舟送之。

天下无所谓智愚也,无所谓君子小人也,惟偏与全、广与狭耳。智者见全,而愚者见偏。君子之心广,而小人之心狭。粱肉酒醴,非不足适口也,然而过食焉则损身。智者虑其损身,故不纵其口之欲也;愚者则以口戕其身矣。声色嗜欲,非不足以愉快俄顷也,然而沉溺焉则病祸毕生。智者虑其病祸,故不纵其俄顷之欲也,愚者直以俄顷害毕生矣。是偏全之分也。燠衣饱食,人常情也。君子知众人之各具此心,不独己所欲也,故损人而益己不为也,欲人人之皆利也。小人则知有己,而不复知有人,苟益己焉,虽伤于人不顾也,是专欲一人之利也。此广狭之分也。

十四日　阴

读《荀子·大略篇》。荀子所言,悉合儒理。惟以人性为恶,不可不重刑,则流入法家。

晡,诣燕公谈。晤绍兴童亦韩学琦,亦有志士,欲创《自强报》馆,与燕公商定章程,首列皇言,次政事,次论著,次新学,次异闻,附本馆论说,燕公所拟也。

燕公昨有《送薛次申行》诗,录之云:"位卑难发烹桑请,道直甘蒙党李讥。谈不待深见天性,吏何妨隐想风期。荒区紫气腾宵昼,浊世黄金变是非。西蜀古来足词客,眼中亮节似公稀。"烹桑指张香涛,言香涛大为民蠹,故云。党李即道祖李合肥也。

夜,览包慎伯《答姚伯山书》,论居官云:印到为官,印去即为民。计一身,则为官之日少,而为民之日多。计一家,则为官之人少,而为民之人多。故欲举一事发一令,必自思曰:吾之父母官以此施之于吾身,将以为何如?数语凡为邑宰者,当奉为座右箴。

十五日　阴雨

读《荀》。晡,览丁酉正月分公报。诣峻斋不遇。夜,观包慎伯《齐民四术》,有保甲法及学政说。盖欲复三代间师、党正、乡举、里选之意。

愚谓居今世而言学问,无所谓中学也,西学也,新学也,旧学也,今学也,古学也。皆偏于一者也。惟能贯古今,化新旧,浑然于中西,是之谓通学,通则无不通矣。仲尼、基督、释迦,教异术也。

贯之以三统，由浅入深，不淆其序，三教通矣。君主、民主，政异治也。民愚不能自主，君主之，唐虞三代是也。民智能自主，君听于民，泰西是也。而凡所以为民，是政通矣。号之曰新，斯有旧矣。新实非新，旧亦非旧。惟其是耳，非者去之。惟其实耳，虚者去之。惟其益耳，损者去之。是地球之公理通矣，而何有中西，何有古今？

十六日　雨

读《冲虚经》，有云：黄帝梦游华胥氏之国，其国无师长，自然而已。其民无嗜欲，自然而已。千万年后，合球种类，必有如斯景象之一日。

十七日　阴雨

读《冲虚经》，云：周穆王时，西极之国有化人来。又云：孔子称西方有圣人，不治而不乱，不言而自信，不化而自成。疑即暗指佛也。又，孔子推西方圣者高出三皇五帝。又曰：某疑其圣，弗知真为圣欤，真不圣欤？《史记·老庄申韩传》云：孔子见老子，去谓弟子曰："鸟，吾知其能飞；兽，吾知其能走；鱼，吾知其能游。走者可以为网，游者可以为纶，飞者可以为矰。至于龙，吾不能知其乘风云而上天。吾今见老子，其犹龙邪？"然则孔子于佛、老二教，皆似尊之至，而若有疑辞者，殊不可解。

晡，诣筱帅，晚归。夜，览包慎伯《齐民四术》论刑律者。寝时，月明。

十八日　微阴

子涵表兄至自金陵，留午餐，息装颐斋处。晡，余诣谈，晚，同饭于一品香。夜归，览《齐民四术》慎伯代人请清厘积案二摺稿。

十九日　微晴

读《冲虚经》。晡，诣子涵，同游张园。晚，峻斋招饮。

二十日　微晴

读《冲虚经》。

人之所以相爱者,爱其神志也,非爱其躯也。何也?人死而耳目如故也,肩臂如故也,人每厌之、恶之、畏惧之;又未尝不悲思涕泣,而慕其人,一若与体无与也,非以其神志去乎?夫所谓神志者,何也?魂是也。《列子》云:生相怜,死相捐。相怜者神志,相捐者躯体也。

《列子》教人纵欲以养生,似又不知佛理者,何也?人苟皆欲纵耳目口体之欲,物不足以赡,则相争;争之不已,则相杀,而世大乱。则所以养生者,反以戕其生也。且生纵乐,而死受无穷苦。惟智者知其后罹苦之日方大也,故尝欲节制其欲,求免其苦。愚者不知,以为人何幸受此生,死则已矣,泯然不觉矣。于是肆然穷其耳目口体之欲,以求厌足,惧其虚生也。而不知人固未尝死,所变化者,躯体耳。无穷之苦,需于后也。其所乐者,不抵所苦也。人特患不知此耳。知之则尚何欲之可纵,耳目口体尚有何好哉!

《列子·说符篇》云:齐田氏曰:天之于民厚矣。殖五谷,生鱼鸟,以为之用。鲍氏之子,年十二,进曰:不如君言,天地万物与我并生,类也。类无贵贱,徒以小大智力而相制,迭相食,非相为而生之。取可食者而食之,岂天本为人生之?且蚊蚋嘬肤,虎狼食肉,岂天本为蚊蚋生人、虎狼生肉者哉!此语平心思之,亦常理也。以人未能造斯境界,故往往以佛氏之戒杀为迂诡。

夜,观包慎伯书三案事并答子谳狱书。

二十一日　雨

诣仲巽及襄孙,午,归,览江慎修《周礼疑义举要》,兼观《周礼注疏》。世多疑《周礼》为伪书,其故有数端:官多而田少,不足以赡之，一疑也；官制与《左传》、《王制》、《孟子》暨诸古书不合，二疑也；赋税重，似违先王之意，三疑也。然以鄙意论之，以为设官虽多，而古有官不必备惟其人之语，则一人而兼数官者有之矣。且侯国之贡献，岁有常制，则禄食亦不仅出于王畿之内，而何虑不赡哉？若官制名，则《左传》所载已在平王以后，时更数代，保无沿革非周公之旧乎？至赋税之繁，虽启后儒之疑，然当时之民皆有恒产，夫受百亩，有以养之，不妨取之。如近泰西科税未尝不重，然其国中无失业之人，皆足自立，赖有学校造就之，即所以养之也。故其民殊无患苦而乐输将。若三代以后，君不养民，民之失所者多，且君去民远，故官吏足以舞弊，而民重苦。是以居三代下，而竟言利者，士夫羞称之，盖以此也。由是观之，《周礼》实非伪书，而为君统中治之最善者也。

二十二日　　雨

诣友人，偕往购置器物，备天津育才馆用者，余兄书来故。晡归，览《周礼注疏》。晚，览《齐民四术》，其《方君寿序》有云：州县之所有事，钱漕则丞主之，案牍则簿主之，缉捕则尉主之，庠序则校官主之。是故长官之职在兴利除害，劝课农桑，激扬孝弟而已。自长官以钱漕为利薮，案牍为威权，始尽夺丞、簿之职。至风俗之淳漓，闾阎之安扰，以其无利于己也而不问。于是校官与尉之设，始冗于胥徒，污于驵侩，而州县之本职，抑尽废已。至言。

二十三日　　阴

复出买物，晡归，览《周礼注疏》。晚，观《齐民四术》，慎伯颇长于言兵，著《两渊书》，分雌渊、雄渊。雌渊言其理，雄渊言其制。又《乡兵对》及《筹楚边对》等篇，皆极有机权。

二十四日　雨

览《周礼注疏》。

西人饮食最不苟,常以养身为主,与中国《周礼》食医之制暗合焉。西人每食以大盘,多牛、羊、鱼、鸭,而旁置芋、菽等物,殆即《周礼》牛宜稌、羊宜黍、豕宜稷、犬宜粱、雁宜麦、鱼宜苽之意。吾疑古人设食状与西人同。

《礼》又云:凡食齐眡春时,羹齐眡夏时,酱齐眡秋时,饮齐眡冬时。注云:饭宜温,羹宜热,酱宜凉,饮宜寒。中国近人饮酒多温热,惟西人饮冷酒,且饮澄清之水亦冷者,颇合古意。

二十五日　雨犹洒庭

览《周礼注疏》及江慎修《疑义举要》。晚著《轮回说》,稿别存不录。夜,观《齐民四术》终卷。

二十六日　阴雨止

览《周礼注疏》。西人每当宴飨大事,辄夫妇并出行礼。按此实是中国古法。故《礼经》内宰:凡宾客之裸献瑶爵皆赞。谓赞后也。注云:《坊记》曰:阳侯杀缪侯而窃其夫人,故大飨废夫人之礼。此其征也。西国风俗日趋醇美,每见妇人,辄肃然起敬,绝邪僻之心,故男女之间犹近古风,未如中国今日防闲之密。

二十七日　雨

外舅筱老过谈,云:曾及见包慎伯先生,时已六十馀矣,与曾文正情好至密也。当时名震天下,而官不过中书。此君实据乱世之经济才,惟于西国交涉之事,则风气未开,不能得要领也。

览《知新报》,粤东所出,论笔固佳,选译亦精,尤胜《时务报》,载突厥有企列地战祸。

观《章氏遗书》,实斋论《易》之命名,改易之易,以为王者改制更新之大义，故名曰《易》，其识颇卓。地球之运，三统之变，亦无时而不改易也。实斋未必见及此，而实足证吾今日之所见。又云孔子述而不作，以为本无可作。此尤与《旧约》所言万事万物皆非新创意合，盖理本具天地间，圣人先觉焉，为之著于言辞以诏后觉者，岂圣人所作哉，亦述天地之理而已。明此，则述而不作一语，非专指好古言。

二十八日　　阴

览《周礼注疏》。

夜，览《章氏遗书》，其《原道》云：儒家尊尧、舜、周、孔之道以为吾道。不知道本无吾，而人自吾之。旨哉，言乎！道存天地，人游道中，岂吾一人之私有哉，庄周云：以人相忘于道，譬之鱼相忘于水。不为无见。又云：三代以上，官师合一。三代而下，官师相歧。官师合，故人之向学也易。官师分，故人之为学也难，盖学失师承。六书九数，古人幼学，皆已明习。而后师宿儒，专门名家，殚毕生精力求之，犹不能合于古。又云：官师既分，则肄业惟资简策，道不著于器物，事不守于职业。又云：官师分，而教法不合于一，学者各以所能私相授受。皆深达古今升降兴废之所以。然今西国治法，其有官师合一之意欤？又《言公篇》云：八音相须而乐和，不可分属一器之良；五味相调而鼎和，不可标识一物之甘。愚谓知是说者可与言议院矣。

二十九日　　阴

览《周礼注疏·地官疏》，称地与星辰升降于三万里之中。似今日地动之说，古人已知其意。

夜，览《章氏遗书》，其《言公篇》最与鄙意合。盖古人之言，岂能全无所失？然驳正之则可，诋訾之则不可。何也？一人之精力有限,著书传世,原待后人之辅助,是者扩充其意,非者救正其失,是后人与古人原所以相成也。古人固赖后人之成其业,而后人亦赖古人之开其先,皆不可居功,而皆不得谓无功。余平素持论如此。

实斋又云:风气宜以学术挽回,不可以学术趋风气。亦名言也。

三十日　阴雨

览《周礼注疏》。夜,观《章氏遗书》。半夜始眠,鼻出血。

三月甲辰

初一日　晨微见日,过午晴

览《周礼》。诣燕公谈。是日,得滇中姚学使稷塍书,云近年得为学之要二语,云:一切当行之理,以忠恕尽之;一切当知之事,以九数推之。曾撰座右联云:"一贯尽传千圣秘,九数能穷万物情。"

夜,览《文史通义》内篇终卷。

初二日　晴

仲巽过谈。日中,谭甫生至,纵言佛理。仲巽前疑轮回之理,余故作《轮回说》示之,仲巽又疑报应之故。余答曰:有禽兽之心,则为禽兽,断断然也。甫生小坐去。俄,章枚叔过谈。晡,诣一品香,坐有汪穰卿、谭甫生等四人。

夜归,览《光学》及《全体学》。

初三日　晴

览《周礼注疏·地官》:乡大夫之职,三年则大比,考其德行道艺,而兴贤者、能者。康成注谓:变举言兴者,谓合众而尊宠之。盖有公举之意。

是日清明,家祭。晡,诣仲巽谈,晚归。夜,览《全体学》,即傅兰雅所刻《全体须知》。言肠胃消化、食物运行之状极精详,西人可谓推阐无间矣。惟言脑为总知觉之主,不知脑亦蠢然百体中之一物,何有知觉? 然则所谓知觉者,盖神妙不可思。

初四日　　晴

晨诣长发栈,访谭甫生谈,即归。览《周礼注疏》。外舅筱老过。日昳,燕生过,谈及章实斋、包慎伯、汪容甫等,以为皆数百年来善读书人。俄,表兄子涵偕颐斋至。子涵甫自杭来,行将返江宁,是晚,送之登舟。

是日,沪江有小车夫肇祸,因巡捕房加捐,车夫大都贫窭,日所得无几,岂堪重敛,聚众至数千人,始诉于上海道署,道宪不问。不得已,遂在黄浦滩与西人抗敌,掷瓦揭竿,喧哄不已。西人鸣钟集众至,始散去。然是役巡捕毙者一人,车夫死者二人,馀伤者无算,事未已也。

初五日　　晴

览《周礼注疏》遗人:凡国野之道,十里有庐,庐有饮食。三十里有宿,宿有路室,路室有委。五十里有市,市有候馆,候馆有积。想见三代之盛。

晡,孙仲华过谈,论孔子一贯之理甚精。孔子言一贯,凡二:与子贡言一贯,主于知,博文约礼之意也;与曾子言一贯,主乎行,忠信笃敬,施于蛮貊之意也。多学而一贯,故能洞彻古今;忠恕而一贯,故能推扩于合地球也。

夜,泛求几何、代数诸门境,观侯失勒《谈天》原本。

初六日　晴

昳时诣外舅筱老谈,晚归。夜观《谈天》论经纬度。余前云,数学是格物门境,余不通算术,故读此种书较难。夜,雨。

初七日　阴

观《周礼注疏》司救:凡民之有邪恶者,耻诸嘉石,役诸司空。西人之法,常有监禁或作苦功者,即此意。

《老子·德经》云:失道而后德,失德而后仁,失仁而后义,失义而后礼。皆至言。余为续之:失礼而后法。鞅、斯强秦,所以继周文,佐周之后也。人谓刑名为道德之流弊,冤哉!物穷则返,故三代下当法家炽盛之时,每休息以黄老,则世少安。汉文帝为秦后令主,职是故耳。

礼即法也,所以别于法者,礼尚存道德仁义之旨,而法则概无之,纯刻薄少恩,所以更下矣。故予谓,世有仁人君子能变法而归于礼,则渐可以复古。

《地官》媒氏:中春之月,令会男女。于是时也,奔者不禁。可见古时亦有男女自择偶之例。

夜,送外舅筱老登舟,将诣白门。新吾来。

初八日　晴

读《周礼》廛人:掌敛市絘布、总布、质布、罚布。注:罚布者,犯市令者之泉也。西人亦每以罚钱为刑,既足警其过,又资裨于公家,两得也。

《周礼》官多法密,而民无侵扰之患者,以封建之时,人有分地,君民相亲,上之耳目易周,百弊不作,故能行之。王安石不知其本,妄欲行诸郡县之天下,宜其败也。及今如欲复《周礼》法者,虽不能反封建,然必设议院,立君民共主之局,庶乎其可也。

初九日　　晴

读《周礼》草人:掌土化之法以物地,相其宜而为之种。即西人以化学讲农学之意。卝人:掌金玉锡石之地,而为之厉禁以守之。若以时取之,则物其地,图而授之。注云:物地,占其形色知咸淡也。今之矿学。

古圣王每以田猎为国之大事,而佛戒杀生。《春秋》教人复仇,而《新约》主于仁爱仇敌。此其道似相悖,而不知为渐引之法。夫据乱之世,人不能无杀机,骨肉相残者有之矣,岂能骤臻于平视仇敌及鸟兽乎?故圣人先为可杀者以厌其好杀之心,而后示以必不可杀者以全其仁。鸟兽可杀,同类必不可杀;仇敌可杀,伦侪必不可杀。于是其杀机有所泄,亦有所止,乃可为人道之门也。迨人于必不可杀者,持之坚熟,而后能进于基、佛二教,使知向之可杀者亦不宜杀,而杀机尽化。

孔子不以灵魂示人,而教人崇祭祀,可知圣人之微意。

初十日　　晴

余母生日。学笔算法。昳时,诣《苏报》馆,购得李傅相马关受伤后映像二纸。旋访卓如、仲华。晚归,览《化学》。

《汉书·律历志》称:黄钟孳萌万物。又古云,黄钟为万事根本。求其故不得。日前偶观《几何原本》所谓点线面体,恍然似有所悟。盖黄钟者,即万事万物之起点也。

十一日　　微阴

览《周礼·春官宗伯》:以襘礼哀围败。疏谓:国见围,入而被祸败,丧失财物,则同盟之国会合财货归之,以更其所丧也。注引宋灾,诸侯会于澶渊,谋归宋财以证之。今日西人保火险、人险之法,暗合此意。

以天产作阴德一节,郑注云:天产者,动物,谓六牲之属。地产者,植物,谓九谷之属。阴德,阴气在人者,阴气虚纯之则劣,故食动物,作之使动,过则伤性,制中礼以节之。阳德,阳气在人者,阳气盈纯之则躁,故食植物,作之使静,过则伤性,制和乐以节之。所解不审确否?然其意颇近西人养生之法。

或问杀身成仁之义,应之曰:圣人视其身犹众人之身也,视众人之身犹其身也。无所不爱,皆不忍杀也。必不得已,杀一人以救人,杀百人以救万人,此杀人之所以成仁也。以其死者寡而生者众也,故为之杀其身可也,杀众人之身亦可也。苟无当于杀一救百、杀百救万之义,虽杀其身犹残,况众人之身乎?

西国之权,不在君也,不在民也,权属于公。中国之权,亦不在君也,不在民也,权属于私。公权出而国安矣,私权盛而国危矣。

十二日　　晴

晏起,览《周礼注疏》。晡,诣《时务报》馆。晚,观《代数算法》,不得涂径。

十三日　　雨

观《周礼·春官》司尊:春祠夏禴,祼用鸡彝、鸟彝,皆有舟。郑司农云:舟,尊下台。若今时承槃。西人饮器,辄有承槃,颇合古制。

《旧约》中盛言燔祭之礼,凡牛羊之类,割而沥血于坛,以事上帝为至敬。所言多近中国古祭祀礼,中国亦有杀牲取血之制以衅鼓也。又如天府上春衅宝镇及宝器,亦用血。

十四日　　晴

章枚叔过谈。枚叔以酒醉失言,诋康长素教匪,为康党所闻,来与枚叔斗辨,至挥拳。俄送堂兄,芝生与祥士偕至,留午食。昳时相携游龙华,桃柳繁妍,丐者喧于道,有憨妇当车,车夫抶之,丐者怒。俄,游毕。归途,群丐伺击以块纷然,车人皆衣土,大笑而归。

夜,观章枚叔所著《春秋左传读》。

十五日　　阴

读四书文。晡,送章枚叔行,归诣燕生谈。夜,览《周礼注疏》。

十六日　　阴

览《周礼注疏》。芝兄暨祥士过,相携至一品香午食。晡,闲步棋盘街书肆,遇杨凌霄,坐谭。凌霄有自道襟期二语云:"肝胆撑开颓世界,心肠煎暖冷乾坤。"余语凌霄曰:农、工、商贾,皆自食其力者也,而吾侪号称为士,坐而食人,而不求有益于人,是狗彘也。虽然彘犹以肉养人,狗守门户,狗彘犹不徒食,则吾侪狗彘之不如。凌霄以为然。

夜,观《天文图说》。

十七日　　微晴,即阴

览《周礼注疏》。

古人制乐精密,虽泰西格致家不是过,惜其失传也。观高声碻正声缓一节,可知昔人于声学讲之精矣。

大胥:春入学舍采合舞。秋颁学合声。注:颁学,颁其才艺所为。疏:颁,分也。分其才艺高下。愚谓不然。才艺高下,比校而知。宜曰比,不宜曰颁。颁学者,因其性质所近,使分执一艺也,故曰颁。

十八日　　晴

日中,杨凌霄过。凌霄欲在海门兴议院,嘱予撰上海门邑长书。拟章程一纸，观之，知议生由官考取而定，非由公举者。其法良美，不能无弊。凌霄是日将诣杭，濒行，余赠兰一枝，祝曰：同心之言，其臭如兰。

晡，览《周礼注疏》。连日无所得。夜，观《天文图说》毕。庭间立，众星烂然，明月东上。

十九日　晴

览《周礼注疏》。昳时，燕公过谭。愚谓古今文章之美，以庄子、太史公、韩昌黎为极品，馀子无足抗席者。诗则独推陶、杜，而苏、黄犹为下乘。燕公以为然。晚，诣颐斋，抵掌畅说古今。颐斋为余吟欧洲诗曲，哀怨感人。

二十日　晴

览《周礼注疏》保章氏：掌观吉凶妖祥。又以十二次为九州分野。今日天文之学大明，始知古人所言陋妄。然在当时，占验往往有应。说者以为偶中，亦非也。盖吉凶因乎人心，心所凝注，通于神明，遂成机兆。章实斋云：人定胜天。盖不谬欤。

晡，诣仲巽谈。余谓知、仁、勇三者，人人各具，有所蔽，遂伏匿而不得发，一若无之。蔽之浅者，师友可以攻而发之；蔽之深者，发之愈难。晚归，览《说文》。

二十一日　晴

览《周礼注疏》。圣人制礼，详于饮食、衣服、宫室、车旗之节者，非好为观美也。因人之所欲而利导之，以为黜陟赏罚，使人鼓舞向善而已。故当是时也，贤者无弗举，能者无弗用也。《荀子》云：上贤禄天下，次贤禄一国，下贤禄田邑，原悫之民完衣食。盖三代之时，黜陟公而赏罚当，故风俗醇美，人材众多，非自然能也，迫之使然也。三代而下，黜陟不尽公，赏罚不尽当，于是君子忍为君子,小人乐为小人,庸人玩愒,英才抑郁,遂成昏暗之世界,宜也。

晚,览《知新报》论农学云:西国有人名靴利遮路,考究豆谷之类,其根丝之间,有一种微物,能助其根薹发力,而吸食淡气,名璧打利亚,功用甚大,于农事有益。

二十二日　　晴

览《周礼注疏》:大司马之职,以九伐之法正邦国。所谓眚、伐、坛、削、侵、正、残、杜、灭,具见当日天子治诸侯法律。

三代之君皆称王也。王之先则有五帝,帝之先则有九皇,皇之前则称民。三代而下,其君又莫不称帝也,则是王之后又有帝矣。今欧亚诸大邦皆称皇,是帝之后复有皇矣。地球不久尽变为民主,是皇之后复有民矣。名号者,至微末事,而足以觇大地终始之气运。

夜,览许氏《说文》。其玉部之字,多言石之似玉者,而名各异,究不知其质料作何状。《说文》如此类者甚多。吾意古人亦必有博物院,各种咸备,故能辨其质,各命以名,惜后之失传耳。西人常有新字出,盖物有新造者,字亦不能不新也。中国非无新造之物,而不许有新造之字;即有新造者,亦目曰俗字,毋得入文,必以古字代之,卒至名实相舛。往往古无今有之物,则以古物之相近者代焉。如卓,古人所无也,代之以几,而不知卓自卓,而几自几也。名实相舛如斯类者复不少,岂正名辨物之义耶?

二十三日　　阴雨

览《周礼注疏·夏官》掌固:掌修城郭、沟池、树渠之固。可知古人最讲种树也。余生平无他好,惟爱茂竹深林,能坐其下忘返。居京师时,往往庭院中多古槐,绿阴四合,疏帘半垂,与二三高侣,读书弹棋其中,仙境也。到南方来,楼高院隘,如坐深坑,此乐转不复有。

西人谓植物能吸炭气,吐清气以养人,实有至理。故徘徊花木间者,觉动息为之怡然。

二十四日　微晴

昨夜梦为人画,老梅横斜,絮云笼月,水墨模糊满纸。友人杏孙见而赏之曰:此梅梦也。醒而记之。余故自题小像联云:"掌中七万里,浮提此身非小;目下四千年,记传予寿偏长。易多字亦佳。"夜,作书致余兄。终日不读书。

二十五日　晴,微阴

览《周礼注疏·夏官》司士揆,注谓:王出揖公卿大夫以下朝者。可知古君主之朝,非视其臣如奴隶也,敬之等宾客,是以上下相乎,情意相通。梨州先生曰:天子一位,公一位,侯一位,伯一位,子、男同一位。天子亦一职也,特高于公侯而已。吾谓后世之君,位置太高,虽公侯皆望之如帝天。其意实防篡窃,然而篡窃者,一家之祸耳,生民之利害不系于此。何也?观于陈氏之篡齐,可知矣。然则凡君之重抑臣者,名为天下大计,实私于一人、一家也。

《孟子》云:孔子成《春秋》而乱臣贼子惧。又云:残贼之人,谓之一夫。闻诛一夫纣矣,不闻弑君也。然《春秋》所书弑其君之君,未必无残贼一夫,而犹谓之弑君者,以暴易暴也。若弑君者皆如汤武,吾意《春秋》必不书弑,必不书其君。

三代下,所谓学人者有二:一俳优也,一市贾也。俳优饰声色以动人,市贾聚百货以炫于人。国朝设博学鸿词科,即取此两种,恬不知怪。

文章有自中出者,自外入者。盛德积中,光辉发外,文之自中出也。追琢其章,金玉其相,文之自外入也。

《庄子》云：仁义者，先王之蘧庐也。可一宿，而不可久处也。其言似悖，而有至理。夫仁义，名也。在佛法谓之法，可引为途径，及其终也，而法亦空，不可拘执也。浅而论之，如文字、算法，为学问之津筏，然亦只可一宿，不可久处焉。非不能耗竭人之精力，而仍堕空虚，其于实学无当也。故文只求通达，算只求简要，法即进，而急求诸有用学，是亦一蘧庐也。

二十六日　雨

昨夕梦游大寺院，飞楼涌殿，瑰璃巨丽，焚香瞻拜者踵接，不知何祥。起而记之。览《周礼注疏》。

今之枪炮，有古人射意。轮舟驾驶，有古人御意。特变其法，而更精更神奇耳。盖礼乐者，古人所以修文；射御者，古人所以讲武；书与数并重，而学问皆由此入。先王制六艺之名有以夫。

晚，观《万国公报》，电传欧洲战事，感而有赋云："心伤大地莽贪机，拓宇夷山未觉非。龙战四洲江海立，鼠磨万甲髑髅飞。天心何日驱蚩贼，民政由来起贱微。安得大人腾九五，尽伸平等一戎衣。"

二十七日　阴

览《周礼注疏》职方氏，疏云：自神农以上，有大九州：柱州、迎州、神州等。至黄帝以来，德不及远，惟于神州之内分为九州。故《括地象》云：昆仑东南万五千里名曰神州是也。此言果否，俟考。

《夏官》训方氏：掌道四方之政事，与其上下之志，诵四方之传道，正岁则布而训四方。又撢人：掌诵王志，道国之政事，以巡天下之邦国而语之，使万民和说而正王面。即今日报馆之意。

二十八日　晴

览《周礼注疏》。前与谭复生等七人映一像，仲巽属予题之。

予为略跋数语云："丙申秋，海上集同志七子，曰吴雁舟嘉瑞、曰谭甫生嗣同、曰宋燕生恕、曰梁卓如启超、曰汪穰卿康年、曰胡仲逊惟志、曰孙仲愚宝瑄。其人多喜圆教统，志游觉海，一日皆于光学中现身。乃为偈云：幻影本非真，顾镜莫狂走。他年法界人，当日竹林友。"

二十九日　　晴

览《周礼注疏》。周人先同姓，而后异姓。又，王之同姓有罪不即市，议者遂谓古圣王不免涉私。余谓不然。据乱之世，君统之朝，皆欲以身化民，而立教之始，必先亲亲，使天下皆能亲其亲，而化成矣。然必先自亲其亲，以作则于民，而后可。此圣人之苦心也，非有私于其亲也。虽然三代之君，未必尽无私，第不可据是而论。

小司寇之职，掌询万民。曰询国危，曰询国迁，三曰询立君。注谓：无冢适，选于庶也。选太子而谋诸愚贱之人，可知当日王家子弟虽贵，而与民杂处，不相远也。故虽小民，能知其贤否。

三十日　　阴

览《周礼注疏·秋官》司厉：其奴，男子入于罪隶，女子入于舂槀。司农注云：谓坐为盗贼而为奴者。于此知古时奴婢，大都罪人所为。又犯淫者受宫刑，为奄寺。后世为奴婢、奄寺者，皆不以罪，大率为无辜穷民可知矣。穷其生计，而使之甘蹈于卑辱，尤可悲。

四月乙巳

初一日　　晴

终日不读书。西人礼拜日，暗合大《易》来复之义。其所以然实不可解。六日勤作,一日休息,岂造物者果有是纲维耶?予近颇欲法之,亦于是日辍读。子颐至沪。

初二日 晴

览《周礼注疏》。传贤之天下变为传子,又必欲立嫡,似极私。然人心不古,聊以杜乱萌耳。所谓义失而礼,礼失而法。精意失,仅树此坚定不易之法,则亦据乱之世,不得不然。若并此法而掊之,则争夺篡杀之祸,日相寻于天下,而民生无噍类矣。韩昌黎、朱紫阳尊君坚戴一姓过当,诚中国之罪人。然蠢蠢每每之中,未尝无功,何者?民智未开而即创自主之说,是导四百兆民尽为乱党,而依然强陵弱,众暴寡,为血肉相糜之天下,何补于世耶?美之立为民主者,赖欧洲诸国开其智于先,已人人化其野蛮之气习,故能一变至道。若中国之民,受嬴秦后数千年压力,愚蠢昏昧,至无复加,乃骤假谈民主之高论,是执久饿者而饱以粱肉,非不美也,其死可立待,无渐引之法也。曰:然则今可言乎?曰:可。乌乎可?曰韩、朱之说深中于人心矣,能言民主者,必其深知公理者也,有智识者也,可以得自主之益矣。

初三日 阴

览《周礼注疏·秋官》:王燕,则诸侯毛。注云:以齿不以爵也。传闻今欧美诸国君宴集,亦以齿之少长,不以国强弱。有教化之邦,固应如此。

初四日 晴

览《周礼注疏·考工记》。

余每戒人好名。或曰:"居今日,惟恐不好名,子言太高。"予曰:不然。好名与好利一也,好利者专利,不以财分人而已。好名者专名,则不欲以智慧分人也。中国晦塞久矣,以开民智为要。使不以智慧分人者日多,民智何由开耶?

浊世之人,其品愈高,其名愈隐;其品愈卑,其名愈著。同一读书也,学藻实者,不如学义旨者矣。义旨,书之精;藻实,书之粗也。然而精者得空名,粗者得实名。学序目者,更不如学藻实者矣。叙目,书之表;藻实,书之里也。然而里者得陋名,表者得博名。

晚读《庄子》,至《徐无鬼篇》,叹漆园固有深意也。其言曰:天地之养也一,登高不可以为长,居下不可以为短。君独为万乘之主,以苦一国之民,以养耳目鼻口,夫神者不自许也。平等之义,言之最切。

《庚桑楚篇》:介者拸画,外非誉也。注:拸,去也。介者形既不全,则无所用于文采,能拸画而去之,由其于人之非所丑而誉所美者,早置之度外也。颇合予之襟抱,因自号曰拸画斋生。

初五日　　雨

览《周礼注疏》。次申至自津。

庄周所谓邱里之言,其今之议院乎?所谓自外者有主而不执,由中出者有正而不距。何其善言公理。

初六日　　晴

览《周礼注疏·考工记》梓人:为笋簴,外骨内骨以下数节,颇近西人动物家言。夜,诣同文书局之东观马戏,杂献多技,观者鼓掌。有人足跕两马背而驰。

初七日　　雨

观《周礼注疏》,终卷。是书专言君统,纤悉巨细,靡不遍举,咸有精意。前人谓为天理烂熟之书,信然。予谓《周礼》实有周一代之法也。不名曰法,而曰礼者,以有仁义道德之旨故也。予已系说于前。晚读苏子瞻诗、《庄子》文。

初八日　晴

敛束行具，将赴杭。晡，登舟，日犹未落，已行十馀里。舟中观《万国公报》谢希傅《游美洲安达斯山记》。山为南北美洲之干，长二万八千馀里，在北曰落机，又曰烟山，皆安达斯之一脉也。此记焉，绘刻形胜景态，如履其地。

初九日　雨

船窗观《八星之一总论》，英人李提摩太著。中论海浮石一节，言为无数小鱼所吐，积久吐渐多，石亦渐大，竟有成为海岛者。赤道下往往有人居其上，筑屋成市，耕地为田。甚奇。

仲逊前述人之言曰：智人之乐在当境，愚人之乐在未来。

盗跖骂孔子之语，金圣叹痛哭古人之言，如一辙也。皆未达心灵不死之说，遂视其身甚小，视其年甚短，视其耳目口体甚重。哀哉！

晡，晴霁。天色水光交映，白云淡冶。览李提摩太译《百年一觉》。专说西历二千年事。今尚千八百九十七年也。为之舞蹈，为之神移。

初十日　阴

昨夜分，舟至杭大关，侵晨抵岸。入城见叔父，皆无恙。卸装于厅后之右轩，窗几明爽，小树拂檐。日昳，出谒诸亲友，晚归。夜观《知新报》。

十一日　阴

肩舆谒客，终日不读书。

十二日　阴

诣留下扫墓。舆中观《心灵学》。西人格致家渐从事于心性，可谓知本矣。日中，在吴阿泉家午食。日昳，赴先人墓瞻拜。松柏杂树渐长大,徘徊良久,遂归。晚,夏履平来谈。履平论鬼神,以心灵为神,四肢百骸为鬼。颇有见。

十三日　晴

览《心灵学》。诣春卿谈。日昳,与希尚兄泛舟湖上,自持桨,荡波殊远。余前云,驰马有飞鸟之乐,泛舟有游鱼之趣,信然。至三潭印月,啸咏彭公闲放台间。晡,诣高庄,游人甚多,俄即返棹。夜,复观书,与希尚闲话。

十四日　阴,微雨

诣春卿午食。昳时,肩舆出凤山门,观张勤果墓,碑亭、华表、石人马矻立,殊威整,予前所未及睹也。种松柏尚小且稀,以凤山下多石少土,故草树不茂。晡,归。夜,观《心灵学》。是书焉,晰言人心之运用,大要不外数种:曰思、曰悟、曰辨别、曰记、曰志、曰感,其言精密。述艳丽章,谓物之艳丽,是物之灵气在块质透显。语为我国人所未经道。予谓即刚健、笃实、辉光之意。

十五日　阴

览《心灵学》,终卷,吟诵唐诗。予谓唐人诗最讲音节,故歌之琅琅有声,后人忽焉,是以其诗虽佳,多能读而不能歌也。晡,夏履平来。晚,星墀招饮。夜,观《太平洋岛受道记》。曰大喜地岛、曰赖亚德群岛、曰斐济州、曰马来群岛。

十六日　雨

观《游览日记》。过午,诣陆勉斋创中西学堂,题曰求是书院。天文、格致、图画、仪器悉备,屋宇峻朗,前为普陀寺也。与勉斋纵谈。归访章枚叔于横河桥北,板屋数椽,亦雅洁。枚叔读书其中,殊静。予小坐片时,檐溜正急。旋诣春卿,即还。夜,观《万国近政考略·风俗门》。

十七日 雨

诣夏履平,留午食。俄过应震伯家,有园亭,极幽曲,花木跃蔓,西式屋三间,精丽。促坐良久,即归。少川、星墀过谈。晚,应叔寅招饮。终日不读书。

十八日 雨

章枚叔过谈。日中,诣聚丰园李石朋之约。楼后倚山,亦啖西菜,雨犹飞洒。闻海上天文家言,今年十月雨,果尔,田家困矣。食已,自买新帽归。晡,复衣冠出谒客,晚归。夜,观李小池《美会纪略》。鳞瑞杰瑳,如履其境。盖万国物宝所萃焉。

十九日 微晴

将返海上,与春卿约同至水车兜祖墓。春卿于其西偏起砖瓦厂。相地者言,筑屋处尚远,且地洼下,又为竹树蔽,无碍。惟西南隔河近地五亩,亦为占去,恐有兴作非宜,速商归我,免后涉讼。春卿许诺。晡,登舟。晚,放行,舟中读苏诗。

二十日

破晓,已过嘉兴。日中,至五厘。船窗晴暖,读苏诗。晡,望见塔影,知近龙华。俄已过制造局。水声活活,樯帆楼阁,浦滩光景,倏忽过眼。泊岸时,关钟鸣五,抵家俱无恙。是日,为先嫡沈太夫人忌日,晚家祭。燕生偕杨凌霄来,履平亦来,盖先余一日至沪也。凌霄及燕公小坐即去。凌霄索论议院书,余答以此举难行。乡邑中多一议员,与多一邑长一也。弄权颠倒,曲直不可禁,无益实事。凌霄领之。履平留晚食,同至丹桂园观优。

二十一日 晴

晨,作书寄余兄。日昳,偕履平出游。晚归,览诸报。余谓垄墓以葬死者,中国人最讲。然按之公理,似为太平世所无。夫人死而葬者,其废料也,灵性无与焉。虽厚奉之,死者何感?而徒占地妨生人之耕种,不如火化之为愈焉。言是者,必骇人闻,而有至理。人所以必厚葬其亲者,不知灵性不死之说故也。以为死而心亦死,所遗者躯骨耳,奈何薄之!不知彼其心固未死。生时重其身,死则弃如败叶焉。于其贱弃者而珍之,为死者所笑也。虽然,不知此者,宁厚葬之为愈,何也?以志吾爱。或谓祭祀者中国所重,而果有求食之鬼。西国不崇祭祀,岂其鬼皆甘饿死耶?中人重葬埋,掘其骨,其鬼果为厉。西人死则鸟葬焉,火化焉,而亦无事,何耶?曰:是不难知:西国人智,故其鬼亦智;中国人愚,故其鬼亦愚。唯愚也,故虽死犹爱躯骨,系情食饮,智则反是。中西之所以不同也。

二十二日　　晴

仲巽过谈。仲巽之言曰:天地间有魂学、魄学之分。凡创一说,可垂万世,而不必喻诸一时者,是魂学也。凡创一事,可救一时,而不必垂诸万世者,此魄学也。语甚新辟。履平亦来,留午食,即去。晡,余复诣之,与偕至《时务报》馆。闻吴铁桥化去,奇惨。晚归。夜读王介甫《上宋神宗万言书》,其论学校、选举,皆中世弊。惟加小罪以大刑,先王所以忍而不疑等语,仍蹈法家言。

二十三日　　晴

读《扬子法言》。晡,诣新吾,见以光学映德国克虏伯炮厂为李傅相制铜像,西人景慕可谓极矣。又傅相坐推车游诸厂图。

二十四日　　晴

读《扬子法言·修身篇》,云:天下有三门:由于情欲入自禽兽;由于礼义入自人门;由于独智入自圣门。佛家六道轮转即此意。晚,览《湘学报》,极粗浅而有用。诣《时务报》馆,见《农学报》,有图说,皆译西国要法。报馆大兴,或者民智渐开乎?

二十五日　晴

读《扬子法言》,其《五百篇》云:赫赫乎,日出之光,群目之用也。浑浑乎,圣人之道,群心之用也。语精粹见道。晡,燕公过谈。

二十六日　雨

读《扬子法言》,终卷。晡,作书寄余兄。内弟汇东易新屋,晚,往贺,留饮。屋近味莼园,四围清旷,林木疏茂,空气多。

二十七日　晴

丽轩昆季过谈,即去。扬子曰:万物纷错则悬诸天,众言淆乱则折诸圣。予谓圣者何?心也,即心是圣。《庄子》云:水静则见须眉。又云:心者,天地万物之镜也。是以智者虚其心而理自见。若必待圣人而折,则当世圣者谁耶?览《重学须知》毕,知机器诸动力之所以然。其大要:运他力以助力,增力。其所用之器有六:曰杆、曰轮、曰滑车、曰斜面、曰劈、曰螺旋。又云重学与化学不同,重力加于体质,只能使之移动,变其形状,改其方位,而不能令本质变化。若化学,则能化本体之质,能改换物之形性。

二十八日　晴

读《尚书》:允釐百工。可知古人之视官,犹之工也。特官者劳心,工者劳力而已,而皆求有益于人,以竭其劳者也。李提摩太译《百年一觉》称:二千年后,合地球只有两种人:曰官、曰工。而不知官亦工也,毋庸分焉,工而已矣。《书》又云:弗询之谋勿庸。可知圣人治天下,每事必询,求合众人之心也。扬子云:申、韩之法不仁哉,是牛羊用人也。牛羊用人,则狐狸蝼蚓不膢腊也欤。予深知申、韩之非,而不知自秦汉以来,其君无不牛羊之用人,即无非申、韩之法也。

二十九日　晴

诣丽轩不遇。午归，览《农学报》。晡，与子颐同车游味莼园。终日不读书。

五月丙午

初一日　晴。晡，东风作，微阴

温《尚书》，览《电学须知》，终卷。电多因相摩而生，隐伏万物内，极稀无重之气质，而有通信、燃灯、镀金、治病、运动器机诸能，为极神之物。余一言以断之，曰：天地万物之脑气筋也。今之学于此者，尚未能深造其极，将来有无穷奇妙，悉从此出。佛言众生同入觉海，数万里外有一波动，悉皆知觉。今之电报，亦能秒忽间达志意于数千万里，但须藉器而通耳。惟佛国则不藉器而通，所通者神矣，非电所及也。然吾不知神耶，电耶，果有分耶，其无分耶？

初二日　晴

读韩昌黎文，其《对禹问》篇云：传之子不当贤犹可以守法，传之人而不遇贤则争且乱。其言不无所见。盖据乱之世，公举之法不行，与其传贤不当而启争，不如传子之为愈，而又必在于嫡，以天定也。若公举，则人定也。

初三日　晴

读欧阳永叔文。诣仲巽午食。昳，诣新吾。晚归，览《几何原本》。余谓天下万事万物，莫不有自然之理，欲显其理，而印诸吾心，则有法，文与算等法也。

初四日　晴

连日热甚。读老泉文，其六经论皆有特识。后人讥其不纯，皆不足以知之。读曾涤笙诗，沉雄豪宕，非国初诸家所及。晚，观《几何原本》。论数者可以长，不可以短。度者可以长，可以短。盖数由百减十、减一而止，一以下不可损矣。度则减尺、减寸、减分，减之亦复无尽。《庄子》称：一尺之棰，日取其半，万世不竭。亦此理也。余谓即泰山毫毛之喻。

初五日　　晴

家祭。晡，谒客，观曾涤笙文。夜，诣味莼园，览电光影戏。观者蚁聚，俄，群灯熄，白布间映车马人物变动如生，极奇。能作水腾烟起，使人忘其为幻影。

初六日　　晴，以夜雨小凉

读苏子瞻古文。丽轩、荫亭偕来，留午饭。昳时去。晡，少川叔与少卿至，谈良久。晚，约饮聚丰园，子颐在坐。俄，群妓翩然至，弹丝奏曲。予尝谓，人之美恶无定形，接于眼脑，衣而以为美者，必其人之形貌有与吾相似处。此理屡试辄验，然语诸人，人恒不信。夜，复观影戏。送子颐登舟，将至津。

初七日　　晴

读《鹖冠子》。日中，与少川叔、少卿同饭于宝德。昳时，归。教小妹识字，余用新法，行之有日矣。盖先选古书中极有声色之典实，且有关孝悌品操者，将生字一一书于剪方纸，各授音义，令牢记，且习点画。次日，先默写讫，复询字义，皆无误，然后连属成一节故实，令自会意，不达者为解之，久则融贯，且进甚锐。晡，与少川叔同车至张园，晚归。夜，观《几何原本》。

初八日　　微阴

予谓近日欧洲衣冠之制无甚别，抑亦大同之机也。衣冠别，虽皆文明国，然相视总若异类。中国所以与泰西人扞格者，以服制之歧也。服制苟同，则相亲狎，而有情谊，相忘也。满、汉所以未化者，男制同而女异，不通婚姻故。反是，则未见有数百年以同种之人而截然两之者也。盖衣冠异则同种为异类，衣冠同则异种为同类，有以夫！夜，览《交涉公法论》。其原序纪公法源流出于罗马，其后有多法师精求其术，如阿勃里哥斯、金庚斯、李意诸人，皆著名者也。公法之学，始渐盛行。

初九日　　微阴

览《鹖冠子》。其《王铁篇》论天曲、日术，皆以法制整齐其民者，有比闾族党，轨里连乡之意，治天下之公理本应如此。鲍翔士过谈，留午食，俄，冒雨去。予诣新吾，见美人李佳白欲在京师创大书院，不日回国集款，以成斯举。西人好义，无分别，见有不可及者。

初十日　　阴

诣颐斋，归，日甫昳。俄，少川族叔来谈，作象棋之戏，即去。览《鹖冠子》，其书词胜于理，然文章锐悍，无语不警，自成一家也。晚，代鲍祥士撰《时务杂钞序》，稿成夜分。

十一日　　阴

《鹖冠子·兵政篇》云：子独不见夫闭关乎？立而倚之，则妇人揭之；仆而掊之，则不择性而能举其中。若操其端，则虽选士不能绝地，关尚一身而轻重异之者，势使之然也。予谓观此可悟西人重学、力学之意。晡，览《交涉公法论》，中言以人心固有之天理用为天律，而使万国遵行，虽有不遵者，而天律自在也。即如一国所定律，安能必人人皆遵行乎？有一不遵者，遂谓之无国律，不可也。天律亦然。又云：合天下为一国，以天为之主，而皆不得违天，公法所以立。

十二日　　晴，微阴

《鹖冠子·世贤篇》云：魏文王问扁鹊：子昆弟三人，其孰最善为医？扁鹊曰：长兄最善，中兄次之，扁鹊最为下。文侯问故，曰：长兄于病，视神未有形而除之，故名不出于家。中兄治病，其在毫毛，故名不出于闾。若扁鹊者，镵血脉，投毒药，副肌肤间，而名出闻于诸侯。然则其所能愈卑，其名愈远。甚矣，名之不足贵也。昳时，诣祥士，不遇。归，览《万国公报》。法国人有欲立均富会者，虽一时碍难骤行，然可知公理之明也。夜，观《交涉公法论》。

十三日　　晴

览《鹖冠子》，终卷。周秦诸子有数病，往往喜谈道德玄妙之旨，聆之若甚精粹，而细揣其言，大都词胜。有其理已不啻再三言之，而变其辞则新异，文章家长技也。览《交涉公法论》。予谓西教仁爱仇敌之旨不行，则战祸一日不可已。何也？以怨报怨无穷时，且怨之所生，多始于无心，而成于有意。其间有人也，计较之心稍淡，则两国之祸可立解。何必以小不忍而苦生命哉？此野蛮之习也。和也者，战之对待也，有和则必有战。太平之世，使大地无所谓和，无所谓战，盖必待民智大开、民贼尽去而后可。予尝怪《春秋》所谓治太平时，天下远近大小若一之说甚奇也，所指陈者，不过书法，而微意所括者远矣。吾思数千年后，地球诸国及省府县乡，道里广狭必悉皆同。乡立议院，家出一人入，议治一乡事。县立议院，乡出一人入，议治一县事。府立议院，县出一人入，议治一府事。省立议院，府出一人入，议治一省事。国立议院，省出一人入，议治一国事。合大地立一议院，国出一人入，议治万国事。当是时也，国无强弱，家无贫富，人无尊卑、无仁暴、无愚智，所谓远近大小若一，盖合符也。美国公会分上下两处。上会各邦主所派官，下会各邦之民所举,皆为公会。又曰国会,无论何事,皆由国会主之,各邦不得私有所擅。抑知凡入会者,不犹是各邦之人乎?会中则公之,会外则私之。何也?曰入会则与众人之意志相融,而不得私有所逞,故公之也。公权日重,私权尽泯,美之所以治也。国会及议院,治天下之锅炉也,能熔化诸质而成器。又如一身之脑髓,聪明智慧之所出。人之意见不能无偏也,入议院而偏者,不见有化之者;人之识性不能无钝也,入议院而钝者,不见有补之者。盖心思才识本具于各人之身,至是而融洽和合成一片天境,而公理有不出哉?

十四日 晴

读《尚书》。晡,诣张园,遇卓如。穰卿出一纸示余,盖吴铁桥于湖北以鸾笔与诸弟谈语家事,琐细悉合。自云为庸医误,满纸伤感。会仲逊等踵来观之,咸大诧异。予曰:是不奇,人固未尝死,所化者,躯体耳。其神固有与人接谈之能。晚归,读曾涤笙诗。是日礼拜。

十五日 早晴,向午微阴

读《管子》。尝谓中国之祸中于法家。法家之术开于《管子》,罪之魁,祸之首也。观其首篇论牧民,已得其用心所在矣。如云政之所兴,在顺民心。意极正大也。而所以顺民心者,在民贫贱,我富贵之;民恶危坠,我存安之;民恶灭绝,我生育之。亦尚无悖理处。乃下则云:能富贵之,则民为之贫贱;能存安之,则民为之危坠;能生育之,则民为之灭绝。是前所以生之者,正所以杀之也。民亦何辜,而当贫贱、当危坠、当灭绝哉?不过危其民而君赖以安,灭其民而君藉以存耳!是正黄梨州先生所云:屠毒天下之肝脑,离散天下之子女,以博我一人之产业。人但知罪商鞅、李斯,而不知其发源出于管夷吾。以极残忍刻毒之意，而前则美其号曰顺民心。又以牧民名篇，不知其所牧非民也，牛羊耳。奸雄欺人之术，不觉自揭其隐。然祸中于数千年，彼固不及料也。晡，读曾涤笙诗。夜，观《交涉公法论》国变及舟行河海例。

十六日　微阴，即晴

读《管子》。所立之乡州里游什伍，何别于比闾族党诸制。即乡师之布宪，又奚异于党正之读法。然而在《管子》则谓之法，在周公则谓之礼者，礼期于养民，法期于强国耳。其论九败，首云寝兵之说胜则险阻不守，兼爱之说胜则士卒不战，全生之说胜则廉耻不立，私议自贵之说胜则上令不行。四说者，皆《管子》之所辟也。而不知正为吾辈今日所冀幸而不得者，何也？私议自贵，则民权伸，而皆平等矣。寝兵、兼爱、全生，则战祸息、壹四海矣，非极隆平世耶？乃为管仲所深恶，尚有人心哉！《管子》云：一国之人，不可以皆贵，皆贵则事不成。此据乱世之无可如何也，惟自机器之学兴，能以便巧代人之劳，于是人不妨皆贵，而事无不成也。何也？司机之事，虽贵者亦可任之。《百年一觉》所云：二千年后，地球之人，惟居官与作工者两种是也。古语云：黄金与土同价，为极治之世。予谓庸有此一日，虽非若是之甚，然与铜铁同价，则无难。何也？物以罕见珍，矿学日兴，金出日多，多则贱，不足异。百物贱，则富者之财有馀，可以分给贫者，而国无冻馁之患矣。故市货之低昂，其权当操于公，而不可听私家之垄断也。虽然，物之贵贱，系于产物之众寡，物多而自贱矣。是故机器制物，能十倍人工之所造，则物多，物多则价廉，于世大有益。

十七日　晴

读《管子》。荔轩、荫庭过谈。电线通而音息灵，商贾以为病，不得遂其垄断之私故也。而物价因是不至甚昂,其销亦广焉。夫垄断者,一人之利也。百货贱者,众人之利也。知公利之说者,而后悟西法大有造于人。水旱,天灾也,有铁路而赈粜以时,天不虞灾矣。盗贼,人之变也,有铁路而剿平速,人不虞变矣。人与人相接,远则日疏,骨肉等路人矣。近则日亲,异姓若兄弟矣。铁路、轮舶、电线传音器等物,能使远者近之,疏者亲之,缩大地数万里,异种人无弗日近日亲,于是墨子兼爱之学乃可以行。《易·系辞》说卦传云:离也者,明也。万物皆相见,南方之卦也。予谓使万物相见,其轮舶、火车之功乎!动万物者莫疾乎雷,声学也。燥万物者莫熯乎火,光学、热学及化学也。挠万物者莫疾乎风,气学也。润万物者莫润乎水,说万物者莫说乎泽,水学也。终万物、始万物者莫盛乎艮,予谓重学、力学近之。神也者,妙万物而为能者,心灵学也,电学亦足当之。各种之理及能力,本自然具于太虚中,以变化成万物,惟人不能精思其理,精求其学,故不能得其大益。泰西人惟能精之,遂成种种新器、新机,以夺造化。精之者谁何?曰:心灵耳。心灵即神之别名,故曰神也者,妙万物而为能也。夜观《交涉公法论》。眠时登楼,月明。

十八日　晴

热甚。读《管子》。其《七法篇》自云:治人如治水潦,养人如养六畜,用人如用草木。是自书状,以为左验。晡,诣荔轩、荫亭谈。夜归,览《交涉公法论》。西人于天,则喜查新星,其星即系以查得人之名;于地,喜查新地,即为查得之人管属,宜其不遗馀力以求新也。人各自主,无所谓家。家各自主,无所谓国。今日欧洲之患,在独夫柄权,故家化而国尚不化也。然则家与国之名号,可知为据乱世所有,而太平世所无。国化、家化乃可觇身化。戞曰身化？曰：无人见，无我见，无众生见，是谓身化。夫国化者，非无国也，合众国以为国也。家化者，非无家也，合众家以为家也。身化者，非无身也，合众身以为身也。

十九日 晴

读《管子》。中国贫民之多，职由农事之不修，地利不尽故也。地利不尽，则物产寡。物产寡，则价昂，而财不足以配之，此所以民日捐瘠也。《管子》云：法制不议，则民不相私。可知禁民议不始于商鞅也。《管子》云：圣王之治人也。不贵其人博学也，欲其人之和同以听令也。厥后燔烧《诗》、《书》之祸作俑于此。晚，览《交涉公法论》。西人论凡得一无主之新地，必在其地上能为开垦治理，而后可据为己有，人不得顾问。盖其功与劳足以享其利也。若得地后荒而不治，无论立碑记、画界限，倘有他人侵占，本国不得出阻，此亦公理。

二十日 晴

读《管子》。予谓圣人以刑辅德，不得已而用之也。故其所以立威，正所以爱也。有犯法者，不能不置之刑，然其心有不忍也，未有言之以为快者。如《管子》云：夫至用民者，杀之，危之，劳之，苦之，饥之，渴之。用民者将致之此极也，而民毋可与虑害己者。此何说也？夫为爱民之故，而毁法亏令，诚失所谓爱矣。然平日不施德化，使民自蹈于善，而纯任刑以为堤防，宜其专以杀、危、劳、苦、饥、渴为作用也。设法以为民阱，本无爱民之心，岂先王之意耶？西人禁贩卖奴仆，以为人具知识性情，有自主之权，岂可比之无知识之物，任人买卖，以货视之？如《管子》之视其民，如水潦、如六畜、如草木，真所谓比之无知识之物也。名者，实之终也；利者，义之终也。是以至人修贤而成名，度义而取利。名不丽于实，则名为患；利不附于义，则利为患。

二十一日　　晴

晨，仲逊过谈。昳时，读《管子·大匡篇》。夷吾亦可谓社稷臣矣，知死一姓而不死一人。晡，叶清漪偕其族弟西平过谈。西平一目瞽，予都中旧识也。晚，读曾涤笙诗。诗以言志，无所馀于诗之外，则其志可见，而诗亦不足观。是以古之诗人虽多，而可取者绝少。国朝顾亭林、曾涤笙两人，皆不以诗鸣者也，然而读其诗，见其志，远在诸人上。何也？有馀乎其外者也。虽然，馀乎诗之外，其诗诚过人矣，犹不如以诗为馀事者也。文必积于中者久而后发，发之，使人但服其理之精，而忘其文之佳，则至文矣。予尝谓：道失而后理，理失而后文，文失而后词与义，词与义失而后礼，礼失而后法一也。有道德仁义之旨，则礼无则法也。有道德仁义之理，则文无则词也。后世之病，日渐于粗，遗其精，日趋于末，忘其本。匪独礼与文也，无物不然。曾涤笙《题养闲草堂图》云："浩浩市声沸，尘雾如惊涛。中有澹定人，万事渺秋毫。"又失题诗云："西山一夜雨，秋气入庭除。清晨展书坐，倏然乐有馀。天宇一何廓，荡荡真吾庐。"此等气象，颇近陶彭泽。

二十二日　　晴

是日，夏至。读《管子·中匡》、《小匡》诸篇。管子一生病根中于欲速得意于天下，《小匡篇》云：管仲谓桓公曰：公欲速得意于天下诸侯，则事有所隐，而政有所寓。急小就而其术遂卑，更流毒于后世。孔仲尼云：无欲速，无见小利。盖有小利必有大害也。尝有患不寐者，不施药石治其病原，而仅吸鸦片求速效，初试有小验，久则病依然也，而鸦片患遂终身不可去。霸与王，近似而非也。彼未尝不以文德来诸侯，以慈惠固民心，而其宗旨在得意而已。所谓得意，在使其君一人得意而已。私也,非公也。虽然,其得意亦不可久,孟子所谓沟塍之水,其涸可立而待也。

二十三日 晴

诣次申。又往视西平,日中归。是日,英皇维多利亚践祚六十年,浦岸间藻天绣地。夜,灯明如洒珠,江中放电及火戏奇幻。俄水会至,彩龙蜿蜒。夜深,人始渐散。予终日不读书。

二十四日 晴

晏起,读《管子·霸言篇》云:国修而邻国无道,霸王之资也。又云:天下有事,圣王之利也。观此亦可知霸术之宗旨。五霸不如三王,何也?王以仁义服人,霸假仁义者也。三王不如尧、舜,何也?二帝不利其子孙,三王利其子孙者也。尧、舜不如华盛顿,何也?尧、舜私荐人于天,华盛顿定公举之法者也。人所以赖有识者,犹大海行舟之定盘针也。毫厘之差,谬以千里。管子误认王道亦同于霸,故其《内言》曰:先王所以王者,资邻国之举不当也。嗟乎,岂汤、文、伊、周果有此心哉!亦夷吾私意度之耳!夷吾之识,及于霸而止,遂直谓帝王不过如是。孔子所以称其器小也。或曰:管仲时,天子非若桀、纣之暴,故仅能霸;而孟子责其王,不亦过乎?曰:不然。王者非坚欲及身而取天下也。其要在正君身,因以正家正国,遂正天下,为天下人所归往,自然而成。其期效或在数世之后,或及身见,皆未可知。若管子者,欲速得意于天下,遂不思先正君德,听其姑姊有不嫁者,而惟欲其刚决。听任权宜之计,以求速效。故仲死而国遂乱,无本之治则然也。或问:孟子云:天下之生也,一治一乱。治久乱生,理之常也。民主之治尚矣,然岂能终保乎?答曰:有治则有乱,若无治乃无乱。民主,无治之治也。夫所谓治者,以一人治万人,而无弗俯首下气,以听其治,此之谓治,然不可久。稍不听焉,而乱生矣。若民主者,几若听民之自治,无治之者也。是故以天下之目视也,以天下之耳听也,以天下之智虑也。惟在议院,无敢私逞其治者,若无治焉,乃永无乱,斯为大治。佛云:世间有乐则有苦,惟无乐焉乃永无苦,斯为至乐。与此理同。

二十五日　　晴

昧爽起,登晒台,日未出,清气多,遂至楼下静坐,观书。早食罢,荔轩过谈。俄,次申亦来,日中皆去。有戴稼田者,余堂兄之姨甥也,将赴都,过谈。或问以地球与人身比较,大小分数若何。答曰:缩地球如上海县广轮里数,每县以百里为大数。人居其上,不过蝼蚁十五分之一。又推算每方里,以人比肩立,能容十万人;百里内可容万万人。统计地球之大,如以人足铺满,约需五六百万之万万人,而一人所跐蹈地界,为五六百万万万之一。晡,读《管子·戒第篇》云:无翼而飞者声也,无根而固者情也。又云:寡交多亲,谓之知人。寡事成功,谓之知用。闻一言以贯万物,谓之知道。皆有至理。

二十六日　　晴

起,览《交涉公法论》平权之说。西人重治海盗,以为得罪万国。其于卖黑奴一事,则设法立约,不遗馀力。好仁之风,西胜于东。读《管子》。

二十七日　　微阴

起,观《公法论》。外舅筱老至自江宁,往谒,神采依然。过午,晴。与丽轩谈。予谓天下万事万理,其美善之境可以两字括之:曰整齐。何以言之?父慈子孝,兄爱弟敬,夫义妇顺,家之善治也,整齐矣。处农田野,处工官府,处商市井,处士闲燕,国之善政也,整齐矣。起居有常,饮食有节,言行有法,养身之善则也,整齐矣。论世治安,必曰平等;称人懿德,必曰正直,孰非整齐?而反是者可知矣。

二十八日　　晴

读《管子》。日中,宴雷莹谷、罗笃甫、伊陵斋于一品香。莹谷,武人,先君子门下士也。予十四五岁时,莹谷馆余家,在都中干石桥故居,朝夕见,故情好至密。晡归,读《管子》。夜,早眠。予思佛氏宗派甚多,曰禅宗,曰律宗,曰净土,三者为最大,究不知自何门入为胜。杨仁山,好佛者也,坚持净土,以为末世人根浅,舍净土无他径。燕生数日前见一日本僧,亦持净土,与仁山说同。其人不持戒,惟修净土。自云:其徒党,国中数万人,皆宗是,此其分支也。有寺去此不远,欲访之,尚无暇。然吴雁舟教人归禅宗,以为至高。燕生辈皆不能决。予私谓,净土为佛门据乱之统,其念阿弥陀佛,与基督教人归命上帝无异。盖人心排下进上,庄子所谓偾骄不可系也。导引入道,极难事,故先必使有所属,以敛壹其心,乃渐入化。是故始则属之以君,五伦所由立也。继则属之以天,造物主所以尊也。终乃无所属,而归于元。盖由有君而无君,人皆君也;由有天而无天,人皆天也。所谓先敛壹后使入化,渐引之法不可废也。净土教人归命阿弥陀佛,亦不过使先有所属,使万念尽息,久之乃能无所属;而万念不起,道于是成。故予断之曰:先学净土,而后进于禅宗。

二十九日　　晴

览《公法论》云:收税之本意,所以为保护全国百姓之费。收他国人之税,所以为居本国之他国人之费。公取公用,特代之管理耳。或曰:君与百官之禄俸,非以入己耶,曷尝尽用诸公?曰:不然。譬诸雇人作工,当给工价。君与百官,亦代百姓作工而已,给以工价,皆为百姓也。惟无道之主,厚敛民以供一人之淫侈,此不平之至也。是以美国民主,岁俸不得多取,较欧洲诸邦远逊,给用而已,又何必多。祭飨宗庙,亦为太平世所无。与前论垄墓同。盖皆糜费有用,暴殄天物之事也。鬼神岂真赖食饮以生耶?聊存爱敬耳。据乱之世,不得不然。

三十日　　晴

作书寄清溪师,读日记。午眠。光学、电学,智也,无弗见,无弗通。热学、化学,仁也,无弗熔。重学、力学,勇也,无弗动,无弗能举。晡,读《管子·明法篇》云:先王之治国也,使法择人,不自举也,使法量功,不自度也。故能匿而不可蔽,败而不可饰也。其言诚当矣。然法死物也,成于一人之心思,有所偏失,而祸无穷。且时势之变甚速,有宜于昔而今不宜者,昨是而今非者,法不随变则胶,屡变而不当且溃扰。故任法不如任智,任智奈何?曰:非任一人智,任万人智也。议院,智府也。以智驭法生法,随时立随时改,于是法非死物,可择人,可量功。

六月丁未

初一日　　晴

览《交涉公法论》。晡,诣仲逊谈。甚矣,后世之好文也!孝悌笃行而拙文辞,则轻之;不孝不悌而工文辞,人犹重之。孝悌,本也,内也;文辞,末也,外也。重外轻内,弃本尚末,兹风古矣。后世文章,非竟无义理也。然其视理,犹姜醯齑盐以调羹耳。词为主,理为宾也。吾辈生今日,宜以学术挽风气,务重理而轻词。非无词也,以词作义理之材料,不以理助词章之波澜,如斯而已。《管子》

云：浩然和平，以为气渊。至言。盖气根于理。和平者心虚，心虚而理察，理察而气充，所以为气渊也。

初二日　晴

览《交涉公法论》守和约文法，解说例细密处，皆公理而非法网。《管子》云：国多私勇者，其兵弱；吏多私智者，其法乱；民多私利者，其国贫。数语彼亦知有公勇、公智、公利也。所以异者，彼以一人之私为天下之大公，黄梨洲所云。遂使人之不得遂其私，卒成大私，为可惜也。智，目也；仁，心也；勇，足也。目见之，心存之，足行之，为成人。目见之，心不存，智而不仁也。心存之，足不行，仁而不勇也。无所见安存？无所存安行？

初三日　晴

读《管子》。晡，外舅筱老招饮。晚归，不读书，无记。

初四日　晴

早起，诣白渡桥，徘徊林下，旭日东上，射甍宇朗然，俄归。览《交涉公法论》。家法虽至善，不能保子孙之皆贤人；虽至圣，不能必虑事之无失。以千万人性命而委任于一家之运，以千万事错注而禀承于一人之智，无此治法者也。《公法》中论审问，尚无审问国君之例，其视君犹重。试思议院设矣，权有所出，安用君为？而独尊大于平民，自遁法外，实赘疣也。故《易》曰：用九无首，天下大治。

初五日　晴

荔轩来，同访燕生，谭久之，始归。昳时，坐小车出。终日不读书。夜，归眠，殊热。

初六日　晴

起，热甚。燕生过谈，论德、功、名三字实不相关。德至不必有功,功至不必有名。惟以现生言之,统多生论,不在此例。实有理。又云:万国公法禁灭国,大悖天理。国何尝能灭,灭其君耳。君无道,民罹厄。君亡而民乐,君存而民苦。公法尚扶君,不为民计,非公法,宜修改。又云:三代上,公理昭,是非明。以禹之忘父事仇,而举世以为圣人。置之秦、汉后,必有窃议者也。不知鲧有自杀道,舜非其仇,故禹不报,且为之用,理本自然。予皆韪其说。日中,赴穰卿之约于鸿运楼。晡,归,将北行,检书,热甚,浴汗中。晚,风起。《管子》云:法废而私行,则人主孤立,人臣党而成朋。如此则主弱臣强。三代后,人君每恶人朋党,居下者多不谓然。不知法家用事,只能如此。

初七日　晴

诣格致书室,购《列国岁计政要》及《银矿指南》、《动植物图说》等书。日中归。饭后,束书笥。晡,仲逊来,与纵谈教旨。大略谓,性体本一也。自妄念动,而海沤发,遂有贰成世界焉。贰则有分别,生爱力、拒力,所谓淫与杀也。淫杀盛,而万苦缠缚。三教圣人悲之,以次入救拔。始曰据乱教,为之仁以胜其拒力,为之义以胜其爱力,不能骤止,而有节制,以渐引焉,如孔教是也。次为治升平教,推仁渐广,持义更严,爱拒力寡,如基督是也。又次为太平教,则仁至无拒力,义尽无爱力,淫杀悉化,遂入佛统,复归于一。故吾尝谓,万年之后,合世界众生如蛾脱茧,都成仙佛,快哉!

初八日　晴

诣戚友作别,日中归。晡,雨。至棋盘街买笔。晚,祥士来,夜,送余登舟新丰船。

初九日　晴

破晓,鼓轮行。向午过茶山,水俄碧。舟中观全谢山集。晡,雾下,晚,渐散。入黑水洋。是日,舟微荡。

初十日　　终日雨

录日记。览顾亭林诗集。晡,风起。避世学道者不谷食,惟啖树果,曰最清美。天地自然之味,无待烹炙者也。且无虫,能养人,故可以长生。西人格致家考验最详,是以每食饮后,无不具瓜果者。愚谓日后众生平等时,世界人专食树果,亦未可知。

十一日　　微晴

读《管子·山权数》篇云:民之能明于农事者,置之黄金一斤,直食八石。民之能蕃育六畜者,置之黄金一斤,直食八石。复云:民之能树艺者,能树荤菜、瓜瓠、百果使之蕃者,民之能已人疾病者,民之知时丰歉者,民之能通蚕桑、使蚕不疾病者,皆置之黄金一斤,直食八石。然谓泰西人于以上诸事,无不立诸学校,先有以教之,而后收其用。管子治国能精审及此,可谓善矣。惜其仅悬格以求诸民,而不思设学造就之,其材焉足用耶?汉、唐下设科取士,大都沿此习。譬诸不为炊,而欲求米之自熟,不亦难乎?是日,波平风静。夜,舟至大沽,潮涨,即入口泊焉。

十二日　　晴

热甚。舟进塘沽,食时登岸。俄坐火车,向午,至紫竹林。与兄嫂相见,皆无恙。屋高爽,绿树四绕,颇凉。晚,诣夏穗卿谈。愚谓:人不可不读书,书不贵遍读,贵得其要。得要者,如入人家而莅堂奥,入人国而游都会,虽未遍观,而一家一国之事,了然于胸中。不得要者,虽尽读充栋书,无宗旨,无条理,如未读也。

十三日　　晴

晨起,不读书,与张伯苍谭,热甚。古封建虽非久而不弊之法,然在当时则尽美善。何也?数万里之地,一人精力不能周,遂与众人分治之，共传其子孙，而小大相维。即有一国之治不善，然如轮船之夹舱，虽有罅漏，不使令舟覆也，且辅治亦易。《夏官》九伐之法，所以行也。天子无道，则天下从而去之，归位有德者，桀、纣不能制也。故封建行，天下为整齐之天下；封建废，天下遂为败裂之天下。悲夫！

十四日　晴。酷热

早起，读《管子》，终卷。《管子》一书，非出一人手，而其宗旨悉合。无不欲以权术御天下，使天下人为其质料。语云：其父报仇杀人，其子必且行劫。商鞅、李斯踵其后，而毒益甚矣。日中，往观育才馆。访蒋信侪，小坐还。诣食西菜。晡，过访粹卿，纵谭。晚，赴李赞臣之约。

十五日　晴

信侪来，纵谈，即去。向午，连涵季过，留午饭，谈至晡去。晚食西菜，章霖伯约。信侪云：孔子之道，扩充之，即耶稣也。愚为进一语曰：耶稣之道，扩充之，即佛也。又论君主、君民共主、民主之理。愚谓君主时，如小儿初生时，衣食动作不能自主，赖父母鞠育之；君民共主时，如儿稍长，能自主矣，而尚服父母之教命，有不能不分任其劳者；民主时，儿已成立，娶妻生子，听其自主，父母之事毕矣。

十六日　阴

读《商君书》。公孙鞅不尚巧言虚道而重农，使天下悉归农，食足而用其力，诚得富强之本。然其与礼家寓兵于农之意乖者，彼视之如牛马，欲赖其种田行远，不得不足其刍秣耳。是以不贵学问，而欲其愚，愚则易制也。昳时，粹卿偕张觉生来。雨。

十七日　晴

肩舆访诸友，晡归。有老妪甄姓，年七十三，在予母舅家三十年,常往来予家。予兄弟童而长,长而冠,皆目睹也。今尚奇健,谈家庭旧事历历。我国居官者不能止其贪,何也? 一人稍贵,仰食者数百人。如不爱钱,宗族奚赖? 子孙奚恃? 朝廷无教养,使人人不能自立,亦何怪其然也。晚,食在王浼生家。格致家多言:太阳者,未成之地球也。地球之先,亦一极热之流汁,能发光,如太阳。热力渐减渐冷,遂生土石,草木、动物兴焉。然地中火汁犹未消尽,观于各处之火山而知。假使全尽,恐地球之生物亦不能存。此理似可信。

十八日 晴

读《商君书》。法家于天下公理非不知。如《管子》云:以天下目视,以天下耳听。商鞅云:治则家断,乱则君断,治国者贵下断。皆重民之意。然其所设法,无不尊君抑民而殃后世者,媚其上以图己之富贵也。商君视礼乐、诗书、修善、孝弟、诚信、贞廉、仁义等类为六虱。管子尚不至此。

十九日 晴

诵温飞卿诗。过午,肩舆至表姊处,闲话无所记。

二十日 晴

金谨斋、章霖伯来,留午饭去。头重,触手热甚,知感暑发痧。命仆刮背,服辟瘟诸丸。晚卧,犹未解热。覆重衾,无微汗。

二十一日 晴

小瘥,头犹眩。起,悬腕作字,汗浃背,病尽去。晡,诣菀生谈。晚,至第一楼。力微倦,即归卧。

二十二日 晴

神力清爽。作家书寄沪。过午,诣粹卿纵谈。粹卿操论又变。近持天演学,于三统外别生枝,言虽高,予实未能窥其际。天生植物以养动物,自然之理。如植物能收炭气而吐养气,使动物大受益。可知人只当食植物,不当食动物。天固未尝生动物以养动物也。知也、勇也,莫不由仁出,方为真知、真勇,何也? 发光皆由热力,而汽机动千万钧,亦必由热力也。

二十三日　　晴

诣蒋信侪谈。严又陵云:西国政法,不关于教。教别设,无不重轻。愚谓不然。譬诸黑夜,人不见物。日月出矣,而物显。然人谓吾目见之也,日月何功? 此必甚可笑也。教如日月垂光,使万物皆相见,必能自立公法而成善治。盖转移于无形,故人忘之。犹人见物而忘功在日月也。或曰:西国律法始于古罗马前乎? 耶稣何功之有? 曰:中国三纲五常,其说亦不兴孔子后,不可无孔子者,所以维持之也。基督亦然。论老杜诗,予谓少陵系君统人物,然实为孔子之君统,而非法家之所谓君统也。何则? 老杜知忠君,亦知爱民。如所为诗云:"安得广厦千万间,大庇天下寒士皆欢颜。"何等气象! 韩昌黎终身穷愁,作文以媚主,无一语及民间疾困,相去不亦霄壤耶。其文章亦是。少陵真挚悱恻,昌黎尽虚悇语。晡归,录日记。

二十四日　　晴

歌少陵诗。少陵满纸五伦,至性动天地,《骚经》下,一人而已。五伦不尽,妄言平等,其人得志,必乱天下。何也? 彼非虑五伦之将穷而弊,但苦伦理束缚太严,思荡然以自放,于是无所不为,利在而父兄皆可杀也。五伦极有情境界也,法家乱之以势,而情不通。君仁臣忠,孔子所谓君臣也,有法家而君可以不仁。父慈子孝,孔子所谓父子也,有法家而父可以不慈。夫义妇顺,孔子所谓夫妇也,有法家而夫可以不义。夫两情相浃之谓通。君、父、夫可无情,必欲责臣、子、妇之有情,法家之五伦如此! 文以牖世,为人之学；诗以陶性，为己之学。有称地球为铁质者，大可笑。虽然，不能无疑。《楞严经》云：造天地万物之始，由空生风，风生金，金生火，火生水，渐成土石，生动植。今西人多言：太阳，未成之地球。试望之，中有黑斑，皴文硑兀，疑皆黄金。然则地中心皆金，何足异！铁，金之败质也。谓为铁质，不如谓为金质。

二十五日　　晴

陈梦陶过谈，论教。愚谓孔子之教，乱于法家。基督之学，乱于教皇。皆变理为势，东西遥相对也。第耶稣有创复原教之路德，足敌天主教，惜其不能尽立之也。孔子后无有创复原教以敌法家者，民所以重困也。虽然，法家即天主学也。天主教派一日不尽去，地球种类一日不得安。

二十六日　　晴

昨见李傅相出游口占绝句二首。一在荷兰商会作，云："出入承明五十年，忽来海外地行仙。高堂华宴娱丝竹，为谢名王礼教偏。"一在河士本道中作，云："飘然海外一衰翁，南北东西游屐慵。万绿丛中风电掣，何时吹送帝乡东？"原诗有未妥句，予为润色，而精神怀抱不失本来。粹卿过，谈论孔子而后教派之乱，一误于荀卿，再误于郑元，三误于程、朱而极矣。荀卿以法乱儒，其门人李斯宗其说，远继管、商而祸天下，焚书坑儒，以愚黔首。汉武时，天下遗书虽复出，而经师持义皆宗法家，荀卿嫡派也。盖当时博士皆李斯之旧故耳。虽然，西汉尚有引经断狱者，读书之人犹知推求大义。至东汉，讲经家专以名物象数为孔子秘传，求之不已，而书等碑碣考古之物，无用于天下，人之智识悉沉没于此矣。至程、朱，又令尽弃名物象数，以求诸心性之内，好议论天下事，而不考核实理，于是又以痴语谬言流毒后世。故谓郑元之学，有外而无内；程、朱之学,有内而无外。皆自塞民智者也。于是为民贼者始可肆行而无忌矣。其言颇有见。

二十七日　　晴

录日记。长孺、粹卿辈专以圣人作妄语为宗旨,此大悖理之言也。彼以为孔子以前所谓尧、舜、禹、汤、文、武,其德行事迹,如封建、井田法,皆孔子凭虚所捏造,本无此人;即有此人,亦无此事。孔子所装点以欺后世者,以为圣人恐己言之不信,必援前人之言行以征之,遂妄谓古人有是言是事。其实圣人之权术也。故谓耶稣造天堂地狱,佛造轮回觉海,皆伪造欺人,与孔子用心无殊。曰不如是,不足动人,人不从我命。嗟乎!斯言出,大地之祸方未艾也。夫儒贵诚实,基、佛皆禁妄语,岂有以此戒人而躬自蹈之乎!至诚不息,未有诈妄而可以久存者也。轮回觉海,自然之理。地狱即佛言阿鼻,天堂即佛言三界。名号虚立,苦乐境实。耶所不如佛者,语及天界而止,未及言大乘觉海,亦据乱绪,不得不然,岂伪造耶!儒教所言,尧、舜、汤、武,井田、封建,又自然之事,何必伪造,且造之何益?岂因秦、汉后曾大行井田封建耶?惟汉、晋及明,曾封屏藩,然绝非古法。魏文行均田,略法井田意,岂圣人百计营构,收效如是已耶?且孔子亦未言,孟子略言之。谓之曰伪,又何据耶?书至此,粹卿适来,复谈此云:孔子所以伪造尧、舜者,缘言民主之理也。当世不敢教人以平等,而托之于古人。予曰:不然,尧、舜曷尝民主?君主之最知公理者耳,私相授受,岂如华盛顿立公举之法?世以为民主,失真矣。粹卿云:讴歌狱讼有所归,非公举耶?曰:固然,予失言。然窃论君主民主之理,每谓君主必公举而后可,何也?万人赖一人治,能必子孙皆贤乎?所禅让之人当乎?民主反可世及,政在议院,君柄有限,不得自专,虽庸主无害天下,故尧、舜虽公举,不免为君主,无公议法也。英、德虽世及,无害民主,下有权也。孔子伪造,何妨并议院造之,而所造者仅知公理之君主乎?曰:细法,孔子不能定也,然则井田、封建之细法,又可定乎?子昔言无养民之君,造井田、封建,岂望后之民贼养民乎?孔子之识而不及吾侪,安在为圣人?孔子所教人者,惟君臣、父子、兄弟、夫妇、朋友之伦。语封建、井田,叹古制之亡,亦知后世不能复也,何必伪造?粹卿无言。要之,伪造之说出于康长素,彼欲以新奇之说胜天下,而不考事理。粹卿惑焉。然自此说行,充所至,必至疑耶稣,疑佛,悉目为伪造,使三圣人之教不行而后快。教不行,如日月晦隐,地球种类将尽变禽兽,必然之势。故吾谓长素教派,三圣之仇敌,公理之蟊贼,吾故辞而辟之,使天下人知其说之非,而不误中其祸,则幸甚。或问:圣人非有权教耶?权即伪也。曰:不然。所谓权者,如人尽平等,安有君也,孔子必先立之君;天在人心,无上帝也,耶稣必先立之上帝;随处法界,无净土也,释迦必先立之净土。所谓先专后化,如人作字,必先摹古,有所专属,及自成家,必离古人。故摹古,权教也;离古,实教也。皆真实。法有渐引,浅深别耳,无所为伪。或曰:君与上帝与净土既属本无,而圣人以为有,非伪造何?曰:据乱之世,众皆愚,不能不专让一聪智者为君,实有此人,非造。人心私,不能合天,不能不专让一合天者为上帝,实有此神,非造。世界溷浊,不能不别指清凉界为净土,实有此境,非造。逮溷浊者尽化清凉,自然随处净土无净土矣,三统皆然。西人治学,无往非天理;中人治学,无往非人欲。西人日求理之明,故日进而智;中人日溺记之博,故退而愚。

二十八日　　晴

览《儒门医学》,云:暂无热,则动物必死。甚矣,仁术之不可一日绝于天下也。晚,诣密慎德西人餐处,廊宇崇峻,饮食丰洁,醉饱归。明晨欲入都。

二十九日　雨

登火车,坚仲偕行,途啖果及荷兰水。晡,至马家浦,去都城三里,易骡车,雨甚。入自永定门,宫阙遥峙。俄,解装仁钱馆,倦眠。

七月戊申

初一日

黎明微醒,雨声浪浪。晨起,乘车至厚耷处。俄,诣杏孙及诸熟友皆见。日中,饮于广和居。晡,诣梓潜深谈,晚归。夜,观《儒门医学》。

初二日　雨犹未绝

观书。西人养身之学,窗户必通风,受空气也。反是,不能换新气,久而毒能杀人。西人例之闭户自尽。又云:饮食过多生病,纵口腹之欲者,贱视其身如禽兽。精理解颐。又云:身体筋肉为运动设,人代以器具,创汽车、马车,天生四肢为何用耶?逸则生疾。愚谓足踏车行,用人之肢体,而助其速,两得也。初移居伏魔寺,静室三椽,杏孙对榻。庭养鱼,花树丛然。大雨。晡,微晴。

初三日

冒雨谒诸友。车浴泥水,东西驰。晡,至长椿寺,见老僧禅房静深,林翠欲滴,心境萧然。晚归。夜,寄家书。

初四日　微晴

诣工部署访子颐,留午餐。归,视坚仲于西学舍。在厂甸。偕还厚耷处,即返寺。夜,花农招饮。

初五日　　晴

谒合肥相国,纵谈。合肥言:"汝海上来,作何名论,至此都无用。吾大臣,天子之牛马也。汝辈犹虮虱。"予答曰:"然则百姓如草芥矣。"晡,归诣厚弇。予谓三代下,人主如驱牛马行乱草中,未受践踏者,幸也。厚弇不谓然。尧、舜,君主也,三代,业主也,秦、汉以下,寇盗也。故《乾》九二称龙,九三不称龙,九四龙属于师矣。

初六日　　晴

览《交涉公法论》。日中,雨。西国于臣篡其君者,其国人能服之,则许为国主;国人不服,虽旧君,可逐也。君位定于民心,国小者类能之。田氏篡齐,民心服也。厉王被逐,国人叛也。封建时则然。自鞅、斯创愚民之术,成一统之计,强者为君,不复问诸民心矣。

初七日　　晴

览《交涉公法论》。夜,雨。

初八日　　晴

晨起,与杏孙攀树闲话。余谓:子贡称夫子文章可得而闻也,夫子之性与天道不可得而闻也,此三统之见端,文章治据乱世也;天道即基督所谓天,治升平教;性,觉海也,太平教。杏孙为余道严又陵天演学宗旨,谓圣人治天下,如园夫治园,天行而物竞,治法出焉,入世教也,故彼坚持无鬼神之说。览《公法论》。各国公使,一等曰安摆色笃,二等曰安非。其相待也,以礼貌别之。或问待安摆色笃之礼何以重于安非? 答曰:安摆色笃一等也,安非二等故也。或问:安摆色笃何故一等? 安非何故二等? 只可答曰:一等为安摆色笃,二等为安非故也,无情理可言。此下虽别有解,然无等之学,可知为至有情理者。

初九日　晴

览《公法论》。晡,大雨。读亭林诗。西国商人所至,设有领事官,盖始于西罗马国亡之时。《公法论》言之详。顾先生云:郡县不始于秦政。黄东发云:井田不废于商鞅。余谓:焚书亦不始于李斯。孟子云:而皆去其籍。可为实据。盖自春秋以降,古制日就荡没,其君皆有愚民之计。至强秦一统,而大观厥成。管仲、商鞅、李斯三人,皆媚一姓,又下石焉,而神州民遂苦不胜言。

初十日　晴

与杏孙谈佛。愚谓:平等之说据乱所无也,而势利为人所羞,此其先机。览《公法论》,各国派领事之章程极详。夜,雨。

十一日　晴

杏孙过谈,日中,去。览《公法论》。西国领事之权极轻,可归别国统治。惟派往中国及地中海东边地者,其权甚重。《公法论》载法师议论教门与国律法界限难分。又云:律法之源流,略从教门而生。其论前罗马国王加思丁力恩欲令罗马律法合于耶稣教之各理,所以律法包括教理。观此可知,谓政与教无关者,皆未考究源流故也。但其后有不遵行者,而国律与教律始有相争,意耶稣教自为教皇乱,遂以权胜而不论理,谓有权者方可言理,无权者安知理。是故教皇能强取国王百姓之税,能令国王及百姓不守所发之盟誓,此复原教所以不可不起也。愚谓黄梨洲先生《原君》、《原臣》、《原法》三篇,孔子之复原教也。孔子、基督,虽为法家、教皇所乱,而教门之有益人心,未尝因是而减。如朗日虽蔽以云,而白昼犹辨色也。

十二日　晴

览《公法论》。教皇之权在西国中古世最大,彼时列侯相争,如无教皇,其乱更甚,犹程、朱之尚有功于世也。长椿寺老僧以蔬肴招余共饭。余生二岁,有瞽者言命,谓余不育,因寄名寺僧为弟子,今二十馀年,老僧如故态。予七八岁由闽还都,频来寺中,遂为旧游地,庙貌依然,而余家几变迁矣。晡,诣厂肆,携仇注杜诗及古香斋《史记》归。诣子修谈。余谓:王安石言变法,为后世所诟病。法非不可变,未造变法之机器耳。变法之机器奈何?曰:开民智,兴民学,扶民权。民智奚开?曰:设报馆。民学奚兴?曰:立学校。民权奚扶?曰:开议院。

十三日 晴

起录日记,答拜万子瑾。久不作四书文,是日试笔,题为人而不仁如礼何二句。晡,吴季卿年伯招饮。晚归,朗台、芦舲皆在。终日不读书。

十四日 晴

得海上电,家相生女无恙。览《交涉公法论》。右目赤翳,不能多观。过午,吴叔孙来谈。余谓:溺势利者不如溺声色者之为愈也。好声色,犹有爱人之心;尚势利者,时有杀人之心也。无形而合,有形而分。分则贰,贰则有拒力、爱力。拒之极而杀,爱之极而淫。天下之恶,不出乎淫与杀也,然而有等差焉。凡淫动于情者,上也,动于色次之。非情非色,而惟淫是好者,淫之至也。凡杀动于愤者,上也,动于怨者次之。非愤非怨而惟杀是快者,杀之至者也。《檀弓》云:事亲有隐而无犯。予则曰:事君有忠而无爱。爱则有偏私之意,宦宫妾之所为也。公是公非,何爱之有焉。佐治百姓,何感恩之有焉。处三代下,人人当饿死也。能不饿死者,皆君恩,焉得不感泣而图报。

十五日 晴

览《公法论》。国皇与教皇争权数百年,互见胜负。至拿破仑困辱教皇,而教权始衰。善治国者,因其俗,圣人之立教也亦然。孔子时当三代世及之后,莫不重君也,故因君以立教。基督时,摩西支派正盛,莫不重上帝也,故因上帝立教。佛兴印度,婆罗门党徒方炽,旧有轮回之说也,故因轮回立教,皆仍其旧而改正之,推阐之,以渐引入道也。婆罗门所言八明,以精气分造万物,由一而十,十而百,百而千,千而万,无一物非出于八明,即基督上帝子之说也。又云:八明为聪明能干、独一无二之神,非上帝而何?故婆罗门教理即耶稣也。故佛变而进之。摩西重祭祀,而孔子云祭神如神在,祭则受福。摩西严君臣、父子、夫妇之分,特推崇上帝耳。孔子以五伦勉人,而又云获罪于天,无所祷也。是摩西教理与孔子近,故基督变而进之。基督与婆罗门,摩西与孔子,其不相类处亦多,如婆罗门分四类,而基督无之;摩西重杀戮,孔子无之。吾言其教理大略相似耳。录日内所成长律二首:《墙桑》,悲井田之亡也:"墙桑亩宅制云荒,肥瘠从今割据忙。不为啼婴谋襁褓,只因蔓草牧牛羊。孝文师法空千载,炎武悲怀托四王。阡陌纵横君道绝,厉阶终古说商鞅。"《涂山》,悲封建之亡也:"涂山万国竞朝宗,周末犹遗几列封。荀况兰陵曾作令,士贞瓜衍已酬庸。尘尘衙庑成传舍,荡荡川原决要冲。君位日高民日贱,从兹草莽战群龙。"秦始皇虽一统中国,然使当时即如今日五洲形势,彼决不敢愚民若是甚也,患在指顾宇内无与敌者,始视民为无用物,愚之抑之,冀不为乱耳。古时皆以德王天下者也,如鸣凤在冈,百鸟朝集;后世皆以力霸天下者也,如猛虎在山,百兽喘伏。

十六日　　晴

昨微凉，晨起又热。录所为四书文。过午，观《公法论》。意大利民得脱教皇管束，自立甚快。自是教皇所发谕旨皆必由各国王及公会核准，始许施行。教皇之权惟能发令逐人出教，而各国王又能以权力使教皇退悔其令，殊可笑。

十七日　　晴

入城至灵清宫，见许南仲。俄，绕道诣花农。日昳，归。览《公法论》。公会之权大于教皇。教皇无道，公会能废之。自是教皇始不得逞。夜凉，坐月下与杏孙清谈苦乐之境。

十八日　　晴

起与杏孙品定人物。谓吴子修如古书名画，濮止潜如茂林修竹，姚稷塍如远水奇峰，夏粹卿如白云幽石，吴雁舟如高林静月，宋燕生如断霞孤雁，谭甫生如怒马惊涛，胡仲逊如朗月晴云，家慕韩如行云流水。余谓杏孙如粗茶淡饭，又如和风暖日。杏孙谓余如孤岭春阳，实过誉也。馀友人甚多，皆非深知，或已知而评语尚未定，故不录。厚弇过谈，昳始去。读《太史公自序》及《日者》、《龟策》等传。夜歌杜诗。

十九日

黎明起，月犹照人，徘徊庭院，观早霞，殊清爽。俄与杏孙观鱼，日出杲杲。览《公法论》。西国古时有一法令，相争之二国，各出一武士相搏，胜负决于此二人，免无数生民死亡，仁哉！孔子明一贯之学，而教人忠恕而已矣。盖忠恕推而广之，能弥漫大千世界，虽诸佛菩提不能过是。人问余以学问之宗旨，曰：不杀人。何以故？曰：任何种类必喜相保而恶相杀，迫于势，中于贪，遂人人不能如愿。学问之道，志存救世也，故即以人人心中所愿为宗旨。

二十日　晴

晏起,信侪来,昨至自津也。余兄今晡可到。览《公法论》。大地之人所日讲治者有三:曰教,曰政,曰学。政也者,所以行教。学也者,所以辅政。然必有教而后有政,有政而后有学。何也?政出于仁术,匪教则人心不齐,政胡以立。学贵专精,匪政则民志不壹,学胡以成?暗于理而学博,圣人耻之,然有时藉博学以扶其理。薄于德而位高,圣人耻之,然有时藉高位以扩其德。理无所明,德无所成,而惟恃学博位高以骄人者,小人也。兄到,驰马来,解装寺之前院,屋三椽,宽净。

二十一日　晴

览《公法论》。西律至精细,要以忠恕为主,能体人情,至于至微,此非私权尽去、公权日出不可。西国虽交战,而仍有公法不可逾越,所以别于寇盗也。

二十二日　晴

览《公法论》。安乐之时,兄弟不相能,盗至而始知交睦以保家;国无外敌,则上下相弃,强邻迫境,始知交警以保国。故中国之不以民为心者,一统之祸也;西国之惟民是重者,分据之利也。西国从前交战之约,于启衅时,即将敌国船与人口货物拿住充公,近来始废此例。凡初战之时,所有敌国客商居国内者,限以日期,必带产业离本国,倘实出无奈,不能依限去,再宽限如前,能变卖产业亦可。观此,足知西国公理日明一日,要无不由忠恕之道也。

二十三日　晴

览《公法论》。立法以防弊,有弊生于法中者,复立法以防之。顾中国防弊而弊愈多、西人防弊而弊日少者,中国为一家防,出于私也;西人为众人防,出于公也。晡,偕杏孙、朗台、芦舲至土地庙观鱼,闲步花墅,得秋海棠、鱼子兰、玉簪数瓮以归。即游长椿寺,古树闲堂,静中闻钟鼓声,令人坐忘。前闻杏孙述其戚某诗云:"参天古木森秋气,动地钟声下夕阳。"有此光景。

二十四日 阴

览《公法论》。晚,雨。夜,雷电交作。

二十五日 晴

于明日录遗。是日偕兄诣贤良寺宿,傅相款宴,坐有于晦若。饮毕,至寺东院,苍槐蟠曲,下榻其面东屋。

二十六日

未明,至国子监。俄微曙,来者纷集,逾千人,肩摩无隙地,呼名几不闻。食时都入,题出为:子曰近者悦,远者来。诗题:次第看花直到秋,得秋字。策问:四代学制。晡,完卷出,复至贤良寺。余兄先归。晚食后,同至西人毕得格处。在寺东北,屋面蔬圃,阶下花香馥郁,饮冰梅汤,美而爽。

二十七日 雨

晨,归与杏孙闲谈。日中,雨甚。观袁简斋诗。简斋诗嫌粗率,时有健句。录日记。子修过,留晚食。吴子佩来谈,为述刑案二则。录其一云:崇明县妇控官,乞寻其夫,曰不见五日矣。遣役四出无踪影。逾日,人报海涯浮巨簑盛死人,异以来视之,肢臂拳曲,刃断血渗淫,簑下大书某鬻油廛物。县官命人诣询廛主,失所在。俄有妇来,即失夫者,睹后背而走,呼之不应。大疑,逐而告曰:汝家人有主所矣。妇奔愈急,乃擒归。拷讯吐实,盖与廛主私,戕夫庋油簑,沉海以灭迹者。未几,获廛主海门,并伏法。

二十八日 晴

览《公法论》。粹卿来,纵谈。余谓:君统造乎极,即入天统;

天统造乎极,即入元统。何谓君统之极？公举也,而民渐有权矣。何谓天统之极？兼爱也,而万类生命渐可保矣。其出此而入彼也,盖无瞬息之留焉,三统之谓也。

二十九日 微雨洒庭

与杏孙、粹卿等同诣全浙会馆,登仰山楼,柳衣丰翠,皆憎其阻远目,余独爱之。与粹卿闲谈。粹云:西国名人如哥白尼,始察得地球之绕日也;如奈端,始察得轻养及各种原质生吸力摄力也;如达尔文,始察得万类自主,无上帝造之也。达尔文今犹在,年八十馀。

三十日 晴

览《公法论》守局外国例,西人出一言,行一事,必有界限,而不可混,故言有益而事核实。晡,子颐约在三庆园观优。晚,饮于一品升。闻子颐述雷殛不孝事云:有卖饼家某,不养其父,使丐于市。日暮,馀饼残秽者以食父。会父饿甚,以非时请,某怒不与。父苦索,某乃掷饼饲狗,父匍伏与狗争。未已,黑云怒生,雨注而雷下,窗尽裂,某震死。

八月己酉

初一日 晴

晨,偕杏孙及余兄步诣法源寺,旧名悯忠寺。殿阁巍巍,老树森蔼,凌霄花乱开。俄,游方丈别院,横列数椽屋,窗户洞爽,前后庭皆养花。或云:僧福太甚。予曰:僧不能享吾侪福也。凡异境,偶至乐,常住则厌。日中归,闻仁钱三人皆拜使学之命:子修蜀,柏皋秦,菊仙齐。束甚盛。

初二日　晴

观书，心不定。甘士日中邀饮。日昳归，填三场试卷。晡，诣朱桂卿、张季端诸处，归，观随园《齐谐》。夜，览《万国公法》。或问佛云：金石动植，妄想所生，是诸有质，由觉性变。乃轮回说起，似复有极灵物流转抟注于诸质中。是觉性所变，又分二物，翳独何故？曰：是不难知，妄念所动，遂成世界。犹人凭虚，观见义理，构立文字，理因文达，性以质显。然造字之初，谐声会意，皆自理出，犹诸顽质之点排列，亦由性变。自后观之，理寓文中，性寄质内。不知文质根乎理性，粗质先立，乃供变化，在觉性中本无二事，亦无先后，犹文与理难分两端，夫复何疑。

初三日　晴

诣琉璃厂西学堂访粹卿、觉生。日中，微雨，俄止。晡，至广和楼观优。音乐之道，感人最深。其歌声之悲壮激楚者，能令人起云霄之思。晚归，观书。

初四日　晴

起构四书文，日中卒稿。粹卿来。晡，同车诣天宁寺，谈及格致之学可作佛书之凭据，亦可正佛书之讹谬，其讹谬殆为门弟子追录佛言附会之辞。俄，闲步射塔山房高台，俯瞰丛树古冢，秋色苍深，夕阳欲下。与穗卿对酌，乐甚。寺东有塔极高，相传隋造，徘徊其下，多乱松，景物萧条。暮归。

初五日　晴

晏起，录日记。过午，泛览诸家杂文，赋长律一首，记昨日游，录之云："又掣丰车来蓟北，忽逢佳日出城西。人间净土楼台迥，尘外雄夫笑语低。挹尽燕山今日色，闲寻隋塔旧时题。秋风松柏何萧瑟，剩有斜阳任取携。"

初六日　　晴

移居贡院东门外,屋三楹,甚静。

初七日　　晴

晚,微雨一过,处入场屋诸事,殊烦琐。

初八日　　晴

点名极迟。晡,犹未入。日西沉,始至矮屋中,张设毕,俄即昏黑,遂眠。四鼓题至,首为:卞庄子之勇,冉求之艺,文之以礼乐。次:思知人不可以不知天。三:夫物之不齐,物之情也,或相倍蓰,或相什伯,或相千万。诗题:妙句锵金和八銮。

初九日　　晴

日中,成首艺。晚,三艺脱稿。雷雨交作,倦甚睡去。未明起,秉烛成八韵诗。

初十日　　晴

晡,完卷出,宾友杂至。

十一日　　晴

晡,入场。夜,五经题出。《易》:乾元用九,乃见天则。《书》:在璇玑玉衡。《诗》:周原膴膴,堇荼如饴。《春秋》:齐侯及宋人、蔡人、邾人、陈人,会于北杏。庄公二十三年。《礼记》:量地以制邑,度地以居民,地邑民居,必参相均也。

十二日　　晴

日中,成三艺。下晡,成五艺。终日啖梨果疗饥。

十三日　　晴

日中,完卷,出略食,至东交民巷西菜馆,余兄及坚仲皆在。俄,出城观优。

十四日 晴

晡,入。晚,月色清朗,五鼓,策题至,首问经学,次史学,三恒星,四金石,五音韵。

十五日 晴

日西斜,栅扉犹扃闭,有越而行者系去。薄暮,人哄然出,往来杂沓,忽大呼捉人,皆惶恐归巷。至夜二鼓,始放出。有缴卷者。月光万丈,澄宇无云。余对策五通已成,手疲力竭,熟睡。

十六日

平明,敛束衣具,提挈出,交卷。红日西射,至寓所小坐,即乘车返伏魔寺。晡,来视者纷集,录场作示人。

十七日 晴

补录十日日记。紫泉、子修、杏孙踵至。昳,诣蒋信侪谈。俄,至同乐轩观优,子颐约。

十八日 晴

杏孙复来,录场作二三艺。日中,诣广和居。晡归,作小字,录首艺。晚饮于一品升。夜归,览船山先生《黄书》。先生悲封建之亡,以为衣冠之国沦为异域,自秦开之,而成于宋,无藩蔽也。与余意略相似。而吾重在君民之隔,船山重在夷夏之失防。

十九日 晴

诣贤良寺见傅相,留午食。日昳,著衣冠,归途拜客,至伏魔寺已薄暮,略观书。晚,孙文卿招饮,诣焉。书画精雅,促坐闲谈,杏孙亦在。俄陈果肴楚楚,欢饮尽兴而罢。夜归,月明。

二十日 晴

连日天骤凉,夜覆绵,昼重袷。作家书。螺蛉来。日中,诣广和居,杏孙、青莱招饮,饮毕归,日已晡矣。黄慎之在江苏馆,又折简邀往谈宴,余兄亦在,酒罢而归。是日,仍观船山先生《黄书》。

二十一日　晴

览《黄书》,终卷。船山、梨洲诸老多持慎选举易防闲及兴学校诸论,诚治世之良法也。然而秦以后皆盗贼盘据之天下,彼所立法皆不出愚民防民之计,而无丝毫之为民。今二公之所窃窃然忧者,因民之苦,欲易良法,是直以法为民而立也,与立法之人初意大相悖矣。故吾谓,苟非圣人出御世,为民立良法,则必俟变君民共主之局,而法始渐渐臻于美善。舍是二者,无望焉。船山先生有离合之说云:辅其自然故合,循其不得已故离。至哉言乎!余谓据乱之世,离焉而后能合,故先王分疆画井,建国树长,使各君其土,各子其民,然而朝聘以时,币飨不绝,离而能合者也。秦汉而后,缀天下于一人之襟,强合所不能合者,驯至上下相蒙相弃,人人离心,第制于法而不敢动耳,其为离也大矣。是故天下有以离为合者,唐、虞三代是也;合而愈离者,自秦以下是也。

二十二日　晴

诣子颐。过午,至工部署当月。下晡,归,览船山先生《识小录》。

二十三日　晴

览《公法论》。理之难辨也,有近是而非者。如两国争战,不绝通商,斗其君而无与其民,若于理极顺也,而善公法者不谓然。曰:如是则战无已时矣。何也?工日利其械,商日益其饷,民不知其困,而君心愈肆。君愈肆,则死人愈多。惟绝通商,以困其民,食有时竭,械有时敝,久而厌兵,虽欲不休,而不得矣。是故言不绝通商者,大祸人国也。过午,与坚仲偕诣陶然亭,残芦瑟瑟,斜日微明,茗话半日。俄归,过花圃下车,徘徊久之。复至观音院,堂宇闲邃,有桥亭,俯临甚深,如山径,峭壁崭然,中分路能行人。暮归。

二十四日　　晴

午后,偕甘士往观优。晚归,宴于修菊馆柏皋寺中。览《植物图说》论结子法。花子房口有松小珠间有粘性者,花须头所放花精粉,与此小珠相遇,则感而生子云云。忽记过津时游医学堂观假人体具,医师指示:女人子宫旁有膣贮小珠,云交媾时此珠出,与男精遇,则成孕。观此,可知动物、植物有同理也,特植物自为雌雄耳。

二十五日　　晴

览《植物图说》。诣兰秋师,复谒傅相,留午食。日昳,出城观优,暮归。

二十六日　　晴

起观书。向午,驰马天宁寺,同游有杏孙、青莱、坚仲、朗台、白叔、甘士及余兄。寺多老树,桂香满庭,塔射山房在寺后,踞石台轩,启前后望,苍翠了然。与坚仲等闲话,谓中国佳境以天胜,西国多以人胜,是故世盛则人胜天,世衰则天胜人。暮归,在子修家宴谈。

二十七日　　晴

束装将诣津,厚拿邀饮广和居,饱食,诸友多来送者。俄即登车。未午,至马家浦候火车,至憩客所小坐,褚伯约以母病南归,亦是日行,已先在。向午,车来,遂同乘。日中,鼓轮行。晡,过杨村,多巨桥。薄暮,至津。晚,寄家书,录日记。

二十八日　　晴

信侪、霖伯来视,俄去。览《植物图说》。花之牝牡,即在须与心之间。有花心而无须者,谓之雌花;有花须而无心者,谓之雄花。然大都兼须心而有之者多。由是以观,男人有须,既宫而须落,盖与花须有比例也。亦可知须与下体之相关。日中,诣育才馆观学生习算,留午食。日昳,观优。晚亦如之。

二十九日 晴

览《植物图说》,终卷。图凡四幅,首言根干膛管,次言诸叶变形,三言花开结子,四言花心子实各具。此皆授蒙浅说,然已详尽。西人谓,果实与鸡卵,食之最能养人。今观果实皆花心合花子房长足而成者,与鸡卵同为胚胎之始,取其元气所凝,能益人也。

九月庚戌

初一日 晴

览陈兰圃《朱子语类日钞》。过午,衣冠出。晡,谒夔老,晚归。夜,观优。

初二日 晴

诣浣生。日中,李赞臣招饮第一楼,复往观优。夜,诣稚夔,宴谈,终日不读书。坚仲来津。

初三日 晴

向午,与坚仲同至《国闻报》馆,粹卿、又陵诸人所创立。日中,至第一楼午食。晡归,览《朱子语类日钞》毕。宋儒于心性之学不为无功,其教人读书之法亦极精要,惜其治内而遗外,又非出世学,故语天下事多不审情理,驯至遗毒后世,亦势所必然也。然观其书,颇能敛壹人心,使不躁动,而潜入理境,则有益。朱子言义与利刃相似,胸中许多劳劳攘攘,到此一齐割断。比喻甚确。

初四日 晴

览顾先生《日知录》。我国人自古著书多无条理,往往零杂续成,无有首尾一线到底者。试观释家之书及西人书,则节目条贯,无丝毫紊杂为可贵也。粹卿云:中国书惟《周易》及《春秋》二部,颇与他书迥别。

初五日 晴

穗卿过谈,有格致家极新之理甚多,不可不记。穗卿云:地球人所见星陨如雨,即彗星与地相触也。闻诸西人。金、水二星,生气已竭,不能自转本轴,此由近今考验得之。故谓天王、海王诸星,为始凝之地球,火、木及身处之星为当今之地球,金、水为过去之地球。若流星等,为已碎之地球。《谈天》云:日体有柳叶纹,动荡不止,今有人谓为火浪。蒙古与红人同种,以其体貌性情相似也。又谓其人实由北美洲白泠峡地流入亚洲北边,盖地脉古时本相连也,后陷为海耳。星与星不能相触,以有正负电也。惟彗能触星,而质极薄,故无碍。下晡,登火车,诣塘沽,日已暮矣,新月纤然。去轮舶尚二三里,步行,路低凸,殊艰苦。俄见灯影,船泊甚多,然不知新丰舟所在。继遇河畔小童,导以行,始获登舟。

初六日

未明,鼓轮行。俄,日出,风微荡,舟中观书。

初七日 晴

醒时知宵已抵燕台,水深绿。晡,始解缆行,无风。夜,过成山,月色幽朗,波平。连日观魏先生《圣武记》,载国朝名将如阿文成、海兰察、额勒登、杨遇春诸公事甚详。默深喜谈兵,然其言御外夷战守法,若《海国图志》及是书所载者,尚多隔膜也。其人于本朝掌故极留意,故《武事馀记》载本朝兵制殊详尽。

初八日 晴

舟入黑水洋。览《圣武记》所载《抚绥西藏记》。藏地之有活佛,犹罗马之有教皇,特活佛以化身转世,能自知所往生,较灵异耳。盖始于宗喀巴之得道,以次转生,常驻轮回,本性不昧,亦一奇也。魏默深云:西域诸国人,狼性野心,互相雄长,苟非世之转生之呼毕勒罕即活佛以神异降服其心,则不能制。余谓西国中古时列侯纷争,苟当时无教皇之大权亦不能制,与此正同。《西藏后记》载藏中山水、形势、古迹如指掌,如履其地。

初九日　晴

览《圣武记·军储篇》,言中国用银多自外洋来,有可证者数事,皆援引史书也。余未敢坚信。又,迁徙旗人,别予地开垦,此实救弊之法,惜不能用。日昳,到沪,归家皆无恙。

初十日　晴

作书寄杭,观书,诣颐斋谈。颐斋丧偶,悼甚。以为与我朝夕处之人忽然死,亦天地至奇事,梦耶,非耶?又云:前归自杭,舟驰江波急,据窗而唾,逐波去,倏不见,不觉生感。日前出诸口者,终身无相遇期矣。颐斋盖深于情者。晚归,览《交涉公法论》及《新学报》,有容圆切点图解。是日诣燕生,知其大病甫愈,未健复也。

十一日　晴

驰马车诣薛次申,俄,至《时务报》馆访穰卿,不遇。日中归。过午,颐斋过,偕出买物。晡,诣李一琴,亦精于西人学问,为《时务报》馆主译者。暮,同车至张园,月出归。

十二日　晴

览书,思不定。诣春卿,过午归。次申方来,谈久之去。观《知新报》论陨石之理。又云地球之北方晓,乃赤道生电腾空,气流归北极,地球所有之指南针及电线皆为之荡动变乱,谓之摄电妄行。又,凡遇摄电妄行,亦与日中斑点相涉,不知何故,盖电学今尚未精也。余疑电为火精,丽则为火,故地球之电力能与日轮相应。

十三日　晴

祥士过谈,留午食,即去。晡,作书寄津,录日记。余谓气合轻养而成水,电摩正负而生火。故吾尝疑气为水母,电为火源也。火隐太虚而无形者,即谓之电。余所臆度,留以质诸格致家。晚,陵斋招饮。

十四日　晴

诣仲巽,向午归。无所事,观《交涉论》私货封口诸例。读顾亭林诗,先生抱负奇伟,哀明亡而有非常之志。其所为诗,有一种雄秀之气,不易学也。如《海上诗》云:"日入空山海气侵,秋光千里自登临。十年天地干戈老,四海苍生痛哭深。水涌神山来白马,云浮仙阙见黄金。此中何处无人世,只恐难酬烈士心。"

十五日　微阴

晏起,览《交涉论》。晡,诣燕生谈。燕公谓:今日士夫多以保教保种为言,皆非通论也。秦、汉以下,儒教之实早亡,保于何有?若以名论,英兼印度未尝强其改教,婆罗门宗派至今存焉,此教之不待保也。西人用兵禁屠戮,断无绝人种类之理。且中国自更金、元祸,杀人累亿万,而种犹不虑亡;何于今日而反忧之,此种之不待保也。要之,今人持论多近似而实未合事理者。又云:儒家宗旨有二:尊尧、舜以明君之宜公举也,称汤、武以明臣之可废君也。三代下,二者之义不明,而在下者遂不胜其苦矣。李一琴言:西国之教徒,犹我国之僧道,视为糊口业,皆贫不能事事者为之,国家月有以赡其身,使远游传教,然皆非深通教理者也。西国深于教者,自有理学家,皆不入教,犹我国谙释典者多不居禅院、不削发之人。

十六日 雨

览《交涉公法论》。坚仲言：西国重民权而犹立巡捕，可知君权未可尽去也。旨哉言乎！世未至极平，不可无统一之人，无统一则人心不齐而乱，要在统一者为众所推，则无弊耳。严复所谓公仆隶是也。此实君主之极则也。若泰平之世，并此公仆隶而无所用，乃为民主。

十七日 晨阴

览《交涉论》。西人凡遇定案后心不甘服而上控复讯者，其原审官不得再干预，非若中国上控之案仍发交原审官处治也。盖若是，可以无枉狱矣。惟遇狡猾健讼者，则又难言。过午，晴。晚，读亭林诗。

十八日 微阴

观《交涉论》。晚，录昨所为《辟韩诗》二首云："浊世由来泉石高，耻为舆隶拜强豪。忽闻魏阙江湖义，多少耆英困狌牢。""圣推殷受罪周昌，百代高文撼肺肠。堪笑宗风起闽洛，为言赤县有臣纲。"夜，微寒。

十九日 阴

览《交涉论》息战议和诸例。过午，雨，检书。夜，读亭林诗，哀怨悲宕，如诵《楚词》，不愧明之遗老也。

二十日 阴

览《交涉公法论》三集，终卷。是书为英国全备之万国公法，于各国交际之道，所当尽之职，论之极精，惜译笔沓冗，且重复意殊多，不知其原文何如。予于五月间即览，中多间断，至是补观毕。中名论实多，如云国之治乱，一以律堂断之。律堂开，则为治；律堂闭，则为乱。晚，读恽子居《三代沿革论》。

二十一日　雨

览《尸子》，多精语，如云：贵人者，贵其心也。又云：天子以天下受令于心，心不当则天下祸。又云：行有四仪：一曰志动不忘仁，二曰智用不忘义，三曰力事不忘忠，四曰口言不忘信。可作座右铭。晡，登舟赴杭。览《文选》诸名篇。夜，读《卷施阁诗》，有《佣书东观》、《凭轼西行》诸集。《佣书东观》盖在京师作也，故有《天桥酒楼》及《陶然亭话旧》诸篇。《凭轼西行》多先生被谴道中作，故有《渡河入关》、《咏秦汉旧迹》诸篇。诗长于雕刻光景，如《渡运河诗》云："河流东渡树如荠，一线中流日华起。行人上马亦壮观，开阖中原数千里。"予谓文章胜人处有三：曰理，曰境，曰情。理精而明，境实而显，情挚而达，三者必居一焉。

二十二日

微雨不止。船窗静坐，览《尸子》。其下卷多短语，有云：昔周公反政，孔子非之，曰：周公其不圣乎？以天下让，不为兆民也。又云：舜受天下，颜色不变。记是者皆有深意。又云：孔子谓子夏曰：商，汝知君之为君乎？子夏曰：鱼失水则死，水失鱼犹为水也。孔子曰：商，汝知之矣。粹卿云：当中国三代之末，合地球人智慧一时皆为增长，嗣后又停息二千年，至今日又皆增长，不知何故，抑有运化使之然耶？昏黑，过塘栖，两岸灯火烂然。读《卷施阁诗》。

二十三日　微晴

积翳未消。舟昨至拱宸桥，侵晨进泊新马头，肩舆行数里，山色溟濛，俄入武林门，曲折行至佑圣观巷，甫食时。谒叔父母，皆健。晡，诣春卿，谈久之。至清和坊买履，入书肆购朱蓉生先生《无邪堂答问》携归。

二十四日

晨,览《无邪堂答问》。有云:训诂者,文字之门径;家法者,专经之门径;宗旨者,求道之门径。言极精审。又云:汉学家之言曰:训诂名物,治经之涂径,未有入室而不由径者。其言良有功于经学。第终身徘徊门径之间而不一进宫墙之美富,揆诸古人小学、大学之教,夫岂其然。尤合鄙见。晡,谒诸亲友,见张受老,别六年矣,须尽白。天雨,晚归。

二十五日　雨

览《无邪堂答问》,其《景教流行中国碑》考评语,援据极博,惜狃中国旧见,至谓西国艺事之精,多为中土所流传。又云:西国文字之传,自古及今,无不以耳治者。谓中国以目治。以目治者难而可久,以耳治者易而辄变。旧闻不尽可稽,反不若见于中国史籍者之可据。此尤武断。馀如论释、回、耶稣诸教,皆适如先生所谓揣摩影响者也。晚,读《卷施阁诗》。

二十六日　雨

谒少川叔。过午,同至三雅园,涌金门外茶肆也,面湖,远山都隐,烟水空濛。履平先在,茗话良久,乃泛舟渡湖,至三潭印月,登彭祠一寄楼,雨声浪浪。暮归至家,已上烛。览《无邪堂答问》。

二十七日　雨微止

观书。宋儒言性,分义理、气质。陋矣哉！吾则谓义理非性,气质亦非性。盖义理者,万物自然之经纬,气质者,万物已成之质点,与性何与？夫不通佛学而妄言性,宜其聚讼纷然,皆成尘障。此理余言之于前,不赘述。诸儒又动谓性之粹然者,天所赋予。不知天作何状？其赋予之法如何？若耶稣所谓灵性者,上帝所给,人为上帝子云云,又诸儒所诃诋者也。然而所言反类彼教语,抑何故耶？余尝解上帝子三字，谓即佛言人海一滴水。自谓其说颇圆。

二十八日　　晴

晓出城，赴杨家牌楼，舆中观书有所得，录之。朱蓉生先生论小学、大学，有云：格致者，小学之终事，大学之始事。然哉然哉！自来解格致者，都未讲明，惟颜习斋以为即六府三事，礼乐射御之类，而宋儒一切归诸小学之事。试问《诗》、《书》六艺，精深奥博，岂自八岁至十五岁童所能穷贯？先生此言出，则习斋之说愈不可废矣。佛言顿渐，人之学力不同也，而世运亦然。欧亚之运，必由君统，徐入天统，渐也。美洲甫辟，已入天统，顿也。诣蒋家坞、张家园诸先茔，瞻拜毕，即还，至家未暮。

二十九日　　晴

冠服谒徐季和年伯，浙学使。未见。俄诣左泉师，日昳归。晡，访陆勉哉普寺，谈种稻之法，暮还。终日不读书。夜，览《文选》。

三十日　　晴

与希兄同出城诣春卿砖厂，盖为春间让地事也。舆中观《无邪堂答问》，终卷。蓉生先生于汉、宋两学皆有心得，颇能窥其本原。惜其于西国事，隔阂而已。春卿于厂后筑楼屋三椽，可居人。余即留午食毕，往度地，戴元康同行。计二亩馀，在先茔之右，中隔河，形家谓为虎首，惧有兴筑，故亟归我家。春卿已允，即插竹为识。晡归。夜观《先正事略》嘉、道名将二杨事。

十月辛亥

初一日　　阴，微雨

诣介轩。余与断绝两年始复合。介轩宅东，辟堂宇幽邃，花石秀野,极爱之。留午飧,昳归。复有事出。晚,诣春卿谭。终日不读书。

初二日　　晴

诣星埋,昳归,览《先正事略》刘天一、傅重庵诸人事迹。天一讳清,重庵讳鼐,皆嘉庆间名臣也。天一得贼心,重庵善制苗。晡,偕鲁少卿访梅花牌古迹,牌立破庙,中有乾隆御题诗,漫漶尚可认。夜,与希尚兄说鬼。

初三日　　晴

作书寄余兄。晚,闲步上扇子巷,至《经世报》馆,小坐即归。夜,观书。朱蓉生教人留心本朝掌故、名臣事实。盖知古而不知今,近人通病也。余亦喜谭遗闻轶事,苦无记性,岂小脑不足耶!

初四日　　晴。晡,微雨

从堂弟吉孙以十一日赘于夏氏,是日纳采。

初五日　　雨

勉侪招饮于求是书院,持蟹螯对酒,乐甚。俄观重学仪器,有西文全体图,皆纸剪,揭视脏腑剖面,各具精绝。又偕至书院墙左偏闲步,菜畦平旷,水竹萧然。时雨微止,路滑。晚归,观书。

初六日　　雨

观书载江忠烈、罗忠节、塔忠武诸人战迹,为之眉色飞舞。宋燕生云:粤乱之起,本朝一大变也。其始皆由所用官吏残虐所激,民不聊生而乱起。从不闻杀一人以谢民,此大不平之事也。前年朝鲜事变起,其君犹首将激变之官治罪以晓慰之。可知中国视民之重远愧小邦焉,噫!

初七日　　雨止

与芝生、希尚出涌金门,泛舟湖上,至楼外搂,小酌舟中。湖水清泚,鱼聚委食相争。俄,登蒋祠数峰阁,祀明季抗㧑诸老。阁踞山,望湖明旷,旁多翠竹。俄游俞楼,即登舟,绕西泠桥至孤山,观冯小青墓。晡,返棹至三雅园,有卖菱童憨态可掬,献菱,与言颇解颐。俄,相与归,检装将返海上。

初八日　晴

诣星墀别,并过公鲁斋。公鲁,星墀堂弟也,新生儿,余往贺。公鲁赠余一册,曰《天籁集》,钱唐郑君旭旦所编,皆吴越谣谚,虽涉俚俗,而间有理趣。日中归。晡,辞叔父母,出城诣舟,即开行,至拱宸桥停焉。日暝,复展轮。夜,秉烛观湖州赵竹生先生景贤陷贼不屈事,皆见《先正事略》。

初九日　阴

侵晨已过嘉善。晡,微晴,观明遗老夏峰、梨洲、二曲、亭林、船山诸人事略。国初硕儒,无不读破万卷,力矫前人之疏陋,而励风节,尚躬行,犹存故国遗风焉。雍、乾而下,杰起者甚多,始多溺于音训名物,考据琐碎,而无馀事。孙渊如先生官刑部时,能以经义断狱,旷代不多见也。张蒿庵《中庸论略》,以为礼抑人之盛气,抗人之懦情,以就于中。故云中庸者,赞礼之极辞也。汉儒取以记礼,为得解矣。颇有见。昏黑抵沪,电光照人,登岸仰见月,至家方晚飧。

初十日　阴

闷,奇暖,衣单。诵曾涤笙诗。晡,访章枚叔于译书公会。俄诣杏孙谈,观鱼,即伏魔寺所见者,有色黑而鬣翅丰伟,名曰威凤祥麟。暮归,览侯朝宗、魏永叔诸人事略。永叔辟地宁都之翠微峰,四面削起百丈,中径坼,山根至顶若斧劈然,缘坼凿磴道梯而登,置闸为守,士友稍稍依之。后数年,宁都被乱,而翠微峰独完,盖亦近代之桃源欤。

十一日 阴

录日记。莲兄至自城内。先是樟树电局事已易人,遂挈家返海上,十馀日矣,始相见。晡,作书寄兄。晚,微雨。观书。羹肴以佐饭也,读书亦然。书之有关于阐道经世、考古格物诸实用者谓之饭,馀如诗歌、词赋、杂文足以陶咏神趣不可无者,羹肴之类。

十二日 晴

阅《说文》。日中,中巽招饮。过午,造次申庐。归,诣《时务报》馆,时移屋泥城桥。是日赛马,观者如墙。余寻车不得,步归。晚,复与诸友集谦。

十三日 晴

作书寄表兄仲骥。过午,与莲兄闲步出买履。晚归,观书。夜,月色澄朗。

十四日 晴

始补录西史。过午,燕生、枚叔偕来访,作竟日谈,上烛乃去。枚叔云:三代上,授田法行,故其民自称食毛践土,以皆其君所开辟,而民安享之也。北魏、唐初,虽亦授田,而地非所辟,故其君自称衣租食税。自是而降,直为君者践民之土、食民之毛而已。反以是误责吾民,不亦慎乎! 与余意不谋而合。论水火之原,余谓太虚中不过流定二质而已,水成于气之相合,火生于物之相摩,是水原于流质、火原于定质无疑。

十五日 早晴

录西史。过午,阴,欲雨。偕问槎至二北渡桥之公家花园闲步,菊乱开,坐茅亭,闲风起,树叶微脱,雨洒然至,急归,抵家已吹散。观书。晚,读《两都赋》。夜,诵太史公《礼》、《乐书》,及渔洋山人杂诗。

十六日　晴

金月笙至自津,携兄书来。发函读之,无他事,惟上傅相言铸钱书,条晰详尽。晡,录西史。俄暮,览《说文》。其云:君从尹,发号,故从口。夫尹,官也,治天下之职也。黄太冲云:天子一位,公一位,侯一位,伯一位,子、男同一位,皆官也。然则君之宜官天下也,家天下非君之本义,明矣。夜,观《西国名菜嘉花论》及《虫学论略》。登楼,偶观《文献征存》载汪容甫事迹。容甫负才悲郁,为文以吊祢正平,盖与贾长沙之吊屈原有同慨焉。

十七日　晴

录西史。昳,诣月笙,同访杏孙,不遇。还过燕生谈。燕生病馀未复也,暮归。夜,观《名菜嘉花论》终。西人养花如制衣,厌故而好奇,灌壅之法亦日精,花馥而艳,果甘而芳,天然之色、香、味也。以视皓齿蛾眉之伐性,甘脆肥脓之腐肠,奚啻霄壤焉。

十八日　晴

录西史。晡,诣《时务报》馆,携不缠足会之《女学歌》数册归。晚,与莲兄谭。夜深,登楼观书,良久乃眠。

十九日　晴

西人礼拜。祥士过,晡去。西团兵出操,出观,步武极整。览《公报》暹王出游,希土约未协,法王归自俄,复遇刺未中诸事。《时务报》纪韩王称帝,任俄官。诵江文通《杂体诗》三十首。夜,观《虫学论略》。蜂蚁有君长,有工,有兵。工以采食营窟,兵以捍非类,故成会。西译书云:二千年后大地惟官与工。又云:一日不可废也。于蜂蚁犹然。又有种蝇,类穴松为窟,生卵或遗别所,他虫过,粘其身,出虫而嚼其肉,若寄生草者,殊奇。

二十日 阴

录西史。过午,闲步街衢,归,书抵子涵。受之过,将诣蜀,俄欲雨,即去。复作寓荔轩书。夜,静观《居宅卫生论》。雨甚,莲孙来,诵苏诗。西人居室取足养生,故通风避湿,不厌详密,非徒美富已也。其于饮食亦然。中国居室悦目而已,饮食悦口而已,去禽兽几希!

二十一日 雨

录西史。晡,诣受之,晚归。

二十二日 雨

问槎旋杭。录西史。观《居宅卫生论》。夜,书抵表兄仲骥。

二十三日 雨止,犹阴,微寒

录西史。法国加北珍氏第二朝腓立第六王在位时,苦教徒横肆,立一法令:民间为教徒所虐者,得诣庭控诉。其害始除。异哉!吾意中国从教者多匪徒,引为逋逃薮,教师辄误收之,故倚势而横,官不能治,往往酿教案,由中外情隔故也。若西人入教者,当皆向善之人,何至如是?岂彼教固有不善,抑奉行者之咎耶?观《卫生论》终。西人造屋,虽严寒必通风,欲易新气也。又惧其冷,故进气炉背使温,然后邪达壁板而入。用心深细至此。

二十四日 阴

录西史。昳,诣中巽,复访杏孙,论人心之憎故而喜新,以变为乐,不可一息停也。碑碣书画,虫鱼花鸟,皆足愉悦人心也。骤见则色然喜,久而厌,欲更取异者,举不足羁其心,能羁其心者,其惟变动不居者乎!世间惟牙牌、围棋二物近之:一奇偶骈罗,一纵横开阖,皆顷刻万变者也,故好之者不厌。吾侪所自遣法亦有二。一读书,沈归愚诗云:"读书如游山,深入自忘返。"一与同志谭理,妙义泉涌,奇趣横生。盖皆屡变不穷者,亦能不厌。晚,归。夜,观《相宗八要》。宋儒云:盖人之心,莫不有知。而其所知,莫不有理。予谓理无坏灭,知亦无坏灭。佛破我法执,我即知也,法即理也,知其无坏,更无所执,是最上乘。

二十五日　　早晴,过午阴

录日记。得二喻极新,记之。作字如控马,有操纵奔放之势;观书如游山,有奇境开阖之趣。夜,观《相宗因明论》终。

二十六日　　晴

观魏晋六朝人诗,尝闻人言:文至六朝,靡曼猥下极矣,惟所为诗澹宕有高致,未可薄也。信然。览《后汉书·党锢传》李元礼诸人事。夜,阅《万国公报》。西国立相,每自辟僚佐,故偶不协舆情,循例让贤,而曹署为之一空,其法近古。

二十七日　　晴

腹感寒而泻,晚愈。览《百法明门论》。

二十八日　　晴。晡阴,出微雨

购伞。晚归,观舆图。夜,览《惟识三十论》,由阿赖耶第八识,生种种变相,历三境界而尘障环起,所谓悟入者返其固有者耳。根尘烦恼,皆虚造影响,犹如空华。

二十九日　　晴

录西史。昳,造祥士庐,晡归,履平已至,小谭去。览《观所缘缘论》,以内境为所缘,以眼根为增上缘,亦相宗之一也。夜,与履平诣天福园观优,鼓声震,持刀矛者腾跃如飞。余顾履平曰:我国有绝精道理,只纸上谈之;有绝精技勇,只台上演之。可叹!

十一月壬子

初一日 晴

录西史。次申寿母,往贺宴。于庭作幻剧,俶诡谲变。晡,归。晚,复诣,张灯高会,歌弦绸缪,夜深群归。

初二日 晴

录西史。驰书子涵。晡,赴西女约。女,意大利人,能操三国语。屋高洁,养花操琴。其夫,商人也,貌丰硕。昨来握晤,惜言语不通。晚,返舍,与莲兄围棋。夜,观《说文》。君主之天下,以一人之德联万民而遍爱之,以养其欲、给其求也。民主之天下,集万民之智以自联而相爱,亦无弗养其欲、给其求也。君无常德,民有常智,是故至治在民主。

初三日 晴

燕公过谭:胶州为德据,以东方无寸土,不获与英、法、俄争利也,其计良得。不知无脑国何以应之?又云:台中生番有伦理,而以杀人为教,年齿加长不能操刃者,耻与为伍。盖以是为豪举也。所杀皆异类,无论番汉,亦强本种意。今中国士夫,动曰强种,不免土番计智,尚不自觉。圣人教人抑恶扶善,何尝别种类邪!文字尚简,取其便也。繁冗则耗心目于无用,而害有用,岂仅为观美邪!虽然,贵达,简而不达,何益?夜,观《缘论》,释格致家言,谓性灵在质点内即佛,故识生于极微,为所缘义,质点即极微义也。极微总聚,无生识理。《缘论》宗旨如此。

初四日 晴

诣峻斋庐,坐有粤人,述檀香山中、日人格斗事,记之。日人自战胜,骄甚。旅他国者,遇华人辄无礼,或市物不予值。檀香山,美地也,多粤人,皆粗工有膂勇者,积怨言于领事。因美官告日人曰:甲午之役,败者官军,非百姓也,请择地与汝国人搏战,无握寸兵,以一当三。日人曰:诺。乃以三百人来,华出百人,约殴死无偿。于是合斗踊跃,俄日人死者二百馀人,华工死伤数人而已。驻檀香山诸国士女皆鼓掌,称中人不懦。

初五日　　晴

昳,诣《时务报》馆,见游台湾人遗卓如书,述台中风土及日人据后情状甚详。日所遣官多不肖,虐视台民。闻日朝欲易人往治,不果。复至《蒙学报》馆晤浩吾,所出书多养童稚之脑气者。晚归,观诸报,有治聋机,能使声细者洪,如显微镜使物小者大也。奇!

初六日　　晴

录外史。昳,杂作亲友书。先人忌,晚,陈酒肴瞻拜。夜,观《真惟识量》,旨深词奥。

初七日　　晴

录外史。晡,造杏孙庐,暮返。夜,观《八识规矩》,合三离二观尘世,注云:鼻、舌、身三合中取境,眼、耳二离中取境。意谓香味触合而后知,声色离而亦觉。精语。《第八颂》云:"浩浩三藏不可穷,渊深七浪境为风。受熏持种根身器,去后来先作主公。"状阿赖耶识也。

初八日　　晴

录外史。晡,颐斋过谭。共忧大局之危,百姓之穷困。愚谓:贫生于惰,人不务本而逐末,不勤动而坐食,宜其困也。财者流通之具耳,饥不可食,寒不可衣。所食者粟,所衣者帛。粟于何出?

出于耕。帛于何出？出于织。今天下耕织之人少，而食粟衣帛之人多。物不足以给之，则不得不翔贵，于是有衣食不赡之人矣。孟子曰：圣王之治天下，使菽粟如水火。言菽粟之多也。菽粟多，而天下之人多归于农，皆务本而勤动，抑可知矣。勤则富，惰则贫。夜，与莲兄围棋。

初九日　晴

录西史。日中，偕母妹妻女造欧阳石芝庐映相。石芝时返粤。晡归，俄诣美人林乐知谭。时局危险，德人无礼，俄阴谋可畏。夜，观《相宗八要》竟。览《成惟识论》，大之外有大，不能〔周〕其外；小之内有小，不能穷其内。大奇事。恢恢太虚，果何物耶？思之思之，坐卧生痴。余又尝谓：一粒之微，析之千年不能尽也。特目所不睹耳。

初十日　晴

录外史。昳，访燕公，不遇，归。晡，读唐人乐府。夜，观《成惟识论》。孔子曰：性相近，习相远。墨翟见染丝而悲曰：染苍则苍，染黄则黄。佛言本有种子，亦类熏习，令其增盛，习之为义，大矣哉！

十一日　晴

录外史。晡，观唐人古赋，无所记。

十二日　雨

览诸报。近日大地形势，俄与德、法联盟，日与英联盟，分二党，皆严备，水陆交警听调遣，太平洋惧有战事。胶州则德人坚不退，俄不允助，我势岌岌。暹罗国颇振，变诸政，崇新法，其势渐兴。王于今年游历欧邦，诸国敬之；其视我国，盖鄙夷而不屑道也。《时务报》纪其游事详尽。古巴自立，美人助之，西班牙不得已许之。

希、土和议将定,欧美诸洲庶几无事矣。

十三日 雨

录西史。《经世报》云:美洲墨西哥之索诸拉地,掘土得中国字古碑。有华人往视,知为二千年物也。与中国传所云:有华人至墨西哥西海滨之说相合,奇。《粤东报》载欧榘甲《春秋公法序》,不知其书何若,殆有可观。《春秋》张三世,所谓据乱之世以力胜,升平之世以智胜,太平之世以仁胜。又云:据乱世,内其国,外诸夏;升平世,内诸夏,外彝狄;太平世,内外远近大小若一。此理如铜墙铁壁,更无疑义。余谓:以今时势言之,其国者,所居国也;诸夏者,凡欧、美、亚有教化之国也;彝狄者,亚洲之黎、猺、苗、羌、蒙古、生番,非、澳、美诸洲之红、黑人诸种皆是也。今犹据乱世,故诸国虽已文明,犹争雄不相下。所谓内其国,外诸夏,以力胜也。迨升平时,诸强国皆联约弭兵,或尽变民主;而未受教化之种,犹待钳勒,未能平视。所谓内诸夏,外彝狄,以智胜也。至太平时,榛塞尽辟,教无弗被,学无弗讲,种无同异,人无知愚,悉皆平等。所谓内外远近,大小若一,以仁胜也。仁衰而尚智,智塞而角力,力极而返智,智积而归仁,循环之常也。力始于手搏,一变而为刃矢,再变而为枪炮。力穷矣,智所开也。智始于竞利,一变而为格物,再变而为治心。智竭矣,仁所由日生也。无智无仁而有勇,据乱尚力之世也。有智有勇而无仁,升平之世。智仁勇皆备,乃见太平。

十四日 晴

录外史。晡,造中巽庐,方大修书楼,明春将辟学塾。俄诣次申,即至农学会晤罗式如谭。有德人据胶,为俾士麦主持之说。昏黑,之《蒙学报》馆见浩吾。浩吾论五洲皆尚切音字,中国仅存象形,此所以不可行也。且象形不若切音之速达于脑而易记,盖耳根去脑近,眼根去脑远。象形以目治,切音以耳治也。浩吾欲以英字母拼中国音,此事恐难,其音不尽合。是日《蒙学报》出。

十五日　晴

录外史。晡,诣张听帆先生谈论。西国多用金,取其携之便也。十二本士本士亦铜钱一枚,合中钱四十文,为一先令,十先令合金钱一元,即一镑。每镑配银十元,过五镑始用券。英例如此。暮,穰卿招饮,坐有康长孺弟幼博。

十六日　晴

录外史。罗式如过谈。愚谓:中国人知富国在矿,而不知在农。矿开而不务农,中国之贫如故也。何也?矿出五金,流通之具耳;人赖以生者在衣食。衣食不能给,得金何用?不如务农,出产多,则商务盛而利权夺,不患无金,不患不富。不务农而仅开矿,则所得金仍流溢于外,中国何所利耶?故云重矿不如重农。览《格致汇编·延年益寿论》,谓人之老,皆肌肉渐变坚硬所致。

十七日　晴

康幼博过谭,谓中国不变法,当归咎于圣祖。盖圣祖与俄大彼德同时,非不知泰西之强也,然而不知变计以自振,宜今日之弱也。或者天以四百兆失教化黄种,使骤强,将为地球患,姑抑之令徐苏醒,所以保太平耳。录外史。夜观《成惟识论》。

十八日　阴,风急,大寒

录外史。过午,诣穰卿谈。穰卿前有说,谓办诸事无资,可将各省矿抵外人,借百万万以兴创实政。言之为人诋訾,与余意相符。盖彼亦视矿轻也。又云:胶事政府求俄助,俄云:如所有矿铁诸政归我,则出调停,否则不能。夜,观西剧,几榻精丽,男女笑语歌舞,或弹丝,清厉动人。俄灭烛,作大山礁岩,女子广袖,翩跹舞飘转,云起电射,五彩谲变,观者鼓掌雷动。

十九日 晴

观康长孺《新学伪经考》,所云《史记》言秦焚书,皆非博士所职者,按其原文殊可疑。西国教人为学,由浅入深,极有次第。中国古时亦然。如《六经》经序,见古书者多首称《诗》、《书》,次《礼》、《乐》、《易》、《春秋》。长素《史记经说》足证,《伪经考》中胪列甚详。盖《诗》有韵语,且多鸟兽草木之名,足以陶情适性,故为破蒙第一书。《书》道政事,知古今,故为第二。书,犹西人识字书,读毕即授以粗浅舆地史学也。《礼》者教人成德之具也,故为第三。《乐》之精眇,能熏人入德而不自知,学人之极事也。旧云无书,然习之必有具,故为第四。若《易》与《春秋》,微言奥旨,天人之秘,万事之原,非学至深者不能窥,故为第五、第六终焉。后人不知,颠乱次序,妄以《易》居首,意若尊之,而不知失向学之涂径矣。晡,造燕公庐谭。燕论今人动诋国朝汉学诸家考订琐碎,一字千言,以为劳心无用,败坏人才坐此。不知君权独重之世,文网峻密,通才硕彦,不遁而之此,无以寄其怀。自海氛起,而始弛士子谭时政之禁,盖其时不同也。

二十日 雨

录外史。莲兄至自城内,与弹棋为戏。愚谓作文必练其声者,便于耳也。必简其句者,便于目也。声练则入耳而清,辨之易也;句简则入目而明,览之省也。皆有益实事,非如听曲观优,赏心悦目而已。

二十一日 晴

录外史。晡,步至英大马路,俄就中巽谭。暮返,览《伪经考》,其疑《左氏传》为《国语》所分出者,颇有见。圣人制礼,范围天下之机器也。是故冠昏以别夫妇,丧祭以亲父子,乡射以序长幼,朝聘以严君臣,使民日循蹈其中而相忘也。治据乱之天下,不得已出此。

二十二日　晴

录外史。造林乐知庐谭。林论皇帝,谓能以权力制人者也,故维多利亚,英人谓之君主,印度则尊之曰皇帝。然则皇帝者,实大盗之别名耳。碎佛有云:贼盗者,其行为;鬼神者,其体制;鼠窃者,其心术;皇帝者,其名号。虽然,维多利亚犹不可同日语也。中国自春秋以还,天下之君主多变盗寇。至战国末,诸盗为一盗并。自是而后,或分或合,卒成以盗易盗之天下。而诸儒方争盗统不已,如辨正统及非正统,尤可笑也。

二十三日　晴

至农学会,偕罗式如、蒋伯斧诣穰卿家,同往王家库勘地。日中,过妻弟汇东,留食,归途视襄孙、中巽,皆见。晡,返舍。录外史。暮,燕生偕俞恪士及喻庶三走访。昨闻林言,俄国尼希利党固痛恶君主,且欲荡灭一切新政律法,以是西人目为乱党。夜,观书。愚按《易·乾》九四或跃在渊一节,可为《公羊》孔子改制之证,无所谓王鲁也,隐然为在渊之龙耳,所谓素王也。长孺诋刘歆列儒于诸子之一,比之胡、汉并称,不为无见。儒为孔子国号,尤与愚意合。

二十四日　阴

录外史。晡,观书。教主之兴,多灵奇幻怪事。如耶稣能起死人驱鬼,佛氏能为符咒以治猛兽毒蛇,皆先使人敬畏,而后其道大行。意者教主果有神通,非如是不足动人之听欤。孔子虽无甚怪异,然而察萍实,辨坟羊,识防风之骨,世震其多能,故以圣称之。

至其所以为圣者不在是,犹佛之圣不在治兽蛇,耶稣之圣不在起死人也。顾非世俗人所能知,则又不得不借是以震悚之,三圣之权教耳。

二十五日 晴

录外史。晡,诣俞恪士谭论。《周官》一书,长孺决为刘歆伪造以媚新莽。然观其书,条理精密,广大美备,且多名理,使歆能造,歆亦圣人也。且竭尽心力,而仅媚一人,媚人之术多矣,何必然? 歆愚不至此。意者《周官》在当时一断烂古《缙绅》耳,歆读而重之,稍有所窜乱,谓即所以媚莽,犹可言也。若全书硬造,万无是理。《书》古文,恐系夫子删定外所遗之篇,即谓后人撰拟,亦必有所据。本捃撮而成,然不尽刘歆自笔也。歆以一人而造《周官》,造《书》,造《毛诗》,造《尔雅》,造彝鼎古字,且编窜诸书,无所不至,试问有此精力否? 且造之何益? 若云取名托诸他人,则无名以媚莽,《周官》一书足矣,《诗》、《书》、《尔雅》将谁媚耶? 长孺据《汉书·河间鲁共列传》无坏壁及献书事,以为铁案。愚谓坏壁诸事,或当时流传之说,刘歆附会以为异耳。若云诸书皆出其手,则攻之适以尊之,歆果圣人也。

二十六日 阴,微雨

观书。许叔重《说文序》云:字者,孳乳而浸多也。然则字之为用,非不可随时因物创造,后人泥古,往往憎后出之字为俗,不以入文;遂至有新物而无新字,辄用借代法,有时而穷矣。必谓切音字可新造,象形字不可造,亦未闻其义也。

二十七日 晴

录外史。晡,造燕公庐谭。燕有驳长孺《伪经考》语,极确。谓秦既不许天下挟《诗》、《书》,断无其朝廷复设博士教人以《诗》、

《书》之理。意焚书后所用博士,大抵职本朝掌故典册而已。萧何入关,所收图书即此类也。长孺云:秦欲愚天下,非欲自愚。若自焚其朝廷所藏者,是自愚也。不知秦为治皆本法家,无取《诗》、《书》之义。是在秦为废物,何必藏之。且长孺云:吏即博士,使天下学者往受业。然则秦非仅不自愚,并不欲愚人矣。与焚书之旨相反,此何解邪?燕复有《儒法辨》、《儒兵辨》、《儒道辨》、《儒侠辨》,皆极精。盖法家忠一姓,儒忠万姓;兵家为君御侮,儒为民除暴。道与侠,其轻君之旨与儒同也。惟道家知其不可为而独善其身,儒知不可为而以身争之;侠欲以势力侵民贼之权,儒欲以义理破独夫之智。

二十八日　　冬至,晴

录外史。晡,访枚叔谭。愚谓孔子苟得志于世,必开议院。何以知之?试观宓子贱治单父,孔子问所以治。对曰:此地有贤于不齐者五人,皆教不齐所以治之术。孔子善之,以为尧、舜清微其身,以听观天下,不过是也。介子推相荆,孔子使人往视,还曰:廊下有二十五俊士,堂上有二十五老人。仲尼曰:合二十五人之智,智于汤武;并二十五人之力,力于彭祖。以治天下,其固免矣;以治其国,有不济乎?可以得圣人之微意矣。

二十九日　　晴

枚叔招饮,坐有恪士,谭次谓:相传国朝世祖出家之说,有数证可信。其一,吴梅村《清凉山赞佛诗》:"汉皇好神仙,妻子思脱屣。"而吴诗为当时禁书,今始得见也。其二,五台山与本朝创业事无与,而自圣祖、世宗数君屡幸五台,此不可解。可知当日文网方密,有多轶事不敢纪载者,后人无由得闻。晚归。夜,录外史。

（二）〔三〕十日　　晴

宴恰士、燕生、枚叔诸人于一品香楼，暮散。

十二月癸丑

初一日　　晴

录外史。莲兄及祥士过谈。晡，陆孟孚来。夜，览长孺《新学伪经考》终卷。《毛诗》、《左传》二书，实为可疑。据《列女传》，息夫人实未失身楚王，《大车》之诗所由作也。而《左传》载息夫人自言，予一妇人而事二夫，似近诬蔑。毛训《大车》，则以为美周大夫，讥为望文生义，非苟论也。要之，考古之学，实难流传，自简册言人人殊，后人无从取信。所不解者，刘歆所商订之书，多与父向宗旨不合，岂长孺所指斥亦不无所见耶？

初二日　　晴

日中，康幼博招饮于一品香楼，纵谭。晡，诣《蒙学报》馆，晤浩吾论教，携赫胥黎《治功天演论》归，即严复所译者。

初三日　　晴

晨起，览诸报。印度西北境乱民起，英兵渐次削平之。埃及内地不靖，英、法皆遣兵往，各治其界内事。古巴自主事犹未定也。过午，诣林乐知谭。林谓英人近有水师游弋舟山、吴淞间，盖自保其扬子江上下商利，非与中国为难。晡，观棋谱。

初四日　　晴

录外史。晡，诣张园，遇中巽暨印臣。暮归，览《天演论》。《天演论》宗旨，要在以人胜天。世儒多以欲属人，而理属天，彼独以欲属天，而理属人。以为治化日进，格致日明，于是人力可以阻天行之虐，而群学乃益昌大矣。否则任天而动，不加人力，则世界终。古争强弱，不争是非，为野蛮之天下。其说极精。又云：人道始于争存，争之不已，乃有忧患，尤与愚所谓角力极而尚智、尚智极而归仁之说暗合也。天演之学，始于额拉吉来达，嗣传其学者曰德谟吉利图，中稍变于斯多噶。盖额拉，周景王时人，为欧人智学之祖，大旨以变言物，故谓万物有已过、未来而无现在，与中土《易》理合。《易》之既济，即额拉之已过、未来也。又以火化为天地之秘机，以为万物皆出于火，皆入于火，由火生成，由火毁灭。此理盖得今日之化学而益明也。严复所论。德谟者，生于春秋定、哀间，以富人子游学，尽散其资，在古人中最先创莫破微尘之说者，近代化学宗之，而阐合质定率之理焉。至斯多噶之徒，始创为造物主宰，以为无不知，无不能，盖近婆罗门八明之论，而额拉氏所未言者也。

初五日　晴

览《天演》下卷论终。严复序谓：大《易》以自强不息为乾，即天演家本力长存之说。其曰《易》不可见则乾坤息，即世界毁于均平散力之说。又云：《公羊》、《春秋》之旨，多与群学之公例合。又曰：泰西名学，所以求事物之故，以察往知来也。有内导之学焉，有外导之学焉。司马迁曰：《易》本隐，以之显，外导之学也。《春秋》推见至隐，内导之学也。内导云者，致曲而概其全，审微而得其通。外导云者，据公例以例馀事，设定数以逆未来者也。语极是。愚谓额拉氏所持有已与将，而无可指之今，极有理。今日中西学问之分界，中人多治已往之学，西人多治未来之学。曷谓已往之学？考古是也。曷谓未来之学？经世格物是也。惟阐道之学，能察往知来，不在此例。晚，观浩吾所著《尊圣篇》，皆言古今学派，六艺微旨，并教初学治旧学径途。

初六日　　晴

录外史。过午,造杏孙庐,晡,同车诣张园,暮而归。

初七日　　雨

枚叔过谭,夜深乃去。枚叔谓:治格物家有言,世间无所谓化生者,蚊蚋之类亦有卵,但细微,目不能见耳。或云:蚊乃水变,实不然。愚谓此知其一,不知其二也。夫所谓化生者,盖以此种变他种,如雀入大水为蛤,沙鱼化鹿,蚕变蛾,此类是也。蚊未必有卵,盖皆水中微生物所变,故谓化生。若湿生者,恐即为水质所变,亦未可知。《楞严经》注云:湿以合感,化以离应。离者即以此化彼之谓也。合者当为两种质相配而成。谓之湿生,殆水气之分质也。愚谓宋、明儒之讲空理多,有空而无理,然亦能妙绪环起者,不过善绘其空之状态而已,反近于词章。彼则刻镂,此则白描。近人多称汉人引经义断狱,其实不过世儒阿媚法家傅会经义,非果以经治狱也。而近儒大抵以断狱之法治经,则百喙不能辨。世辄推许《石头记》一书,专言一家事,以为古今创格。余曰:是不奇。历朝史鉴,何尝非专言一家事?枚叔大笑。枚叔云:古时有火官,曰祝融,专司火政,疑当时之视火,犹今人之视电。盖火初为格物家测出,而取之不易,必需若许质料,非凡民所能自备,故必设官,如公司者,以给万民之用也。

初八日　　雨

录外史。是日,西人除夕。夜读古诗。三代以降,政法日弛,风俗日坏,盗贼之心,人多有之。是以不独其君皆盗,其民亦变盗。盖运化使然,无可如何也。有大盗以镇其上,而小盗乃不敢逞。故吾谓秦、汉以后,其一统天下者如猛虎在山,百兽喘伏,即此意也。及民智开,其下之小盗渐复人心,盗心日微,于是乃可共驱逐大盗,亦非其时不可也。燕公前云：中国事事不如古，宜也。治化不日进则日退，故无怪我国之好古。

初九日 雨

览《白虎通》。愚谓民生必立之君者，以简御繁之义也。故虽民主而有总统，特公举耳，不得谓无君也。若无总统之世，必人皆圣智，不御而能相安者也。

初十日 微晴

观报。杏孙过。夜，观优。

十一日 雨

录外史。览《白虎通》。古人受命，封弟不封子。盖父子手足无分离，昆弟支体有分别故也。三代以下，汉犹子弟并封，逮晋及明，则专封子而不封弟，非古训也。位必传子，子必传嫡长。人以为私，不知此据乱世之公例也。传贤惟神圣可行，否则将等于燕哙、汉哀，反以启乱。必不得已，不如传子、传嫡长。位由天定，则人不敢觊觎，故云犹私之公也。不然人谁不爱怜少子，私其所宠，而必立嫡立长乎？或曰：何不择贤而立？曰：贤否最难知，苟察之不明，或以爱憎定之，则益丛祸，何如悉由天定之为得乎！或谓本朝何以行之无弊？曰：本朝驭臣子法至严，天泽尤隔，其传嗣继体之馀，无敢异议者。且不预立太子，临崩而后传诏，故亦绝事端而可行也。

十二日 晴

枚叔过。晡，偕至燕生斋。今人皆悟民主之善，平等之美，遂疑古圣贤帝王所说道义，所立法度，多有未当，于是敢于非圣人。自据乱、升平、太平三世之说兴，而后知古人有多少苦衷，各因其时，不得已也，《春秋》公羊家之所以可贵。

十三日 雨

录外史。哥伦布浮海觅新美洲,当时无轮舶,冒险为之,亦奇举也。晚,咏风扇成一绝句云:"欧中豪客夜飞觞,玉宇无风夏室凉。忽忆舜阶生哺箑,还疑孝应在西方。"

十四日 晴

观书。日中,集蒋伯斧、吴仲弢诸人于一品香楼。夜,次申复招饮。天演家有争存之说,故今之持论者多以争为人之美德。曰不争则治化不进,聪明不开。又谓世无大同,大同则平等,平等则无争,无争则所谓世界毁于均平散力矣。余曰不然。争有三等:争力,争智,争仁。争也者,求免也,前进也。据乱之世,争力求免于弱,进以强也。小康之世,争智求免于愚,进以慧也。大同之世,争仁求免于私,进以公也。争之极,归于无争,何散力之有焉!且争者,与贪得而行劫者异也,图存以自立而已。据乱世,惟强者存,故争于强;小康时,惟智者存,故争于智;大同时,惟仁者存,故争于仁。

十五日 晴

录外史。晚,襄孙过。夜,观书。或问:然则仲尼何以称君子无所争乎?曰:是即贪得行劫之争也。若图存保种之事,圣人不敢薄,故盛许夷吾曰:微管仲,吾其被发左衽矣。盖嘉保种之功也,特惜其器小耳。然当据乱世能为此者,已加人一等,不多见矣。

十六日 晴

录外史。闻胶州有租德人驻兵之说。

十七日 晴

新吾来自扬,下榻予家,出所写山水相赠,皆苍秀,辟境幽奇。观书。

十八日　微阴

枚叔过谭。文质三统，以为忠之道。其勖人也详，其虑事也周，及其弊也，烦而寡要，劳而鲜功，故救之以质。质之道，恶繁而贵简，循要而责实，其弊也，朴陋少文，故救之以文。文则礼密法备，人道尽矣。久之而虚拘浮薄，故救之以忠，此所以循环也。又云：孔子所以贤于尧、舜者，尧、舜处升平世，又在上位，其所为易；孔子处据乱世，无权力，其所为难也。又孔子能通三统、张三世；尧、舜知有一统、一世而已。其不及者，殆如此耳。

十九日　阴

录外史中古纪终，计一千年。罗马衰灭，诸国强盛，皆略可见。夜，送新吾登舟返扬。录昨所为《脚踏车》一绝云："轻如龙跻步飞仙，笑御风轮绕地圆。似向康衢频舞蹈，承平又见大尧年。"

二十日　晴

览《中国度支考》。此书由英领事查核中国则例奏报所著，皆英文，拟诸其政府备察考者也。今复由美教士林乐知译华文，以诏中国人。噫！本国掌故，赖译他国之书而知，不亦甚可笑耶！学分三种：曰已然，曰当然，曰未然。观已然之迹，习当然之法，知未然之理。

二十一日　阴

仲华至自杭，过谈。过午，微雨。夜，观《中国度支考》终。西人每谓我国地大物富，而进款每年只八千八百九十七万九千银，数目远不如印度之多。盖印度每年仅地丁银已一万万两。职由办理之非人，大半中饱也。而官俸之薄，亦足以启之。

二十二日　雨

蒋伯斧招饮。夜，观《格致汇编》。有《探地名人传略》，曰百克、曰麦折伦、曰富兰克令、曰蒙哥巴克、曰立恒士顿,皆辟新地有功者。又《罗马古传》载玛科司克寿司贯甲跃马蹈巨壑事云:罗马有地裂成壑,深不见底。巫者言,神默示,非投以至宝,壑不可合。玛科士,武员也,以为罗马至宝,莫若兵甲与勇士,遂含笑跃入,巨壑果翕合。此实寓言,亦想见当时风俗之勇敢好义。

二十三日　微晴

览《地学稽古论》终。其于最上之人迹层分三期:曰石期,曰铜期,曰铁期。盖以所用之器而验其智慧之渐进也。近今持论者多谓人为猿猴所变,然究不知所谓变者,果形体渐变,如天演家言,抑其灵性变而别成形体,如轮回之说耶?今尚难决。晚,咏电报一绝云:"万里长风鱼雁迟,偶吹弱线系离思。投壶偏为人传意,借问天仙知未知。"

二十四日　阴

作擘窠字。诣杏孙。归,雨。晚,观《延年益寿论》。谓人之渐老,其故有二:一由空中养气入体,能变成非布里尼与直辣底尼二种;一由饮食诸物多带入土性盐类,皆存留体中,久而渐多,能使血管肤膜滞而变硬,此所以老而死也。自格致日明,必有法能祛二者之害,使人增其寿算。又《格致杂说》云:蚊蝇皆有益于人。见《汇编》六年秋季之册,兹不录。

二十五日　阴

观《延年益寿论》,劝人少食。谓天下饿死之人少,而饱死之人多。因胪列西史所载长寿人过百岁者男女数十人,皆因少食节饮所致,实有至理。盖饮食男女皆能生人、能杀人,节食与节欲同也。

二十六日　晴

至同庆公花墅买花。有梅二株,赁之。花放已,复还其人。晡,诣燕公,与同造日本本愿分寺访松林和尚,方讽经。坐余二人于右轩,室宽净,席地,几案整雅,壁悬大字苍劲,为日本学人日下鸣鹤书。俄主人出,款茶絮语,又持彼国各种小学书,如史地格致诸类,又《少年世界报》,皆童子观者。顷之,复有二东人来,余与燕公遂去。晚,观《兽有百种论》。夜,祀神,鸣竹爆。

二十七日　晴

复观前论,载猎象者掘陷阱于路,浮置草木,象误陷坑中,初甚怒,继甚饿,猎者日掷草饲之,象感其德,日渐驯,十馀日后,遂与家象联群,不复有山林之志。愚谓此秦、汉以后世主驭民之良法也。日中,微阴,即晴。钟鹤公过谭,莲兄来。晡,浩吾至,谭种类之变。以同种化为异种之由,大抵以两种交合,故别生一种。如雉与蛇交而生蛟之类是也。意猿猴化人之理,殆亦猴类不知因与何许物交,故能生人。推之前,自蚌蛤迭变以来,恐俱本此理也。蛟灵于蛇而生于蛇,以蛇与他种交也。人灵于猴而生于猴,以猴与他类交也。观此可信。天演家不信身外有魂之说,谓质点与灵性不能离,若种类之由贱迭变为贵,由粗迭变为精,皆以能自修其灵性,故质点因之变化而日进。惟蠢类何以自知修其灵性? 则天演家不能答也。愚意大凡智识学问,不能无所导而成,譬之人独居无徒,面壁无书,虽有过人天资,无由自拔。生番野蛮终古不变者,此也。不然,世奚贵有教主哉! 今必谓蚌蛤诸类能自修自进,夫谁信之? 不得其解,惟有释典化身度世之说足以通之。经云:佛悯众生苦,现种种身以度之。入人界则现人身,入鸟兽界则现鸟兽身,入蝼蚁界则现蝼蚁身,入水族界则现水族身。所谓现身,即托生其类也。入乎其类,还度其类。于是种智乃能进而渐变其体质,其理于是可通。执天演无魂之说,则无托生,亦无佛,安有度之者?既无度之者,种类安能日变日进,不亦远于理耶?又愚意:种类之日增多,日变为灵且贵者,其所以变之故,无关于灵性;盖以两异种合,自成新种,如前说也。要之,灵性日修之物,死而轮转,则进受之身,必较前为灵异。彼新种之质体,适有此类承受之也。必谓灵性与质体不分,自修而自变,不待轮转,则万无是理。

二十八日　　晴

吴鉴泉至自津。盖自山海关坐矿局船来,即赴扬州。过午,登楼,悬福寿字。晡,访鉴泉于郑苏龛家。鉴泉豪勇有胆气,于路所作杂诗极多,颇雄放。览《兽百种论》终。又观《地球奇妙论》及《汽机师华忒传》。夜,作书寄津。天演家云:平者不喧之争也,静者不觉之动也。其原意言时之不息。极有理。又闻天文家云:地球每日自转本轴,约七万五千里一周,则每时须行六千二百五十里,较火车速十数倍。然则吾人所自谓静坐不动时,不知正坐极快火车,无一息停也。如以地绕日循行太虚论,则每小时有二十万里之遥,直飞奔也。人尚得自云不动耶!

二十九日　　晴

部署度岁事。晚,张灯,陈果肴。祀先毕,侍母夜宴,尽欢。俄下楼,寂坐无事,烛下览《禽鸟简要篇》。

光绪二十四年戊戌(1898年)

正月甲寅

元日 晴

未明起,盥漱毕,静坐待东方白,肃衣冠,焚香拜天。俄磨墨作书,录山谷诗二十字。即胸中吉祥宅云云。日出晶朗,成《元旦漫兴》五律一首,时去立春尚十四日:"东风迟解冻,岁序已逢端。未见寒梅发,犹馀爆竹残。拥书忘理乱,闭户祝平安。题罢宜春字,朝霞映日丹。"

晡,日食,阴霾蔽天不可见。读王弇州诗,怀古作最胜。晚,又成五律一首,续前作:"海上云栖客,欧东天放民。琴书成老友,鱼鸟是前身。厌倦池笼苦,翘瞻世界新。馀寒何日退,大地尽回春。"

初二日 阴

出贺岁,诣钟鹤笙。

余始悟平者不喧之争一语,天演家说。盖人思自立,不欲居人下,此争也,而未尝喧。太平之统,有此境象。夜,复成二绝句,咏留音、映像二器:"旧闻声是无常物,气浪摇空过不停。谁遣伶伦造奇器,封藏万籁斗乾灵。留音器。""微尘色相镜中虚,烛见须眉画不如。天为幻生留幻影,不随面皱变纤徐。照像器。"

枕上又成一绝,咏电灯:"爱力相摩火起无,六街凉月白千珠。

行人尽在光明里,画出齐城不夜图。"

初三日　晴

起,又成《自来水》一绝:"应手泉源汩汩来,山腾壑赴几遭回。千家鼠饮百流集,一道龙吟万窍开。"

过午,有弹筝操齐音者,坐之中庭,使歌里巷之曲。其人大半兖济产,岁荒南下以求食。造燕公,不遇。归,览《禽鸟简要编》毕。夜,诵定公诗。

初四日　晴

肩舆入城,诣诸戚友贺岁。晡归,观《西学述略》,启蒙十六种之一也。中多载西学派别源流,如谓文字之祖于非尼基,轮回说之本于埃及,诗学始于和美耳威耳吉利。又有口辨学,不惟见理之明,而又能以唇舌达其意,盖为议事及争讼设也。西国所以赖有讼师者,防民之长于理而短于词,不能自达其委曲而见诬也,有人焉为之申说,使无或隐之理,于是理曲者乃不敢讼。

夜,读定公诗,赋绝句,录卷末云:"秋莺清啸写幽思,万玉哀鸣君自知。谁向忘山庐外听,孤镫夜咏瑨人诗。"

初五日

晓起,观书。

忠也者,心在中也。格物家所谓重心是也。人各有重心,观其所在而已。在一身之中者保一身,在一家之中者保一家,在一君身之中者保一人,在君一家之中者保社稷,在一国之中者保种类,在万国之中者保万民,在众生之中保众生。保众生者谓之大人,保万民者谓之天民,保种类者谓之仁人,保社稷者谓之社稷臣,保一人者谓之事君人,保一家者谓之孝子,保一身者谓之养生主。若夫纵欲败度者,其重心不在于身,而在于物。逐物而忘其身,身犹不保,何论其他。

《西学述略》载《波斯理学考》,称彼教上帝有二,一善一恶,善理阳,恶理阴。善者名和摩斯,恶者名亚利瞒。善者欲调四时和水火,恶者欲毁四时灭水火。又言光为和摩斯之象,暗乃亚利瞒之象。是故其俗奉日拜火,盖趋光避暗之意也。其教之圣人曰梭都斯,犹基督教之有耶稣也。

又《三能十二思死说》,称觉与识之分:觉者入耳目,为思之质;识者出自心意,为思之范。所推阐极细,其说出德人干得。中国乾隆时人。

晡,造英人李提摩太庐,与谭久之。有摩电器自海外携来者,持柄摇之,二球间火星爆烈有声。

晚,口占五绝云:"大地如秋橘,空王掌上圆。风轮微转动,尘世几千年。"

初六日 晴

《西学述略》云:泰西著名史学家最先者,一曰希罗多都,一曰都基底底,一曰伯路大孤,至今后学仰而师之,如中国人之俯首于班、马也。其后继踵而起者曰休摩,著英史;曰班哥罗夫,著美史。二公皆于民主政治,三复其意焉。

创电学者,美人弗兰革林;创化学者,曰加芬底矢,乾隆时人。曰伯理斯理,曰拉非泄;创光学者,曰奈端;创重学及流质重学者,希腊人亚奇默德;秦政时人。研精动物体学者,近代法国人曰举非也者;创植物学者,和兰人曰罗贝勒,明中叶时人。继其后者,复有英国人曰格路,曰赖氏,又德国人曰哥底素;精医学者,首推希腊人希波拉底;创几何原本学者,亦希腊人,曰他利斯,曰布大哥拉;首以代数学名世者,曰丢番都,亦希腊人,当中国六朝时。而印度人亦多精是学者,后因天方国人穆罕遍谟撒得来印习其学,传布欧洲,西人习便流行。

夜作《太虚歌》一首云:"太虚造境奇,恢恢自雄大。会当抟扶摇,直欲穷其外。太虚无外奈若何,天风吹万明星罗。明星大如瓜,世界多如沙。充塞布空际,飞洒无周遮。细者类河汉,巨者名鱼蛇。或如白云淡,或为斗柄斜。中有日轮不知数,光摇上下开荣华。提挈诸星与群月,盘旋追摄终古无讹差。吁嗟此境真奇绝,借问何人为创设?世间惟有佛能知,问佛佛云不可说。"

初七日　　晴

观书。过午,出街闲步书肆,见虞伯生集,购归。

夜,偶阅《大清会典》及《石渠馀记》诸书。

初八日　　晴

写日记。过午,阴冷。观《明史·食货志》。明太祖定天下,制赋税甚轻。官田亩税五升馀,民田减二升。独苏、松、嘉、湖,怒其为张士诚守,税独重如私租,盖以泄其馀愤也。

张居正丈量田亩,颇以溢额为功。有司争改小弓,以求田多。于是天下按溢额田增赋,亦困民之举。

夜读道园诗集,冲淡夷旷,尤长于古风,盖皆能自写其情真者。

初九日　　微阴

仍读《明史·食货志》。明末赋税之重,百计掊削,如练饷、助饷、剿饷诸名目,有加无已,民不聊生,其亡天下,盖有由也。

晡,走访襄孙不遇,造次申庐,谭久之。登其书楼,罗设富丽。

初十日　　晴

观《元史·食货志》。元世祖颇勤于民事,观其劝课农桑,设条法,不遗馀力,不得以蒙古人而轻之也。且赋税亦轻减,无异常苛虐之政。修史者皆明人,当非讳饰,似可信。

十一日　　晴

燕公过谭,以为文弱之卒不能敌武强之兵,武强之兵不能敌文强之师。明季与朝鲜,皆文而弱也,国初八旗劲旅武而强也,故能制之。若今日东西诸国,皆文而强者也,虽中国有兵力如龙兴时,而当之必败。

又谓:中国平民以不见官吏为乐,秦汉而下皆然也。故政法以简为上,简则府史胥徒少与民接,而民少安。故唐杨炎之变租庸调为两税,明之并丁粮地税为一条鞭,皆易繁为简之意,虽不能无弊,而视其旧法之病民则少减,盖通论也。

观《金史·食货志》。

十二日　　晴

马车出,答谒诸来视余者。日中归,观书。

金入中原,迁徙其部族来与汉民杂处者,曰猛安谋克户,犹今之旗籍者也。其制田赋踵古两税法外,又有物力钱及诸杂课,惟猛安谋克户只纳牛具税。立国之初,诸税本轻,迨后军旅日烦,征调加重,民不聊生矣。

十三日　　阴

起成七律一首。余谓今之时局,权在英、俄两国相持不敢动。若事变相激,致成交绥,胜负立见,而地球大势变动将不可思议也。英以海军胜,俄以陆军胜,所谓两雄并峙,他国莫能及。因慨然赋之云:"闲看瀛洲似弈棋,苍茫云海动旌旗。机深斗鼠无长策,势等连鸡忆昔时。万里波涛寒铁甲,三边风雪出雄师。主盟上国惟秦楚,轻重于今待转移。"

余尝称李合肥为救时良相,可例以郑子产,惜不能重用耳。又赋一首云："最怜赤县有孱王，偃息强邻卧榻旁。风气晚开蛮草绿，文明中绝漠沙黄。当车一国矜螳臂，食粟何人馈鼹肠。幸有郑侨元老在，和戎堪誉救时良。"

十四日 微晴

起读《宋史·食货志》。宋人惟司马温公深达民间疾苦，宣仁临朝时，曾抗疏请民得自上封事，以为虽其言辞鄙杂，皆身受实惠，直贡其诚，不可忽也。初，熙宁六年，立法劝民栽桑，有不趋令者，仿屋粟、里布为之罚。然长民之吏不能究宣德意，民以为病。至是楚邱民胡昌等上书，言其不便，诏罢之，且蠲所负罚金。兴平县抑民田为牧地，民亦自言，诏悉还之。仁人之言，其利溥哉。要之，君民暌隔之世，其为政必以少兴事，少使胥吏与民接，则民得安静，否则虽行之者意存兴利，而实则增害，如是者比比也。且民又不得自言于朝，而民益苦矣。温公此奏，盖深有鉴于其弊者。

商鞅废授田之制，听民自相卖买，虽失人君养民之道，然行之三代下亦不得不然。盖疆土愈广，君之精神愈难周，使授受之法犹行，则胥吏之烦扰不知何若。试观汉、魏而降，世主亦间行均田、限田、名田之政，然民间不见其利，日见其害，大都坐此。故前人有谓，商鞅之革井田，杨炎之废租庸调，皆有救时之苦衷，亦极有理。要之，中国生民之困，由于封建之废太早。封建废，则诸养民利民之善法，势不能不与之俱废，而更无善政可行。如欲行之，非开议会不可。而世主方恶臣下之朋党，其肯伸民之权耶？嘻！

十五日 微晴即阴

读《宋史·食货志》。南渡以来，惟官田之法最扰民，凡所籍没田募民耕，皆仍私租额重，不堪其累。既因国用不足，强卖与民，多抑配。末年又用虞虑、张晞颜等言，行限田法，强买以充官田，贾似道实主持之,病民尤甚。

天灾流行,为无可如何之事,然而人事修则水旱不为害,如北方之沟洫,南方之湖圩,皆以时蓄泄。使居上皆能尽心经理,废者兴之,弛者修之,何有旱潦之虞？又西国防水旱之法,每以多种树为第一义,盖潦则能蓄山上水势,使不直泄；旱则又能吸云以致雨。若夫铁路之足以拯饥,又善后之一事也。要之,人定胜天,其理不易,惜非所论于我国之治民者也。

十六日　晴

晚,成《生日自述》五古一首,并赠宋子燕生,录之云:"行年二十五,读书惭未多。流光催老大,君子意如何。悲我失怙早,亲承义方少。口诵父遗书,凄怆令人老。伯兄长七年,友爱两不捐。今忽隔南北,长枕谁与眠。幸有圣善母,壮健犹如昔。晨夕侍秋堂,谭笑承欢剧。幼妹十一龄,长妹今十九。尚未缔嘉姻,至难惟求偶。嗟我骨肉亲,寥落仅三五。惟我与伯兄,相依持门户。家无百亩田,只馀万卷书。始承父馀荫,同向长安居。甲午忽闻变,烽烟动畿甸。螳臂力当车,朝士惟言战。我家忠孝门,不作违心语。上书效北江,慷慨陈边绪。书上计未行,俄顷群谤集。拂衣出都门,来居沪城邑。沪渎今桃源,名贤若星繁。高谈散霞绮,指顾八荒吞。逾年甲兵息,伯兄官渔阳。留予奉母居,海上一身藏。海风知天寒,开卷知胸宽。大千怀袖底,万事浮云端。邻右宋荣子,平情察物理。学术贯古今,理乱掌中指。朝夕相过从,深谭无厌时。疑难资启牖,愿奉以为师。"

十七日　晴

览《宋史·食货志》。宋承自唐、五代以来两税之积弊,其制赋之法曰公田之赋,曰民田之赋,曰城郭之赋,曰丁口之赋,曰杂变之赋。其输有常处,其入有常物,往往宽为之,期以纾民力。其两税外,诸无名苛细之敛,常加划削,或以类并合为一。如仁宗明道中,悉除诸名品,并为一物。夏秋岁入,第分粗细二色,亦便民之法也。是时陕西、河东用兵,民赋率多支移、折变者,诏诸路转运使,前期半岁书于榜以谕民,有未便者,听自言,主者裁之。盖与温公所请民得自上封事同一用意。故仁宗诚不愧为仁,惜所颁之诏及诸恤民之政,官吏罕能承帝意者。盖自秦、汉以降,往往虽有贤主而无补于民,强半坐此。

清查户口、均定田亩,治国者之善政也。然后世不可行者,亦以多扰害也。如汉光武之行覆核,宋神宗之行方田,不惟扰民,而田亩经界亦卒不能核实。

南渡以来,预借之法,困民已极,故陈求鲁言之于理宗,并请整治官吏,采夏侯太初并省州郡之议,用宋元嘉六年为断之法,法艺祖出朝绅为令之典。

十八日　阴

为不缠足会撰议事规条,终日不读书,然亦未脱稿。

十九日　早晴,过午阴

仍观《宋史·食货志》。宋建炎二年,初复钞旁定帖钱,疑即今所谓印花税之类。

仲弓问子桑伯子,子曰:可也简。一简字,盖为三代下临民之要法,疑夫子亦有为而发也。

二十日　晴

录外史。晡,荫亭过谈。晚,复修定议事条规。

二十一日　晴

过午,录外史。晡,诣内弟汇东处谭,无所记,终日不读书。

二十二日　晴

录外史。晡，表兄子涵来，闻表甥伯苍病危，在沪就医。与子涵同车往视，至知殁已二日，未大殓也。伤感之至。晚归，作书达余兄。

二十三日　阴

览《宋史·食货志》，和籴漕运诸政，其自熙宁以来，和籴之外，又有坐仓博籴、结籴、俵籴、兑籴、寄籴、括籴、劝籴、均籴等名，要之名目愈繁，其病民不待言。坐仓一事，司马温公曾与吕惠卿力辩。吕惠卿云：籴诸军馀粮，可得米百万石，则减东南岁漕百万石，转易为钱，以供京师。温公曰：臣闻江淮之南，民间乏钱，谓之钱荒，而土宜粳稻，彼人食之不尽。若官不籴取，则无所发泄，必甚贱伤农矣。且民有米，而官不用米；民无钱，而官必使之出钱，岂通财利民之道乎！盖北宋一代，如司马温公之深达民情者无几人也。前闻荫亭云：中国之开垦不力、地利不尽者，强半以所获虽多，而委积陈腐，销售阻滞，不能流通获利，是以人无鼓舞之志。江北一带皆然。其病在厘卡繁密使之然也。若能裁撤厘卡，复广开铁路，加以官能督劝，地利有不尽哉！晡，观《旧五代史·食货志》。

二十四日　阴

晡，荫亭过谭，谓行事如制器，而论事如绘图。图绘而器不制，不可也；欲制器而不先绘图，亦不可也。

相近处有法兰西书院，荫亭之弟履平入肄业焉。是日，余与荫亭往观，规模宏敞，楼四层，读书之所、寝食之地有常处，外辟大园平旷，纵学童嬉戏跳舞，每日二次，皆于功课之暇；每礼拜有二日皆终日放学，故学生无拘苦而乐向学。

二十五日　　　阴,微雨,庭湿

录外史。过午,出街。晚归,观《唐书·食货志》。夜,雨而雷。

唐人凡税敛之数,书于县门村坊,与众知之,亦一良法。五代后唐时税田,委人户自通供手状,具顷亩多少,五家为保,委无隐漏,攒连状本州,具状送省,州县不得迭差人检括,皆有深意。

今之谭新者,见西人宫室闳丽,服用丰美,遂以为西人尚奢,而陋视崇俭者以为旧。不知天下无所谓奢俭,要在量入为出耳。所出逾于所入则为奢,不逾于所入而尚留有馀则为俭。彼西人虽侈,而生财之道广,安知其所出之数不尚未满乎所入之数耶?则俭矣。中人生计艰难,往往宫室服用虽远不逮西人,而较西人已为奢者,其所出之数逾乎所入之数也。夫能量入为出,又知积无用之费以留待有用,此理财者之善法也。今乃以为俭薄之,误认西人为奢而慕之,是谬矣。

唐元宗处天下富庶之馀,骄于佚乐,用不知节,所出常过于所入,于是钱谷之臣始事朘刻以毒天下,遂致民物耗敝而大乱起,不俭之祸,一至于此。

唐故事:天下财赋皆归左藏,而大府以时上其数。自肃宗时,第五琦请皆归大盈库,供天子给赐,主以中官,自是天下之财,为人君私藏,有司不得程其多少。

唐后国用急,其苛敛于民者,如青苗钱、借商、间架、除陌,皆极病民。又自两税法立,初行颇省烦扰,久而货轻钱重,乃愈困。陆宣公曾上疏德宗,请厘革其甚害者,言最切,而以谗逐,事无施行者。盖唐之陆宣公、宋之司马温公,皆深达民情者也。

又有所谓助军钱,能入粟者授以官,盖如今之海防捐者。

二十六日　　阴

录外史。晡,诣次申,归访燕生谭。宋人漕运多出于和籴。元、明以来,漕运皆出于加派。燕生谓,和籴与加派,名似异,而实同也。宋人虽名曰和籴,当时州县何尝实与民钱,其与加派无殊。

二十七日　　阴,微雨

晡,枚叔至自杭。晚,次申招饮。

二十八日　　早阴

红梅花放。览《隋书·食货志》。

隋文帝受禅后,田赋课役及授受之法皆略踵北魏遗制,又躬履俭约,六宫咸服浣濯之衣。当时府库充溢,户口日增,迹其生平,无甚失德之事。惟命杨素造仁寿宫,夷山堙谷,役死人夫累万,帝始闻之不悦。及宫成入游观,复喜称其忠。嗟嗟!以此为忠,岂足为训耶?迨炀帝即位,复以杨素为营作大监,建东都,每月役丁二百万人,大开苑囿,采木江南,往返递送,千里不绝,死者载道,天下骚然,非其父作俑而何?尝考西译书载,埃及古所营建塔寺殿宇及名王墓犹存,极雄丽坚美,千年不变。想见当时枭雄之君相,虐用其民,以作无益,中西有同慨也。尤可笑者,隋炀帝在辽东闻杨元感之变而归,及元感平,谓左右曰:元感一呼而从者如市,益知天下人不欲多,多则为贼,不尽诛,无以示劝。乃穷其党与悉坑杀之,死者不可胜数。

二十九日　　阴雨

连日暖,是日稍冷。览《隋书·食货志》及《北魏书》。

北齐及北周诸史乘皆有纪传而无志,其田赋之法略见于《隋书》,要皆踵北魏遗制,而微有不同。《北魏书》有志,在纪传之后,记载颇详。其述均田之制,则始于孝文太和九年,诏行其法。又用给事中李冲言,立三长:五家立邻长,五邻立里长,五里立党长,皆取乡人强谨者为之。盖魏初时所无也。孝文可谓善复古矣。

广土众民之君主,无治法也,非上欺下,即下欺其上。试观北齐时旧制,未娶者输半床租调,于是阳翟一郡屋数万籍多无妻者,有司劾之,齐主以为生事不复究,而奸欺益甚。隋文帝时旧制,课役凡十岁已下为小,六十为老,皆免。而山东尚承齐俗,机巧避役,惰游者多。又或诈老诈小,规免租赋。文帝怒,令州县大索,貌阅户口,不实者正长远配。又开相纠之科,以防容隐,民于是又不堪其扰。

三十日 阴,微雨,俄止

西人礼拜日。孙履平来自书院,予眠未起,闻之始披衣下楼。日中微晴,间观《明儒学案》。胡九韶论克欲之法,当自不见可欲始,理颇精。与履平谭。履平旧读书淮城,即淮安也。因道淮城风土及扬州古迹甚详。盖扬州去淮安三百里。

二 月

初一日 雨

览《晋书·食货志》。

晋人亦有占田之法,男子占七十亩,女子三十亩。惟是否如北魏之授受,则不知也。馀租调法大略相同。其官之贵贱,占田各有等级。东迁而后,百姓率自拔南奔,并谓侨人,往往散居,无有土著。凡军国征赋,皆无恒法定令,列州郡县任土所出。其无贯之人,不乐州县编户者,谓之浮浪人,乐输亦无定数任量,惟所输多优于正课。宋、齐而后,其史乘往往无志,或有志而无食货一门,据

《隋书》所载，其治法大抵沿晋旧而不改。

魏武时，欲经略四方，军食不足，枣祗建屯田议，用其策，数年间，蓄积饶裕。晋宣时，又用邓艾策，令淮北二万人、淮南三万人，于陈蔡之间分休，且佃且守，复大治诸陂，穿渠溉田，其后大军出征，资食有馀而无水害。又应詹表云：赵充国农于金城以平西零，诸葛耕于渭滨规复中原，皆踵足食足兵之故训也。惟欲用其力，始思所以养赡之，则亦牛马之用。虽然，使无敌国外患，吾惧民之求为牛马而不得耳。

初二日　　微晴

录外史，盖当路德创耶稣复原教之时。晡，出街。

览《文献通考》。郑夹漈云：北魏均田法，民所受者露田，诸桑田不在还受之限，意桑田必是人户世业，是以植桑榆其上，而露田不栽树，似皆荒闲无主之田，必诸远流配谪、无子孙及户绝者墟宅，桑榆尽为公田，以供授受，则固非尽夺富者田以予贫人也。又令有盈者无受不还，不足者受种如法，盈者得卖其盈，不足者得买所不足，不得卖其分，亦不得买过所足，是令其从便买卖，以合均给之数，而非强夺之以为公田而授无田之人，与王莽所行异矣。此所以稍久无弊，其言近理。

初三日　　微晴

录外史。枚叔过谭终日，与争灵魂之有无，久之不能决。枚叔谓：灵魂不能离质点而存，如电气之因摩擦而见在质点之中，无质点斯无电气，灵魂亦然。其始也，因男女精血相摩而生，成形之后，复因血脉流动相摩而存。血脉停滞，则无相摩，遂无灵魂，而人死矣。言似有理，余骤未能难也。

初四日 晴

录外史。过午，出街，诣《蒙学报》馆与浩吾谈。俄至《时务报》馆，购得《国闻汇编》。又至译书公会晤枚叔，晚归。是日得兄三书。梅盛开，幽馥满室。读《汉书》。

仲尼述治民之道，惟富之、教之二语。苟未至富，何论于教。三代下，人主能致民富者盖已鲜矣。见于史传者，惟《汉书》称自文、景以来，至武帝之初七十年间，非遇水旱，家给人足。《晋志》称，孝武末年，天下无事，时和年丰，谷帛殷阜，几乎家给人足。《唐书》称贞观初，米斗四五钱，外户不闭者数月，马牛被野，人行数千里不赍粮，民物蕃息。天下断狱，死罪二十九人，号称太平。又称元宗初年，海内富实，米斗之价钱十三，青齐间斗才三钱，绢一匹钱二百，道路列肆具酒食以待行人，店有驿驴，行千里不持尺兵。自是而后，历宋、元、明，其史所载，不闻有此等语，然究不知史所载者，果可据否？

初五日 晴

问槎昨夜到沪，将赴金陵，入储材学堂肄业。

晡，录外史。燕公过谭，谓海门有奇士，陈姓，字瀋卿，酷信道术，逢人辄劝学仙，以为仙果可学。学仙之法奈何？曰：先炼心，次求仙。受诀炼心奈何？曰：须常使心不动，有三事能行之，炼心术成矣。其一，寂处穷林幽谷中，与木石与鹿豕游，略不闻足音，而其心涣然若在城市室家之内而不动。其一，终日合尊促饮，履舄交错，蛾眉皓齿绕其前后而其心澄然若无所睹而不动。其一，置身战阵，驰骤决斗之间，炮石雨集，死生顷刻而其心夷然若居细毡广厦更无所觉而不动。行此三不动，炼心成，乃立志求得真仙而师事之，志坚必有所遇，而得其诀，则道成。又谓道成而身不死，或化极灵物,能游大千世界。孔子、耶稣、佛无死法,其死伪也。持之甚力。燕生不敢信。

又云:杭州旗营满人贵林者,字翰香,磊落有高志,识超绝,持躬严正,旗营中推称清朝孔夫子。梅青书院,满学校也,例将军委人主教,厚其廪。会令贵任之,贵不可,曰:师严则道尊,主教宜敦聘,否则不就。将军从之。贵于是大展其志,规模宏整,教弟子以王阳明、颜习斋之学,聚书并收买译报及新学图史,令纵观。不逾年,凡出其门者,人人翘异。

初六日　　晴

早,摒挡杂事,作寄兄书。过午,闻佑三、叔耘至沪。晡,录外史。

初七日　　雨

览《国闻汇编》,严又陵述斯宾塞尔《劝学篇》,论群学不可缓,谓凡测物家如治天文者,推较既精,外尚有仪器差,地轴差,清蒙气差,此外缓也。又有人差,则于目治手识之交,脑脉之迟速,寒暑之变,皆谨核之,诚以察物之难如此。今于论事之学往往忽之,以为甚易,不加推较,遂欲武断,不知政教之大,曲折奥博,关系尤重,未有不事其学,不通其方,而能是非然否于其间也。且推较加详,而亦有人差,与测物同。如一人之情识行习,或以种业不同,或以居养互异。故观事论理,人自为差,此贤不肖之所同而无或解者也。不知人差,则论事必违其实,而生心害政,其祸尤深云云。语极精透,不可不亟录之以备忘。

初八日　　阴

诣表兄子涵,即归。录外史。内兄佑三来,过午去。

夜,观《明史·兵志》。明人营制,于各省郡县皆立卫所,外统于都司,名曰都指挥使。内统于五军都督府。有征调,则命将充总兵官,调卫所兵领之,谓之班军。事平则各还卫所。有唐府兵遗意。其于京师则设三大营:一曰五军,肄营阵;一曰三千,肄巡哨;一曰神机,肄火器。及土木之变,于谦为兵部尚书,以三大营各为教令,临期调拨,兵将不相习。乃于诸营选胜兵十万,创立团营,其法颇善。自是虽屡罢,而每师其意,略改其法。要之,入团营者皆谓之选锋;不任者归本营,谓之老家。宏治时,流寇起,边将江彬请调边军入卫,于是集九边突骑家丁数万人于京师,名曰外四家。立两官厅,选团营及勇士四卫军于西官厅。正德元年,所选官军操于东官厅。自是两官厅军为选锋,而团营且为老家矣。嘉靖二十九年,俺答入寇,时营伍废弛,兵部请兴革,于是悉罢团营、两官厅,复三大营旧制。然其后法屡变,始立大将一人总主三营。嗣用大学士赵贞吉言,三大营各设总兵,寻改曰提督,复设六提督。各持意见,遇事旬月不决。后知其弊,乃更之。此有明一代京营沿革之大略也。

明之营军,多苦于工役,盖凡两郊九庙及诸营缮,多役军士,虽班军之上直者亦不免焉。

初九日　阴

录外史。晚,观《明史·兵志》。

我国人用兵,将不知有俸,卒不知有饷。盖俸不足以赡将,惟恃侵冒,饷不足以给卒,惟恃掳掠,由来久矣。及至承平,卒无可掳之地,将则尚有可冒之饷,故虽各卫所养兵,其将无不以空名支粮,往往额多而人不备,临操时则集市人乞儿充数,呼舞博笑而已。军政安得不废弛哉!要之,欲用其人而不足以养其身,犹之畜马者不饱其刍秣,而望其飞驰千里,必不得矣。

初十日

醒时闻窗外雪飞，冷甚，复睡去。及起，雪已消，终日阴。录外史。过午，燕公偕陈君潆卿来谈。潆卿谓：凡道成而超轮回，皆不遗肉身，非不为也，实不能也。其已知长生之诀，而甘心轮回，与众生同俯仰于生死海中，随时度其苦厄，不遽欲超生者，如孔子之类是也，则屡遗其肉身矣。然历千亿万劫，必有道成之一日。及其成也，又不遗肉身，但能化之，使糟粕为精华，而成灵变之物，能以一身化千万身，出以度人，而本体犹终日入定，不相妨也。盖道成之后，犹精进不懈无止境，若不进修，功亦可退。潆卿宗旨，无非谓仙佛名异而实同，皆不遗其肉身；以为常人治佛学者知有性，不知有命，更不知身心化一之说，此亦学道之大关键，不可不审辨也。惟燕公及余皆一时不敢决。

夜，观《元史·兵志》。其《兵志》篇末有硃书"乾隆辛亥杪冬廿五日亥初一刻录记时阴天"十八字。按乾隆辛亥为高宗五十六年，去今百有七年矣，笔迹宛然，硃色不变，不知系何人观后有所书清字，当是满人好学者。夜深，庭外飞霰作响，风冷。

十一日　　雨

录外史，检先祖日记，及先子遗墨。

太虚公理皆始于一而终于万，故开创世界者贵有君权，而守成法则以民权。君权者以一人治万人也，民权者万人自治也。如美国合众世界创于华盛顿一人，则君权也；及其成也，众人守法，而民权立，盖民权亦必待君权开之也。天下未有无君权而能有民权者。且君与师不分，师即君也。执权以行道者谓之君，无权而传道者谓之师。师之教犹君之令，令皆知不可无师，何独于君而疑之？圣人不在上位，则君之任潜移于师，而彼所谓君者，非君也。今因世界有君之害，遂疑世间无待于君，凡为君者皆盗贼之类，则大谬矣。第君之道皆可暂不可久，故其终归于无君也。犹弟子学于师，及学之成与师等，则无师矣。故师亦暂也，而不可不有也。

严又陵译《天演论》云：上古之民，有约而无令，令出于君，而民遂苦。是亦不然。夫民生而有约，迨人愈多而约不能齐，于是有君以齐其约，此令之作也。使能立善令如华盛顿者，令民之约恒齐，岂非更赖有是君乎！惟自齐约之令不得善法，于是有枭雄之辈窃君之令以虐其民，而民始苦于令矣。

夜，观《元史·兵志》。元兵制，在外曰镇戍，在内曰宿卫。典兵官有万户长万夫者、千户长千夫者、百户长百夫者。其军士初有蒙古军、探马赤军。家有男子，无众寡，尽合为兵。既平中原，发民为卒，是为汉军。或户出一人，或二三户出一人，或二十丁出一卒，或二十户出一卒。又有所谓匠军、质子军、盐司军诸名目，其镇戍皆于边徼襟喉之地。河洛山东，天下腹心，则以蒙古探马赤军屯之。淮江以南，名藩列郡，各以汉军及新附军戍焉。宿卫者天子禁兵，国初立，谓之四怯薛。盖太祖功臣四人，命世领其职者。后其制渐改，要皆分番宿卫，无事则以备禁庭，有事则惟天子所指使，为尤亲信者。

屯田之法，以守边也。元人既平中原，内而各卫，外而行省，几于皆立屯田，以资军饷。天下无不可屯之兵，无不可耕之地，盖亦古所罕见者。

《元史》卷中，又见一纸，书今日厢白旗值日引见几名，又召见某某，后书嘉庆六年十一月初六日。此盖衙门中知会及抄报之类。召见人中有纪昀误书作均、高杞、莫占禄三人之名。因翻阅世宗《东华录》，是年十一月己卯，命侍郎高杞、莫瞻菉疏浚通惠河。当是奉差请训而召见也。惟晓岚先生不知因何事，想亦衙门值日耳。

十二日 雨

访陈潜卿于老椿记栈。俄燕公亦至，纵谈。潜公有《答赵颂南辨神仙书》，谓太虚中有二物：曰神与气。二十六原质皆气所成，合神与气则为人及诸有生命物。其死也，则神气离。惟成道者能以神化气，而成至神至妙至精之物。不可谓有，不可谓无。论极精浚。又谓太虚中以太即已过诸成道仙佛之体，盖与觉海之说通。

日中，共饮于一品香楼，酒罢，遂同至五层楼最高处茗谭。下不闻车马声，望极远。晚归。夜，观《金史·兵志》。

金人初起时，用兵无敌。盖其俗本骛劲，兄弟子侄皆良将，部落保伍皆锐兵，无事苦耕，有事苦战，征发调遣，事同一家，故常能以寡击众。

国朝入中国数百年，而满、汉人尚不能通婚姻，此亦自亡之道也。试观金人入中原。自顾国人宗族尚少，乃割土地、崇位号，以假汉人，使为之守。猛安谋克杂厕汉地，听与契丹、汉人婚姻，以相固结，此实善自为谋。惜其国势浸盛，遂欲罢辽东、渤海汉人之袭猛安谋克者，以兵柄归其内族，仍不免分别之见耳。以是待人，人亦以是待之。金人行兵部长皆曰猛安谋克，从其多寡以为号。及制胜中国者，凡归附者，即以此名部勒其人，使镇戍诸地。又设立诸总管府，以相统制。

史云：金之兵制最弊，每有征伐，辄下令签取于民使从军，远近骚动，民家丁男若皆强壮，或尽取无遗，号泣动邻里，嗟怨盈道路，驱此欲其胜敌，难矣！

金末又有所谓忠孝军、忠义军，皆获迫用。史称大半招集亡命之徒，终不可制。及后擅杀北使，以速金亡，即此曹。

十三日　　微晴

录外史,枚叔过谭,至夜乃去。

陈潏卿云:质者,气之所化。世间惟神、气二物。予疑气亦神之所化,是故能炼质归气,炼气归神。

十四日　　阴

礼拜。

十五日　　微晴

录外史。与仲彛、襄孙等同车至高昌庙。

十六日　　阴

览《金史》及《辽史》兵志。过午,诣燕生谭。燕公论中国大势穷尽,无复生机,不更政尚可延,若骤图自强,欧洲人必速分其地,盖惧黄种复有强大之国也。前闻某报载,宓士麦初立大功时览舆图,见东方地大,恐其振作与白人敌,急商诸国谋所以分之。嗣遣人刺探,知我国决无自强意,乃寝其事。又李提摩太赴德国,向政府索学校章程,云将以示中国人,使规效。政府大臣怫然曰:尔尚患东方强国之不多乎!使复有一日本,非欧洲之利也。观以上二事,则知西人之用心矣。

十七日　　雨

访陈潏卿。午,共饮于一品香楼,纵谭。潏所著论十则,有《长生》、《原生》、《原治》诸篇,皆先成小序,撮其大要。《原生篇》内有虫相食而虫转大、人食虫而虫为人二语,意谓凡蒙苦难而有功者,皆不在受报之列。如虫为人食,于人有功,则来生能变人;小虫为大虫食,则将渐变大虫。此皆潏公之心得者。予谓世间有为君效死或为道受难者,可以此理推之。

十八日　　晴

祥士、莲兄偕至，过午去。濬卿劝予观《华严经》，限十日读毕，予诺之。晡，遂览《华严》，共三十册，日读三册。

十九日　　晴

戴朗台至，谭时事。闻俄人索我旅顺、大连湾作租界，以九十九年为限，如德人胶州已事，不知总署若何覆也？余谓：今日防内乱为尤要，内乱不作，外人虽有虎狼之志，不过各据要害而已，瓜分犹未也。内乱起，中原糜沸，外人将谓代我驱除，其事不可问。为今之计，惟有练团，以防内乱，即可收养无数饥寒无业之民，不可缓也。

晚，览《华严经》。

二十日　　雨

世间文章之妙，至于佛典，盖别成一格，雄深奇崛，不可思议。当时译手，殆皆菩萨化身也。

晡，观《华严》。其《世界品》中所云世界种，盖聚多世界而名之。又云：或作江河形，或作回转形，或作漩流形，或作轮辋形，或作坛埠形，或作胎藏形，或作云形，或作种种珠网形，如是等语，盖与西人天文家言，所谓星团、星气、螺旋白云、天河诸星状之说暗合，奇哉！又云：每世界种中有一世界，其状若何？外辄有微尘，数世界周匝围绕。此语复与群星绕日及恒星之说通。

二十一日　　晴

晨，小车出访峻斋，不遇。

夜读《华严经·圣谛品》、《光明觉品》、《菩萨问明品》，胸臆为之浩瀚雄伟。

二十二日　　晴

作亲友书极多。枚叔过，小谭即去。撰练团章程，粗定。

连日感寒，作嗽，痰壅，唾不止。是日晡，偶唾，谛视作红色，知为肺热喉燥所致。夜，仍观《华严》。

二十三日　　微阴

石明来。夜，风。

二十四日　　晴

诣枚叔。日光煊朗。

二十五日　　阴，微寒，晚雨

连日读《华严》，无所记。惟察得有与陈澔卿所言异同者。如《华严》云：菩萨亦能分身百千亿世界。澔公言：菩萨未修肉身者。又云：未修肉身，不为成道。然则菩萨似未成道，何能分身？可疑一也。《华严》云：以不坚固身不能求坚固身。澔公云：人人可使此身长生，则是不坚固身可以求坚固身矣。可疑二也。《华严》云：菩萨发愿，欲令众生受净妙身，不再受骨肉血身。澔公云：离骨肉身者是为阴神，不遗骨肉身者为阳神。凡成道者皆阳神。然则菩萨何以不愿众生先受骨肉血身，使成阳神乎？可疑三也。惟《十回向品》中云：众生所须，一切施与。或时施彼摩尼宝车，以阎浮提第一女宝充满其上。或复施与金庄严车，人间女宝充满其上。或复施与妙琉璃车，内宫妓女充满其上。或施种种奇妙宝车，童女充满，如天婇女。或施无数宝庄严车，宝女满中，柔明辩慧。或施所乘妙旃檀车，或复施与玻璃宝车，悉载宝女，充满其上，颜容端正，色相无比，祛服庄严，见者欣悦云云。众生亦有，岂别有微意乎？又所谓宝象、宝马之类，皆不可解。要之，内典中怪诞奇变之说甚多，非寻常人所能悟出也。

二十六日　　阴

夜读《华严》。

有为一人一姓而受难者,有为万人万姓受难者,有为微尘世界一切众生受难者。其志识之大小广狭相霄壤,而其受难也则同,其不畏苦则同,其视苦乐之境毫不足动其心则同。夫豪杰、圣贤、菩萨之与凡夫、庸愚异者,一忍己身之苦以求众人之乐,一贪己身之乐而忘众人之苦也。卒之乐者必有苦在,苦者自有乐在,由乐之苦者苦无极,由苦之乐者乐无尽。是故志士常欲先苦。

二十七日 晴

或问:菩萨为度众生受诸苦难,顾众生无尽,则菩萨受苦难亦无尽,安得由苦之乐之境?曰:是不然。菩萨以众生为体,众生多一得度者,即菩萨多一乐境,不惜己之苦也。犹人终年服药以愈其病,虽苦于口,而身病日祛,则乐在身。虽终身服药,以苦其口,而不畏也。菩萨视众生犹身,视其身犹口,视受苦难犹服药,所乐者大,岂专为一身。专为一身者,凡夫之乐也,何名菩萨行。

《华严·十地品》之第五难胜地中有云:此菩萨为利益众生,故世间技艺靡不该习。所谓文字算数、图书印玺、地火水风种种诸论,咸所通达。又善方药疗治诸病,文笔赞咏,歌舞技乐,戏笑谭说,悉善其事。国城、村邑、宫宅、园苑、泉流、陂池、草树、华药,凡所布列,咸得其宜。金银、摩尼、真珠、琉璃、螺贝、璧玉、珊瑚等藏,悉知其处,出以示人。日月星宿,鸟鸣地震,夜梦吉凶,身相休咎,咸善观察,一无错谬。观以上所说,则知世间人以为讲佛学者,皆将屏弃一切,不尽人事者,误也。且所谓技艺,无论天算、格致、化学、质学、如地火水风四字,包括西学无限。光学、声学、医学、农学、工学、矿学及种种技能,包括无遗,亦可异矣。

二十八日 晴

览《华严》。峻斋来。晡,宣仲璜偕汇东过。夜,同诣观优,阴欲雨。

二十九日

昨夜风起,阴终日。铭舫过谭,谓议院为治天下之机器,苟无此器,不能制造种种物。又云:中国农田多种罂粟,颇受其害。

览《华严》。诸已成佛者多修菩贤行,自侪于菩萨,以度众生。《易》云:以贵下贱,大得民也。又所谓用九无首,刚而能柔。虽诸佛行,不离此法。

三月

初一日　　晴

览《华严·如来相海品》。如来有九十七大人相,于此可知《孟子》所云天民大人,《易》乾、坤所谓大人与天地合德,其所称大人皆指佛言,更无疑义。

《如来出现品》云:三千大千世界,将欲成时,大云降雨,名曰洪洼。今考史书载,中西上古之时,皆有洪水,殆即洪洼之所为也。又云:风轮持水轮,水轮持地轮,地轮依水轮,水轮依风轮,风轮依虚空,虚空无所依,而能令三千大千世界安住。所谓风轮者,即格物家所言包裹地球一百三十馀里之空气也。西人谓地为球,佛家谓地为轮,皆圆也。

初二日　　阴

枚叔过谭,谓皇侃《论语义疏》,其于颜渊死子哭之恸注,称圣人本无哀乐,其哀乐也,盖从众而不骇俗之意。为斯语者,疑别有见。

枚叔又云:《大学》物格而后知致,知致而后意诚。数语今益验矣。如内典所言,自格致家出而皆征实,征实则知所言不虚,而信力坚定,非意诚耶!

初三日　　晴

览《华严》。佛家善譬,多有理趣。有云:如人梦堕河中,攀援附岸,力竭呼救。及既醒时,怖畏全息,前所用力,皆可憩止。喻到菩萨甚深地,即不勉强也。又云:如列千瓮厝油及水,人行其侧下皆见影。然于其人,卒不污染。喻菩萨长住,生死与众生俱,而不染著也。又云:如堆干草,等须弥山,置火其中,如芥子大,无不烧尽。喻凡夫有少善根,能烧尽烦恼也。

初四日　　微阴

览《华严》,无所记。

初五日　　阴

过午,燕公来谭,抵暮去。

燕生论《周易》确寓民主之义。如天地为否,地天为泰。又山下有火贲,文明之象。世说卦义,以《乾》之二爻与《坤》之上爻对易,盖使上六柔溺下贱之民处君位,九二刚强之君反处无用之地也。皆民主义,颇有见。

夜,览《华严经》,日文中明言,佛分身千亿于诸世界,各住母胎而现受生。则陈潜卿所言:已成道者不复受生,未成道者不能分身,皆与是理相违。

初六日　　阴

览《华严》。其《入法界品》有五十三刹,使善财童子遍往求法,然所传授语大抵相同。此无他,试善财之心疲懈否耳。稍有疲厌,则精进之志退,而不能有成。观弥勒之赞善财可知矣。又诸善知识屡云如是如是则可受如来记,则可受秘密法,或受秘密藏。所谓秘密者云何？断非常所说语，否则不得称秘密。由是观，又实可疑。

初七日　　晴

读《华严经》，终卷。日中，观金陵刻《选佛图》，如寻常汉官仪之戏，盖使人习练既熟，则于善恶升沉、成佛阶梯可了然也。过午，访陈潜卿于老椿记栈，同诣五层楼纵谈，天色清朗。

初八日　　雨

诣访潜卿，不遇。至棋盘街购得《悟真篇》、《参同契》合刻坊本归，约略观之，颇得其宗旨所在。

初九日　　微雨

于一品香楼为陈潜卿饯别，潜卿将往江西五当山。复邀吴君瀚涛来谈。瀚涛磊落，颇通仙佛之旨。晚，陵斋招饮，坐有朱君云卿，纵谈。朱君亦有志仙佛者，皆云儒、释、道教理同出一源，皆有秘密之诀，散见于人所共见书。

初十日　　雨

母亲生辰。晚，燕生、陵斋等集宴。燕生留谈，夜深乃去。

十一日　　晴

室人三十初度。诣杏孙，留午食。昳时，偕杏孙及其甥詹君游龙华，去沪城南八九里，桃柳夹路，春色遍野。寺左偏精舍数椽，曰避嚣庐，短庐野竹，僻静可喜，住持僧所居也。寺前塔极高，登焉，甫及半，瞭见塔西有人家板屋，庭院静闲，羡之，遂下往踪之。水绕其庐，渡板桥始达。入户阒无人，徘徊久之。南有小扉，下临溪一女子浣衣不顾，遂相与出，日已晡矣。杏孙买桃花三五枝以归。

十二日　　阴，欲雨

补撰议事条规，次申来。

十三日　阴

闻旅顺已允俄据,如德人之在胶州。补撰议事规条,卒稿。连日不读书。

十四日　晴

过午,访吴瀚涛,偕访杨姓者,蜀人,有志道,年五十馀,恬静无尘俗气。询以应读道书,答以《金仙证论》、《慧命经》、《天仙正理》、《仙佛合综》、《金丹大要》、《金丹真传》、《方壶外史》、《三丰全集》、《太上十三经》九种。晚归,见枚叔《九江舟中寄怀》五律一首,录之云:"灵均哀郢土,而我独西驰。江树隔云远,沙禽飞雨迟。帝阍终不见,毛羽复谁施。回首一惆怅,孙登长啸时。"枚叔于月初七日应鄂督张香涛之聘,乘轮西上,濒行未话别,故以诗见寄也。

十五日　晴

复观《悟真篇》。是日清明,家祭。昳,诣杏孙。晚归,撰藏书楼章程。

十六日　晴

撰藏书楼章程卒稿。晡,诣次申。夜,观《辽史·兵志》。

辽人初起时,其人马不给粮草,以抄掠为生,盗贼之行径也。然中国自三代下,用兵大抵如此,匪独辽人为然。其行兵在北界内,则分道催发,不得久驻,恐践禾稼。既入南界,沿途民居、园囿、桑柘,必夷伐焚荡,以非其国中地也。然用兵之操纵奇正,神变无常,且战士多耐寒习劳,故能强其国。辽行兵有远探拦子军,使夜听敌军人马之声者。

辽人有所谓属珊军者,宿卫亲军也。

十七日　晴

录外史。以读《华严》故,又辍业一月矣。

十八日　　终日雨

录外史。夜，览《宋史·兵志》。宋矫唐藩镇之弊，收天下劲兵列于京畿，谓之禁军，以备宿卫。又分番屯戍，以捍御边围。而诸州之镇兵，以分给役使，则谓之厢军。又有所谓乡兵、蕃兵，皆团结训练。所在防守者有事，益募土兵，则又谓之就粮军。大略如此。

十九日　　雨止，微晴

录外史。晡，诣燕生谈。晚，修改议事章程，以条目太繁，欲挈其纲领。

二十日　　晴

诣杏孙。晡，至张园观诸人习试足踏车。

二十一日　　晴

芝兄来，留午食去。录外史。晚，诣燕公谭。夜，览《宋史·兵志》。

二十二日　　晴

过午，与芝、莲两兄同车游龙华，复憩息于避嚣庐中。老僧献茶果，坐谭良久，始归，登五层楼，凭栏望见龙华之塔，日暮始散。

夜，观《宋史·兵志》。宋人能考核事理，深通经济者，莫如司马温公。观其与韩魏公刺义勇一事，已可见矣。三代下，人遇事每喜援证古法，而不知时异势殊，古利而今害者不知凡几。无他，名同而实异也。今不考其实，而徒循其名，此迂儒无识之所为也。

二十三日　　晴

诣杏孙庐，稷塍至自滇，别三载，握手甚欢。

晚，宴稷塍于一品香楼。稷塍云：乾坤为巴比伦古语，世多知者。复闻有西人言《尔雅》所谓在甲曰阏逢，在乙曰旃蒙，在丙曰柔兆云云，亦巴比伦古语。由是可考中国种类所由来，并可证《尔雅》非伪，刘歆所不能造。又云《周礼·大司马》一篇，凡绘图测算之人皆属焉，其识远矣。以是可知《周礼》非伪。

二十四日　晴

录外史。过午，至《时务报》馆，遇稷塍及汪颂虞。

是日始见宦者寇连才所上之书，分十馀款，末款有云：请国家选嗣不以亲族而以才德，先令天下府县各公举，然后择定一人，使为国嗣。

夜，观《宋史·兵志》论召募之制，盖起于府卫之废。唐末士卒疲征役，多亡命者，梁祖令诸军悉黥面为字，以识军号。宋初因之，又以木梃选军差，以尺寸高下，谓之等长杖。

二十五日　晴

连日微热。诣燕生谭。燕生论：据乱之世，治天下不惟宜与民休息，且宜与官休息。何谓与官休息？盖今之谈经世者，如整顿厘金与钱漕，必曰杜中饱；整顿营伍，必曰裁虚额。此二事名甚正，然行之则民愈不胜苦。何也？凡天下文武职员正惟廉俸不足以赡家，不得已而有中饱，有虚额。今一概禁之，彼岂甘饿死，将更百计以扰于民耳。近闻征厘收漕者征敛辄倍，而各处防营每每诬良为盗，以肆勒索，皆不得已为之，强半杜中饱、裁虚额之所致也。故知与官休息，而后可与语治据乱之天下。

夜，观《唐书·兵志》府兵彍骑之沿革，及《宋史·兵志》王安石创立保甲之法。

二十六日　晴

造杏孙谭。

治天下之术无他，法而已。法善，则小人不敢为非；法不善，则君子不得行其是。泰西多为善之人,非人心善也,法使之然也;中国多为不善之人,非人心不善也,法使之然也。或问中国之法与泰西何以异乎?曰:公私而已矣。法为万姓立则公,法为一家立则私。

览《宋史·兵志》及《文献通考》,王安石变募兵为保甲,其志欲复古寓兵于农之意,而天下骚然。司马温公及王岩叟皆上书力争,其言痛切。盖保甲之法,无论主客户辄两丁出一人,已操切过甚,而又统束于官,如巡检、指使、提举司之类。官与民接,无不扰者。且凡所谓保长、保正,皆由上选,不由下举,则王岩叟所谓羁縻鞭笞,诛求之害,谁得与之论理,宜其民之如在汤火也。

《文献通考》云:五代晋初置乡兵,号天威军,教习岁馀,村民不娴军旅,竟不可用,悉罢之。可知民兵之难复也。

二十七日　　早晴。日中,微阴

览《公报》。

夜,观《文献通考》。唐府兵之制,实因周、齐、隋之旧,而益整齐之耳。考北齐制军分外内二曹,凡民十八受田,二十充兵,六十免役。周太祖仿周典作六军籍,六等之民,择魁健为之首,尽蠲租调,而刺史以农隙教之,合为百府,统于开府大将军。隋分十二卫,如翊卫、骁骑卫、武卫、屯卫之类,分左右,皆置将军以分统诸府之兵,其大略如此。及唐兴,高祖、太宗遂错综推广其制,而成一代之成宪焉。

二十八日　　阴

晴,稷塍来。夜,录外史。

二十九日　　晴

览《文献通考》。自唐以前,作史者皆不专列《兵志》,欲知其兵事者，观于《通考》所载，可得其崖略焉。后魏时，明元帝置四厢大将，又置十二小将，诏天下户二十输戎马一匹。宋、齐御敌，多用民丁。元嘉二十七年，伐魏，以兵力不足，募江南白丁，轻进易退，卒以败师。

晋武帝惩魏氏孤立，大封同姓，大国三军兵五千人，次国二军兵三千人，小国一军兵千五百人，卒致八王构兵之祸。太康初，既平吴，诏悉去州郡兵，陶璜、山涛皆力争之，以为不宜去武备，不听。及永宁后，盗贼群起，州郡不能制，天下遂大乱。其后刺史复兵民之政，州镇遂愈重矣。元帝南渡，有大将军、都督、四镇、四征、四平之号，每议出讨，多取奴兵，用刁协议也。

汉踵秦制，置材官于郡国，而京师有南北军之屯。唐人南北衙盖仿汉制。南军，尉主之，掌宫城门内之兵；北军，中尉主之，掌京城门内之兵，其兵类皆郡国番上无定在者。有事则以羽檄召郡国材官、骑士以备军旅，各因其地，以中都官号将军将之，而京师南北军不与也。自武帝置八校，以习知胡越人充之，募兵始此。期门、羽林皆家世为之，则长从始此。盖自是有养兵之病，其后兵革数动，凡屯戍召募，纷纷无复旧制，有募及奔命、调及恶少刑徒。又以羽林、伙飞、胡骑、越骑从事，是南北军复出矣，兵制益坏。自光武中兴，京师南北军如故，惟罢郡国都试，外兵不练。凡国有征伐，终借师之兵以出，连年暴露，奔走四方，而禁旅无复镇卫之职。至安帝初，间募入钱谷得为虎贲羽林。桓帝时，诏减羽林虎贲，不任事，半俸，于是京师之兵亦单弱矣。

魏制略如汉，南北军如故，复有武卫、中垒二营。黄初中，复令州郡典兵，州置都督。蜀汉昭烈，初置五军，其将校亦略如汉。

历代兵制之善，惟汉与唐，然皆不可持久。要其法颇精密焉。

汉调兵之制：民年二十三为正，一岁为卫士，二岁为材官、骑士，习射御骑驰战阵，年六十五衰老，乃得免为庶民。唐民二十为兵，六十而免。其能骑而射者为越骑，其馀为步兵。武骑排攒步射，每当宿卫者，番上兵部，皆有民兵之意焉。

是日午后，偕莲兄诣丹桂园观优。晡，天忽黑，大雨至，俄止。暮还，与叔耘饭于一品香楼，夜归。

三十日 阴

录外史。晡，燕公过谭。夜，观《明史·刑法志》。明太祖制刑多遵唐旧，从李善长之言也。然惩元纵弛之弊，刑用重典，亦一时权宜。后屡诏厘正，至三十年始申画一之制。又虑法在有司，小民不得周知，故命大理卿周桢作《律令直解》，又作大诰，刊布中外，用心可谓周矣。其律法之最合人情者，令亲属有罪，得相容隐。凡告人者，告人祖父，不得指其子孙为证，弟不证兄，妻不证夫，盖以全天性焉。

闰三月

初一日 微晴

录外史。过午，诣大马路，缘道观者蜂拥，知为西人操兵，将赴跑马场。予遂至《时务报》馆，登楼而观。俄，遥见团队迤逦至，马上人皆黑衣，步兵红衣，奏军乐整暇。

夜，观《明史·刑志》。明立三法司：曰刑部，曰都察院，曰大理寺。刑部受天下刑名，都察院纠察，大理寺驳正。然太祖遇大狱多亲鞫，不委法司者，以天子亲为刑官之事，亦非治体。

明设登闻鼓，盖以通下情也。然严越诉之禁，又命老人理一乡词讼,会里胥决之,事重者始白于官。此法颇善。明刑制有非古者,即廷杖、厂卫之类。

初二日 微阴

录外史。晚,成《和章枚叔见寄》五律一首,步原韵云:"古义频相勖,良朋忽远驰。云霞识面晚,江海寄书迟。论事不回屈,谭经得寸施。高怀章友直,莫负定交时。"

夜,观《元史·刑志》。元初未有法守,百司断狱,循用金律,颇伤严刻。及世祖平宋,疆理混一,始定新律,号《至元新格》,简除繁苛,颇用轻典。其死刑有斩而无绞。世祖尝谓宰臣曰:"朕或怒有罪者,使汝杀,汝勿杀,必迟回一二日乃覆奏。"可谓仁矣。自后继体之君,多以恤刑为事,惟惧郡国之有冤者。史称其百年之间,天下乂宁,亦非偶然而致。又称其得在仁厚,其失则在纵弛。

初三日 雨

录外史。晡,诣格致书院,钟鹤笙大会同志,欲兴中学破蒙新法,诸人列坐静听,使朱君葆元宣说。西国教小儿,自三岁至六岁,所用之法皆寓意于戏具,而皆有学问根本,以炼其心思焉。有书以载之,名曰《儿童花园》。又述父母教所生婴儿条约,曲折有精理。

夜,观《金史·刑志》。金人立法颇严,无疏戚贵贱,皆就绳约,盖欲强主威也。其弊甚至,待宗室少恩,待大夫士少礼,以深文傅政为能吏,以惨酷办事为长才,盖失之猛焉。

金人居劫盗者之狱,掘地深广为之,其杖罪则臀背分决。未几,以民不欲,罢分决之法。

初四日 雨

览元遗山诗集。遗山诗有秀骨,尤长于五古。

初五日　雨

录外史。夜,观《宋史·刑志》。宋人法制,因唐律令格式。而律法之外,有所谓敕,颁行于一司一州一县者也。神宗以律为不足以周事情,凡律所不载,一断以敕,更其目曰敕令格式。蔡京当国,欲快己私,请降御笔,出于法令之外。南渡以来,秦桧专政,率用都堂批状杂入条册,至与成法并立,后乃削去之。盖宋之刑制为至紊乱也。

宋承五季之乱,太祖、太宗颇用重典,以绳奸慝。岁时亦躬自虑囚,务底明慎,而以忠厚为本。海内悉平,文教颇盛。士初试官,皆习法律令。其君悉以宽仁为治,故立法之制严,而用法之情恕。

初六日　阴,微雨

录外史。次申过。晡,少川叔至。晚,造燕生庐,谭久之。论英在威海,可以拒俄人在旅顺之势。英、俄东方之权又平,中国或可少安。夜,录日记。

初七日　微阴

录外史。晡,作寓新吾书。夜,观《辽史·刑志》。辽制刑最残毒,立国之初,即有五车辗杀、熟铁锥桩口及投崖、枭磔、生瘗、射鬼箭、炮掷、支解等刑。及穆宗,尤刻虐,累杀无辜,甚至用炮烙、铁梳。又惑女巫言,取人胆合延年药,故杀人益众。景圣而后,法律稍宽。开泰五年,诸道皆报狱空,有刑错之风焉。至天祚时,用法复务严酷,骨肉相残,以至于亡。

初八日　晴

录外史。感寒头重,登楼。晚,烦热,欲眠。

初九日　早阴,过午雨

杏孙过,登楼谭良久始去。余体热未尽,终日不下楼。览虞伯生诗。伯生诗有馀韵,国朝诸家皆不能及。夜,雨甚。

初十日　　雨止,犹阴

下楼,录日记。体小瘥。日中,复登楼,览道园诗。道园笔力直可上接老杜,观其《画马诗》,又绝不学杜,自成一格。

十一日　　阴,庭湿,知夜雨

晨,坐楼下,观诸报。

西人新法新学,日兴月盛,其造端皆明永乐时英人倍根之所倡导。倍根,英布衣也。尝请于国家,凡著有新书者赏以高第清秩,制新器者予厚币功牌,并许专利。其寻得新地,或身任大工者,酬重资,予世爵。于是国人踊跃,各竭心思,争求新法,以取富贵。数十年间,哥伦布寻得美洲;墨领绕大地,知地为球;哥白尼发地球绕日之说。自是而后,瓦忒因沸水而制汽机,弗兰林因磁石而制干电,奈端因苹果落而悟吸力,葛立里尤因儿戏而制远镜。其馀受尔敦始造火轮船,施蒂芬森始造火轮车,惠子敦始设电线。凡是新学,不胜枚举。西国近年创辟新法,领凭专利者,年出累千万种,盖聪明日辟而不穷矣。

化学家肥田之物曰壁他利亚,以其能吸留淡气也。植物最喜淡气,故能滋茂。

十二日　　午霁

诣燕生庐,谭及俄人索旅顺事。燕云:得闻诸自都来友人,颇知其详。当俄人之索租我旅顺,英使累来译署劝我拒绝。李傅相谓曰:敝国兵力势不敌俄,贵国能以兵相助否?答曰:不能。虽然,贵国决不可轻许。逾数日,俄使突至译署,称有要事与傅相语。良久,傅相来,俄使谓曰:适奉敝朝廷命,所索旅顺限一日责贵国覆。允我则已,否即宣战,速往见汝大皇帝商之,我坐是以待。傅相无如何,即入见。上问曰:我国果能与俄战否?曰:不能。英能助我以兵否?曰:不能。于是君臣相对痛哭,遂令傅相还署与俄使画押。观此等情状,而人犹傅相有受俄人赂及卖国等事,亦不辨自明矣。

晡,诣仲巽学堂,观其教授一切法,整肃严静。俄,同至张园,晚归。夜,观书。

宋太祖惩五代藩镇专杀之弊,始令诸州奏大解案委刑部详覆,盖慎刑之至也。

周世宗用法严刻,杀人甚多,其罪有不至死者。

晋天福时,患天下盗贼多,欲重法治之。苏逢吉草诏,意云:应贼者,其四邻同保,皆全族处斩。众以为盗犹不可族,况邻保乎?逢吉不得已,去全族字。

十三日 晴

录外史。燕生过谭。燕生前阅余所撰民兵公议藏书诸规条,作书复五言古诗一首云:"束发慕儒侠,立言祖虞唐。章甫穷蛮域,迦陵思乐方。乐方在何许,沙界阻难量。闻哀未忘情,零泪数沾裳。沾裳竟奚益,徒使形神伤。幽岩桐无枝,浊世麟不祥。梦中见玄圣,堂上弹清商。长跽审其曲,欲写断人肠。吾子抱仁术,恻然谋梓桑。既陈辟门法,复著新民章。勋华风久绝,洙泗学几亡。高名属昏虐,大义诋同康。惨惨孤灯暗,漫漫秋夜长。已矣待来叶,勉哉守先王。"

夜,观书。中国人重视名分太过,致陷尊长敢为非常昏虐之事,其弊甚大。包慎伯《齐民四术》中载一事:有翁欲强污其妇者,方纫衣,急以剪刺翁股,翁负痛遁。事白官,翁仅徙,而妇拟绞候,为其犯尊长也。包慎伯为之平反云:当翁行强时,翁妇之义已绝,则所刺伤者,路人也。妇宜旌,反坐极刑,非是。后妇卒得减死论。又《宋史·刑志》载太宗兴国五年,泾州言,定县妇人怒夫前妻之子,妇断其喉而杀之。诏曰:刑宪之设,盖厚于人伦;孝慈所生,实由于天性。矧乃嫡继之际,固有爱憎之殊,法贵原心,理难共贯。自今继母杀伤夫前妻之子,及姑杀妇者,并以凡人论。盖如是,方免名分之祸人。

夜深将眠,楼下望月有感,口占绝句云:"无计能安汉,何方可避秦?楼头孤月朗,独照素心人。"

十四日　晴

录外史。晡,造杏孙庐。案头牡丹二本秀绝,含萼未放。又仙人竹,青葱可爱。晚归。夜,观书。《通考》载容斋洪氏《随笔》曰:五代之际,时君以杀为嬉。唐明宗颇有仁心,独能斟酌悛救。天成三年,京师巡检军使浑公儿口奏:有百姓二人,以竹竿习战斗。帝即传令付石敬瑭处置,敬瑭杀之。次日方知悉是儿童为戏,下诏自咎,以为失刑,减常膳以谢幽冤;罚敬瑭一月俸;浑公儿削官,杖脊配流登州;小儿骨肉,赐绢五十匹,粟麦各百石,令如法葬埋。仍戒诸道州府,凡有极刑,须仔细裁遣。此事见《旧五代史》,新书去之。又称周世宗用法严刻,薛史备载,欧史多芟去之。观是,可知欧阳永叔修史之疏漏,且其平日宗旨不留意于民情治体,概可知矣。

后唐时,断狱律有诸死罪不待覆报而决者,流三千里。即奏报应决者,听三日乃行刑。若限未满而行刑者,徒一年。立法可谓仁矣,而官吏往往不覆如故。是以天成二年,有大理寺之奏,后奉敕依前法。

梁朱温有新定格式,至后唐废之不行,不知其法如何也。

宋燕生先生风节为当今第一，其经世之学，远在包慎伯之上，无论龚、魏诸人。先生生平于古名臣中，最服膺唐陆宣公、宋司马温公，二人皆洞悉民情，深达治体者也。而先生之宗旨可见矣。余比年侨寓海上，与先生交最密。凡读书、论世，一得力于先生，心中师事已久。顾世之知先生者盖罕焉。先生尤长于诗，每成一章，哀感顽艳。国朝诸家中，罕有其匹。生平律己尤严，于非义一介不取，而论事不屈挠于人，必穷源尽委，不肯稍作违心语。其于古今政治利弊，民情隐微，了然指掌，盖旷世之大儒也。

十五日　　晴

立夏。录外史。《日本政记》载明人亦为朝鲜与日本战，败于平壤，遂议和，在癸巳年。与本朝甲午平壤之败，只差一年，大奇。

晡，诣制造局，晚归。夜，观《唐书·刑志》。隋以前，死刑有五：曰磬、绞、斩、枭、裂。而流徒之刑，鞭笞兼数皆逾百，至隋始定为：为笞刑五，自十至于五十；杖刑五，自六十至百；徒刑五，自一年至五年；流刑三，自一千里至二千里；死刑二，绞、斩。除其鞭刑及枭首轘裂之酷，唐皆因之。高祖入京师，约法十二条，要其用刑有五：曰笞、杖、徒、流、死。自宋以后多因之。盖惟杀人劫盗诸罪处以死刑。太宗时，又有断右趾之法，既而除之；览《明堂针灸图》，见人五脏皆近背，除鞭背刑，其待狱囚，务从宽厚。

十六日　　晴

录外史。驾小轮舸泛吴淞勘地，与一测量人杨姓者偕往。乡落清旷，衢巷湫隘。日中，饭酒楼中，见五六人聚饮，犷悍，皆自强军。复有数乡人，偶语喧杂，类卖地事。吴淞作租界，地价腾涨也。饭已，别登茶楼，临江可瞭远海。复一室，浓烟暖馤，多人袒卧，哗笑挥汗，腥浊不可暂居。晡，返棹，昏黑至家。是日颇劳顿。

十七日　雨

览《日本外史》。晡,造李提摩太庐。

夜,观《文献通考》及《隋书·刑志》。隋文帝初立国时,更定新律,于前代峻刑,颇能革除。然性猜忌,每于殿廷杖人,一日中或至数四。尝怒问事挥楚不甚,即令斩之。恒令左右觇视内外,有小过辄加重罪。又诏令诸司属官,若有僭犯,听于律外斟酌决杖。于是上下相驱,迭行棰楚,以残暴为干能,以守法为懦弱。患奸回不止,定盗一钱弃市法,闻见不告坐至死。自此四人共盗一榱桶、三人共窃一瓜,事发即行决。有数人劫执事谓之曰:吾岂求财者耶?但为枉人来耳!而为我奏至尊,自古立法,未有盗一钱而死也。而不为我以闻,吾更来,而属无类矣。帝闻之,为停盗一钱弃市之法。然所杀无辜,不知凡几。及炀帝立,残毒益甚。杨元感反,诛及九族。其尤重者,复行辗裂、枭首之刑。

周宣帝性残忍暴戾,诛戮无度。尝广《刑书要制》而更峻其法,谓之《刑经圣制》。宿卫者一日不直,罪削除;逃亡者死,家口籍没;上书字误者,科罪。其决人,云与杖者,即百二十;云多打者,即二百四十,名曰天杖。齐文宣以功业自矜,恣行酷暴,任情喜怒,为大镬、长锯、锉碓之属,并陈于庭。意有不快,则手自屠裂。仆射杨遵彦,乃令宪司先定死罪囚,置仗卫之中。帝欲杀人,则执以应命,谓之供御。应三月不杀,则免其死。又尝幸金凤台受佛戒,多召死囚,编蘧篨为翅,命之飞下,谓之放生,坠皆致死,视以为笑乐。

十八日　阴

录外史。夜,录日记。览《隋书·刑志》。

梁武帝承齐昏虐,刑多僻。既即位,令蔡法度删定旧法,以为梁律。其制刑颇有等差,务尚宽简。惟帝锐意儒雅,复不以刑法留意,公卿大臣皆仿效之。奸吏招权,巧文弄法,货贿成市,多致枉滥。又其为法,每急于黎庶,缓于权贵,致王侯骄横,或白日杀人,帝弗能诛讨也。

陈人制刑,多用梁法。有南狱、北狱之别。南狱建康县,北狱廷狱寺也。当刑于市者,夜须明,雨须晴;晦朔、八节、六斋、月在张心,并不得行刑。

十九日　阴

录外史。夜,观《魏书·刑志》。魏初礼俗纯朴,刑禁疏简,无囹圄考讯之法。诸犯罪者,皆临时决遣。太祖既定中原,患前代刑网峻密,除其法之酷切于民者。其后纲纪褫顿,渐复滥酷。世祖时,阙左悬登闻鼓,人有穷冤则挝鼓。太延三年,诏天下吏民,得举告牧守之不法者。于是凡庶之凶悖者,专求牧宰之失,迫胁在位,取豪于闾阎,而咸降心待之;苟免而无耻,贪暴犹自若也。六年,以有司断法不平,诏诸疑狱皆付中书依古经义决之。显祖末年,尤重刑罚,言及常用恻怆,狱案积年不断,群臣颇以为言。帝曰:"狱滞虽非治体,犹愈乎仓卒而滥也。夫人幽苦则思善,故囹圄与福堂同居。朕欲其改悔,而加以轻恕耳。"由是囚系虽淹滞,而刑罚多得其所。魏自孝昌后,法令不恒,或宽或猛,及尔朱擅权轻重,在官者多以深酷为能焉。

二十日　晴

诣中巽。归录外史。晡,燕生偕二日本人来访,不能作华语,笔谈达意。二人一姓森井,名国雄,布衣业农;一姓小田桐,名勇广,政部党人。皆来华游历,欲觇中国在下者风气智识皆臻何等。有意联结同志,保黄种也。暮始去。夜,录日记。

二十一日　微阴

欲往吴淞不果。录外史。昳,过峻斋谭。夜,览《文献通考》。南齐孔稚圭上言,以为古之名流多有法学,今之士子莫肯为业。纵有习者,世议所轻。今若直律助教,依《五经》例,国子生有欲读者,策试高第,即加擢用,以补内外之官。诏嘉纳之,事竟不行。

宋明时,有黥刖之制,其法不久遂寝。

二十二日　阴

录外史。昳,偕燕公答视日人森井国雄,笔谈。予询丰臣氏、德川氏子孙何如？答云：丰臣氏血食百世,本年行三百年大祭于京都,全国男女行香者几一百万人,然无嗣,可惜也。德川氏现为华族,公爵三品,而贵族院议员中最有势望。燕公撰议十条,皆辨祸中国者不在满人,而在汉人,语语切中,以示森井君。

二十三日　阴

庭湿,知夜雨。项背感寒偏痛,过午愈。览《晋书·刑志》。

梨洲先生云：凡治天下,有治法而后有治人,为古今特识。三代下,罕有见及此者,惟《晋书》载汉孔融献议,有谓：古者敦庞,善否区别,吏端刑清政简,一无过失。百姓有罪,皆自取之。末世陵迟,风纪坏乱,政挠其俗,法害其教云云。盖争肉刑也。彼知法足以害教,政足以挠俗,则三代下人心多不善,法使之然,抑可知矣。

自汉文帝除肉刑,班固深论其事,以为外有轻刑之名,内实杀人。盖死刑太重,生刑太轻也。于是后汉郑元、陈纪之徒,及晋刘颂、卫展、庾亮等屡议复之,卒不果。晋安帝时,桓元辅政,又议欲复肉刑斩左右趾之法,以轻死刑,为蔡廓所阻。

二十四日　晴

燕生过谈。近之谭时政者,莫不以科举宜减中额,庶杜滥取之弊。而燕公谓:宜增加中额。骤闻若无理,而实有深意焉。盖凡各省、府、县,其地多绅士,则地方官不敢肆然为非,而民得少安。试观江、浙与滇、蜀,其官吏之仁暴,盖相悬焉。何也?吴、越公卿不绝于朝,而滇、蜀通显者盖罕,是故其民之望吴、越如天人,宜也。绅士之多寡,皆视举人进士之多寡,故中额宜增,亦所以潜扶民权,而为今日救弊之权法也。

二十五日　雨

枚叔来,余尚卧,闻之始披衣下楼,盖伊于昨日由鄂归也,纵谈至晡,枚叔方去。夜,观《文献通考》。

魏、晋时,刑法承用秦、汉旧制,其文起自魏文侯师李悝;悝撰次诸国法,著《法经》六篇,商鞅受之以相秦。汉萧何增为九篇。是后叔孙通、张汤、赵禹诸人渐增至六十篇。及后汉马融、郑元等各为章句十有馀家。魏卫觊奏曰:刑法者,国家之所贵重,而私议之所轻贱;狱吏者,百姓之所悬命,而选用者所卑下。王政之弊,未有不由此也,请置博士转相教授。事遂施行。

魏尝令陈群、刘邵、韩逊、庾嶷、黄休、荀诜等改定刑制,删约旧科,傍采汉律,定为魏法。其《序略》一篇,载《晋书·刑法志》。

二十六日　晴,微热

录外史。过午,访枚叔谈,燕生俄至,纵论古今。枚叔谓:伯夷近杨,伊尹近墨。孟子尊伯夷、伊尹而辟杨、墨者,因杨、墨以是立教,则惧有流弊。若独行其是,斯皆有坚卓独到之境,非不可贵也。燕生又云:五代时冯道,其行事最近柳下惠。盖无论其君为伯夷,为禽兽,皆可屈节以事之。其志第欲保全善类,为吾所欲为而已。

枚叔又云：杨子所谓拔一毛弗为者，非吝财之谓也。墨子所谓摩顶放踵为之者，非殉身之谓也。杨子志在励己，损己之节以救人，不为也。墨子志在救世，故虽污己之名，亦为之。孟子盖以节操言，而取喻于身体也。

夜，观《文献通考》。东汉自建武以来，屡有省刑薄罚之诏，然上下视为具文，仍以苛酷为能，而拷囚之际，尤极残忍。楚王英坐反诛，天下名士株连死者不计其数。及桓灵钩党之狱，收考布遍天下，宗亲残灭，郡县残破，可异已。马端临论曰：自昔昏暴之君，诛戮诤臣直士，如龙逢、比干之婴祸于夏、商。而窃议于野者，未尝罪之也。至李斯，始有偶语之禁；张汤始有腹诽之律，皆处以死罪。今观党锢诸贤所坐，即偶语、腹诽之罪，而曹节、王甫辈盖袭斯、汤之故智也。又汉家之法，以殊死为轻典；而治狱之吏，以深竟党与为能事，如义纵、成瑨所为，比比皆然。是故党锢之祸，株逮根连，不可胜计。虽曰主昏政乱，凶竖所为，而所由来渐矣。

二十七日　　阴

录外史。览明何大复诗。

二十八日　　雨

枚叔来作竟日谈，折简招燕生，俄亦至，纵论酣畅。枚叔于国朝古文家最折服恽子居、汪容甫，于人品最折服李穆堂、孙文定。其所痛恶者方望溪之文、李安溪之为人，盖实有卓见也。晡，枚叔索酒饮，遂命苍头市一壶至。时案头芍药盛开，三人于花下对酌，意兴豪美。

二十九日　　微晴

录外史。过午，燕生偕一温州志士陈介石过谭。介石主持阳明、梨洲之学者。晚雨，招枚叔及燕生、介石谈宴于西酒楼。枚叔谓：曹孟德于中国非无功，惜其弑伏后杀皇子也。余谓：孟德子孙如不篡汉，即日本之丰太阁，亦当血食百世也。

国朝经世硕学，前有亭林、梨洲、船山、习斋、铸万，后有慎伯、璱人、默深、树滨、实斋，十先生之书，皆不可不深究也。

四 月

初一日　雨

录外史。晡，登楼与云岫主围棋。

初二日　晴

过午，诣客舍晤念劬，谈久之。复访介石，同至格致书院听浩吾宣论。枚叔、燕生皆在。俄偕登五层楼茗话。晚归，家祭。夜，录日记。

览《汉书·刑法志》。汉法三章，不足以御奸。于是萧何攈摭秦法，取其宜于时者，作律九章，为唐、宋而后律法之所祖。

君主一统之世，民固无权，其君亦未尝有权。试观《汉书》载元、成累下恤刑之诏，而有司不能广宣主恩，至有钩摭细微，毛举塞诏之事。《宋史》载仁宗累有绥民之政，官吏罕有承帝之意者。由是可见，君权有时不能伸也。见于史尤显著者惟此，其所不载者可类推矣。或曰：然则权何在？曰：权在为恶之人。盖欲为恶，则无论君民皆有权；欲为善，则无论君民皆无权，法使之然也。

汉文帝时，张释之为廷尉，宣帝时，于定国为廷尉，皆能平天下之刑。任贤之术，岂可少哉！武帝进张汤、赵禹，缓深故之罪，急纵出之诛，天下嗟怨矣。

汉初，诽谤訾诅者有断舌之刑，后乃除之。

燕生前论中国为丁幕书差之天下,东西文明之国为士农工商之天下。然哉,然哉!

初三日　　微阴

览刘子元《史通》。昨闻燕生论古今善读书者,推王充、刘子元、章实斋三人。盖能于数千年典籍如庖丁解牛,披郤导窾,一无障塞者也。晡,喉微痛,登楼。

初四日　　晴

录外史。昳,入城诣族叔小圃庐,至楼上闲话,俄莲兄至,偕游城隍庙之内园,邱石林壑,饶足幽趣。俄别至翠秀堂,亦一园林,较内园稍大,景物尤深曲,长廊洞扉,花木繁蔓。有小山盘折而上,一亭孤耸,可瞭远,下俯荷池,南有堂,面水,望之闲敞,前多石栏。顾视良久,始觅路下,憩小阁间茗谭。园丁俄复导游数处,仍还内园,坐久之,遂出城。莲兄亦归。

初五日　　雨

录外史。晡,览《史通》。子元于诸史之踳驳谬误,指摘辨晰,有类然犀烛怪,使古人无可遁形。然自叙则云:己尝征修《唐史》及撰《则天实录》,又往往不能行其意,致不免依违苟从,与俗浮沉,盖为同作诸人所牵掣也。甚矣,言行相符之难。安知古人著书者皆无是难白之苦衷乎!是故实斋有云:后人读古人之书,可辨正而不可呵骂,至言也。且一人精力有限,著作过多,非仅难如人意,且难尽如己意。假令子元自著一史,更无监修贵臣及同作者与之龃龉,未敢信其过于马、班、陈、范也。虽然,子元亦古人之诤友哉。

初六日　　早微晴,过午雨,晡复晴

录外史。观《史通》终卷。

初七日　晴

录外史。晡,诣燕生庐,论日本变法事。燕生云:日本史载其创议变法之人,多出于贵族,其诸侯伯往往自愿献出土地归于皇家。夫变法之事,利于卑贱而有损于尊贵,乃皆不以是介意,是不可及也。且日本士气尤坚猛,凡侯伯诸国之臣民,无不各尊其君,亲其上,人心固结久矣。故一旦变法,遂能雄视亚东,而卒不解其人心何以能然,岂地运耶?余曰:是仍封建之利也。地小而君与民各相亲,所谓士食旧德,农服先畴,上下之情易以通矣。且日本自开辟一姓相传,森井所谓君臣分定而不可移。非若中国更兴迭灭,篡弑相仍,使人心屡涣散而不可结也。且就令一姓相传,而土广人众,君民之气疏隔,忠愤之志何由生哉?于是知封建之非无关系也。

初八日　晴

录外史。览《文心雕龙》。彦和深于文,知幾深于史,所著书实便初学。

王阳明先生发明良知之学,尝谓返诸己心而不安者,虽其言出诸尧、舜、孔子,不敢以为是。燕生最服此言。余谓亦有弊,惟斯宾塞尔《劝学篇》人差之说足以补救之。其语见前,不重述也。

初九日　晴

录外史。晡,诣次申,暮归,览《文心雕龙》终卷。是书于文章之体例神貌、源流本末,尽发其蕴,可谓得文之三昧矣。虽然,文犹虚车也,曾涤笙有此语。苟无所载,而惟饰其车,亦何贵有此车耶!所载维何?曰明理、纪事、达情而已。

初十日　阴,俄大雨,过午晴

览诸报,有载格致之新理云:江海波浪间,以化学之法,能分出金银，可谓奇矣。人皆知土石中有矿，不知水中亦有矿，且即浮寄于水面者也，尤奇。又有蚁类养牛取乳事，见《知新报》第五十三期。

今之为目录学者，动云经史子集，盖从流俗沿称之名也。于是治经之儒，遂翘然于史子集之外，而别启径途。余窃谓未然。盖观《十三经》中实有近史、近子、近集者，何以皆目为经？如《尚书》、《春秋》、《周礼》、《仪礼》，实三代上之史也。《论语》、《孟子》、《孝经》，可列子书。《诗三百篇》，可归集部。《小戴》四十九篇半入史，半入子。《尔雅》为当时初学识名物、解文义之书，且难归类。惟《周易》一书，本二仪之玄奥，阐自然之妙理，弥纶六合，综贯万事，非一人之私言，乃太虚之公法，不得不谓之经。经者，常也，万古不变者也。若子者，虽有言出圣贤，而皆各发其胸臆，可以翼经，不得直谓之经，《论》、《孟》诸书是也。史者载言纪事，述典章，明制度，以昭惩劝，以备考证，其中得失沿革，与时迭变，安得谓之经，《尚书》、《春秋》、《三礼》是也。集者，萃聚诸篇而成。《毛诗》非一人作，不过孔子所编商、周诗选，何以亦谓之经？如因孔子手订者必尊曰经，则《小戴》诸篇何尝为孔子删定，且多非孔子之言，乃亦列之于经，是不可通矣。

或曰：《春秋》乃明义之书，而非纪事之书，子列诸史，毋乃悖乎？曰：古人不为无益之文，无论纪事载言，皆有明义之旨。必曰《春秋》为明义之书，则《尚书》独非明义之书乎？不得以其明义，遂谓非史也。孟子云：其事则齐桓、晋文，其文则史。是孟子固以为史也，又何疑乎？或曰：《春秋》为史，既得闻命矣；《周易》必尊为经，其意犹未明也。曰：《易》乃古圣人因太虚中自然之奇耦象数，而窥见无穷精义，为之阐发，著于简编，以诏后人，与夫自著书立论者不同,故谓之经。

十一日　晴

录外史。晡,出街购物。夜,至圆明园路观西人戏法,奇妙不可思议。

十二日　晴

录史如故。过午,阅《皇清经解》中惠氏《易述》及焦氏《易通释》。旧云治经之法有三:曰以字解经,以经解理,以师说解经。朱蓉生云:宗旨者,求道之门径;家法者,治经之门径。所谓家法者,即师说也。其始也,不能不由斯入。其终也,守一先生之言而不化,犹非治经之上者也。故吾尝谓,无论何事,皆先专后化,不易之言也。

十三日　晴

燕生过谭,云二日本人将来访。过午,果偕二人至。一曰藤田虎雄,一曰山根炳文,相与笔谈。余询日本国中从景教者有若干人,山根云:天主教自二百馀年前流入,丰臣氏、织田氏以其害于国体,尽芟诛。惟有西南一带,其民阴奉其教,以至于今日。其徒不与昔日增减,计不出一万以上。基督教维新以来,美、英教士来宣教,然甚不盛,其数二三万以下。希腊教,俄国教士尼哥来宣布其教,行于北方,亦不出一万人。要之,景教蔑如君父,藐视忠孝,二语似看差。不与本国之体相合,故市井愚氓及不逞之徒以外,无信奉之者。由是观之,日本至今犹以景教为讳,盖与中国同也。

燕生近读《日本国史略》,细考其未变法以前情形,而知其国所以易兴之由,颇深韪余所持封建之说。盖地小,耳目易周,其贤人易得志,乡间之议有权,君不必甚愚其民,直等中国商、周之世,两汉犹不能及也。其质本美,故变之易。古人云:甘受和,白受采。

信然。是故日本人有言曰：欲变法，先宜复古。盖世运不日进则日退。即以中国论，宋、明之世不如汉、唐，汉、唐之世不如三代，三代去泰西犹远。然则以今日之天下而欲骤跻于泰西，是未知学步邋欲奔而驰也，必不得矣。知渐引之学者，乃可与悟治世。

十四日　晴

夜，览《戴东原集》。东原先生自云：生平著述之大，以《孟子字义疏证》为第一。顾未获见其书，不知何若。要之，先生自有远识，非专以名物训诂见长者也。

商祖契，周祖后稷，后人多称其有母而无父，以为美谈。此附会无稽之说耳。东原以为其事不诬，岂别有所见耶？又西教书载：教祖之母马利亚，字于约瑟，未婚而孕，遂生耶稣。岂圣人当有母无父者耶？

十五日　阴

览《戴集·匠人沟洫之法考》，云：浍深于洫近倍，大于洫三倍，水强侵败，隙高就下，治之难易，浍十倍洫。先王不使出赋税之民治浍与洫，而为法令民治洫浍者当其赋税。故农政水利之大，皆君任之，非责之民。及其失也，竭民之力，毕以供上，于是洫浍不治，井田所由废也。中原膏土，雨如沮洳，水无所泄，旸为枯尘，水无所留，地不生毛，赋减民穷，上下交病矣。观是可略窥东原先生用心之所在。

又论六书转注之义，以为转相为注，互相为训也。是故《说文》于考字训老，于老字训考，此为转注。而后儒误解，以考、老二字左回右转，非也。

十六日　晴

检书，将奉母返杭。晡，登舟，即解缆行。风微荡。夜月明，舟窗览《戴集》。

余因东原先生《周髀北极璇玑四游解》,颇悟历法之理。盖以周天三百六十五度论,每地球昼夜自绕一周,其值日中,辄过一度,此即岁差也。其所以致差之由,以地兼绕日故。大地绕日,每日行一度,故其自绕辄差一度也。因之月望亦为差一日,故有小馀。然而四时节气不为之变,必准三百六十日,故必有闰月以调均之。《书》曰:以闰月定四时者,此也。中国依月之盈亏朔望以定岁,故谓之太阴历。西人依四时节气定岁三百六十日,是以无闰月,然而大地绕日,与自绕本轴,积年则差一日,故数年而闰一日,谓之太阳历。西人以节气为准,节气之变由地之方所去日光远近,与夫正照、斜照之别,故称太阳历。

十七日 晴,无风

舟行甚急。览《戴集·勾股割圜记》诸篇,不解其义,是非专其业不可也。国朝算学著名者曰梅定九,同时又有王寅旭、谢野臣诸人。

东原又有《原善》、《论性》诸篇,语极精粹。如云:忠可进之以仁,信可进之以义,恕可进之以礼。谓仁者德行之本,体万物而天下共亲其忠;义者人事之宜,裁万物而天下共睹其信;礼者天则之所正,行于人伦庶物,分无不尽,而天下共安其恕。不愧名言。

东原有性与材之辨,未精审。余谓:仁,性也;智勇,材也。

下晡,舟至拱宸桥,夕阳在山,命舟子摇橹行。薄暮,盘坝至东新关泊焉。去艮山门尚二三里,两岸竹树蒙密,月东上,流萤乱飞。舟中热闷,蚊雷鸣,终夜几不成眠。

十八日 晴

晨,舟入艮山门,至茅竹弄口,乃俱登岸,诣见叔父母,皆无恙。

过午,肩舆至旗营中访前所谓贵翰香者,其人醇朴,雅识踔远,为汉人所罕见。谭时局,相对歔叹而已。贵近充佐领,所属旗丁五十人,每月三日相聚,申平等之约,坐以齿,许逞所欲言,此亦创破格之事,果非常人也。

十九日 晴

览《戴集》。诣介轩,留午食。晡,访枚叔不遇,归,仲华来纵谈。

二十日 晴

晡,微雨,即止。晚,火起。是日,枚叔过谭。

览《戴集》。东原力辟佛,讥阳明良知之学堕自足自大,讥宋儒言理堕意见。且谓言理而偏近于法家之法,法家以法杀人,宋儒以理杀人,言似过激,非无见。盖东原亦言理言性,而必由考核实学以入。

二十一日 雨

叔父诞日,宾友杂至,乐奏于庭。晡,与仲华纵谈。

仲华云:西教中所谓十字架者,实测量之仪器也。景教碑文云:判十字以定四方。盖人初生而迷方向,有十字以定东西南北而经纬线始明,盖测量中最初之仪器。又云:古传太极生两仪,两仪生四象,四象生八卦。其义皆由十字架出。语极精。

儒家尚理,自以理冠其学而学悖。景教尊天,自以天冠其教而教坏。治国者审法,自以法冠其治而治失其本。

二十二日 晴

览《东原年谱》。先生有言,阳明之讲学,实自韬晦,亦成功不居之意也。先生教人,学贵精不贵博。云知得十件而都不到底,不如知得一件而到底也。

昼，观傀儡。夜，张灯作杂剧，来观者夥。

二十三日　晴

观徐北海《中论》。其《贵言篇》云：君子非其人，则弗与之言，必以其方，如农夫以稼穑，百工以技巧之类是也。又云：君子将与人语大本之源，而谈性义之极者，必先度其心志，本其器量，视其锐气，察其堕衰，然后唱焉以观其和，导焉以观其随。盖深得立言之分量矣。又《谴交》、《考伪》二篇，颇足砭近时人之弊。又《爵禄篇》云：古者爵有德，禄有功，故爵禄可贵。后世爵无德，禄无功，故志士皆以富贵为耻。

二十四日　雨

肩舆随母诣张家园，瞻拜松楸。晡，归。夜，毛子丹诸人招饮。

记昨闻杨介堂述雷击二则云：某县民相聚观优，忽有物坠空，谛视，头颅也，口鼻诩诩然动。皆骇而走，言于官府，方为迹验。未几，邻郡移书至，云有奇案：一田家子厌薄其父，累忤逆。父积忿，谓子曰：盍速我死？子曰：诺。逾日，荷锄与父相随至郊，日光遍野，四顾无人行，乃掘土深广数尺，谓父曰：此尔死地，速下！父犹却顾，子厉声曰：尚求生耶？父乃匍伏仰卧，子掩以土。父哀告，乞稍薄，气闭不可忍。子不答，掩益力。忽大声如霹雳，父自顾植立，道侧瘗者乃子也，失其首。事闻于官，以故来询，遂命持所坠首往验之，果其子也。远近悚然。又云：芇县有老妪，生五子一女，女嫁邻郡，五子皆娶妻。成立约，五日更养其母。母颓而病，子妇多不孝，母饥，或竟不与食。惟四子之妇贤，事姑唯谨，辄私匿馈粥以啖姑，不使夫知。夫及诸子妇微闻之，怒，日禁伺之。所藏或不密，为搜获，累以饲狗。妇不忍，阴典衣市物供焉，以是致怨。一日，母告妇曰：吾行矣，无以累汝。遂扶杖蹒跚去，将适女家。路险而远，山洞盘曲,相去百馀里。母中途颠顿,足折不能行,坐大石间,仰视叹曰:"天乎!父母生子者固如是也!"触壁而死。翼日,行者见之,事渐播邻郡女家。女明干有识,闻所述状类其母,疑之。奔往视,果然。大哭,哭已,踞石指天而诟,且曰:"神有灵耶?我坐是待尔!"语未已,天骤黑,雷震而雨注,九人跽于前皆死,谛视,惟少四子之妇。

二十五日 晴

二十六日 晴

衣冠出谒诸乡老。舆中观王符《潜夫论》。是日希兄小试。连日晚餐后,与介堂谭奇案,可记者甚多而不胜记。

二十七日 雨

星墀招饮。夜,作书寄外舅筱老。余谓:中国在下之人,宜各筹自保之法,尤以讲农学为要图。而在富家大族,尤以立义田、义学,固本族之人心,复推恩他族,以为自保之计。

二十八日 阴

录日记。朱敏丈、兰州先生、左泉师皆来视余。

二十九日 晴

览《潜夫论·实贡篇》云:志道者少友,逐俗者多俦。举世多党而用私竞,比质而行趋华。贡士者,非复依其质干、准其材行也,直虚造空,美扫地洞说。睹此,则汉时征辟贤材,往往不实,亦略可见。

《班禄篇》云:太古之时,蒸黎初载,未有上下而自顺序。天未事焉,君未设焉。后稍矫虔,或相陵虐,侵渔不止,为萌巨害。于是天命圣人,使司牧之,使不失性,四海蒙利,莫不被德。余谓此即《易》初九潜龙勿用至九二见龙在田二爻之义。

王安定深知秦、汉以来生民疾苦,如云:以羸民与豪吏争,而势不如;以一人与一县争,而势不如;以一人与一郡争,而势又不如。又云:以官事应对吏者,一人之日废;十万人,人复下计之,一人有事,二人获饷,是为日二十万人离其业也。以中农率之,则是岁三百万口受其饥也。皆极沉痛之言。

是日晨,访枚叔。日中,少川叔招饮。过午,至湖上,枚叔先在。盖余早间约之。同泛舟至高庄,修竹益幽茂,亭阁如旧,徘徊久之。返棹至彭公祠,坐谭,闲放台间。薄暮,归。

三十日 晴

录日记。过午,肩舆出。晡归,过竹简斋,购得汪中《述学》二册,扬州刻本,尚精。晚,春卿招饮于第一楼,谭都中新政,知常熟罢归田,夔帅内召,殆入枢府。

五 月

初一日 晴

览《潜夫论》。汉时民犹有上书阙下之例,故孝明帝令公车受章,无避反支,然而其风古矣。《衰制篇》云:治世者,若登邱矣。必先蹑其卑者,然后乃得履其高。是故先致治国,然后三皇之政可施也。道齐三王,然后五帝之化乃可行也。道齐五帝,然后三皇之道乃可从也。此即渐引之法也。燕生前云:中国欲步武泰西,必先复三代,由三代然后进于泰西。不易之论。

《潜夫》有《救边》、《边议》、《实边》三篇,盖就当日情势而论,实为要策。复有《卜列》、《巫列》、《相列》、《梦列》诸篇,皆不无见。其《梦列篇》云:凡梦,有直有象,有精有想,有人有感,有时有反,有病有性。语精晰。

初二日 晴

将返沪,时有蒯氏母女偕行,辎重多,惧税关搜验,托友索免单,不能骤得。议明日奉母及诸人先行,留仆待免单,督行李后至。是日过午,诣星墀,见其家人惶乱。询之,知葵甥暴中痰,不省人事,灌救无效,医来者纷纷,皆束手,俄遂化去。其母姑号痛欲狂,为之凄然。晚,高厚栽招饮其家。

初三日 晴

早,厚栽、宇涵及戴元康皆来送别。日中,登舟。晡,至拱宸桥泊焉。薄暮,轮舟始曳以行。船窗秉烛,观《潜夫论》终卷。

《德化篇》云:上智与下愚之民少,而中庸之民多。中民之生世也,犹铄金之在炉也。从笃变化,唯冶所为,方圆薄厚,随镕制尔。其意盖以为镕制者在德化耳,不知德化虚也,其要在法,又非管、商之所谓法也。在公法,则小人亦趋于善;法私,则君子不免为不善。所谓方圆厚薄随镕制者,此也。

王安定颇详究于氏姓,故有《志氏姓》一篇,足资后人之考证。

初四日 晴

舟中览《盐铁论》。

秦、汉而降,边有胡番之患,腹地有寇贼之虞,其故皆由封建之废。封建破坏,则天下荡然无限,而失藩篱。王船山先生尝言之矣。三代而上,非无戎翟、狎狁,然命师出征,平之甚速,非若后世之耗竭海内以从事边防也;虽有萑蒲之盗,取之亦易,非若后世黄巢、闯、献之流蔓衍而不可收拾也。得失之由,皦然明矣。

世运不日进则日退。西人日进,故多是今而非古;中人日退,故多尊古而卑今。

夜，舟至沪，登岸已二鼓。

初五日　雨

家祭。晡，访燕生谈。燕论中国士夫，其正直好仁者多不考核事理，其深达事理者皆如丁幕书差、宵小诈伪之流，世界所以坏也。余曰：此无他，知者不仁，仁者不知。访陈志山虬于长春栈，小谭归。夜，观《盐铁论》，细味《水旱》一篇，可知秦、汉下百姓与官吏交涉之苦。是故，盐铁榷酤非不可行也，行之于封建议院之天下则无弊，行之于郡县独权之天下则有害。

初六日　雨

荔轩、荫亭过谭。过午，同车至高昌庙勘地。晡，诣杏孙谭。杏孙为余述春间邓尉观梅，情兴跃跃，其叙事曲折生动，与余同游无异。

夜，寓书大兄。终日不读书。是日，得兄入都召见之电。

秦始皇绝世聪慧，其变封建为郡县也，知外无以御胡，故筑长城以限之；知内无以靖盗贼，故销兵器、焚书坑儒，愚其民而钳制之。卒之草泽之桀不能禁，匈奴世为中国患。私智之不足尚也如此。

初七日　微晴

夜，观《盐铁论》。和戎之事，自汉以降，皆视为美谈。故以匈奴之顽蠢无教之种类，而贤良文学犹坚持与之和亲，以安百姓。可知当时明审事理者犹多。要之，以和为讳，自南宋始也。

初八日　晴

览《盐铁论》终卷。是书以弭战息民、重农桑、罢盐铁为宗旨，当时以为不达时务。岂知贤良文学所持固甚正，惜其未审病源，徒作空语，宜不能服丞史大夫也。病源安在？曰：无封建耳。封建犹存,胡人何至猖獗为边患？边无患,何至耗竭天下财帛而国贫？国不贫,则筹国计者何至兴盐铁？今罢盐铁,无以御胡；不罢盐铁,则困农商。纵胡则外患深,困农则内乱作,二者无一可也。故不审病源而论治疾,求疾之愈,不亦难乎！

晡,诣次申。夜,至徐园观烟火。

初九日　　雨,过午晴

燕生过谈。晡,偕至《亚东时报》馆访东人安藤、山根诸君,笔谈。东人至今痛诋德川氏,然德川当日爱士恤民,较中国今日胜百倍。彼狃见变法以后之治,故仍不免痛诋耳。夜,观荔轩诸人所定磨麦机厂章程。

初十日　　晴

作寓亲友书。夜,观康广夏《孔子改制考》。余谓：制者,法也。古人不肯空论理,而必定法,使可遵行。是以谓诸子皆有改制之意,其说极善。惟书中所列诸家,亦有并非立意改制,如原壤、晏婴、邹衍之类,乃皆牵强附会,目为改制创教,以曲圆其说,则颇沿作时文之陋习矣。考古之学贵精确,其似是而非者,奚必援据以贻笑耶！

《列子》所载杨朱说,古之人损一毫利天下不与也,悉天下奉一人不取也,人人不损一毫,人人不利天下,天下治矣。余谓今日泰西之治近之。

十一日　　晴

晨诣《时务报》馆,议蒙学事。盖浙抚已允阖省义学改用新法教授,令在下同志者详议其法。是日议定三条：一先立师范学；一蒙学分已成、未成二班；一译书及编书。

昨阅报,特旨废四书文,改策论。五百年积弊决去于一旦,快甚!

晡,与稷塍偕至四马路西茶楼纵谭。稷塍谓:三代下,用兵者多以阴谋奇计为至宝,而于教练之实法忽不加意。故古今兵书亦多虚少实,惟戚将军《练兵》、《纪效》二书差可贵焉。夫天下至精存于虚,然必实至而虚以运之,未有徒虚者也。昔诸葛公拒魏,常以堂堂之阵、正正之旗,致司马氏畏蜀如虎。盖其练兵之精,实有非所能及者矣。陈寿讥为将略非所长,特因其不用奇计耳,不自知识之陋也。用兵有经有权。兵出于正,经也;出于谲,权也。知经而不达权,非也;知权不知守经,尤非也。权可偶用,相辅耳,治兵之本不在是也。今平日无整军经武之实,而临时驱乌合御强敌,思出奇计制胜,是庄子所谓适越而昔至也。甲午之役是已。余曰:非独兵为然也,我国有三大病焉:兵以诈立功,商以欺致富,士以伪窃名。

十二日　早晴,日中微阴

览《孔子改制考》。

《淮南》称墨子服役者百八十人,皆可使赴火蹈刃,死不还踵。徒党之盛如此,宜皆当日与儒教齐驱而角力也。《吕氏春秋》称墨家有巨子,长素以为如佛之有达赖、班禅,天主之有教皇,信然。

为教主者,往往自读书甚多,而教人不读书,不知何意?见于《改制考》六卷七页述弦唐子。余谓:此仍愚民之旨。盖恐人读书多而意见与之歧,不能专壹而向其教,则教力不坚强而难行远。

十三日　晴,向午阴

览《改制考》。长素述老子后学,两汉酷吏皆列入,坚持刑名出于黄老之义。然观《后汉》,樊晔为天水太守,政严猛,好申韩法,子融有俊才,好黄老不肯为吏。夫既好黄老,即耻为吏,则黄老与法家冰炭不相合，抑可知矣。

十四日 晴

荔轩昆季过谈，日昳去。览《改制考》。长素以儒为孔子教名，非不可，然必谓孔子以前无儒之号，则大不通。兹据其自引之书辨之。如鲁哀公问孔子曰：夫子之服其儒服与？孔子对曰：邱不知儒服。此必春秋时相沿有所谓儒服者，为世所重，哀公不知作何状，故问孔子所服是否儒服。孔子不敢以儒服夸于人，故云不知儒服，犹言无所谓儒服也。若果孔子自创儒服，何必云不知耶？此显而易见者。可知孔子以前未尝无儒，未尝无儒服。长素专以儒名始于孔子，是则唐人号唐，不许前有唐之国号；宋人号宋，不许前有宋之国号矣。尤可笑者，谓《周礼》儒以道得民一语，为刘歆有意夺孔子之号以与前人，斯亦不足辨。

推孔子为新王，为素王，以春秋当一代，谓以殷变夏，以周变殷，以春秋变周，皆有至理，不可易者也。所未解者，必以《六经》皆孔子自撰作而非述，抑何意耶？

十五日 晴，酷热

晡，汪颂虞过谈，即去。览《改制考》。

长素以荀卿为孔子嫡传，故荀子所言，强半皆孔子宗旨。又以礼乐制度皆孔子自定，荀子多以属之先王，遂谓所称先王皆孔子，非三代先王也。然荀子又多称后王。长素以为后王亦指孔子。夫孔子一人而已，何以忽称先王，忽称后王？既称曰先，必别于后；称曰后，必别于先。荀卿尊孔子，必有一定之称；乌有任意先后暗谬至此耶？又庄子称《春秋》经世，先王之志。长素以为《春秋》孔子作，所称先王，必指孔子。不知孟子明言《春秋》者，天子之事也。孔子曰：知我者，其惟《春秋》乎！罪我者，其惟《春秋》乎！盖古先明王皆有《春秋》经世之意,然惟天子有其权,故曰天子之事。若素无此例,孔子独创,则不过自撰一史,何必虑人之罪我?天下之人又何必罪之耶?且庄子既知《春秋》孔子作,何妨直称孔子之志,而必曰先王之志?且书中述孔子事甚多,皆称曰孔子,或称仲尼,无称先王者。何独于所著书独混称曰先王?尤不解矣。

长素《改制考》九卷,据异教攻儒,专攻制度,知制为孔子所改一节内,注云:墨子攻孔子礼乐厚葬久丧最甚,若是三代旧教,大周定礼,墨子岂敢肆口诋诃其为非先王之制?并是创造无疑。其说似不可破。余谓:孔子果自创造,墨子必知之。试观《非儒篇》有云:儒者曰:君子必服古言然后仁。应之曰:所谓古之者,皆尝新矣,而古人服之则君子也。然则必法非君子之服,言非君子之言,而后仁乎!又曰:循而不作。应之曰:古者羿作弓,伃作甲,奚仲作车,巧垂作舟,然则今之鲍、函、车匠皆君子也,而羿、伃、奚仲、巧垂皆小人耶!且其所循,必或作之,然则其所循,皆小人道也。长素自云:每以别教攻儒之言,证孔子之创造。吾亦以别教攻儒之言,证儒之非创造。夫循而不作,即述而不作之意也,墨子讥以为陋,可知孔子无创造之事。孔子果创造,墨子但可讥其言行不相合,岂得尚以循而不作为讥耶?君子必服古言然后仁,确是儒者之言。可知孔子当日衣冠制度多因古制,并非自创。若果自创,墨子当知之,安得尚以服古病之耶?此二条,可为孔子不创造之铁证,亦如长素所谓"铁案如山摇不动,万牛回首邱山重"矣。盖春秋时,先王礼乐冠服制度日就湮没,世无复循守者,独孔子与其门弟子,修明遗礼古制,服其服,循其法,为世骇怪,目曰儒者之制,盖忘其为古制也。犹今人睹泰西民兵学校,忘为中国古法,而目曰西法也。墨子当日亦随世俗之所诋者而诋之,然犹知儒者实循古制,而非自创,故笑其服古,讥其循而不作,则以墨子曾读古书也。何物长素,既知崇先圣,而专以先圣创造为宗旨,使先圣等于奸诈狡狯欺世之人,且以为圣人固如是也。噫!孔教之亡,黄种之灭,其兆是乎!

《韩非》云:儒、墨皆述尧、舜,而取舍不同。又墨子述古人事,实有与儒异者,如称夏禹衣裳细布。当此之时,黻无所用,而孔子称禹致美黻冕,此确可疑。然安知墨子所本,非当日僻书及流传失实之书,故言之不确,抑或《墨子》实有杜撰古事、创造古书之意,孔子决不为也。何以证之?于墨子攻儒之言证之。且衣裳细布黻无所用八字,出于《墨子》佚文,不在七十一篇之内,安知非后人伪作。长素于不合于己者,虽真亦斥为伪;于合己意者,虽伪亦目曰真。盖无可与论理。

谓孔子改制,非不可,董江都诸人皆主其说。然所谓改者,斟酌损益,删定赞修,如答颜渊所谓行夏之时,乘殷之辂,服周之冕,乐则韶舞。此之谓改制,并无造制之说。造制亦非不可,造制以诬古人,则大不可也。长素因《繁露》有孔子改制语,遂诬孔子造制,并诬孔子造制以诬先王,抑何悖谬至此!

十六日　阴

蚤起。

长素谓古无亲迎之礼,自孔子始发之。然观《公羊》隐二年:纪履𫄨来逆女。传曰:讥始不亲迎也。则明明古有亲迎之礼。若古无此礼,则云讥不亲迎足矣,何必曰始?长素最信《公羊》,以为真经。若如长素之说,则《公羊》亦伪造耶?

《淮南·氾论训》云:夫弦歌鼓舞以为乐,盘旋揖让以修礼,厚葬久丧以送死,孔子之所立也,而墨子非之。长素据是为孔子创造礼乐制度之证,遂并谓古所传韶、夏、濩、武四代之乐,及一切礼制,皆孔子虚构，甚至谓夏启当天地开辟时，安得盛琴瑟钟鼓？见《改制考》四《吕氏托古》。余谓：长素既援证《淮南》，则《淮南》必为可信之书，然其序四代也，曰夏后氏殡于阼阶之上，殷人殡于两楹之间，周人殡于西阶之上，此礼之不同也。有虞氏用瓦棺，夏后氏堲，周殷人用椁，周人墙置翣，此葬之不同也。夏后氏祭于暗，殷人祭于阳，周人祭于日出以朝，此祭之不同也。尧《大章》，舜《九韶》，禹《大夏》，汤《大濩》，周《武象》，此乐之不同也。以上所述，同在《纪俗论》一篇内。由是观之，当时诸儒所谓礼乐孔子所立者，不过孔子折衷有法而立之，未尝杜撰古法也。何故辄证为孔子创造？若诸儒灼知为孔子造，当直言四代之乐皆伪，乌得沿袭其说，必待长素乃敢发其蔀耶？若谓著书人无识，长素何又援引其说以为证？说者又曰：当时诸儒为孔子讳，故云然也。夫欲讳则全讳，何故复有漏泄之语，使长素得而据？若谓诸儒无意流露，则因孔子所立一语，遽以为创造诬古之证，不足服天下。何也？如国朝制度，多得明旧，而谈者必曰：《大清会典》，大清所立。盖虽沿明制，而斟酌损益，自我定之。孔子之改制，亦犹是也。故谓所立可也，谓其造古诬古，则何据而云然！长素于所引《淮南》下，虽自注云：证为孔子所改，无创造二字。然其意实以证孔子创造古法，于其全书命意见之。

晚，诣燕生，示以日记所驳长素语，燕生颇谓然。既而曰：子以考古贬长素甚善，然长素非立言之人，乃立功之人。自中日战后，能转移天下之人心风俗者，赖有长素焉。何也？梁卓如以《时务报》震天下，使士夫议论一变，卓如之功；而亲为长素弟子，亦长素功也。八比废，能令天下人多读书，五百年积弊豁然祛除，而此诏降于长素召见后，亦长素功也。长素考古虽疏，然有大功于世，未可厚非也。余亦敬服其说。

十七日　　晴

览《改制考》。长素于世虽有功，而考古之武断，不能不驳正之。如云：王制一千八百国，周时必无此制，为孔子所改。又云：百里亦孔子之制，是谓封建，孔子所创造也。其下又称：孔子志在削封建，发大一统之义。夫既不以封建为是，而欲削之，则何必创百里之制？既创其制，断无欲削之意明甚，而长素两存其说，此自相戾谬之尤显然者。

长素又称：井田，孔子之制。然季康子以田赋使冉有访仲尼，仲尼曰：若子季孙欲其法也，则有周公之籍在。长素注云：鲁为秉礼之国，季为世禄之家，先祖周公之籍尚不能守，此必无之事。长素于此并无实证，妄以秉礼二字武断，遂谓必无之事。必无二字，何以服天下？

两汉诸儒，但谓孔子论《六经》，定《诗》、《书》，追定《五经》，作法《五经》。及孔门讲习《五经》，无孔子作《五经》之语。此据长素自引之书证之，而长素注硬谓秦、汉诸子无不以《六经》为孔子所作者，此尤面欺呆童之语。

谓孔子于《五经》文句间有点窜涂改者，理或有之。然不能因是遂谓孔子作。譬如子弟初学作时文，文大体皆佳，而字句有未妥者，父兄略为点窜涂改，不得谓此文即父兄作。

《墨子·公孟篇》云：儒者或以不丧之间，诵《诗三百》，弦《诗三百》，歌《诗三百》，舞《诗三百》，并无作《诗三百》语。长素亦以此证《诗三百》为孔子所作。何谓？

《淮南》云：《诗》、《春秋》皆衰世之造。长素据是，以为皆孔子作。不知造《诗》、《春秋》者自有人在，孔子不过笔削之、删定之。直称曰作，是与凭虚营构无异。长素既知孔子于《诗》不过点窜涂改，何仍诬之曰作、曰创造？

《尚书·殷盘》、《周诰》诘屈聱牙。孔子既欲全经重造，何难改归一律之文，乃仍因其旧，使与唐、虞《典》、《谟》绝不相似？据是，亦可为孔子非创造铁案。

长素据《论衡》称说《书》者，钦明文思以下，孔子鸿笔，以为铁案。不知后儒推论古人，有宽泛不审实，而姑作是说者，比比然也。如班孟坚《前汉书》，前半多沿史公原文不改，书犹未成，为其妹昭所补，则非孟坚一人笔明矣。而世儒泛论，每欲辨《史》、《汉》二书文之优劣，一若《汉书》皆孟坚鸿笔也，亦非不知，姑作此论耳。仲任称孔子鸿笔，亦犹是也。或曰：然则世多称《史记》为子长作，《汉书》为孟坚作，何也？曰：此亦世之谬称，谓之编辑可也；谓之作，不可也。温公以纪年体编《通鉴》，孟坚以纪传体编《汉书》，其例一也；而世皆以为撰，失实也，非正名辨物之义也。故刘知幾亦称虞、夏之《典》，商、周之《诰》，孔氏所撰，此足为长素借口，而实非也。夫谓孔氏撰其书，不过失正名之义耳，犹可言也；长素所谓造者，并谓造其事实以诬古，则不敢闻命矣。

长素以为，夏启当天地开辟时，安得盛琴瑟钟鼓？据此则《虞书》夔曰戛击鸣球，搏拊琴瑟云云，尚在夏启前，为孔子虚造者无疑，有此理耶？

《孟子》云：三年之丧，自天子达于庶人，三代共之。又云：尧崩，三年之丧毕；舜崩，三年之丧毕，云云。孔门明言，自唐虞以来，皆行三年之丧。《墨子》则痛诋三年之丧。其《节葬篇》云：厚葬久丧，非圣王之法。长素云：《墨子》开口便称禹、汤、文、武，若果为禹、汤、文、武之旧，断不敢肆口谩骂，可知孔子伪托无疑。此似有理，然细观《墨子·节葬篇》诋厚葬久丧为非圣王之法，援尧、舜、禹以为证，而专述尧、舜、禹葬事，未尝一及于丧。夫《墨子》既丧葬并驳，何妨直言尧、舜、禹皆三月之丧，乃竟无一语及之，第于后之厚葬久丧，果非圣王之道。此可知尧、舜、禹虽薄葬，而实行三年丧。《墨子》心非之而不敢言，故仅举其薄葬，勉强含混以曲圆其说耳。且孔门未尝一语道尧、舜、禹之厚葬，可知《墨子》所云薄葬是实，而《孟子》所云三年丧亦非伪也。

世传尧乐《大章》，舜乐《大韶》，《虞书》于舜之韶言之备矣，而《墨子·三辨篇》云：昔者尧、舜有茅茨者且以为礼，且以为乐。汤放桀，因先王之乐，又自作乐，命曰《濩》。又修《九招》。长素注谓：《墨子》以尧、舜之乐为《茅茨》，以《招》为汤，以是证孔子移《九招》乐于舜，没茅茨名，而舜实无韶乐也。余骤观之，几无可辨。然考《三辨》论茅茨注云：旧作第期，今据《太平御览》改之。《御览》真伪不可知，而第期二字，安知非章韶之讹？下云：汤修《九招》。注：旧作循。可知《九招》实古乐，而汤修之循之耳。其非汤乐可知。既非汤乐，安知非舜乐？且古书述章韶二乐甚多。《吕氏春秋》云：帝尧立，乃命质为乐。质乃效山林溪谷之音以歌，乃以麋骆置缶而鼓之，乃拊石击石，以象上帝玉磬之音，以致舞百兽。瞽叟乃拌五弦之瑟作以为十五弦之瑟，命之曰《大章》，以祭上帝。《帝王世纪》云：夔放山川溪谷之音作乐《大章》。《淮南子》云：有虞氏之祀其社用土，祀中霤，葬成亩。其乐《咸池》、《承云》、《九韶》，其服尚黄。《吕氏春秋》又云：舜立仰延，乃拌瞽叟之所瑟，益之八弦，以为二十三弦之瑟。帝舜乃令质修《九招》、《六列》、《六英》，以明帝德。由是观之，《吕氏春秋》及《淮南》所载，亦多孔门所未言者，必更有所采之古书，今已不传耳。安得因《墨子》一语而断定之？

或曰《墨子》云：乐愈繁，则治愈寡。唐、虞之乐简，可信矣。曰：简则简矣，而笙镛鼗鼓，安知其必无也，但其后更繁耳。即如长素言：尧、舜乐名《茅茨》，茅茨之物，果可为乐耶？

《墨子》云：古者圣王非不知能繁登降之礼，制规矩之节，行表缀之数以教民，以为烦人留日，故制礼不羡于便事。非不知能扬干戚、钟鼓、竽瑟以劝众也，以为费财留工，故制乐不羡于和。非不知累世殚国以奉死，哭泣处哀以持久也，而不为者，知其无补死者，而深害生者，故不以导民。长素据是，以为礼乐孔子作无疑。然余观周、秦诸子所言，往往自相刺谬，多不可解。夫晏子既以钟鼓竽瑟为圣王所无，而《外篇》第七又载晏子对景公曰：先王之济五味，和五声也，以平其心，成其政也。声亦如味：一气、二体、三类、四物、五声、六律、七音、八风、九歌，以相成也。清浊大小、短长疾徐、哀乐刚柔、迟速高下、出入周流以相济。君子听之，以平其心，心平德和。此亦《晏子》之言也。使先王无钟鼓竽瑟，则五声、六律、七音、清浊、小大、短长，不知何由而见，非自相刺谬者耶？故余疑《晏子》所称古者圣王，恐指尧、舜三代以前而言。盖周、秦诸子立言，强半高言古初，而卑尧、舜、禹、汤，亦习成风气也。惟孔门立言，断自唐虞，所以与诸子异。且《晏子》于讥孔子之前有曰：周室之卑也，威仪加多，而民行滋薄；声乐繁充，而世德滋衰。可知孔子前未尝无威仪，特加多耳；未尝无声乐，特繁充耳。周之圣王，既有威仪声乐，安知夏殷必无？且《墨子》非乐，而于《三辨篇》犹称汤因先王之乐作《大濩》。在汤时称先王，必夏先王矣。夏之有乐明甚。而长素犹称夏启当开辟时，安得盛钟鼓琴瑟，何也？且《晏子》称古者圣王，而不称先王。所谓古者，去今已远，决非三代。余惟不敢坚谓尧、舜以前耳。盖尧、舜时，虽亦有礼乐丧制，而较之三代，或更简略,未可知也。

余惟疑《仪礼》一书或孔门所创定。盖其书但详载周旋登降、进退缀兆之节,而不言其礼为何时所定,何朝所用。或为殷礼、夏礼,或为周礼。孔子既欲托古,则开章宜首言何王之制。今不言,则孔子自创,当无疑也。惟必有依据而作耳。此尚未决,余拟以为孔子不过斟酌损益,非凭虚而撰,谓改可也,谓作不可也。孔子既自作,则决不托古。于是可见托古者必非自作明矣。夫创法改制,皆圣人分内事,惟杜撰古事,诬蔑古人,圣人所不为。

十八日　晴

净扫斋中,尽去坐具,布席凭几观书,古法也,东人有行之者。

览《改制考》。长素以为,乐传要眇,其传最难。以其音节铿锵,寄之于声,易于变失。因历证秦、汉以降,音乐流传,往往数百年辄亡而难存。以是知孔子去唐、虞数千年,安有《韶》乐犹能存,使孔子闻而忘味乎?则古乐皆圣门制作明矣。余谓不然。秦、汉以下事与三代上迥殊,不能相例。何也?吾尝闻实斋章氏之言矣,古者官师合一,道器不分,是故当时士夫于六艺,被服如衣食,人人习之为固然,未尝专门以名家者也。后儒但即一经之隅曲,终身殚竭其精力,犹恐不当。盖官师合,故古人为其易;官师分,而后人为其难。旨哉言乎!余谓:三代以上,古乐能久存者,亦官师合一之故也。秦、汉以下,官师渐分,惟恃专门名家,私相授受,故久则散失,而无几微存矣。据是为比例,岂确论乎!

《易经》自卦画外,其文辞恐皆孔子所推演。长素此说可信。

《庄子·天下篇》:古之人,其备乎!长素谓:古之人专指孔子,此说似不可易。由是以观,则前《春秋》经世先王之志,所称先王,果否指孔子,亦难决也。

长素据《孝经纬·钩命诀》有孔子自谓逊顺以避祸灾，与先王以托权二语，谓孔子自明微意。然孔子何不云托先王以明权，仅云与先王以托权？吾谓托权也者，藉其权力于先王也。盖与上文无爵禄之赏、斧钺之诛，意正一贯，今作巽以行权解，误矣。惟曾子撰斯所问"孝文乎驳不同何也"八字实不可解。夫所谓驳不同指何而言？本书如不同耶，抑与他书又不同耶？今观本书无不同，证以他书，不见所谓不同。如长素之意，必谓所述制度与当时所见书不同。然《孝经》一书多言理，惟《丧亲章》述制度亦甚略。岂曾子之意果如是耶？然观文驳不同语，意似专为本书者，使果与他书不同，当指明何书。今仅云：文驳不同，未敢决定。吾意孔子或先著一书，亦名《孝经》，与此本大旨无异，惟不称述先王，故曾子疑问，夫子遂自揭宗旨，以言不能不托权先王，我无权故也。

《孟子》曰：大人者，言不必信。盖为孔子背蒲人之盟发也。若真为托古、诬古发，当云：言不必实，方可为据。长素又以慈母养子，托之鬼神为喻。余谓：此我国之恶俗耳。使呆稚缵种诈伪之根，长而好诳语，父母之教也，故西人禁之。

《墨子》称：三代圣王既没，后世君子或以厚葬久丧为仁义，或以厚葬久丧为非仁义，皆曰吾上祖述尧、舜、禹、汤、文、武也。而言即相非，行即相反于此乎？后世之君，皆疑惑二子之言也。此亦长素引为铁案者。吾则谓：《墨子》嫉孔门守唐、虞三代之法过坚，故为是说，以动摇天下人之心，使不信儒者之言耳。不然《墨子》即非厚葬久丧，而祖述尧、舜者，何以不公言尧、舜皆三月之丧，乃仅举其薄葬，于丧制则不著一辞？而墨子之情虚矣。《尸子》云：禹治水，为丧法曰：毁必杖，哀必三年，是则水不救也。故使死于陵者葬于陵，死于泽者葬于泽，桐棺三寸，制丧三日。据是，则禹当日诚有短丧之制，然不过治水时之权法耳，且可见三年丧当时已行。若古无此制，禹何必有水不救之虑？观于制丧三日，禹所特创可知。及水土平，禹崩，而天下仍丧之三年。盖禹之权法仍不能令天下久行也。尸子，名佼，亦战国时人，卫鞅之客。荀子尝称其非先王之法，不循孔子之术。而其所言，反足为孔门作证，可信其非虚语矣。

齐宣王曰：文王之囿，方七十里，有诸？孟子曰：于传有之。长素据是以难文王以百里王之说，曰文王之国果百里，其囿占全国大半，无是理也。不知此实当时短书俗记所载，不足信。孟子欲因导齐君于善，姑妄应之耳。若文王果有囿七十里，亦在诸侯归服、疆域渐广之后。若必谓百里之说孔门伪托，则楚令尹子西非孔门也，何以其沮王封孔子书社地曰：文王在丰，武王在镐，百里之君卒王天下。可知文王百里之说，当时古书多载之，非独孔门有是言也。

孔子当春秋时，书籍未遭秦火，人人读之，人人见之。如三坟五典、八索九邱，邃古之书犹存，何况三代之书？孟子虽云诸侯去其籍，然时周天子必不去其籍，即私家所藏亦必尚不少，何能尽去？使孔子果伪造掌故，当时通人必有知之者，将皆哗然。老聃为周室之征藏史，孔子伪造，岂能遁老聃之目耶？自为妄人，不齿于众，是孔子欲托古以行其权者，适足败其术耳，尚能道济万世乎？

长素既知庄周尊孔子，乃于其攻孔之寓言并录入《诸子攻儒考》内，何其悖也！

庄子谓夫子取先王已陈刍狗，取弟子寝卧其下。使果伪造，则为新制之刍狗矣。

韩非谓事《诗》、《书》谈说之士多，则民游而轻其君。盖既欲重君，则不能不愚民。

韩非云：故明主之国，无书简之文，以法为教；无先王之语，以吏为师。李斯佐秦,一统天下,即遵行此二语。而长素以为书未尝焚,犹设博士以教天下学者,使天下以吏为师。吏,即博士也,而仍教以书简之文。大谬之论,自以为特识,抑何可笑!

十九日 晴

晚,微阴。风作,俄止,稍凉。览《改制考》,录日记。

二十日 晴

观书。长素因太史公有李斯知六艺之归一语,遂谓斯佐秦定天下,实传儒学之一派,且以为书不尽焚之证。不知太史公意明明惜斯既知六艺之归,而不务明政以补主上之缺,持爵禄阿顺苟容,严威酷刑,盖讥其背儒术也,安在其为传儒一派耶?长素又以《公羊》有大一统之说,而李斯佐秦定一统,罢侯置守,以是谓其传儒术。不知《公羊》大一统句下,何休注云:王者始受命改制,布政施教于天下,自公侯至于庶人,自山川至于草木昆虫,莫不一一系于正月,故云政教之始。据是,可见三代圣王受命,皆称大一统。所谓通三统也。但有王二月、王三月之分耳,且非废诸侯乃称大一统。一统云者,自公侯至于庶人,自山川至于草木昆虫,莫不统于王也。今必执罢侯置守而后为大一统,抑何谬耶?三代以下之为乱世,皆李斯置诸侯不便一语酿成之。王船山曾有此意,余复畅发之,详于前矣。使孔子所谓大一统,果志在罢侯置守,如李斯之言,则孔子为二千年之罪人矣,乌得为教王哉?是日,杏孙、燕生来,作竟日谈。入夜,大雷雨,狂风撼窗,俄止。

长素云:韩非、李斯同学于荀子,而二人之败,其事同,其祸同。又云:二人皆以急功名之故,遂严法酷令,以投时君。时君说之,其祸中于人。又云:李斯预闻孟、荀之义,而行孔子大一统之制。意若李斯实传儒术者。夫韩、李二人,既背道而驰,安有传儒术之意,则李斯之罢侯置守,非孔子所谓大一统之制,明甚。

二十一日　晴

览《改制考》引《淮南子》称武王伐纣,载尸而行,海内未定,故不为三年之丧。始禹遭洪水之患,陂塘之事,故朝死而暮葬。此皆圣人之所以应时耦变,见形而施宜也。长素据是,以为汉时遗书尚有知禹、武不为三年之丧、三月之葬者。此亦自命考据家也,令我笑死。夫武王之不为三年丧,汉时遗书明言,因伐纣载尸,海内未定之故。可知未伐纣之前,本行三年丧;海内既定,复行三年丧矣。禹立朝死暮葬法,实因洪水之患,陂塘之事,与《尸子》之言正相发明。及水土平,安知不仍旧制?长素所引证之书,反足为人所攻彼之证,抑亦太阿授人矣。

二十二日　晴

枚叔至自杭,过谭。昳,燕生来。三人畅论至夕,偕步公园,花园纳凉,夜分乃散。

二十三日　晴

蚤起诣城内,日中归。

《孟子·滕文公章》:然友反命,定为三年之丧。父兄百官皆不欲,曰:吾宗国鲁先君莫之行,吾先君亦莫之行也。长素据是以为决非大周定礼。不知当孟子时,诸侯之不尊周已数百年,虽有周礼,而诸侯皆去其籍,不复奉行,视为固然。父兄百官,又皆贵游子弟,非读书考古之人。其所称先君,殆据近代而言。若世远年湮者,则茫然莫深究。犹中国人诋泰西制度,以为非先王圣人之道,彼直以大清律例为先王之道也,八股为圣人之教也,岂不谬哉!滕之父兄百官,殆即此辈人,安得据为确证。且所引志,决非《会典》、《通礼》之书。盖既丧祭从先祖,语意似断制有议论者,疑私家论著也,更不得为据。要之,战国之际,列侯之朝,无复官书可稽,而私家所藏,尚可考证,所谓礼失求诸野也。孔、孟皆据私家流传古书,慨然力为表章,欲复久废之制,宜当世骇怪,多阻挠也。

长素又称《康诰》云:古之人若保赤子,而夷子以为儒者之道,见于《滕文公章》明甚,可见《书》为孔子所作。不知儒者之道一句,朱晦翁解已误。此道字,实与孟子道性善之道同一义,当连下读。犹言儒者之所以称道古之人若保赤子,此言何谓也?若道字读断,则原文语气难通矣。《康诰》人人读,人人可称道之,此语尤为儒者所常道者,故墨子就其所道者进而折之,亦常事耳,岂能据为孔子作《书》之证耶?

《论衡》云:王者之堂,墨子称尧、舜高三尺,儒者以为卑下。长素据是以为儒墨改制不同之证。此又大谬。墨子所称尧、舜堂高三尺,亦古书所传实事;儒家以为卑下,亦腐儒偶存此空论耳,孔门何尝更创为尧、舜堂高六尺之制耶?且所谓高三尺者,言其阶高三尺。故仲任有过高则视策不能从户牖见之辨。若屋高三尺,人将俯而后入,无此卑下者。吾意儒家所以讥之,殆亦误会以为屋高三尺,故以为卑下,阶高三尺,不得谓卑下矣。所以号腐儒也,其非孔子及门弟子可知。

墨子虚造妄言,谤毁孔子,《孔丛子》犹逐条辨正之。孔子虚造妄言,以诬先王,何竟无逐条辨正之者,必待长素而后发耶?《孔丛子》伪与否不可知,而辨正者不可谓无其人也。

长素既〔云〕《孔丛子》诘墨,知孔子讥晏子三心之说非真,而犹录入儒改诸子考,可笑。

《荀子·礼论》既讥擅作典制者,则孔子之不擅作可知。

心辨而险,言伪而辨,行僻而坚,志愚而博,顺非而泽,五者康长素皆近之。未可诛者,嘉其有功于今人也。

二十四日 晴

读张茂先《鹪鹩赋》、祢正平《鹦鹉赋》、贾长沙《鵩鸟赋》,颇得赋之旨趣,盖能抒寄胸臆,与《诗》同。

晡,览《改制考》毕。长素以为古无学校选举,自孔子创其制,汉武帝始大行之,遂作《汉武后儒教一统考》。不知汉武之兴学崇儒,果崇其实乎,抑仅有其名乎?有其名而不务实,则与未行无异。马端临《通考》论曰:武帝兴学,只是好名。当时文学布在州郡,极留滞,故公孙弘请选用之为学官,而复补卒史及郡国备员,意轻可知。其言甚是。盖后世人主视儒与俳优等,其建立学校,如筑剧场之台,取其润色鸿业而已。若谓立学校便是行孔教,则自汉以来,几无代不立学校,试问有益于天下否耶?《汉书·张汤传》称,上方乡文学,汤决大狱,欲傅古义,乃请博士弟子治《尚书》、《春秋》者,补廷尉史。汤虽文深意忌不专平,然得此声誉。而深刻吏多为爪牙用者,依于文学之士,丞相弘数称其美。则当时诸儒,曲学阿世,傅会经义,以行法家之术,抑可想见。而长素所谓汉之善政,皆出其中者,此其证也。

长素谓两汉郡吏,以儒术化民,而所举仅寥寥数人。若以是为孔教大行,则历代多有,两汉岂得专美于前耶。

晚,至张园纳凉。归,诣杏孙。

二十五日 晴

铭舫及芝兄至自津,过谭,留午食去。

览王深宁《困学纪闻》,述《易》修辞立其诚云:修其内则为诚,修其外则为巧言。名论。

乾坤之次屯曰建侯。封建与天地并立,可知圣人之微意。三代上之治,以封建;三代下之乱,以无封建。若汉、晋及明,虽有封建,皆非先王规制,与〔无〕封建同。

愚按《易》乾、坤后,屯有封建意,蒙有学校意,需有井田意,讼者刑所由始也,师者兵所由起也。

深宁曰:柔而刚,则能迁善;刚而柔,则能顺理。名论。

《易》之宗旨,扶阳抑阴。愚谓阳,君子也;阴,小人也,盖扶君子抑小人之意也,观于泰否一卦可知。若谓专为尊君抑臣言之,谬矣。

二十六日　　晴

录外史。过午,枚叔来谭。夜,偕至浦滩观灯。

孔子之徒皆习礼乐诗书,墨子之徒能使蹈汤赴火,故孔教近文,墨教近武。韩非所诋为儒以文乱法、侠以武犯禁是也。然孔、墨皆志在传教,以平世主之权。及后世,人君崇法家之学,而儒、墨皆为所用。盖世安则以儒饰治具,世危则以墨供驱役。何也?谈经术、摛文词者,儒家之事也,非饰治具者乎?冲锋犯难、效节捐生者,墨氏之学也,非供驱役者乎?故曰儒、墨皆为法家所用。

二十七日　　晴

录外史。晡,至《蒙学报》馆,与法吾谭。晚归,览《困学纪闻》。

深宁云:君子道盛,小人自化。故引玉泉喻氏云:《泰》小人道消。非消小人也,化小人为君子也。颇有见。

二十八日　　晴

录外史。晡,诣枚叔谭,偕至张园。夜观烟火,奇妙。

二十九日　　晴

法人索宁波义冢。宁人不可,在沪者皆罢市,聚众大哗。西人发枪击之,毙十馀人,犹未解。

余前论长素《伪考》所称,秦焚书,未焚博士所职者,此语自马贵(與)〔舆〕已发之,可见秦官板书未焚之说颇确。然萧何入秦,收丞相御史律令图书,亦未收博士所职者。及后咸阳一炬,而完书毕竟无存矣。坏壁所得古书,非刘歆伪造无疑。自谓心得,可折长康,语枚叔亦以为然。及观《困学纪闻》,始知王伯厚已有此说。盖述帝王大训,末云:若高帝能除挟书之禁,萧相国能收秦博士官之书,则倚相所读者,必不坠矣。又吕成公《大事记》云:秦始皇三十四年所烧者,天下之书;博士官所职,固自若也。萧何独收图籍,惜哉!宋萧森《希通录》曰:李斯曰:非博士官所职,天下敢有藏《诗》、《书》百家语者,皆诣守尉杂烧之。则是天下之书虽焚,而博士官犹有存者。惜乎入关收图籍而不及此,竟为楚人一炬耳。于是可见古人读书精审,非如长素卤莽灭裂者也。

《左传》曰:舜臣尧,举八元,使布五教于四方:父义、母慈、兄友、弟恭、子孝。不及君臣、夫妇、朋友,盖以五者皆天合,三者皆人合也。可知古人重天合而轻人合者也。孔安国本左氏以解《虞书》五典克从语,深宁以为不如程子本于孟子者为是。余谓孟子所述五伦,盖谓尧使契教者。《左传》之述五教,谓舜使八元教者,本非一事。今所谓五典,不知果何属,而要不得以是病左氏。盖于左氏所述,犹窥见古人之微意也。

三十日 晴

录外史。晡,诣《时务报》馆。晚至丝业会馆,叶浩吾等为法甬争斗事集议。

《困学纪闻》述帝王大训之存于汉者,于二卷之三页中,颇多精卓可诵者。

范蜀公《正书》曰:舜之五刑,流也,官也,教也,赎也,贼也。盖墨、劓、剕、宫、大辟为贼刑之科目,后世止以是为五刑。故肉刑一废,遂不可复;非不可复也,不行帝王正五刑,而专以贼刑当天下之罪,惨莫大焉。翁元圻云。

《帝王世纪》载商容事云:商容尝执羽籥,冯于马徒,欲以伐纣而不能,遂去,伏于太行。及武王克商,欲以为三公,商容辞以无勇。余谓是人,仿佛今之宋燕生。

六　月

初一日　晴

表兄子涵至自江宁。

观于《吕氏春秋》载城之战,雍季之言曰:竭泽而渔,岂不获得,而明年无鱼。焚薮而田,岂不获得,而明年无兽。可知兵不厌诈之说,为衰世之名义,非用兵正理也。

鲁之两生民献之十夫,皆以无名而不朽者也。

深宁先生亦云:自封建之法废,国如木之无根,其亡也忽焉。历代醇儒深识,多有此说。

周公营成周,以为此天下中,有德则易以王,无德则易以亡。又云:惟予一人,有善易得而见也,有不善易得而诛也。又云:使予有罪,则四方伐之,无难得也。皆见《史记》、《吕氏春秋》、《说苑》诸书。可见圣人虽制封建传子孙,而犹有公天下之意。

初二日　晴

晡,诣杏孙谈,子涵亦至。

《周书》斯谋斯猷,惟我后之德二语,启后世媚上颂圣之大病。

先儒谓成王失言,当矣。后世惟汉光武尝下诏禁上书者称圣,其他无闻焉。

《洪范》五福不言贵。阎百诗云:古人之在位也,如肩重负;其去位也,如释重负。得昔贤立言之微意矣。若视贵为福,则近于以位为恣睢,而天下事不可问。今日泰西之法,其人亦多不以居官为乐。盖文明之世,理当如此。

初三日　　晴

诣陵斋,归录外史。

王伯厚云:尧、舜名臣止任一事,仲尼高弟皆为一科。愚谓此可知古人重专门之学。

又云:式和民则,顺帝之则,有物有则,动作威仪之则。圣贤传心之学,惟一则字。愚谓则,法也。所谓道与理,皆法也。故内典动云佛法,又云法空。

宋武帝留葛灯笼、麻绳拂,而不能禁孝武之侈;唐太宗留柞木梳、黑角梳,而不能禁明皇之侈。故知垂裕后昆之难。元英宗御大安阁,见太祖、世祖遗衣,皆缣素木绵,重加补缀,嗟叹良久,谓侍臣曰:祖宗节俭如此,朕等敢顷刻忘之。张安世之于汤,沈劲之于充,张嵊之于稷,李湛之于义府,其能盖愆,固也。而父子灵性之不相关,亦可信。

初四日　　晴

向午,枚叔走谭,论谭甫生《仁说》,有云男女媾合事,因其所合之具生于隐曲处,故人以为羞;若生颅顶间,则虽朝会燕飨时,犹可一试。余谓此好为新说,而未潜思夫理也。男女之事生于爱力,爱力生于对待。自无明风动妄认为人我,于是有世界,有众生,有对待。有对待则有爱有拒,拒之极至于相杀,爱之极至于相淫,圣人不能遽禁其淫且杀,以返于无对待之境。于是为之节制,许烹杀禽兽,以泄其杀之机;许娶妻置妾,以泄其淫之机。有所泄,斯有所止,乃能有所不杀不淫者,以仁相接,以礼相限,而世界可少安。然由斯渐进,公理日明,必期于淫杀尽去,爱拒悉化,返于无对待而后已。故知肉食娶妻,实据乱不得已之法,而非天理中本有也。是故闻声于庖厨者恻然,男女结褵而色觍然,皆天理微发露者。若如甫生言,媾合之具若生颅顶则不足羞,如是岂尽人可以淫乎?而淫遂足为天理乎?尽人可淫,则亦尽人可杀矣。且淫者,秽垢之事也,性体贵净,故非所当有,岂交合于顶颅者遂不秽亵耶?以口相交,谓之接吻,西人惟夫妇行之,不避人,亦不施于他人也。中国人犹视为秽亵,而讥之曰夷礼。可知即生颅顶,而终以为秽垢事,亦不可行于广众间也。

初五日　　晴

览《困学纪闻》。杏孙过谭。午后,大雷雨,俄止。薄暮,诣张园。孙若愚招饮。夜,晴。

初六日　　晴

录外史。闻次申有母丧,次申赴津未归。晚,杏孙招饮。

余分诗文,则胜处为三:曰理,曰境,曰情。近忽悟诗之三体,曰比、赋、兴,比近于理,赋近于境,兴近于情。

《虞书》所载鸟兽率舞,凤凰来仪事,人多疑之。然观于《东观汉记》所述,王阜为重泉令,吏民向化,鸾集学宫,张乐击磬,鸟举足垂翼,翾翔而舞,其事不虚。

初七日　　晴

晨入城,日加午归。昳,枚叔过谭。晡,小雨。

初八日　　晴

录外史。晚,览《困学纪闻》。

我国自古重文辞,圣门有言语一科,文辞即言语也。《毛诗·定之方中》,传所谓大夫之九能,云:建邦能命龟,田能施命,作器能铭,使能造命,升高能赋,师旅能誓,山川能说,丧纪能诔,祭祀能语。皆谓文辞也。西国古时亦然。前见梁译书载,昔希腊敬奉九女神,号曰慕赛,在人间分司文明之事。九女座平列:首座左执简,右把笔,主增慧于咏事;二座展书一卷,主增慧于作史文人;三座执笛,主骚歌;四座执剑,以葡萄叶绕首,主哀曲;五座执琴,主舞曲;六座左执琴,右执琴拨,主演谱慕悦之词;七座作思慕色,主步虚游仙;八座执杖,向一球作指,主天文;九座执牧杖,戴假面具,以五加皮绕首,凡调笑诗词及牧歌,皆其所主。是以泰西遇有著名美诗文之人,众即言其获诸慕赛所默佑。其风如此。

乐之有声无词者,《南陔》以下六篇,投壶鲁薛鼓之节亦然。

周穆王迁戎于太原以亡周,与晋武帝使刘渊监五部军事将兵在邺以亡晋同。

《诗·权舆》四篇,至于每食不饱,醴酒不设之意。

王深宁格物之学,莫近于《诗》一节,琅琅可诵,真善学《诗》者矣。

《诗纬含神雾》云:诗者,天地之心,君德之主,百福之宗,万物之户。惟四始之说,终不解。

春秋急攻战,留意学校者,惟鲁僖公、卫文公。

初九日 晴

录外史。观书。诣燕公谈。

唐太宗夜读《周礼》,以为真圣作,曰:不井田,不封建,而欲行周公之道,不可得也。愚谓太宗果聪明过人,彼已知井田、封建为先王政法之纲领。惟余则谓不封建而欲行井田,亦不可得也。

初十日　晴

录外史。晡,观书。

卓茂不禁吏之受馈遗,杜密不耻谒守令陈托,刘晏不除造船之宽剩钱,崔祐甫用人不避亲故,苏轼请许漕河纲运者承揽货物,皆极深于事理而洞达治体者。卢坦、赵抃不抑谷价。李孟谦元仁宗划吏云:吏亦当有贤者。钱士升谏明庄烈括江南富民财云:富户者,贫民衣食之资也。陈球谏明英宗云:不烦民而役军,军独非国家赤子乎?

十一日　晴

与仲逊诣次申。过午大雨,次申始归,知母殁,号痛不止。

晡归,夜观书。

王伯厚曰:禹尽力乎沟洫浚畎浍,距川,遂人五沟五涂之制,因于古也。以水佐耕者丰,稻人掌之,以水佐守者固,司险掌之。自乡遂之法弛,子驷为田洫,而丧田者以为怨。子产作封洫而伍田畴以为谤。晋欲使齐尽东其亩,而戎车是利,甚而两周争东西之流。至商鞅决裂阡陌,吕政决通川防,古制荡然矣。古者内为田庐,外为沟洫,在易之师,寓兵于农,伏险于顺,取下坎上坤之象。沟洫之成,自禹至周,非一人之力。沟洫之坏,自周衰至秦,非一日之积。先儒谓井田坏而戎马入中国如入无人之境,悲夫!注云:《夏官》司险:设国之五沟、五涂而树之林,以为阻固,皆有守禁。朱氏《汉上易传》:师,《大象传》或曰:隐至险于大顺,伏师旅于民众,井田之法也。愚谓观是可知井田之利,且可以佐封建也。

十二日　晴

录外史。晡,观书。佑三过谭,祥士亦至。

汉光武云:吾治天下,亦欲以柔道行之。此颇得用九无首之旨。盖处尊位,必以柔也。故东汉循吏,如宋均、刘宠、廉范、刘宽辈,皆以宽得民。

十三日 晴

枚叔过谭,燕生亦至,论事又不合。晡,诣《时务报》馆。

汉家法已严切,而崔寔犹病其宽。盖严及无辜,而宽于纵暴之权贵也,安得治?以光武宽仁之主,然其下诏核检田亩户口,犹不胜扰民。以宋(憬)〔璟〕之贤相,然其禁恶钱也,民犹嗟怨。可知据乱之政,宜简,宜安静,多一事必多一扰矣。

十四日 晴

录外史。晚,观书。

汉家外戚之贤者,以阴识为最,马廖次之,邓骘又次之。

十五日 晴

在次申家终日。是日,次申成服,吊者踵至。晚归,观书。

王者,往也,众所归往也。君者,群也,群所立也。《说文》作尹口,盖天下之君与官一也。帝,谛也,审谛于物也。桓帝时,李云敢露布昌言帝欲不谛,此真气节也。

汉家尚无忌讳,故李固、皇甫规、荀爽辈对策,皆指斥时政,亦无获谴者。

十六日 晴

录外史。过午,枚叔来谭。

愚谓尧舜传贤,其为公天下之心,大矣。然不能大辟民智,大伸民权,立公举之法,使天下万国世世遵行,如华盛顿之于美利坚者,岂识犹不足耶?抑或私心未尽化,虽无利子孙之志,而犹有保君权之意耶?识未足则愚,私未化则诬,二者必居一焉。

十七日 晴

昔山涛见王衍,以为乱天下苍生,必此人。石勒诛王衍,亦曰破坏天下,非君而谁?世遂谓王衍清谈误国,以是极罪老庄。愚谓不然。夫王衍之为人,诚不足道;然谓晋乱为衍所酿,则大谬。盖晋之内乱始于立贾后,外乱始于以刘渊为左部帅。立贾后而八王之兵构,任刘渊而五胡之乱成。即使王衍不善清谈,不崇老庄,亦安能拒八王、捍五胡耶?当时为崇有之论者非无,裴頠与张茂先同辅政而未忠,讥其欲而无厌,弃典礼而附贼后,可知当时即不为清谈,亦无补晋室之乱。试观王导、庾亮、谢安辈,罔不善谈老庄,而佐成东晋之偏安。为清谈者,何负天下耶?黄老之学,清静画一。萧曹汉文,以是为治。东汉循吏如宋均、廉范诸人,亦以是抚民。盖据乱世之天下,为政尚宽静者,皆老氏之学。盖政烦则扰民,水清则无鱼,有不得不然也。老庄之言,正足救法家之穷。如王衍者,特能谈耳,其为人固不足道,然以乱晋之罪归之,并委咎于老庄,余则不能不辨。

十八日　晴

观书,子颐来,甫至自都,小谈去。日昳,诣子颐。哺归,录外史。夜,石孙来,将诣都。观《周礼》司寇一职所述,询国迁,询国危,询立君,皆询及士庶人。而当询之时,自公卿大夫以至士庶人,皆有所立之位。又凡决狱,亦往往询及庶人。则古人似有议院之法。章枚叔云。

十九日　晴

祥士过,莲兄亦至。昳,诣子颐,复访杏孙。哺,偕枚叔至张园,晚归。

扶鸾一事,世俗多有不知其所自始。惟《魏书·崔浩传》载,浩受寇谦之之术,有所谓天宫静轮之法。且浩上书,圣王受命,必有天应。河图洛书,皆寄言于虫兽之文,未若今日人神接对,手笔灿然,辞旨深妙,自古无比,岂可以世俗当虑,而忽上灵之命。疑即近日扶鸾之事。

二十日　　晴。日中雨,晡复晴

观书。是日立秋。

南北朝之际,其政治之美,自元魏文帝以外,独推刘宋之元嘉。而齐武帝亦差胜。然考元嘉之治,史称百官皆久于其职,守宰以六朞为断,吏不苟免,民有所系。齐永明时,史亦称郡县久于其职。由是可见郡县之天下,官吏果能久于其职,不数迁调,其政治必有可观者,盖即行封建之意也。

二十一日　　晴,俄阴,微凉,有秋意

录外史。晡,观书。夜雨。

二十二日　　雨

录外史。日中晴。襄孙使人送融斋书院课卷来,属枚叔阅者。晡,观书。夜雨。

自魏晋以来,历南北朝以至于隋,凡更姓易代者,莫非臣夺其君,君逼于臣之势而行禅让。论者皆以篡窃为罪。不知当时凡臣之能代其君者,其才略德器实过其君什倍。以公举之理而言,则司马炎、刘裕、萧道成、萧衍、陈霸先、杨坚诸人,皆在应举之例。是时守成之主既昏懦而不胜任,理当禅于其臣,其臣代之,亦于德义无亏。而世儒愗愗痛诋,以为悖义伤教,亦何所取耶? 夫君为民而设也,君稍庸暗,民已不胜苦,况如东昏、叔宝之荒乱者耶? 而犹曰臣宜守节而不可代之,此真宦官宫妾之见也。惟自刘季奴以后,凡既废之主,每不保天年;或且杀前朝宗族殆尽,是则不免以暴易暴。

二十三日　　晴

荔轩过谭。晚,观书。

《易·系辞》云:圣人之大宝曰位。后世人之争此宝也,至屠割天下而不顾;其君之私此宝,至父子兄弟不相容。慢藏诲盗,象齿焚身,悲夫!公举法立,使人视此物不足为大宝,而天下之争平。

二十四日　晴

枚叔过谈终日。夜,同车游愚园,登西偏之小楼茗话,热甚,无风。

二十五日　晴

观书。日中,问槎至自杭。录外史。晡,诣次申。晚,造杏孙庐纵谭。

子舆氏云:闻其声不忍食其肉。又云:见孺子匍伏将入于井,虽盗贼亦动其心。天良之发,人所固有也。以隋文帝残刻御下,然观其因旱饥,遣左右视民食,得豆屑杂糠以献,犹知流涕,为不御酒肉者期年。可知平日不见不闻,则民虽流离颠困于下,彼殊漠然,无所动矣。非果忍其民也,民与君疏隔太甚,而其君又深居简出,安得知民之艰;即知之亦仅于耳目所及,其所不闻不见者,正不知凡几。夫君既不知民之艰,则虽有贤主,其所补于天下,抑亦微矣。故吾谓行君主之政,其惟三代封建之世,民或得稍舒。何也?君与民相亲。

二十六日　晴

日中诣子颐。昳,往视次申。晡,归。夜,观书。

秦销天下兵器,隋亦收天下兵器,然皆不旋踵而大乱作,遂以覆其宗社。后五代吴复禁民私畜兵器,而盗贼益繁,可知民之为乱与否,不在兵器之有无也。今鄂中大吏鳃鳃然以士民私藏枪炮火药为惧,抑何其见之陋也!

二十七日　晴

观书。南皮所著《劝学篇》有云：主昏于上，臣忠于下二语，以为美谈，不知实为中国祸根之最深者。有此等名义，独夫民贼始得逞行其志。说者归罪于宋儒，亦未尽然。盖自唐以前，已有是陋习，故虽昏虐如杨广、朱温，犹有许善心、尧君素、王彦章辈为之效死，且自以为名义所在。尧君素守河东，唐遣其妻说降，谓之曰：隋室已亡，君何自苦？君素曰：天下名义，非妇人所知。不知此名义是谁创设，盖法家之名义也。为法家之说者，至令人废孝弟诗书，而必效忠于上，且欲使弱主能制强臣。故君虽无道，必不可背主，为一姓，非为万姓也。晡，大雨。晚，晴。

二十八日　晴

燕生过谭，持《明治新史》示余，谓日本变法之初，先设议事所，举国人议事，盖真得变法之要诀矣。俄虽仅图富强，不伸民权，然仍设上院议士，惟所举者皆贵族耳。可知欲振兴诸务，实事求是者，非议院不能有成。今之操议院缓立之说者，皆大误天下也。余难燕生曰：今之民多愚，假议院开，八股必不能废矣。燕生曰：然议院果开，时文不废，亦无害。何也？有议院，则天下之学使、乡会试考官、书院山长，必由公举矣。所举者虽不必骤获硕学渊德之士，而庸劣陋恶顽暗之人必渐少，天下之为时文者必有进无退。时文之进，亦由多读书。读书者多，民智渐开，公理日明，必有废八比之一日。今不开议院，仅改时文为策论，虽足一新耳目，而主试非人，则弃取非法。弃取非法，则众心不为鼓舞，日久必至攻策论如时文，仍无补于天下。此其间升降所关，盖甚巨也。

二十九日　晴

观书。唐太宗论为治之法，以为隋主专任一己，故乱；而吾博采众议,故治。可知虽据乱之世,君主之政,犹不可不议。盖虽不伸民权,而上议院仍不可无也。然则谓议院直不可设者,真愚人也。又太宗自云:"少得良弓十数,自谓无以加。近以示弓工,乃曰:皆非良材,木心不正,则脉理皆邪,弓虽劲而发矢不直。朕以弓矢定四方,识之犹未能尽,况天下之务矣。"又云:"一日万机,岂能一一中理。"皆名言也。彼执欲任一人之智,而不许开议院者,其人之智,不如太宗远矣。

七　月

初一日　晴

诣子颐,午归。晡,观廖季平《四益馆丛书》。

宋先生云:西人持论,谓大地种类有喜守旧者,有喜进步者。此大谬之论也。夫人之性,莫不欲进步,虽禽兽亦然。狸与犬,人所常畜也。西邻日饥而挞之,东邻日饱而玩爱之,则必舍西邻而就东邻矣。又试持二饮器,其一价昂而粗恶,一价廉而美好,询诸愚人,必取价廉者,此非进步而何?人与兽同此性也。今独谓人有不欲进步者,抑何说也?夫今日之人,特患无进步之权耳;使假其权,则无不日思进步者,且日进而无退矣。故吾谓中国能大开上下议院,自宰相督抚以至州县,咸由公举,行之十年,则十八行省必可进至倭人未变法以前局势;行之四十年,必可进至日本今日局势,可决也。夫法不可不变,然须先得其根本要领,其馀枝叶条目,听民之自变,与运会渐进,日新月异而不劳扰,则其变也可恃,而期于有成。若要领未得,根本未立,而徒烦其条目,丛其枝叶,则虽变法百年,其国愈贫,其民愈困。于是天下之人,仍以变法为诟病,而甘于守旧。非果守旧也,无进步之权也。

初二日　　晴

诣龙门舟,送子颐行。向午归,观书。

余昔谓先开民智而后扶民权,今始悟非先扶民权不可。开民智,民皆有争自主之心。今重抑之,而皆伈伈伣伣、俯首下心者,以尚愚也。稍智,则必起而相争。争之不能得,必酿大变,如孙逸仙是已。惟先设议院,以伸其权,而后徐辟其智,则民心已平,而无所争。无争则自不为乱。

或曰:秦汉以来,大抵愚民,然之起为乱者,屡矣,何尝开民智耶?曰:不然。彼为乱者,强半迫于水旱饥馑,冻馁穷困,自欲救死,非出其本心。盖饥寒死,为盗亦死,彼求缓死,故为盗。始为小盗,劫夺人家,继为大盗,劫夺城邑,皆志欲救死而已,非得已也。若民智既开,而犹无议院以伸其权,则其乱也,不必因冻馁穷困而始作,官府稍有不平,皆将群起而抗上矣。使复欲讨而歼之,有不出于死斗者乎?大乱作矣,民与君树敌国矣。虽然,使其乱而果成也,中国之君权去,非不深幸也。然吾决其必不成,何也?中国即不能自平,欧洲强国必代平之,瓜分之局定矣。瓜分已,则欧人必重抑吾民,重愚吾民,而黄种将为黑奴矣,哀哉!中国之民今日贫困极矣,即不开知亦必乱。惟民愚之乱,中国自平之易;民智之乱,中国自平之难,故必待欧人平之耳。苟开议院,则无论民智民愚,皆可不乱。何也?议院开而行公举,则贪虐之吏必尽去,而民之贫困者渐少,盗贼不起,乱何由作乎?

夜,大雷电,风雨交作。

初三日　　雨

观书。录外史。《唐书》载:贞观二十二年,结骨俟利发入朝。结骨人皆长大,赤发绿睛,自古未通中国。上因以俟利发为坚昆都督。注云：结骨，西域国名，在伊吾西，焉耆北，不详今何地。

夜，枚叔过谭。余谓中国今日如不图富强，但开议院，修内政，或可自保种类。枚叔谓然。

初四日　阴，微凉

《唐书·选举志》云：唐之选法取人，以身言书判。高宗时，刘晓上书云：今选曹以检勘为公道、书判为得人，殊不知考其德行才能，况书判借人者众矣。可知科场枪替之弊，当时已有之。

汉之樊英，晋之殷浩，唐之游严，皆以隐士盗虚声者。求如孔明、李泌、梁震之流，不多见也。以马廖之笃慎，而其子弟犹骄奢不谨；以姚崇之清俭，而其子及所亲信犹受贿赂，驭下之难如此。

唐府兵之废，世多归咎于张说，不知当日亦救时之弊，不得不然。盖自高宗、武后以来，天下久不用兵，府兵法寖坏，番役更代，多不以时，又其家不免杂役，浸以贫弱，逃亡略尽，百姓苦之，而宿卫亦不能给，故张说建议，召募壮士充宿卫，不问色役，优为之制，于是逋亡者争出，旬日得精兵十三万，分隶诸卫，更番上下，兵农虽分，实可纾百姓之困，未可厚非也。若如华阳范氏之所讥，以为当补偏救弊，不宜并其法废之，不知大凡据乱之政，积弊已深，苟非大改旧法，一新耳目，则其弊决不可救，即欲救之，亦无其法。如杨炎之变租庸调，明人之并诸杂税为一条鞭，皆此意。若谓既改之，而仍有流弊，则君权独擅之世，固无无弊之政，惟初改之时，民得稍纾，所谓救时。若欲持久无弊，且欲随时补救，使弊渐少，而不欲真废良法，则非议院大开，民权竞起不可。此说吾得诸燕生，不易之理也。

初五日　晴

观书。昳，诣燕生谭。晡，视次申返，至《时务报》馆，晤穰卿、枚叔。复诣杏孙。晚归,知履平来。

知、仁、勇三大德,世所重也。然中国今日非无至知者,里书府史之流,明习文法,洞知情弊,虽泰西高等政治家不过也。非无至仁者,闭户诵书之士,砥砺廉隅,躬行孝弟,虽圣贤克己之学不过也。非无至勇者,负匮揭箧担囊之盗,操刃横行,杀身不避,虽烈士慷慨赴义者不过也。然而知者不仁,故奸猾者为蠹害矣。仁者不知,故迂腐者为弃物矣。勇者不知不仁,故悍暴者为患苦矣。

初六日　　晴

枚叔过谭。

孟子谓柳下惠不羞污君,不辞小官,秦汉下惟徐有功、冯道二人近之。

初七日　　晴

燕生过谭。余谓周末诸子百家竞起,而散分四派:曰儒,曰墨,曰老,曰法。秦汉以降,法家主持世间,儒墨后学,强半为所用。见前不赘。独老家潜与之抗,而救其穷。试观历朝号称循吏贤相者,莫不得老家之微意。盖彼以严,吾以宽;彼以动,吾以静;彼以烦,吾以简,庶几民得稍纾乎?

晡,诣日本真宗本愿分寺,访松林僧,登小楼,相对笔谈。

初八日　　晴

录外史。日中,松林僧来,纵谈,晡去。余至九和绸庄,晤稷塍谭。

晚归,观书。刘晏为唐室功臣,卒被诬而死。世儒论之,以为兴利之臣,利于上必不利于下,故罕有保其终者。余独谓不然。夫晏虽为国家兴利,然未尝扰民,且有救民之功。试观晏传云:晏于诸道置知院官,旬月报丰歉之状,告丰籴歉粜。或蠲免,或救助,不待州县申请,辄奏行之。当时民累以无困弊流殍者,晏之力也。且安史之乱,朝廷空耗,军需正急,倚晏以办。使无晏为之调盈剂虚以充国用,则括富、间架、除陌之困扰,何待德宗时而始见耶?晏不死而复能竟其志,朱泚之乱必可不作,而德宗且免幸奉天矣。今以其被杀而归咎于兴利,自古忠贤英杰死于非命者众矣,何尝皆兴利之民哉!若夫王𫓹、韦坚辈,固不可同年语。何也?晏理财而常以养民为先,彼则专事朘下以奉上也。

初九日 晴

稷膌过谭。偕访严筱老,观名人书画甚夥。晡归,观书。

读史之要,必精求其制度。廖季平云:说经者亦必精求制度。然哉!然哉!盖制度者,经史之枢纽,圣贤精理奥义之所由见,而世界盛衰治乱所从出也。

初十日 晴

佑三至自江宁,过谈。录外史。

松寿,字鹤龄,满洲人,前为江宁布政使。会朝旨欲行铺捐法,部行文制府。制府以问松,松抗言曰:内地商民瘠苦者众,若复苛削,必大困民。制府曰:"朝旨也,汝敢违耶?"松极言不可,遂寝其事。亡何,朝命复督迫制府,坚欲行之。松乃与约曰:必不得已,某任其事,用人由某,愿公弗与闻。制府曰:诺。松退,召僚属廉谨者四五人,谓曰:铺捐事一委卿等,但择商民尤殷实者略取之。事毕,当以所获数至少者为上考。吏知公意,遂故延缓不行。逾月,果有旨责吏苛扰,遂停铺捐。公闻之,星夜追诸使还,然后白制府。

十一日 晴

观书。《鲁论》称,或曰:以德报怨,何如?子曰:以直报怨,以德报德。所谓以直报怨者,其人贤而有德,于人必善视之。其人不肖而有害于众,必思所以除之,不以怨介怀,亦不以怨避嫌也。唐刘仁轨之于袁异,或真以德报怨者也。若以直报怨者,其惟陆敬舆之于窦参乎?

乡举里选法实与公举相近,三代下不复行矣。然两汉征辟,其所举人,犹间采乡间无心之评论。魏晋以来立九品中正,刘毅等已讥其非法。至隋设进士科,唐人因之,于是州郡贡士皆投牒自举矣。夫公举变而为自举,其得与失,亦何待言乎?

十二日　　晴

录外史。

古人饮食用刀匕,今人用匙箸。然当商纣时,已有玉杯象箸,可知用箸古人已有之,后人但废刀匕耳。前汉时,景帝赐周亚夫食,不予箸。《三国志》载:刘玄德闻孟德言失箸。《唐书·高崇文传》:崇文讨刘辟,令士卒折民匙箸者斩。饮食用匙箸,由来久矣。

《唐书》:穆宗长庆元年,右补阙杨汝士与礼部侍郎钱徽掌贡举,段文昌、李绅各以书属所善进士。及榜出,二人所属皆不预。文昌憾之,言于上曰:今岁礼部殊不公,所取皆以关节得之。上命覆试,黜所取十人,而贬徽等。可知通关节之风,自唐时已有之,但徽等实冤耳。然当时此等禁令殊宽,故徽等仅贬黜而已。若在本朝,必置极刑。史又称唐李景让不肯通关节,可知当时此风甚盛。

十三日　　晴

诣沪南高昌庙,日中还。佑三招饮。晡归,观书。晚,家祭。

东汉光武与严子陵共榻而眠,唐肃宗亦与李邺侯共榻而语,当时君臣之分,非如今之睽隔,亦可略见。

十四日　　晴

录外史。晡,诣格致书院,杏孙、枚叔、稷塍、仲巽皆在,为议

《蒙学报》改章事。晚归,观书。唐自宪宗以来,历穆、武、宣,皆以饵方士丹药杀其身,前车既覆,后车不戒,可谓愚矣。长生非竟无是理,要岂丹药所能为哉?尤可异者,以徐知诰之人豪,亦以是斫其寿,至死乃悟,晚矣。

道士中有可取者。如徐洪客之献书李密,请直向江都,执取独夫,号令天下;轩辕集之劝唐宣宗屏欲,崇德自然,受天遐福;王栖霞之责李昪,未能去饥嗔饱喜,何论太平。陈抟对周世宗云:天子当以治天下为务,安用飞升黄白。皆卓然为传人。

十五日　晴

啸霞自津来,过谭,久之去。古人每尚镇定,如谢安石之屐折者,伪矣。亦实有非伪者,宋王景文之赐死也,与客围棋,局竟敛子,神色不变,此非安石所及矣。他如唐之李藩、贾耽、李石辈,皆能临死生利害不动其心,而非矫饰者。

十六日　晴

日中,集啸霞、铭伯宴饮于一品香楼。晡归。

五代时冯道,世讥为贩国老手,然观其诵聂夷中农诗,赞刘审交德政,盖能留心于民事者。当五代播乱之际,号称豪杰者,半为盗贼驱役,或自为盗贼,少能以百姓为意。道虽辱身数代,而犹知恤民生,余独敬其为人。

十七日　晴

录外史。日中微阴,筱舫招饮。晡晴,枚叔过谈。俄蛰仙、燕生偕至。

世主皆私其子孙,于是不能不私其土地。私其土地,于是战争始起,而民以无辜毙锋刃、填沟壑者,不知凡几矣。我视五代创业之主,强半同时人。李嗣源,庄宗之弟也。石敬瑭,明宗之婿也。

刘知远,敬瑭之臣。郭威,知远之臣。使皆能不私子孙,廓然效唐虞传贤之法,则存勖传嗣源,嗣源传敬瑭,敬瑭传知远,知远传郭威,揖让宫府,四境晏然,安有称兵劫夺之事,而契丹亦何至入腹地打草谷耶?惟其私子孙太过,卒不能保,致自相夺取,或召寇患,亦复何益!

十八日　　晴

诣龚景张。归录外史。晡,访蛰仙,晤童亦韩及枚叔。返造燕生庐,论扶民权亦须有序,要在居上者之渐散其权而已。今之许士民上书言事,即散权之机,而议院之先声也。余谓欲扶民权,宜先扶卿相疆吏之权,次扶百执事郡守牧令之权,次扶绅董生员之权,然后渐扶农工商之权。

十九日　　晴

观书。李泌为唐肃宗画讨服安史之策,王朴为周世宗陈平定吴蜀幽并之策,其于形势攻取,皆了如指掌,宜为世主所重。

古云:衣冠不正,朋友之过。夫衣冠细事,而君子必谨者,盖欲以外制其内也,未有慢于外而能敬于内者。故仲尼云:君子正其衣冠,尊其瞻视。儒生犹然,而况帝王乎?郦生见汉高洗足,长揖不拜;沈景见河间王政眼不正,箕踞跱,不为礼;窦仪见宋祖岸帻跣足,却立不前,皆知所以正其主矣。

二十日　　晴

观书。以德报怨,诚不免矫枉过正,然有怨不报,自是美德。如汉光武不忌朱鲔之怨,刘知远不报晋阳僧之怨,赵匡胤不报董遵诲之怨,元爱育黎不报李邦宁之怨。馀如班超不因李邑毁己而留之,郭进不因军校诬己而杀之,仍使立功,亦皆有不可及者。若夫恩怨太明,丝发必报者,如李德裕、赵普辈,其遗讥于后世,宜哉!

魏思温说李敬业，李荨说颜真卿，间邱仲卿说李筠，皆操胜算以制敌者也。真卿〔用〕，故济；敬业、筠不用，故败。

二十一日　晴

观书。伐暴救民之义，三代下无有矣。以孙浩、刘铱之残虐，晋武、宋祖灭其国而擒之，皆不能明正其罪，使得善终，不平之甚者也。他如萧铣、王衍辈，反皆无辜被诛，此世之所以多暴主。

刘宋杀檀道济，南唐杀林仁肇，皆自坏万里长城。

谢晦之兄瞻，颜竣之父延之，卢多逊之父亿，伊江阿之弟英发本朝人，皆有远识者。

王忠嗣不贪功而多杀人，徐知诰不贪地以苦百姓，庶几仁人。

二十二日　晴

录外史。过午，燕生来谭。夜，观书。

拓跋珪以胡人而知聚天下书，李嗣源亦以胡人而知刊《九经》板，颇为难得。

晋谢安举子玄，唐狄仁杰举子光嗣，宋曹彬举子璨、玮，皆可谓内举不避亲，足继祁奚。

唐宣宗云：若太子立，则我遂为闲人。宋太宗云：人心遽属太子，欲置我何地？甚矣私其君位者，至父子不相假，岂不可哂！

汉武帝任张汤，尚文法严刻，而公孙弘等以经义附会之。宋真宗惑王钦若之言，伪为天书，而陈尧叟等亦以经义附和之。后世所谓通经致用者如此。

突厥至便桥，唐太宗出御之，而突厥请盟。契丹围澶州，宋真宗驾临之，而契丹请盟。其制敌之机变，如出一辙也。

二十三日　晴

诣杏孙谭。余拟为中外古今九等人表：一大人，二天民，三仁人,四民父母,五社稷臣,六事君人,七民贼,八一夫,九大盗。

晡归,录外史。观书。狄梁公不愿知潜者姓名,吕蒙正不欲诘朝士指者姓名,皆有雅量。

汉疏广不为子孙留财,东汉杨震不为子孙开产业,唐张嘉贞亦不为子孙置产,世称为美德。余谓若使二人为君,必不下于放勋、重华也。

黄南雷云:君世及,赖有宰相不世及。故有《置相》一篇。宰相之渐为虚位也,自宋而已然。太宗雍熙元年,诏求直言。田锡上疏言:宰相若贤,当信而用之;非贤,当择而任之。何以置之若具臣,而疑之若众人也?真宗咸平元年,诏求直言。田锡又言:枢密公事,宰相不得与闻;中书政事,枢密不得预议,以致兵谋未精,国计未善。盖宋制以中书省、枢密院对持文武二柄,故锡云。然而宰相权轻,亦可见矣。

二十四日　　晴

观书。元魏时,崔亮为吏部尚书,立停年格。薛琡上书,以为若取年劳,不简贤否,执簿呼名,一吏足矣。宋寇准为相,除官,吏持例簿进。准曰:宰相进贤,退不肖,若用例,一吏职耳。余谓君主之世,人重于法,故有治人而后有治法。民主之世,法重于人,故有治法而后有治人。如铨选以资格,所以杜用情之弊也。而贤才沉滞,众职不举,弊即因之。使选曹得人,能秉公去取,又何患焉。故云有治人乃有治法。若夫民政之世,公举法立,则贤才自不患沉滞。即掌用人之职者,亦不敢稍涉情私,盖为众察觉罢之甚易也。故云有治法自有治人。

刘宋明帝作湘宫寺壮丽,虞愿以为百姓卖儿贴妇钱所为。赵宋太宗子元杰造假山,姚坦以为血山。太宗又自作开宝寺塔,田锡上疏云:众谓金碧荧煌,臣以为涂膏衅血。

唐太宗欲自观《起居注》,褚遂良谏之。文宗复欲观《起居注》,魏谟谏之。至宋太宗时,梁周翰请以所撰《起居注》先进御,后付史馆。《起居注》进御自此始。

二十五日　　晴

诣沪南桃园勘地。日中归,观书。

东汉宦官之祸,自和帝封郑众为鄛乡侯始。唐室宦官之祸,自明皇以高力士为监门将军始。宋一代宦官所以无大擅权者,由太宗不除王继恩宣徽使也。

《易》曰:履霜坚冰至。君子所以贵防微杜渐也。

宋太宗赏花后苑,观灯乾元楼,自谓太平,即读史者亦必指当时为太平。而江南之饥民,都城外冻死之民,为血山时鞭笞之民,一若太平时应有之事。盖彼所谓太平者,一家之太平,非万家之太平也。

二十六日　　晴

荔轩兄弟过谭,甫自扬来,过午去。录外史。夜,观书。

宋得天下,所未收者东北之幽蓟,西北之银夏,西南之南诏,深为中国患。卒能晏然无失者,寇准、富弼、范仲淹、韩琦四人之功也。

宋鲁宗道从容对刘后云:武曌,唐之罪人也,几危社稷。其功不下于狄仁杰、李昭德,而王曾可方唐之吉顼,盖能弭祸于无形。

范希文柄政,颇欲变法,故兴学校,立学行科举,令士须在学三百日,乃听预秋赋,其意甚善,乃更张无渐,规模阔大,论者籍籍,则当时奉行者,必有纷扰不便于民之处,抑可知矣。希文卒罢相,而科举新法废,变法之难如此。今长素甫得志,遽谓以君权变天下法,三年有成效,亦言之太易也。

唐之刘晏,宋之富弼,皆有实惠及民,可称民父母矣。

二十七日 晴

作答孙颐斋书。过午,大雨雷震。夜,观书。

王介甫上万言书,自谓欲致君尧舜。及其得志,乃劝其主独断专任,且宗旨在于富国强兵,皆尧舜之所无也。故口尧舜而行事乃效法商鞅者,宜致天下之扰。商鞅之时,地小而法又简,故尚可收目前富强之效。介甫时,地大而法繁,所以更出商鞅之下。

二十八日 晴

汉之贤后称马、邓,皆名臣之女。而宋仁宗后曹氏,其父彬,亦名臣也。仁宗崩,英宗即位,有疾,后权听政,能援经史决事。章奏纪纲,要疑未决者,令诸臣公议,未尝自决。简柅曹氏及左右,未尝假借。帝疾愈,即用韩琦言归政。此其贤,岂下于马、邓哉!且有过之无不及矣。名臣之女,固自不同。

李邺侯、韩魏公、李忠武三人,皆善处人主家庭骨肉之间。是日,枚叔过谭。晚雨,入夜不止。

二十九日 阴,微凉,俄晴,复阴

观书。中原自遭唐末五代乱离之苦,至宋建国以来,虽未致太平,而民颇获休息。乃有王安石,以富国强兵之术以倡之,遂致海内困扰,民不聊生。世虽多为安石怨,而终不免于民贼者,盖始则坐愚暗无识,其后遂狙执意见,知民之怨苦而不恤,以与异己者为难,可无诛乎?尝考当时预知安石者,韩琦、唐介、孙固、李师中、吕诲、吴奎、苏洵也;误信安石者,欧阳修、韩维、吕公著兄弟及赵抃也;为安石羽翼者,吕惠卿、薛向、曾布、曾公亮、蒲宗孟、吕嘉向、陈升之、谢景温、邓绾、王珪、王滂也;济安石之恶者,李定、王广渊、李承之、叶祖洽、陈舜俞、王韶、韩绛、蔡确、章惇也；力与安石为敌者，司马温公、吕诲、富弼、刘恕、郑獬、王拱辰、钱公辅、范纯仁、苏轼、苏辙、张方平、范镇、孙觉、程颢、张戬、李常、王子韶、孔文仲、吕陶、杨绘、刘挚、文彦博、陈襄、鲜于侁也。其安石之门人子弟不阿附者，陆佃、郑侠、王安国、安礼也。

昌黎云：通经足用。介甫云：经术所以经世。务经之见重于后世如此。然吾谓后儒治经者，多不能窥其本原，故以经淑身者尚众，而以经益世者盖寡。三代以上善政善法所以可行者，由于封建议院相辅，实君民共治之天下，故无上下壅隔之患而政和民安。后人读经者，强半注意于封建、井田、学校，而忽于议院之制，此其所以不知本也。议院之见于经者，《孟子》、《洪范》述其意，《周礼》序其所当议之事而并详其制。如小司寇之职云云，见下。余谓介甫果欲致君尧舜而法《周礼》，宜先立此等制度，一切变法，咸听公议，则治无不日进，即行青苗、保甲、均输法，亦何至病民。乃昧此不为，而徒欲独断以行新法，失经之本意矣。不崇其本而齐其末，求事之济，不亦难乎？

秦汉以下治法得经术之意者，惟两汉之征辟，元魏之均田，唐之府兵。

以一人举十人，不如以十人举一人。《说文》：孔子曰：推十合一为士，而《韵会》、《玉篇》皆作推一合十。段注以为从推十合一为长，盖学者由博返约之意。余谓若从推一合十之说，有公举意。

宋咸平时，曹玮请乘西夏国危子弱灭之，复河南为郡县，而真宗不从。庆历时，朝议颇欲因夏主谅祚幼弱而取之，复为安抚使程琳所阻。论者皆谓失机会。至元丰四、五年间，竟用王珪、俞允、种谔等谋，轻开边衅，致有永乐之败，官军死亡丧失殆尽。夫前之不乘危，不伐丧，诚不得为过，而后之决然用兵以损威者，则神宗误用小人之言，亦安石侈言富强自以启之耳。

汉之直不疑，宋之徐积，皆受诬不辨，且偿人之金，以是为高，余谓终非中庸之道。盖自诬与诬人无异，不辨可也，复偿人以实，是自诬矣。如以自诬为当于理，则孔子见南子，何必自矢以天厌乎？又如孟子与馆人辨窃屦事，亦不欲自诬也。

八 月

初一日　微阴

观书。王安石欲复古学校，变科举。苏子瞻驳之。近人梁启超复驳子瞻之言，以为科举合于学校，千古伟论。荆公当时无助而败，后人废其学校之阂议，而沿其经义之偏制，遗毒日甚一日。不知当日荆公之法，何尝不行。所谓三舍取士，神宗已举其法于畿甸。至徽宗时，遂推行于天下，尽罢科举，贡士悉由学校，乃史称时人颇患苦之，且议其法曰利贵不利贱，利少不利老，利富不利贫。故至宣和三年，遂罢三舍，复用科举，则此法当时必有积弊，且终于有名无实，抑可知矣。夫古人之良法美意，苟欲行之后世而有实效，且持久无弊，必自开议院始。《周礼》小司寇之职掌外朝之政，以致万民而询焉，一曰询国危，二曰询国迁，三曰询立君。其位王南向，三公及州长百姓北面，群臣西面，群吏东面。安石变法，不以此为先，而仅加意于科举学校，则其法虽暂行，而其不能持久也，决矣。何也？上下之情不通，公议无权，则法行无不弊，岂特学校也哉！

子舆氏曰：徒法不足以自行，故必有治人而后有治法。何以能使常有治人？必设议院公举之法而后，故又曰有治法而后有治人。

唐张柬之定武氏乱，以除恶不尽，复构三思之祸。宋吕公著反元丰之政，亦以除恶不尽，致绍圣诸小人倒行逆施。盖君子或可容小人，小人必不能容君子也。

初二日　　晴

诣《亚东时报》馆，晤山根虎臣，笔谈。日中归，检书。晡，访平阳先生。晚归，观书。苏氏兄弟，当安石变法，皆能以极谏被谴。及元祐时，子由复力斥吕、范调停之说，不可谓非正矣，何于杨畏之请进用吕惠卿、章惇，黜范纯仁，竟无一言，反助畏，且读其弹文以诮纯仁，是何心耶？厥后绍圣小人竞进，杨畏实为戎首，则子由不得辞其咎。

观于哲宗力反元祐之政，复章惇、吕惠卿等官，虽若惑于小人之言，实则故与宣仁立异。盖太后在时，母孙必有嫌隙。故宣仁临终，有告范纯仁等语。哲宗自欲泄私怨于家庭，遂纵诸小人荼毒天下，其罪可胜诛哉！

李清臣于哲宗之窜文彦博、曾布，于向太后之立端王，似皆持正论，不附章惇者，其实以与惇有私怨故也。又蔡卞之谏用童贯，亦因与京不合。盖小人偶发论近正，强半因私。俚云：无私心不发公论。信然。

初三日　　晴

检书。将于九月间入都，故架上书皆纳笥中。夜，观书。

自法家创愚民之术，欲使一姓子孙，常得肆志于天下，而其流极致小人得志，并其君而愚之。如唐仇士良致仕，而教其党勿令天子读书，宜以奢靡娱其耳目。宋斋郎方轸上书徽宗，言蔡京日以花石禽鸟为献，欲愚陛下，使不知天子治乱，岂不可哂！后叶梦得上书，言陛下毋乃未有了然于胸，真为京所愚矣。

汉朱云以折槛谏，宋程禾以碎衣谏，世主皆欲留以旌直，前后若出一辙。

俗儒艳称天下一家，中国一人。夫天之下，惟有一家，故破尽天下之家而不恤；中国之大，惟有一人，故害尽国中之人而不顾。此皆法家绝大宗旨。

李斯对二世称申子云：有天下而不恣睢，命之曰以天下为桎梏，徒劳形损神，以身徇百姓，若尧禹然，则是黔首之役。蔡攸劝宋徽宗云：所谓人主，当以四海为家，太平为娱，岁月能几何，岂徒自劳苦。

初四日　　晴

荔轩过谈，荫亭亦至。留午食。昳，始去。观书。

孔稚珪讥周彦伦，作《北山移文》；曾诞讥邹浩，作《玉山主人对客问》。

梁萧衍之困于台城也，始终误于朱异。宋徽、钦之见虏于女真也，始终误于王黼。小人不知大计，坏人家国，一至于此！郭药师之背宋而为金谋主，盖与侯景之叛梁无异。

初五日　　阴

检书笥。过午，观书。

用兵有利于速战，亦有利于缓战者，如哥舒翰拒崔乾祐于灵宝，李光弼拒史思明于邙山，种师道拒斡离不于汴水，种师中拒粘没喝于杀熊岭，皆须缓战，乃能有济。卒为杨国忠、鱼朝恩、姚平仲、许翰所误，以致败北，惜哉！

宋宇文虚中之为徽宗草罪己诏，与陆宣公之为唐德宗草罪己诏无异。然而德宗能收复故都，徽、钦卒被虏者，以德宗尚能信用陆贽，颇听其言，徽、钦不能坚任李纲耳。且徽宗实有不如德宗者，德宗用卢杞，坐不知其奸邪；徽宗知蔡京之奸者也，乃屡黜而屡用之，所以更出德宗下也。叶梦得讥其未能了然于胸，信然。李忠定力主禅位之议，亦因徽宗昏庸，不可任大事，故欲更立君以振士气，以保宗社。讵料钦之视徽，亦犹虞舜之比德唐尧哉。

强敌猝犯京师，则天子出幸以避寇。自古决大计者，每以为非。然而唐之明皇、德宗，皆出避敌者也，卒能恢复庙社。明之怀宗不出避敌，而明祚遂亡。其以不避敌而存者，于忠肃之御也先是也。避敌而失天下望者，宋高宗之南渡是也。余谓避敌一事，无所谓是非，但所任将相得人与否而已。唐之避敌而存者，以能内任李泌、陆贽，外任郭子仪、李晟也。明景泰之不避敌而存者，以能专任于谦也。宋高宗虽避敌，使能坚任韩、岳诸将，中原未必不复。明怀宗以不善用人，致强寇猖獗，即弃都南迁，亦安能当本朝之兵。故知国之存亡，其要皆在将相之得人专任与否，而不在避敌与不避敌也。宋靖康元年，金人渡河犯汴，钦宗任李纲以治兵，可谓得人矣。会钦宗命驾，将避至襄邓，李忠定痛哭挽留，钦宗感悟而止，遂治战守具以御金人，盖即于谦御也先之策也。然吾谓忠定盖失计焉，当钦宗之行也，宜听其去，而留六军之半驻城内，增募壮士，以战守自任，外倚种师道，坚不许金人议和，则斡离不未必得志，而国事非不可为也。惟钦宗自留城中，金人始得以议和诱之，李邦彦始得以求和阻之，由是种、李二公之任不专，徒发指目怒，卒不能有所挽救，遂堕金人计。及粘没喝再来，二帝竟蒙尘。是虽不避敌，而何益国事耶？噫！忠定之于宋室，可谓忠矣，惜其不能审度大计，以成其志也。

初六日　　晴

检书。走访陶心云。晚归衣薄,感寒,夜发热,早眠。

初七日　　晴

避风不下楼,观书。是晚,见中外报馆传单,知太后复垂帘。

谢安、寇准、宗泽三人,皆能临大敌而博弈,谈笑如平常,虽近矫制,而实足镇定人心,不可少也。

初八日　　蚤晴

过午,枚叔来,登楼视余,余邪感犹未尽也。枚叔告余以骇人之语,谓得京电云云,不敢信。晡雨。夜,医来,遂服其药。

世或以今之主和为是,遂欲为昔日之秦桧原者,是大不然!夫桧诚宋之奸臣也。当是时,外有韩蕲王、岳武穆、吴玠、刘锜诸将,皆有材勇能用兵者,使能壹号令,明赏罚,力与金人战,中原无不可复,岂可与今之时势同日语哉?且金人之惠然肯与宋和者,亦深知不能与宋敌。若力可吞宋,必为元世祖矣,尚容南人之偏安耶?或曰:日本之实力,实能吞中国者,何以肯和?曰:此因欧人通商牵制故耳,否则必不免焉。要之,日本决非金比,而宋人亦非今日之中国比也。

初九日　　晴

寂坐楼中,览报,有严捕康长素之说。

初十日　　阴

过午下楼,览《文选》。日内荔轩、荫亭屡过谈。是日,又闻奉旨缉捕十六人,有谭嗣同、张元济、杨深秀、杨锐、林旭、刘光第等,目为逆党下狱。康长素至吴淞口,为英兵轮所救,否亦被获,盖亦密旨令上海道严缉也。朝局大变。康在都为上信任,言听计从,累更革大政,如变时文,许士民上书,裁冗官,增设农工商局,为守旧党所不悦,以是贾祸。

十一日　阴

十二日　晴

燕生过谭。有人传述此次朝政之变，为俄人播弄。盖日臣伊藤至京，朝臣有请留伊以备顾问者。俄人闻而大惧，恐中国政权渐操于日本，因以危语哃喝王大臣云：维新党人潜通日本，谋弑逆。王大臣惊恐入告，致有此变，未知事属实否？

十三日　晴

诣《昌言报》馆，晤枚叔。复诣速成教习学堂，遇勉斋握谈。昳归。晡，杏孙、啸霞偕至。薄暮，同车游松柏园。盖为辛姓者所居，亭廊曲折，有荷池亩许，花叶娟娟可人。杏孙、子均荡小舟入莲丛，趣甚。晚，大雨雷震。

十四日　微阴

观书。昔唐裴晋公以恩抚蔡州之人，宋李忠定以一言活建州之民，民皆感更生，二公可谓仁人。

日中，在严筱老处午餐。闻奉旨康广仁、谭嗣同等六人，皆于是日正法。

十五日　阴雨

母感寒，胸膈结辘，数日未愈。是晚，延医费某来诊视，服其药。

十六日　阴雨

荔轩、荫亭偕过谭。观书，薄暮，勉斋至。

秦桧主和，而金人屡败盟入寇，则当日之和实不可恃，明矣，无怪诸君子之梗议也。且今日李傅相言和，未尝议撤守备，秦桧则撤备，夺诸将兵权以言和，忠奸判然矣。

傅相主和，未尝戮一主战之人。秦桧则陷杀战将，屡兴大狱，凡与抗议者,无不连坐以罪,贬斥殆尽,则桧诚无以自解于后世矣。要之,当日以野蛮攻野蛮,其势可相抗,非如今日以野蛮拒文明之师也。当日所可原者,惟有王伦一人,彼不过往来奉使传命而已,和议非其主谋,亦无所谓赞成,厥后卒能不屈于金见杀,则固犹有气节也。《续纲目》谓其有可杀之罪,冤哉!

十七日 雨

览报纸,上谕宣布康有为罪状,始知有结党谋徙置太后事。盖先欲剪除太后党羽,故撰密旨,令袁世凯擒荣禄,即以新军入都移宫。袁不从,以告荣禄。荣密奏太后。太后震怒,故降旨严拿。康已遁,仅获其弟广仁及徐致靖、杨深秀、谭嗣同等七人。后徐致靖免死监禁,馀六人皆斩西市。张荫(垣)〔桓〕亦下狱,有诏戍边。

十八日 雨

母疾小愈。观书。晡,微晴。

梁曹景宗、韦睿二将和,故有钟离之捷。宋李显忠、邵宏渊二将不和,故有符离之溃。师克在和,洵不诬也。

人患不自知,苟自知焉,虽其材质驽下,而能安于恬退者,亦豪杰也。唐郑綮以多为歇后诗立为相,綮骇恐,以为歇后郑五作宰相,时事可知,累让不获,乃视事。晋周瑰辞三司使曰:臣自知才不称职,宁以避事见弃,犹胜冒宠获辜。此二人皆有可取。

自来屯田之法,行于边境者居多。至唐末,中原宿兵所在,皆置营田,以耕旷土。后周太祖罢之。及金人取河南,虑中原士民怀贰,复创屯田军,凡女真、契丹之人,皆自本部徙居,与百姓杂处,计户口授田,使播种。至元入中国,而天下始皆列屯田矣。

十九日 阴

观书。日中,枚叔过谭,偕诣燕生,病不能见。俄至《昌言报》

馆,闻上复有不讳之信。诣陶心云絮谈。归雨。

张柬之于武三思,赵汝愚之于韩侂胄,皆轻视小人,谓其易制,卒受其祸。

尹焞以发策有诛元祐诸臣议,不对而出;柴中行以家状必令书不是伪学五字,不愿考校,是皆能自立者。

二十日　　晴

诣荔轩谭。昳,访峻斋。晡归,观书。日光满室。

汉诸葛武侯治蜀,尝欲集思广益,以理诸事。唐太宗为政,每事令宰相谏官公议。宋曹后听政,有未决者,令诸臣公议,未尝自断。岳武穆用兵,辄与诸将领聚谋,谋定而后战。宁宗时,刘珙上书,请遇大政,付大臣公议,勿徇己见。盖以一人之智虑百事,不如众人之智虑一事。

朱子社仓法所以能便民而可颁行于诸路者,因所设社长、里长,皆由公推,听民自理,所以无弊。若朝廷一为设官,则无有不扰民者。

二十一日　　晴

造杏孙庐纵谭。晡,诣速成学堂,方备茶果待款伊藤。盖伊藤甫自津至沪,欲来观学堂之规模。薄暮归,观书。

真西山既知蒙古灭金,非宋之利,但可劝朝廷亟图自强,联金以拒蒙古,不当骤请绝金岁币,乘人之衰危而背盟,非君子之所为也。厥后宋人助蒙古灭金,卒受唇亡齿寒之祸,西山先生不得辞其咎。

二十二日　　晴

观书。

李业、谯元、王皓、王嘉、费贻、任永、冯信不臣于公孙述;杨震仲、陈咸、史次秦、李道传、邓性甫不臣于吴曦，皆西蜀远识之士，知其必败，不甘受其羁縻也。

梁之纳侯景，南宋之纳李全，卒致叛乱。由是可见敌国叛臣，未可轻纳。盖天下之恶，一也。

刘晏理财以济国难，而民不病；孟珙修溢后渠以捍边患，而民不知役，是为至难能者。

元耶律文正可谓仁人，太宗每谓其又为百姓哭耶，则公平日所抒陈者，可想见矣。其言曰：兴一利不若除一害，生一事不若减一事。真得治据乱世之法。

二十三日　晴

观书。昳，访俞恪士。暮归。晚，成七绝二首挽谭复生，录之："慷慨悲歌气若虹，志扶赤县有陈同。可怜变法须流血，莫让先生血独红。复生被逮时，有外国使馆人来，言可以保护。复生慨然曰：丈夫不作事则已，作事则磊磊落落，一死何足惜。且外国变法无不流血者，中国变法流血，请自谭嗣同始。""樽酒谈禅把臂豪，前年，与燕生、雁舟、仲巽及复生共饮于外国酒楼，共谭佛理。燕生曰：今日可称小灵山会。久于生死等鸿毛。何期当日竹林友，坐看先游法界高。丙申秋，与复生、雁舟、燕生、穰卿、卓如、仲逊合映一像。余题一偈云：幻影本非真，顾镜莫狂走。他年法界人，当日竹林友。"

又成七绝二首赠李傅相云："绿野堂前春草生，满朝风雨使人惊。谁疑父母恩偏重，记否当年淮蔡平？""筹画疆圻生白发，可怜余玠被贪名。任他惯作蚍蜉撼，古柏苍松老更清。"

二十四日　晴

观书。蒙古忽必烈问张德辉曰：辽以释废，金以儒亡，有诸？对曰：辽事未周知，金季乃所亲睹。宰执皆武弁世爵，惟用一二儒臣。及论军国大事，又不使预闻。然则金存亡自有任其责者。忽必烈然之。今日西教师谓中国亡于孔子教，不知孔子教实未行世。非无诵儒书者，人主辄以俳优畜之，其人亦以俳优自待，实背儒教，于孔子何与耶？盖犹蒙古之谓金以儒亡也。或又谓中国亡于佛教，不知日本佛法最盛，然卒以兴国，释氏亦何负于人耶？要之，此皆浮妄不究事理之论。

《五代史》：刘知远称帝，议率民财赏将士。夫人李氏谏曰：陛下因河东创业，未有惠泽其民，而先夺其生生之资，殆非新天子救民之意。请悉出宫中所有劳军。《宋史》：理宗时召全昭孙女入宫，问曰："尔父没于王事，每念之，令人可哀。"对曰："妾父可念，淮湖之民尤可念也。"帝异之，纳为太子妃。

二十五日　　晴

览《文选》。昳，诣《昌言报》馆，晤穗卿，甫自津来，小谈久之，与同车访浩吾。俄游张园及松柏园。晚，复约浩吾共饮于外国酒楼。

二十六日　　晴

观书。宋尹谷将殉节，犹为二子行冠礼。元许衡疾革，犹强起祀先。虽近迂阔，亦可见其至死不变之概。

宋太子桓即钦宗碎蔡京所献大食国琉璃酒器，元太子真金却江南行省所献岁课羡钞四十七万，是虽末节，亦足风厉后世。

二十七日　　晴

览报纸，知太后谕自今取士，复用四书文，并诏各处封禁报馆，捕拿主笔者，可叹！日中，诣荔轩谈。昳归，观书。

三代之法，不行久矣。后世请复封建者，有萧瑀；请复乡举里选者，有杨绾；请复学校者，有王安石、蔡京；请复井田者，有林勋。

卒无请复《周官·司寇篇》议院之制者,不知本也。

元齐履谦为国子司业,议立升斋积分之法,每季考其学行,以次第升,辞理俱优者一分,辞平理优者为半分,岁终积至八分者为高等,此颇有泰西学校之意。

二十八日　　晴

荔轩过谭,向午去。薄暮,诣枚叔谭。晚,荔轩招饮外国酒楼。

二十九日　　晴

履平至自杭,下榻余家。晡,访英教士李提摩太。

宋太宗光义背其兄匡胤而传其子元侃,元仁宗阿育黎背其兄海山而传其子硕德八剌,甚矣,不私天位之难。

自古以大义灭亲称者,周公之于管、蔡,石碏之于厚,李璀之于怀光,脱脱之于伯颜。

九　月

初一日　　晴

昳,偕履平访杏孙,同车游张园茗话。俄复至愚园,登其西偏之小楼,斜日回照,秋柳扶疏窗外。薄暮,三人闲步下楼,绕道至辛园观残荷。时渐昏黑,诣杏孙家晚食,谭久之,复与履平至张园。是夜,放烟火杂剧。

初二日　　晴

荫亭昆季过谭,论议院极畅。俄杏孙、月笙偕至,留共午食。晡,集于第一楼,稷塍亦在座。暮归,家祭。

元左丞尚文却贾胡所献押忽大珠之语,较之齐威王折魏惠王所谓珠照十二乘者,尤为明捷正大。

初三日　　晴

寓书星垕。晡,履平赴苏登舟。余往视次申。晚归,观书。

元文宗后宏吉剌氏能舍其子燕帖古思,而立明宗子妥懽帖睦尔,不可谓非公,卒为顺帝所幽徙,不免负德。虽然,宏吉剌氏曾杀明宗后八不沙,顺帝盖报母怨也。

宋太祖之母杜太后,元世祖之宏吉剌后,皆能于开国之初而有亡国之虑,不可谓无远识。

初四日　　晴

妻弟汇东患痢甚重,晨往视,日中归。昳,燕生过谈。

宋徽宗多能,惟一事不能,不能为君。元顺帝亦然。巘巘之谏,所谓对症下药也。

明太祖初起兵时,攻城克邑,戒诸将不妄杀人,推诚待众,却方国珍质子,赈陈理降民,宽仁大度,有类光武。何于定天下之后,反逞杀机,诛戮元功宿将殆尽？凉国之狱,死者万五千人,其残忍近武曌、朱温,而猜忌过之,盖前后若两人也。

初五日　　雨

过午微晴。晡,视次申。晚归,观书。

初六日　　晴

观书。元泰定以铁失之乱,而罢大臣,兼理军务。明太祖以胡惟庸之祸,而罢中书省,政归六部。可知世主改革政法,无往而不为身谋也。

索元礼、来俊臣之事唐武后,柳璨之事朱温,陈瑸、纪纲之事明燕棣,皆以好杀媚其上者也,然卒不免自杀其身。谓无天道,则余不信。

靖难之祸,当洪武九年平遥训导叶伯巨已上书预言之,可比汉之贾生矣。若齐泰、黄子澄辈，特晁错之流耳。

明宦官之祸，始于成祖，累以中官典军及刺事。盖靖难渡江时，内臣多逃入北军，漏朝廷消息，因以为忠而任之也。以一己之私，祸贻三百年。又如太祖怒苏松之民为张士诚守，故税额独重，而其民亦受困数百年未已。甚矣，万姓之苦乐系于一人之喜怒，可悲也！

初七日　晴

观书。薄暮，诣燕公谈。

元世祖时，诏诸路举儒吏，云儒必通吏事，吏必知经史者，盖当时犹无尊儒贱吏之习。至明永乐有御史勿复用吏之诏，而吏自是益为人所贱，则其人愈不自爱，是纵其为非也。且亲民事者，又莫如吏。而委诸寡廉鲜耻之人，民独何辜，而宜听命于此辈乎？

县令者，亲民之官也，而自古及今，每每轻视其职。故有以处流品滥杂为缙绅所耻如后魏时者，有以处龌龊无能如五代时者，有以处贪庸耄懦清流不与之人如宋天圣时者，其视民固贱，则亲民者亦所必贱无疑。

初八日　晴

观书。南北更调用人之法，始于明洪武十三年。

初九日　晴

是日，次申为其太夫人行题主礼，余往襄助。昳，至张园，浙人合宴星使许竹篔，观优。

宋文潞公救唐介事，后世盛称，独明李贤以为潞公市恩，归怨朝廷，不愿效之。然文达亦君子也。论者莫能定其是非。余谓两人皆可取，第所见不同耳。凡事须论其心而略其迹，若潞公实有市恩归怨之意，则虽救唐介亦不足称，惟绝无此心，故为美德。文达欲避此嫌，以是不救罗伦，所以亦不失为君子。

初十日 　晴

终日在次申家。是日设奠,吊者踵至。

唐高宗谋立武昭仪为后,先以金宝缯帛赐长孙无忌。宋真宗欲崇奉天书,先以美珠赐王旦。明景帝议废其侄见深而立子为嗣,先赐陈循、高谷百金,江渊、商辂等半之。盖皆欲缄其口也。堕其术中者,自不敢言,言之则愈触怒。

十一日 　晴

日中,诣次申家送殡。薄暮归。夜,观书。

宋李文靖沆为相时,日取四方水旱盗贼奏之。王旦以为细事,不足烦圣听。沆曰:人主少年,当使知四方艰难。不然,血气方刚,留意声色犬马,则土木、甲兵、祷祠之事作矣。明李文达贤常言,内帑馀财,不以恤荒济军,则人主必生偏心,而用之于土木、祷祠、声色,以故频请赈贷恤边。本朝费武襄扬古征噶尔丹凯旋,诸将皆露布宣功绩,独扬古奏但述士卒于某处绝粮,某处迷路,某处败绩,幸赖主上洪福得无虞。或问之,曰:天子深居九重,见成功之易如此,必启其好大喜功之心。军士劳瘁,不可不令上闻之,庶可消穷兵黩武之事也。三人皆深得大臣体。

十二日 　雨

访陵斋,即还。过午,观书。

宦官中之贤者,世称汉吕强、唐张承业及明之张永。予谓张永本刘瑾党,与高凤、罗祥等并用事,时号八虎。其后诛瑾,非其本意,特以私怨相攻,为杨一清所用。故诛瑾,实一清之功也,永安得比于强及承业耶?馀有不甚著名而贤于永者尚多,如汉良贺自辞不敢荐贤,明怀恩正色言新君宜用正人,田义力争矿税,皆难能而可贵者。

张璁所争兴献典礼,颇有深识,未可厚非。且其后于何渊之请祀皇考太庙,亦持正力驳。太后弟张延龄下狱,璁又力救。其人非无可取,惟于当时异己之诸君子排挤不遗馀力,是亦王介甫之流耳。

明世宗八年,广东佥事林希元上言论救荒,颇得要领,能举而实力行之,可媲美富郑公、朱紫阳。

十三日　　微晴,薄寒

诣江孚舟,视次申,盖是晚扶柩赴江宁。日中归。午后,观书。

张江陵,法家之学也,故其为政以尊主权、核名实为主,是以亦能起衰振惰,言富强者可以师也。若谓民受其惠,则无是理。观于万历八年度民田而以溢额为功,致有司短缩步弓以求田多,后遂按溢额增赋,其病民不胜言矣。

方逢时上言:封疆之事无常形,何必贡市非而战守是。可谓通达事理之论。

小人固足误天下,君子而昧于事理者,其误天下亦不减小人。而中国草昧之世,君子往往不通事理,明中叶后益甚,盖八比误之也。通事理者反在小人,此小人所以益得志也。

十四日　　微晴

观书。是非淆乱,至嘉、隆以降,朝士之论议而已极矣。如张孚敬争兴献事,其理本正,而士夫至欲扑杀之。王锡爵力争廷杖,请罢织造,不愧谠直,惟不能阻并封诏,遂欲一切归罪高启愚,以舜亦以命禹命题,诬其为张居正劝进。方从哲仓猝未能止红丸,至斥为弑逆。馀如李三才颇得民心,以贪伪被劾;熊廷弼有胆略知兵,以破坏疆事被论下狱死。迨后又狃执和战之见,致冤杀袁崇焕、陈新甲,而明祚遂墟。许国所谓昔之专恣在权贵、今在下僚,(者)

〔昔〕颠倒是非在小人、今乃在君子，言颇切中。当时论事者，亦未可谓皆君子。惟君子之不通事理者，往往附和之，遂不能不归咎耳。

或曰：然则议院不可开乎？曰：是不然，正坐无议院耳。无议院，则士夫上书者，各竞意气，并尚私智，徒乱人主之耳目，而无所折衷，其害愈甚。有议院，则公举有法，辨难有规，采访有使，总制有人，从违画一，意气无所施，私智不得逞，收广益之效，无盈庭之弊，民智日进，公理愈明，尚何虞乎？

日本深山虎大郎曰：公议之国，人人皆爱国之人；独裁之国，爱国者惟有一人，即其君耳。痛哉斯言！予谓独裁之国，以亿兆人身家性命，系于一人之身，其人不必大无道也，即喜怒爱憎略有所偏，而天下已不胜受其祸。时西门内有新屋可僦居，是日余往视，屋楼六七椽，前有短垣，临小渠，前处皆菜畦，疏旷可瞭远。因欲迁往，未决。

十五日　晴

观书。唐德宗初即位，颇疏斥宦亲，任朝士，而张涉、薛邕相继以赃败。宦官武将皆曰：南牙文臣赃至巨万，而谓我曹浊乱天下，岂非欺罔耶？于是德宗始疑，不知所倚伏。明庄烈即位，尽撤镇守中官，委任大臣，既见廷臣竞门户不足倚，乃复遣宦者王应朝等监视诸军，钩校部务。廷臣力争，帝曰："诸臣若瘅心为国，朕亦何藉内臣？"噫！因噎废食，往往然矣。

十六日　晴

以卜宅故，入城祷神，得签语吉。其词云："万竿玉立近清溪，傲雪凌霜劲节奇。不必蒋生三径辟，月明先有凤来仪。"断云：竹隐凤栖。日中归，闻外舅李筱老至自庐州，往谒，暮还。夜，观书，读《选》诗。

唐刘瞻贬康州刺史，郑畋草制曰："安数亩之居，仍非己有；却四方之赂,惟畏人知。"路岩谓畋曰:"侍郎乃表荐刘相也。"坐贬梧州。宋赵汝愚罢相,郑湜草制曰:"顷我家之多难,赖硕辅之精忠。持危定倾,安社稷以为悦;任公竭节,利国家无不为。"坐无贬词,亦免官。

十七日　晴

观书。

据乱世虽无议院,果能州县得人,民亦赖以粗安。顾得人与否,非地方之民得操其权,要皆听命于气数及时运而已。运盛则吏贤民乐,运衰则吏不肖民苦,非民得自主,天也。惟议院开公举法立人,始得与天争胜,于是吏常得人,不听命于气运矣。

平阳先生云:据乱之世,治法尚安静。兴事过繁,民无不扰。观古循吏,多有此意,斯言当矣。然古亦有兴事而不病民者,如刘晏理财,百姓不困;孟珙兴役,民忘其劳;方克勤征垦田,税吏不得为奸,是何故欤?余谓能如是者,必其精力、智虑、德量什倍于人,故用人而人不敢欺,理事而事无隐情,使牧民者尽得人,如是则何事不可为,然而岂易觏哉!盖千人之英,万夫之雄,而拔人于千万,未敢期于必得也。况非公举之世,讵能望于辛劳铨注之守令乎?是以苟无其材,不如简静,与民休息,虽无兴利,亦不增害。

十八日　晴

观书。古人礼制甚精,惟丧礼中父在为母服期,庶母无服,颇不合天理人情之公。明太祖洪武七年,命诸儒考定古人论服母丧者四十二人,愿服三年者二十八人,服期年者十四人,遂诏定为父母皆服三年,庶子为其母亦三年,嫡子、众子为庶母期年。太祖此举,直如集古人为议院而从众者,可知从众之法行,则事合于公理者居多。

十九日　雨

观书。明太祖待臣下极严苛,动加杀戮,然有一事可取。盖当时天下守令,辄坐小过被逮,如费震、余彦诚辈甚夥,然或以良吏被释,或因部民走阙乞留,旋遣还,且加赏赉,有因以超擢者。至英宗时,于谦巡抚山西、河南,获罪论死,吏民伏阙留之,得释,盖有太祖之风。

二十日　阴,过午晴

观书。明太祖罢丞相权,归六部,置大学士备顾问,秩正五品。故永乐时解缙等入阁,皆编检讲读之官。即仁宗即位,始以尚书侍郎兼大学士,阁职渐崇。大学士之为宰相,自此始。明宣宗始置巡抚官,盖遇灾荒盗贼,则遣往巡抚,事已召还。成化以后,遂成定员,而三司之任渐轻。巡抚之为疆臣,自此始。

二十一日　晴

晡,诣杏孙,偕至徐园观女优。夜归。

二十二日　晴

观书。学政官始于明英宗正统元年,从黄福之请,南北直隶置御史,馀置按察使佥事掌之。学校之有附学生,始于正统十年,从知县杨瓒之请。纳粟为国子生,始于景泰四年,然当时惟许生员纳粟。

二十三日　晴

止潜将至,诣其新屋。晡归,观书。

言路之开,前明胜于本朝,其上书者不必皆有言职也。如叶伯巨以平遥训导上书,郭佑以监生上书,章懋、黄仲昭以编修上书,徐佳以刑部吏上书,孙磐以进士上书,杨椒山以兵部员外郎上书,海瑞以户部主事上书,如斯类者,不可胜计。然而终无补于有明之治者,何也?言者在下,而听言者在上,上操其权,下不能夺焉。言之而不见信,譬诸喻鹿豕以理,勖虎狼以仁,多言亦奚益耶?惟开议院,使权出于下,而言事者得操之,则无患天下之不治。

二十四日　微阴

枚叔过谈。今日中国之反覆小人阴险巧诈者,莫如两湖总督张之洞为甚。民受其殃,君受其欺,士大夫受其愚,已非一日。自新旧党相争,其人之罪状始渐败露,向之极口推重者,皆失所望。甚矣,人之难知也。

二十五日　晴

止潜至自津,余往迎候。晡归。

韩侂胄以俳优惑宋宁宗,使斥朱熹;阿丑以俳优瘖明宪宗,使去汪直。二人之用心不同,一欲倾君子,一欲除小人。

二十六日　晴

观书。过午,入城视新屋。晡,诣枚叔谈。晚,宴饮止潜家。

明孝宗时,周经为户部尚书,于监税官课入多者,辄与下考,与近时江宁布政司松寿命人征铺捐所获数少者为上考,同一命意。松事见七月初十日记,兹不赘述。

二十七日　晴

观书。昳,读《莽苍苍斋诗》,亡友谭复生作也,悲壮苍凉,有杜少陵、白香山意。

晡,诣平阳先生谈,颇悟佛家顿渐之旨。盖天下事无论精粗巨细,虚者必以顿,实者必以渐。平阳有哭六烈士诗四章,录之:

"悲哉秋气忽扬尘,命绝荆南第一人。空见文章嗣同甫,长留名字配灵均。英魂何日忘天下,壮士终期得海滨。遗恨沅江流不尽,何年兰芷荐芳春?"其一。"秋风夜动钓龙台,三峡猿啼蜀客哀。

独秀才华惊死去,双忠魂魄忍归来。涛飞闽海怒难尽,尘暗岷山惨不开。最痛贾生年弱冠,一句参政骨横苔。"其二。"三晋人荒二百年,欲凭壮志挽山川。十年京国避骢马,一夕津桥啼杜鹃。徒抱精诚填北海,更无匡复起南天。家风燕市椒山血,万古长留气浩然。"其三。"春秋经说信非诬,岭海于今出巨儒。兄弟承恩宣室席,君臣同难素王书。无衣孰为斯人咏,此骨难求大侠储。不反兵仇何日复,□□西望痛奚如。"其四。

二十八日 晴

向午,诣止潜谭。晡,往视鹤笙于沪南制造局,纵谭。

二十九日 微阴

翔士过。向午,访宾钵罗居士,不遇。晡,见枚叔。晚,始晤宾钵。夜,偕省山观优。连日不读书,无所记。

三十日 阴

检碑板。张菊生至自津,旅中虹桥,往视谭都事,惆怅久之。即驰车诣味莼园,杏孙及其兄完士置饮,款宾钵。开轩面平芜,草树整净,微雨洒然至。宾钵爱子彦珪,年十二,韶秀玉立。余携之嬉游园中,且登安凯第之角楼俯瞰,马车骆驿至,四望烟树蒙密,天犹沉阴,雨已止矣。暮归。夜,秉烛作上叔父书。

十 月

初一日 阴

蜇仙至握谈,留午饭去。检画。薄暮,与陵斋至二北渡桥观菊花会,多佳种,肥大可爱。

夜,观书。宋安丙之诛吴曦,明仇钺之诛寘鐇,皆利在神速,猝不及防。王阳明之平宸濠亦然。明之李东阳，虽不能如刘健、谢迁之力争刘瑾，然能保全善类，可以媲美长乐老人。

初二日　　晴

晨，入城，至梅溪书院。晡，走谒外舅。晚归，途见枚叔、凌霄、介石、燕生四人偕行，下车询之，知相约来访，遂同至余斋，围坐茗谈，二鼓始各散。所谭多奇理，不胜记。余赠枚叔以寒梅独鹤四字肖其性格，枚叔赠介石曰崩崖坠石。余又谓凌霄如鹰，枚叔如鹤，燕生如雁。

初三日　　微阴。晡，微雨

观书。

赵宋抚有中原，而东辽西夏，皆与抗衡。辽先为金灭。西夏以一隅之地，延祚亦至数百年，与宋几相等，至蒙古强盛始亡国。元人虽建国不过八十年，而顺帝北徙，祚祀未绝，其后鬼方赤小王子犹屡扰明边，至本朝兴始亡。然天山北路如四卫拉部，皆元裔，其后亦以叛始扑灭。

初四日　　雨

止潜过谭。晡，冒雨登舟，与止潜同赴杭。余以菊花自随。是晚，舟中对酒，水声汨汨。

初五日　　晴霁

舟窗日射，纵谭极畅。向午，以熟菜助饮，目眺心游，得十字云：白菜、黄花、绿酒、碧波、红树。夜二鼓，舟至拱宸桥外。

初六日　　晴

晨，舟抵新马头，肩舆入城，与止潜先至杨雪渔家。屋曲折，有池馆幽爽。止潜下榻其间。余坐良久，即往谒叔父，皆无恙。午后，过戚族数处谭。夜，作家书。

初七日　微阴

诣介轩吊丧,介轩父病殁。谒吴左师谭。晡,至旗营,访贵翰香。翰香亦主持开议院者,谓议院为根本,根本不立,枝叶不可为。又云议院公举之意,小行之有小益,大行之有大益。

初八日　微雨

止潜及堂兄芝生偕至,留下视松楸,饭于坟亲吴老泉家。晡归,肩舆缓行,山岭合沓,林竹丛密,数里一凉亭,可憩人,皆众户出资葺成,微合公理。

天演家言以人胜天,盖以天为势也,自然也,无知也;以人为理也,当然也,有知也。世界日进,必使理胜势,当然胜自然,有知胜无知。

初九日　晴

白昼,肩舆出诣戚友数处。夜,观书。

耶律文正谓兴一利不如除一弊,为治据乱世之名言。然自今思之,除弊亦难。观于明嘉靖时行一条鞭法,合里甲均徭杂汎总征之,吏得少与民亲,颇称简便,似亦除弊之一端。然诸役冗费,名罢实存,有司追征如故,民所出赋役反增于前,梨州先生言之详矣。是非欲除弊者反增弊乎?可深叹也。读《后汉书·廉范传》,所谓不禁火,民安作二语,益悟此理。

七八月间新政行时,有许部属及府道等上书得专达之谕。此事明万历以前皆然。观于杨继盛、海瑞等皆以员外郎、主事上书获罪者也。至万历十四年以建储事,大学士申时行请帝下诏,令诸曹建言,止及所司职掌,听其长择而献之。不得专达,盖自此始。

初十日　晴

将为六妹行聘,部署礼物及灯彩酒宴,择期明日行礼,婿为张勤果之子瑞理。

十一日　晴

冰人至，为杨雪渔、濮止潜、毛彬士、樊霭庄四人。复敦请陪宴者数人，半皆杭城诸老，如吴左泉师、陈蓝洲、盛剑南、王寿庄等。飞觥畅饮，日晡而罢。婿家来聘物，皆循杭俗，答亦如之。是礼也，古称问名纳采。

十二日　晴

束行装，将返海上。晨，肩舆诣谢诸友贺者。映，造蓝洲父执庐，雪渔、止潜、勉斋皆在，因与止潜偕出城。止潜赴苏异舟，与余同舟者希尚堂兄，盖将至上海梅溪书院肄业，舟中联榻。余复以菊花随。薄暮，舟泊拱宸桥外，俄轮舶曳行。夜，观书。

十三日　晴，风

日加午，风甚。舟近嘉善，系缆岸左，候至晡，风微息，始鼓轮行。夜入黄浦，波平岸阔，皓月如昼。秉烛观书。四鼓到沪，余已眠。

十四日　晴

平明登岸，至家屋中，几案皆空，盖迁居事渐就绪。俄至新屋，铺陈井井，书画烂列。晡，送希尚入梅溪书院，去新屋只里许。晚复出城，明日始进屋。

十五日　晴

日中，奉母并率家人入新宅，祀神鸣爆，亲友多贺者。是屋在西门内，地名静室庵浜。夜，月色甚皎。

十六日　晴

出城至棋盘街买笔。诣仲逊谭。闻穗卿在此，访之于《昌言报》馆，略作数语，即他往。晡归，复至梅溪书院，晤经甫先生，坐良久返。杏孙来,徘徊宅左右,流连久之,暮去。

十七日　阴

诣日辉港桃园地,去西门三五里,夹道多柳,疏密高下几万株。归途遇雨,至西门雨甚,冒雨归。检画。晡,新吾过。夜,作家书寄津。

十八日　微雨

部署壁间书画。过午,出城视佑三。俄诣王家沙访新吾,见所绘山水册精绝。归已昏黑,雨甚。夜,观《日本新史》,专论维新以来事,自明治元年起,共七年,尚有续作。日本自孝明天皇末,德川势已微,将军久无权,皆大老老中擅政,而处士倡尊王之议者日多。德川庆喜见人心已离,故甘心辞职,奉还大政,其势有所迫而然也。

十九日　晴

作诸亲友书。过午,出城买屦。晡,访燕生谭。燕生云:日本当明治初,能振变诸政,较易于支那者,其故有四:一封建未改,获藩兵助也;一国中一家,无满汉别也;一处士皆世家,有权力也;一文武合一,操论议者能将兵也。有此四美,故能三十年而争衡泰西。中国反是,故虽上有维新之主,下有奋起之士,而所如辄阻,职是故也。或以地之大小论之,抑未察其深矣。

二十日　晴

录日记。晡,杏孙过谭。晚,同至外国酒楼,邀何伯梁及新吾等宴饮。夜归,观《明治新史》。仲尼云:礼乐征伐自大夫出,三世希不失矣。日本明治前之情形也,惟其自大夫出,故处士有权力。一旦倡发大义,归其权于天子,天子总其纲,复散其权于庶民,盖得操纵之意焉,国有不治平者乎?

二十一日　晴

观书。晡，鹤笙、燕生、仲巽先后至，纵谭。

灵性离于质点之说，论者或疑其不然，曰：人之智虑，属于灵性者也。然老而或衰，灵性无老，何以亦衰？余曰：是理甚微难辨。盖自妄念起，而受躯壳灵明之体，为所锢塞，几等顽石。是以婴儿无知也，未久而渐长渐壮大，有父师教诲，遂因耳目闻见，徐启其聪明，因是能用心思，异于顽石。虽然，灵性附合全体，而总聚于脑，故用心时，其血管脑筋皆动撼，用心过多，则质点必受伤，甚者损寿。常见有人用心不息，而自觉其苦者，其质点以运动而劳之故也。当少壮时，脑髓血轮充实，用之而质点能耐劳，故灵思易运，而无不年衰，则质点虚损，将不堪其劳，心思亦倦。用愈少则智虑浅短，必然之势也。是皆受质点之害，与灵性何与？

或问：人愈智，则用心愈多，而损其身，然则人宁愚毋智乎？曰：不然。灵性，精妙者也；躯壳，粗浊者也。精妙者日益，粗浊者自日损。有志学道者，乌肯固保其粗浊而甘舍精妙者耶？

二十二日

晨，诣梅溪书院，晤经甫先生。过午，出城见杏孙及汪颂虞，复谒外舅。夜，至丹桂园观优，演《湘军平逆传》，其于骆文忠、曾文正诸人事迹，皆本《湘军志》，饶有声色。曾文正素衣而出，盖时方丁忧在家也。状貌魁梧，伶人冯志奎所扮。夜深归，斜月东上。

二十三日　晴

经甫先生过谭。饭罢，步访稷塍，昨闻稷塍已至。不遇。诣族友数家。晚归。是日成七律二首，题为《新屋蚕起》，录之如下：

"十年京国染缁尘，来作江南小隐沦。半亩田庐千界眼，万家人海一沤身。依墙种竹能留客，绕屋栽花为养亲。六合沉冥今已矣,还看门内自为春。""结庐人境无车马,论学天涯有友朋。鹤瘦不辞沧海路,雁孤时伴郡斋灯。旧书重读精神异,新理多闻慷慨增。回首昔年燕市梦,恍如卧起早霞升。"

二十四日 晴

观书。是日,外舅为七内弟纳采杭城吴晓帆家。余充冰人,往来两家,至晚礼成。

二十五日 晴

观《明治新史》。过午,出城晤陵斋,过九和绸庄,见稷塍谭。晚归。夜,观书。

日本维新改法,而于释氏一教未尝废之,故于明治二年,犹许本愿寺僧徒至北海道教导其民。但布告寺院,厘正宗规,各守僧律而已。及后学校规模大定,而内典亦设一课,卒使佛学大兴。东土为功,岂浅鲜哉!

日本维新后,最严鸦片烟,律贩卖谋利者斩,引诱人食者绞,吸食者徒一年,自首者皆减罪一等。

日本自收还大政,首开议事所。所谓征士、贡士,皆因公议选擢者。征士任参与。贡士任议事官。后改称集议院。其制度皆明治元年所定,而学校诸创设皆后之,可谓能得维新之次序矣。

二十六日 晴

荫亭过谈,昳始去。晡,往视堂妹于小南门盐公堂夏子纯家,其子妇也。子未娶而殁,因过门守节,可哀之甚。夜,观书。

日人当变法之初,已知城郭之无用。有熊本藩知事细川护久请隳熊本城,朝廷允之。

二十七日 晴

寓书新吾。酌更家用出入规条。晡,访杏孙不遇。夜,观《明治新史》。

雅俗也者，文明蛮野之所由分也。入其境而村名、市名、里名、人名、物名、官名莫不雅切而有义者，其国文明之国也。入其境而村名、市名、里名、人名、物名、官名莫不陋俗而无义者，其国蛮野之国也。雅者，正也，切也；俗者，不正也，不切也。

至平之世无史，至乐之民无诗。史者，有事而书也。世平无事，故无史。诗者，有郁而发也。民乐无郁，故无诗。

二十八日　微阴

览《明治新史》。向午，杨绰田先生过谭，良久去。昳，仲巽、襄孙偕至，同车诣桃园地，即归，诵定庵诗。余主持议院之说，询之守旧老儒，每多以为是者。而与喜谈新政诸公言之，反皆目为缓图。余自是不敢薄视旧党。

二十九日　雨，俄少止

诣止潜，甫于昨日到沪，晤谈。日中，稷塍至，俄穰卿、颂虞踵来。语低徊不休，半皆勾栏趣史。余晚归，区画家政。

十一月

初一日　晴，风

穰卿有妻之丧，是日设奠，余往吊。俄诣止潜。晚，襄孙招饮于海天春楼，酒罢，夜归。

初二日　晴，风

次申过。向午，诣小南门海潮寺，莲兄为先堂叔礼忏。俄坚仲踵来，盖甫与次申同至自津。昳，偕归小坐。晡，出城，余赴徐园。是晚，与竺生合宴宾钵居士。连日不读书。坚仲是日下榻余家。

初三日　　晴

向午,与坚仲诣止潜家。昳,往视次申。晡,游味莼园。晚,饮于海天春。夜归,枕上览恽子居《辨微论》。

初四日　　晴

晨,偕坚仲至梅溪书院,归途往游一粟庵,亦僧居也。在西门内迤南,人烟极稀,殿宇孤峙,外绕竹篱,门径幽曲。佛堂卑隘,堂东偏屋六七椽,颇闳敞,庭养花数盎可爱。迤北出佛堂,后有大池,冰冻池上。斋馆栉比,轩窗面水,隔岸多老树丛竹,心目顿爽,坐久忘返。向午归。昳,偕访张菊生,不遇。晡,诣浩吾。晚,入城。

夜观严又陵译《天演论》上卷。赫胥黎以为牝牡媾合,人类孳生,祖孙再传,食指三倍,传衍无穷,地力有限,养生之资,将不足以赡之,势不能不出于争。争焉而胜者存、败者亡,于是资生之物,常与生类相配,此物竞天择之说也。余谓赫胥黎氏此说,仍野蛮之见也。世界文明人知公理,共享平权,安有争。若虑滋生之繁,则民智大进之际,必有公法以限制之,使男女生育不至过多以耗地力也。且哲学日精,嗜欲必淡,媾合一事,必无妄行,岂如蛮野之以是为乐耶?限生育以与地力相配,二千年后不患无此良法也。

目之好色也,耳之悦声也,口之嗜味也,身之喜安逸也,皆人欲也,吾以为天。好色而不淫于色,悦声而不溺于声,嗜味而不耽于味,喜安逸而不贪著安逸,皆天理也,吾以为人。盖天者顺其自然也,人者知有当然也。顺自然之性,所谓任天行也;法当然之理,所谓尽人事也。

昨读《天演论·导言四》,严又陵案语有云:岛国僻地,物竞较狭,暂为最宜外种闯入,新竞更起。往往岁月之后,旧种渐湮,新种迭盛。如俄罗斯蟋蟀,旧种长大,自安息小蟋蟀入境,克灭旧种,今转难得。苏格兰旧有画眉善鸣,忽有班画眉,不悉何来,不善鸣而蕃生,克善鸣者,日以益稀。澳洲土蜂无针,自窝蜂有针者入境,无针者不数年灭。余为之掩卷动色曰:诚如斯言,大地之上,我黄种及黑种、红种其危哉!

初六日　　晴

寓书新吾。过午,偕坚仲出城,同车驰往味莼园,有江西人赵仲宣与俱茗谈。薄暮始还,买得伶人名三盏灯者映像携归。此君为余所目赏而心醉者。记客岁旅析津,友人潘子静谓余平日议论所心折赞不绝口者,独有三人:曰宋燕生,曰三盏灯,曰李合肥。余闻之以为知言。是夜,遂为三人各制赞诗录下:

"量如春海深,心侔秋月皎。流言遍九州,蝇蚋徒纷绕。"李。

"婀袅舞春风,明艳媚朝日。休言儿女肠,更抱英雄质。"张。三盏灯姓。

"断霞晚犹明,孤雁秋还唳。苍茫世界宽,中有人挥涕。"宋。

初七日　　晴

览《明治新史》。过午,与坚仲偕游松柏园。园多亭榭,颇幽旷,惜雕琢过甚。俄复至味莼园茗话。薄暮,诣杏孙家晚食。夜,观优。

初八日　　微阴,有酿雪意,冷甚

览《明治新史》。日本自太政复古以来,官制政法日新月异,不惮屡改,是皆变独裁为公议之实效也。盖天下有公议而后有公权,有公权而后有公法,有公法而后有公利。

日本学校之制,于明治五年七月始大定,分全国为七大区:曰东京,曰名古屋,曰大阪,曰广岛,曰长崎,曰新泻,曰青森。皆设大学部以统辖所属各县,规模至宏远也。其诏书普喻国人,申明厉学育才之意,殷拳恳挚,如父兄之诲子弟,宜足振动举国之人心。其民兵之制,亦定于是年。

初九日 阴

晨,访稷塍,午归。晡,稷塍来,赵仲宣亦至,纵谭至暮,各去。微雨。

初十日 阴

冬至。观《明治新史》。

朝令夕改,为独裁政体家之所忌。何也?上下之情隔绝,法令愈繁,则吏易得为奸,而民愈受其苦。惟共治政体则无此虑,苟有不善,虽朝令晡改,亦无不可也。要之,独裁之治尚简,共和之治尚繁。

十一日 微晴

为重开雅集,折简约诸同志,订于十三日集余舍旁之忘山庐。是举于乙未夏秋之交钟君鹤笙创议,先集于仲巽家,嗣改格致书院,未几,《时务报》馆立,遂复改集报馆中。风气日开,新学友渐多,意向稍歧,遂倦而散。今逾数年,新机复大阻,所谓天地辟贤人隐之际,而我海上三五同志,渺怀孤诣,不忍与之俱息,复议恢复前之申江雅集,亦灰烬之馀也。

十二日 晴

览《明治新史》。晡,往谒外舅筱老,谈湘军平洪杨事,以日来丹桂园演《平逆传》也。塔忠武之健斗,当时诸将实少其匹。筱老当粤事初起时,即至湘南随曾涤笙营中治军饷,故战事皆所亲历。为言岳州城外之役,塔军与发酋曾养泉对敌,筱老自登某山观战,遥望两军隔狭河而陈,屹不动。良久,忽皆收队,以为休战也。俄见一骑跨白马而前,我军一骑黑马者亦前,久之,黑马渡河,俄二人皆下马相抱持,未久,一人卧地,一人抽刀割其首,跃跨黑马奔还,振臂急呼,诸军鸣鼓,如墙而进,敌大溃走。及归询之,知塔公阵前与曾酋约,单身相搏,不斗军士也。塔公每出战,必跨黑马。马驰哮如雷,敌马皆辟易。及塔公卒,马未数日亦不食死。

十三日　晴

于忘山庐中设长案,置饼果花橘,如西餐式,待雅集诸同志。晡,至者七人,为经甫、鹤笙、稷朕、仲逊、仲宣、燕生、志三,暨余与坚仲共九人,茗谭,抵暮各散,是为重立雅集第一期。夜,观《明治新史》。

日本明治五年,征兵令下,诏书引用西书血税二字。盖谓百姓出税以卫国,皆其生血所为,故谓之血税。顽民不解者,误以为绞血之税,遂畏怖倡乱。如北条县民,官吏以兵威镇制,且晓谕其意,始各解散。甚矣,变法之难!

十四日　晴

览《明治新史》,七年始设警察察规则,凡逮捕拘留,不至罪案书钤印之一日,其罪有无未可知,不得视同罪囚,义精矣。晡,止潜招饮。

十五日　晴

过午,送坚仲登舟赴杭,晚归。

十六日　晴

止潜将往淞江履任,晡往送,稷朕、颂虞、襄孙皆在,谈笑抵暮始返。止潜于是夜登舟。是日,余归,寂坐赋《秋风歌》七古一首,录下:

"秋风怒吹碧海立,长鲸饮浪百鳞泣。可怜东南锦绣一原隰,蛮草年年哭群蛰。吁嗟此蛰幽埋三千年,几阅周舒与秦急。嬴秦一尽元又来,鞭笞刀锯如束湿。虎狼千辈戴冕居,驱策民贼膏血吸。膏血吸,民不给,愁云覆九区,群龙相绕袭。群龙兮群龙,何情之太忍兮,坐视吾民困幽絷。会逢海南一圣人,起排帝阍悲鸣悒。悲声震庭不敢止,天子感动下阶揖。下阶揖,忠言入,颁新谟,荡旧习。春雷一声动九天,万物芸芸皆欢辑。忽遇凛风朔雪卷地来,顷刻乾坤变冻涩,雪盛风劲冻不开,鬼蜮竞岩廊,凤麟避山隈。百卉已随苦寒死,松柏不受冰霜摧。松柏兮松柏,今非其时兮,空逍遥乎清泉与白石。"

十七日　　阴,寒甚

览《明治新史》终卷。

独裁之国有诽谤之刑,公权之世亦有诽谤之律。诽谤之事,不得谓无罪也,第设此刑律者,有公私之别耳。私者惟诽谤其君长为有罪,公者虽诽谤平民亦有罪也。日本史载明治八年定谗谤律云:凡不论事实有无,摘发公布害人荣誉者,是谓谗毁;非举人之行事,辄加恶名于人公布,是谓诽谤。由是观之,文明野蛮所行之政,往往其迹同,而用心则相去远矣。

十八日　　阴

晨,诣杏孙,遇钱君彭山。其人自幼蔬食,不能茹荤,荤物入口辄呕不止,亦奇人也。晚归。夜,作寄兄书。二鼓眠,枕上观恽子居《三代沿革论》。

恽子居云:政者,治乱之纪,上与下之统,天子与诸侯、大夫、士、百姓共断之。善哉言乎!得治天下之本矣。泰西上下议院,盖即与百姓共断之意。

恽先生以为农工商三民之力,不能给十一民,故天下敝。圣人之道,必欲不病农工商而重督士,使士不滥。士且不滥,彼十民者无由滥之。不能滥则常处不足,而天下争归农工商矣。是言也,知其理而未知所以治之之法。夫士何由而能重督,何由而能使不滥,苟无善法,犹托诸空言也。世界而有公议公举,则士毋劳重督而自不滥。《说文》推十合一为士,亦有作推一合十者,推一合十即公举之意。世儒昧昧,空论治道,而不窥本原,如恽先生者盖比比也。

十九日　晴

晨,诣梅溪书院,向午归。晡,覆观《文献通考》严氏所详节者,与原书参阅,取其简而省目。夜,枕上观恽子居集。国朝古文家以恽子居及汪容甫为上品。二君皆善读书,有通识,故其文亦异于诸家。子居《原性》一篇,析理至精,与余论性之理暗合。

二十日　阴

晡,出城至格致书室购书,晚归。夜,观书。

《汉书》武帝元狩四年,造白金三品。其一曰重八两,圜之,其文龙。二曰以重差小,方之,其文马。三曰复小,椭之,其文龟。以为天用莫如龙,地用莫如马,人用莫如龟也。此殆仿佛泰西所流入之银钱。定庵杂诗引证齐梁之铸饼金,以为中国古有银钱之始,不知汉时已有此法,特未能久行耳。

二十一日　阴

录外史。翔士过。

二十二日　晴

录外史。余自乙未秋末日,以此自课,积二三年尚未卒业。盖中间间断,亦多旷日,半牵涉他事,甚矣功之不可不密也。自此欲续成前稿,不敢稍辍,每日行之,亦不复记,惟礼拜日休息。晡,诣杏孙,夜归。

余读《通考》职役一门,而知我国自秦汉以来,治民之法日退,其视民亦日贱也。成周之世，为民设比长、里宰、闾胥、族师、党正，皆以下士、中士、上士、下大夫之命官为之，以其近民也，而尊重之即所以重民也。汉时去古未远，故每乡有三老、孝悌、力田，每亭有亭长、啬夫、游徼，皆有禄秩，而三老、孝悌、力田尤尊，可与县令丞尉以事相教，复勿徭役，则犹爱之重之也。至唐时设里正、坊正、村正，选人充任，而当时称之为差，故有科差、轮差之名，而人争避免，则其职已劳苦轻贱可知矣。迨宋时所谓衙前、里正、户长、耆长、弓手、承符，皆等于奔走驱使之贱役，责民差充而不胜其苦，于是差役领役遂为北宋一大议论。要之去古愈远，先王重民之意荡然无存。诸儒不究其本源，而惟争执于末流，亦何能补救斯民于万一耶？

二十三日　晴

夜，观书。独裁之国，民不能与上论理，故政令之积弊，沿久不能改，往往有极可笑者。如五代时盐法，有所谓蚕盐者，授人以盐而征其钱也。有所谓两税盐钱，免盐之榷而均诸税也。行之既久，则盐不给而征钱如故，税已纳而禁榷再行。又有所谓曲脚钱者，亦起五代时，纳钱而民间许自卖酒也。时移事变，曲钱为定制，而仍禁私酤。他如南宋之抑帛钱者，本起于私买，官给钱以买绸绢。其后也，官不给钱而白取之；又其后也，反令以每匹之价折纳见钱，而谓之折帛。我国待民之无理，见于历史，如斯类者，不胜缕指，盖为他国所罕闻也。

二十四日　晴

昳，诣访菊生，见日人所著《清日战史》，皆和文，不能读，惟多战迹图可观。俄造燕公庐小谈，暮归。夜，观书。

君者，为民而设也。民各私其身，至于相争，有君以平其争，使人人各遂其私，而合群私为大公，此君之职也。故谓君家为公家，以其能合群私也。民有田有货，必纳税于君，非纳于君，纳于公也。以君取其税，即为合群私之用故也。是以古之谋国者，矜言富国，非富君也。君欲为民兴利除害，非富不能有为，而有妨于合群私之事矣。是故管仲之于齐也，桑弘之于汉也，刘晏之于唐也，皆能潜操轻重敛散之权，以渐饶国用，而使富商巨贾不得兼并小民。诚以利聚于私家，不如聚于公上，聚于私者仅供一人一家之用，聚于公者可以赡万人万家之用也。故管仲、桑弘、刘晏三人之术，未可厚非也。然而后儒持论者，每以其事为可羞，而行之往往乱天下者，何也？诚以后世人君不明君为民设之义，以为民皆事我者也。不明合群私为公之义，而以己私为天下大公也。不明两税为民用之义，以为此奉我者也。于是所取于民之财，不为公用，实则用之于合群私者良少，而强半销耗于人君一人一家之中，则其视富商巨贾之兼并小民者，亦无少异也，而酷烈又甚于富商巨贾矣。且平民之相兼并也，不过相竞于缓急贵贱之间，黠者胜焉，然而交易出纳必有法也，还纳取与必有信也，无官吏之抑勒、刑法之逼迫，故虽受亏而不重苦。使君而效其所为，则大异夫平民，而种种苛扰累民之事，丛起而不可禁，欲天下不乱，得乎？是以儒家羞言之，非无故也。或曰：管仲、桑、刘诸君行之，不闻其甚扰民，何也？曰：管仲治齐，犹封建世，地小而精神易周。桑、刘二人，皆有过人之材，是以能潜操轻重敛散之术，富国于无形，且所行法又迥异后世。马贵与先生言之详矣。若处今之世，无古人之材，而复为之广立官属，峻立刑法，以求济其术，其不堕北宋之覆辙者鲜矣。

二十五日　阴

海上望雪甚切，闻杭湖一带已得雪矣。

二十六日　晴

晡,至味莼园散步。夜,观书。

国家盛时,轻徭薄税,财入少而用有馀。及其衰也,横征暴敛,财入多而用反不足。是何故耶?盖财入少则用之有节,有节故有馀也;财入多则用之无节,故不足也。但不可以之衡今日泰西之制。

财之不足,强半由于纵侈。纵侈者以无益之浮费,妨有益之实用也。人之所急待以养生者,衣食而已。食出于耕,衣出于织,衣食赡足,何仰于财?圣人之制,财用者所以为流通调剂之具耳。使天下多农夫桑妇,人知务本节用,又安虑财之不足哉?自纵侈者出,轻米粟而重珠玉,贱布帛而贵锦绣,于是天下始渐弃本逐末。业珠玉锦绣之人日多,而为农夫蚕妇之人日少矣。然而珠玉不足以充饥也,锦绣不足以御寒也,所食必赖米粟也,所衣必待布帛也。耕织之人少而衣食之人多,则米粟布帛不得不翔贵。物贵则财不足以配之,安得不贫。非财不足,粟与帛不足也。粟帛何以不足?为珠玉锦绣之所分也,此纵侈之所以为害也。

二十七日　阴

荫亭过。晡,燕生、经甫、杏孙、仲巽咸至,为雅集第二期。纵谭至暮各散。

治平之机,出于公议。公议之人,由于公举。公举之法,决于投瓶。投瓶之为功也,大矣哉!东西各国之兴,皆行斯术也。余因赋绝句一首,以志赞叹。录如下:"鉐筩自古非良法,移作欧西选举公。欲破天行千载虐,神机偏在一瓶中。"

二十八日　阴

晏起,诣杏孙谭。夜,观书。

昔子舆氏称伊尹,非其义也,非其道也,一介不以与人,一介不以取诸人。好行其德者,每不谓然,以为一介不取,则廉矣,一介不与,不亦吝乎?此非察理者之言也。夫非义非道而安与人者,适足以害人。何也?人生世间,苟非不得已,必当自食其力。自食其力者,必能务本业。人人能务本业,则生财之道广而国富矣。使天下多好行其德之人,恃财帛之多而滥施,则惰民皆甘于游乞坐食而不务本业。不务本业者日多,则生财之道狭而国贫矣。故吾谓好行其德者,其罪与纵侈等也。或曰:然则古人发政施仁,每重恤养之事者,何也?曰:古人恤养之事,必于鳏寡孤独,老弱无告,或跛聋残疾,不能力作,及遇水旱饥馑,流离失所之人,而后赈之恤之。若夫年谷丰熟之日,筋力强壮之人,徒以游惰荒本业而致贫者,虽坐视其饿死,犹不为忍。何也?彼固甘于求死也,使复振之恤之,所谓非义非道,天下之人皆将效尤而舍本业矣,古人无是政也。

子张学干禄,仲尼告之曰:寡尤寡悔,禄在其中。据是,可见当春秋时,虽已世衰道微,然而贤人志士学成于家者,尚易得通显于朝。盖当时乡间之议论,犹有权也。三代下惟两汉之州郡征辟,魏晋之九品中正,其举人虽非古法,然颇采舆论,不失古意。自隋唐以降,士以科目进,于是颛试文艺,不觇器识,争一日之短长,不问平时之毁誉,而天下豪杰之士,始多穷愁抑郁者矣。

二十九日 晴

翔士为其先人行祔庙礼,并行题主礼,余往襄事。

夜归,观书。国家专以考试文艺取人,于是不能不严搜检之法,盖防其钞袭也。然其待士,始如罪囚如盗贼焉。考是法,盖起于唐乾元中,礼部侍郎李揆言:主司取士,多不考实,徒峻防索其书策,殊不知艺不至者,居文史之囿,亦不能摘其词藻。乃于试日,设《五经》诸史及《切韵》于床,引贡士谓之曰:大国选士,但务得材,经籍在兹,请恣检。

糊名考试之法,始于宋真宗景德四年。大中祥符八年,始制誊录院。

近代文学之士,多聚东南,北五省犷陋,每少闻人。平阳先生以为经金、元之乱所致,盖信然也。故北宋时,欧阳永叔犹奏称东南多进士,西北多经学,不过云东南好文、西北尚质而已。虽质,犹多经学,则尚有学也。自南宋而后,北方学者遂不可多见矣。

三十日　阴,微雨

晡,出城。晚归,理家政。终日不读书。

司马温公论王安石,以为罢诗赋,用经义,此乃复先王令典,不易之法,但不当以一家私学欲盖掩先儒。此数语可移赠今日之康南海。

十二月

初一日　微阴

族妹是日纳采,往贺。晚,诣杏孙,与朱琴甫论算学勾股术。夜,观优。

初二日　晴

余以唐宋名臣八人,拟今日之李傅相。曰托身强后,持正不阿,似狄梁公。曰勋业盖世,尽忠朝廷,似郭汾阳。曰朝纲纷变,身居事外,似裴晋公。曰名高望重,未忘科第,似李赞皇。曰心迹光明,不学无术,似寇莱公。曰豁达大度,恩怨两忘,似文潞公。曰覆军折将,败非其罪,似张魏公。曰奉公洁己,横被贪名,似余蕲州。

初三日 晴。晡,微阴

出城,晚归。夜,观书。

朝廷取士用人,判为两事,所用非所取,所取非所用,其病原于儒吏之分途。盖三代取士用人之法,见于《王制》。如乡秀士升于司徒曰选士,升于学曰俊士,升诸司马曰进士。司马论辨官材,论定然后官,任官然后爵,位定然后禄。其时无所谓儒,亦无所谓吏,盖取之则皆儒,而用之则皆吏也。至西汉时,公卿大夫始或出于文学,或出于吏道,于是儒吏始分,然未尝抑扬轻重其间也。是故由吏发身者,亦多名臣,如丙吉、龚胜、尹翁归之流,贤名卓著于时。迨东汉而儒吏派品渐分,儒渐鄙吏,故丁邯有不肯为尚书令史之语。自是以后,天下日益尊儒贱吏。儒惟自尊,故益不习吏事,堕于拘谫不通。吏惟自贱,故愈不守儒理,流于放荡无耻。天下于是不能得儒之益而日受吏之害。沿及唐宋,此风难返。惟元世祖时,诏诸路举儒吏,儒必通吏事,吏必知经史,似尚儒吏并重,有西汉遗意。迨明成祖时,复有御史勿复用吏之诏,而吏由是复轻。夫吏之所以轻者,由其与儒分途故也。既分途,则久之必有轻重。使复三代古法,取之则皆儒,用之则皆吏,天下又安有不习吏事之儒、不守儒理之吏哉?甚矣,汉人之作俑也。

下之进身也,必由众所公举,则品之贤否不能淆。上之用人也,必使吏得自解,则才之短长无所隐。《周官》之乡举里选,公举也,不可复见矣。而两汉用人尚由征辟,自公府至郡吏,皆有其权。且当辟召之时,犹采乡里无心之毁誉。是则自辟之法行,公举之意未亡也。魏晋以来,立九品中正法,虽略变而选举之权犹分于州郡。至隋文帝时,始收天下选举之权,尽归吏部,自是海内一命以上之官,州郡无复辟署者矣。夫用人既不由自辟,而下之进身也,乃设科目,听其投牒自举,公举既变自举,用人又不得自辟,于是天下之贤才无由出。贤才无由出,而天下困矣。善哉泰西之治也,凡国之宰相,由议院公举,而诸曹职长,皆由宰相自选用。故凡宰相易人,则诸曹长与之俱去,盖两得之矣。

初四日　　阴

夜,火钟鸣六,不知何处失慎。

初五日　　雨

外舅以车来,招往午食。坐有荫亭、厚甫,始知昨夜泥城桥外火焚去西式楼屋六七家。晡,诣杏孙谭。晚归,雨犹洒衣。

夜,观书。儒吏之分,由于官师之分。《周礼》党正各掌其党之政令教治,州长掌其州之教治政令,故党正为一党之官,即一党之师也。州长为一州之官,即一州之师也。官师合一,所以无弊。秦汉以来,设郡守县令以治民,复设博士官文学掾以教民,于是官师始分。官师分则为政与为学始不相侔,而儒吏分焉。天下事往往合则交相为用,分则交相为病,亦正不止官师儒吏已也。

古人文武不分也,故礼乐与射御兼习;为学与治事不分也,故书与数并重。于此见古人六艺之名,有精意存焉。

初六日　　阴。晡,微雨

夜,观书。

《周官》党正孟月属民而读法。读法也者,读国家之法律也。是人人无不知律学矣,安有不习吏事之儒哉?唐人设学,始有律学,则当时人已多不知律可知。至宋时,以练水大儒,犹谓不宜置明法一科,以为日诵徒流绞斩之文,习锻炼文致,为士已成刻薄,从政岂有循良。夫以律令设专科取士,则业是科者必至尽弃《诗》《书》道义而不讲,练水之虑及此,固所宜也。然谓知道义者不必明法律，自能与之冥合，则未尽然。夫所谓冥合者，不过大旨所在。若夫条目曲折，岂能尽知。惟士夫以此自恃，故遇事为吏所欺，隐而不觉也。善夫周人孟月读法之制，既未尝专设一科，而人人又无患不明律学，其命意之深远。抑可知矣。

初七日　　微晴

晡，出城，晚归。夜，观书。

《汉书·贾谊传》：天子不喻前圣之德，不知君民之道，不见礼义之正，《诗》《书》无宗，学业不法，太师之责也。天子不惠于庶民，不礼于大臣，不中于折狱，无经于百官，不哀于丧，不敬于祭，不诚不信，太傅之责也。天子处位不端，受业不敬，言语不叙，音声不中，进退升降不以礼，俯仰周旋无以节，太保之责也。天子燕业反其学，左右之习诡其师，盖诸侯遇大臣不知文雅之辞，少师之责也。天子居处出入不以礼，衣服冠带不以制，御器倒侧不以度，采服从好不以章，忿悦不以义，与夺不以节，少傅之责也。天子居燕私安而易，乐而耽，饮食不时，醉饱不节，寝起早晏无常，玩好器弄无制，少保之责也云云。凡是六职之重，皆为天子一人而设。一人之身甚微，而必设如许官监制之者，何耶？诚以天子异乎常人，盖其一身足以树万国之表率，而系兆民之安危者也。举止好尚，微涉畸邪，足以移天下之风俗；喜怒爱憎，略有偏倚，足以生百年之祸患，如是而可弗加之意乎？是故立官必众，防范必严，视天子一人之身，直如千万人之身也。三代盛时法良意美，思深虑远，有如此者，宜为后儒所推重矣。而愚意以为此皆君权世及国不得已之法，民权之国无是事也。盖民权之世，有公议以维持国政，则民生之苦乐，无与于君之身也；有公法以陶铸人心，则风俗之厚薄，又不系于君之身也。君特为民总挈公权，以保吾国而已。有德则举之，无德则废之,故视之甚轻,又何必纷纷设公孤、立保傅,相其言动、监其起居之不惮烦耶?盖与君权之世正相反也。要之,君权之世,聚其权于一人,则视其君不能不重;民权之世,散权于众人,则视其君不能不轻。

初八日　　晴

荫亭过纵谭,晡,始去。晚,治外史,如常课。

初九日　　晴

晡,出城。晚归,家祭。夜,观书。

昨与荫亭谭,谓非开议院不能办事。然于设议院之前,必先废四书文,分科取士,使士夫知讲求实学,留心政治,以为议院之始基。余始犹不谓然,嗣与荫亭再三辨,方悟此理,然后知南海得志时,首变考试为得要也。八比废,人争读书,民智辟,新党必多。而诸公持之过急,致激此变,前政尽反,可惜也。

初十日　　阴,有雪意

日治外史,如常课。夜,随母往观优。

十一日　　阴

雅集第三期,至燕生、经甫、鹤笙三人,纵谭。

日本之所以能独立于亚东,历数千年不为他种所侵灭者,以有封建故也。封建之国,列侯分土,各固疆圉,虽强邻劲敌,未易长驱直入,攻之较难。无封建则州郡不能各自为守,敌入而逢州破州、逢县破县矣。此盖君权世保种之良法也。

封建之世,列国之君,莫不世及,虽甚私,然较之郡县世惟许一家世及者,则私之中又有公焉。大抵郡县之国一君,封建之国多君。君愈多则国愈强。若民权公议之国,几于人人皆君,是以无敌于天下。语云:百足之虫,死而不僵。故多君之国,虽小而能存,如欧洲之丹麦、瑞典诸国是也。寡君之国,虽大而必亡,如支那国是也。

十二日　晴

晡,穋塍过谭,暮始去。夜,观书。

儒与吏分,为古今一大弊;而兵与民分,又古今一大弊。宋王介甫立保甲法,似欲复古民兵合之制,而其法不善,反贻口实。非民兵之不可复也,不知其本,则古法适为害而已。试观元祐八年苏轼奏,称河朔西路被边州军,自澶渊讲和以来,百姓自相团结为弓箭社,推择家资武艺众所服者社头、社副、录事,谓之头目。带弓而锄,佩剑而樵,出入山坂,饮食长技,与北虏同。私立赏罚,严于官府,分番巡逻,铺屋相望,遇有警急,击鼓集众,顷刻可致千人,虏甚畏之云云。此与介甫保甲法无异,何以行之略不扰害,且能制敌保卫桑梓而有实效,其故安在?则以由民间公议创立,毫无官权故也。苟以官权行之,则其事非徒无益,而又害之。温公之所以请罢保甲者以此也。由是观之,欲复古法者,非由民间自治不可。

十三日　晴

治西史如常课。晡,出城,至味莼园散步,寒林斜日,游人甚稀。归途诣杏孙庐,与朱琴甫小谭。俄造小圃叔新屋,留晚食。夜归,朗月照人。

十四日　晴

夜,观书。古者税无蠲免,刑无赦宥。非不知恤民也,税无定额,丰地则纳多,歉地则纳少,量时而定其取舍。非无蠲免也,未尝普蠲而已。刑不妄施,罪无疑则诛之,情可恕则宥之,因人而决其出入。非无赦宥,未尝普赦而已。后世人主每喜普蠲普赦以市恩于民,于是顽民有抗匿钱粮以待蠲、恣犯罪过以待赦者矣,岂可为治天下之常理哉。

十五日 晴

出城,晡归。夜,观唐铸万《潜书》。是书蜀板,书肆无可购者。会有蜀人贩是书来,燕生闻之,往购一部,欲复为余买,而书已罄矣。余因自燕公借观。是日甫开卷,知其人亦不喜宋儒者。谓其为学有性体而无事功,有正心修身之学而无治国平天下之学,盖得圣人之半体,流为无用,为世诟病,职斯故也。

十六日 微阴

晡,为杏孙太夫人书寿言,余兄撰文。太夫人明年寿八旬,正月七日生日,同人亦多以文祝者。夜,出观优。归,观书。唐子之书,曲折奥衍,近内典,文章又类周秦诸子,善剖析名理,于近儒最服阳明子良知之学,亦以其能发为事功也。

十七日 晴

晡,寿言书毕。晚,仲巽招饮外国酒楼,坐有燕公、杏孙等。燕公亦撰寿杏孙太夫人文及诗,渊雅淡逸,品格高绝。夜归,观书。唐子云:德性事业分,圣人之道裂,宋儒之罪也。愚谓此其病源,仍根于儒吏分途。《说文》云:吏者,治人者也。天下争以治人者为贵,则夫求贵于天下者,安得不尊古而卑今,淑身而忘世哉?故吾常谓儒吏不合,天下无治理。

十八日 晴

晨,访次申。日中,在杏孙家闲谈。晚归。

十九日 晴

晡,偕小圃族叔,游城隍庙,登小楼,饮酒,食馒头十馀枚。馒头俗称,以面裹肉,起于武侯定南蛮时,汉以前无有也。北方呼曰包子,而所谓馒头,则有面而无肉者也。南方犹沿古称。庙中鬻是为业者三十年,最著名。一艺之工,即能专利如此。利专而工益良,不待言。

夜观《潜书》。任官者必循级序进,虽衰世之弊法,然亦用人之公理。何也?任官必择贤,贤何由择,必察其材;材何由察,必试以功;试之则必先于微职,能任一事,然后使任十事;能任十事,然后使任百事;能任百事,然后使任千事万事。是故大将必出于卒伍,而后可恃;宰相必出于啬夫、亭长,而后可用。盖历级多,任事久,则才之短长、德之高卑,无可逃也,无可隐也。以此用人,以此知人,岂非善法乎?惟自后世,儒与吏分,取士与用人分,征辟法废,而所谓序进者,不问其才德优劣,但视资格年劳,皆可推迁,则去之远矣。故天下有迹相似而命意悬殊者,此类是也。

二十日　晴

过午,诣味莼园,遇穰卿,晚归。夜,观书。

唐子忧君之失其道而乱天下,无法以处之,作《远谏》之篇,所以劝为君也。忧臣之失其道而天下乱,无法以处之,作《梶政》之篇,所以劝为臣也。夫劝之者,空言也。《六经》之文,所以劝为君为臣者至矣,岂待唐子之言哉?然而数千年来,君不君者如故也,臣不臣者如故也,不得其法而徒劝,虽齿敝唇焦,无益于事。曰其法安在?泰西之已事可知矣。民权不扶,用人不由公举,行政不出公议,岂能责为君为臣者哉?

是日,阅《苏报》载曾龢请变通成例疏,沉痛明辨,有为四百兆人请命之概。因是罢职,曾公不朽矣。

二十一日　晴

晡,诣梅溪书院,与经甫先生谈。夜,观书。

君权之国,最奇而无理之事,莫过于用奄人。自纵淫而绝他人之嗣,何其忍也!魏叔子谓奄人起于周,而夏商无之。夏商以前女御少,至周而女御多也。然则周德之不及夏商,盖可知矣。

二十二日　　晴

夜,读《潜书》竟。铸万先生躬行孝弟,书非秦汉以前者不读,尊孟宗王,谓孟子实圣人,而陋程颐之固,深慨三代以后无治法,而开国君臣将相莫非屠户,故于《室语》一篇发之。其阅识孤怀,可与梨洲先生并传矣。先生盖蜀人,嗣以献忠之乱,蜀民死尽,赤地千里,无家可归,乃卜居吴门,卒年七十三,无子。其人姓名不著,世罕知者。世固有隐没于前而显于后者欤。

世有三学:曰闻见学,曰知学,曰行学。读书而博记诵,闻见学也,而非知学。读书而多心得,知学也,而非行学。读书而励诸己有法,施诸人有用,斯为行学,学乃全。《中庸》所称博学之,审问之,闻见学也;慎思之,明辨之,知学也;笃行之,行学也。不外是三者。

二十三日　　阴

晡,稷塍过谈。风冷。夜,观《大云山房集》。

二十四日　　晴

书春联。仍观恽集。过午,往谒外舅筱老。晡,诣城隍庙,游人杂沓,丐者满路,余探囊取钱散之。尝忆唐僖宗时,宰相有好施者,囊钱自随,行施丐者。每出,褴褛拥至。朝士规其宜举贤任能,使万物得所,何必行小惠。宰相大怒。余所为得无近是。虽然,余处士也,非宰相比,力不能施大德,则小惠在所当行者。

二十五日　　晴

昨观书,略有所悟。世多言道家之旨在保肉身,而释家贵弃躯壳,其言背而驰也。及遇陈潘卿,则闻释道同旨之说,谓释家亦保肉身,但道先修命,而释先修性,其所至一也。余疑之者半载,至是窃疑释既贱躯体而戒杀生，欲天下人各保生命，则其视生命非不重也。视生命既重，或者亦有所赖于生命乎？虽难决为定论，而理颇可通。

是日，为雅集第四期。至者鹤笙、燕生、仲巽，丁问槎至自乌镇。燕公持来枚叔寓穰卿、燕生及余三人书，阅之略知台北情形。谓台民蠢愚，百物翔贵，日人为创学校及藏书楼，纵人入观，台民其渐辟智识乎。又见陈潜卿寓吴瀚涛、燕生及余书。潜卿于三四月间赴湖北襄阳之武当山，求见三丰真人，频行时与余在沪握别，久无音息，今已逾半载，忽来书相告云：到武当山，先居紫霄宫，后移寓磨针井。当由均州陆行往紫霄时，行李先行，行至半途，忽见路旁一古庙，庙门距大路仅丈馀，横榜三大字曰"遇真宫"，笔画雄秀似右军书。旁有古木，参差倒挂，庙门直开，寂无一人。欲进内游观，因行李急行，未果。至紫霄，阅《武当山志》，始知武当有八宫，遇真宫其一也。遇真宫距紫霄四十七里，距磨针井十七里。昔人于此遇真，故名。又闻遇真宫有三丰真人铜铸像，像维肖真人，他处无之。因欲往谒遇真宫，数有小疢，未果。既而移居磨针井，始得至遇真宫。至则向所见路旁之遇真宫，已失所在。问土人，土人指曰：此非遇真宫乎？然后知遇真宫实距大路里许，而庙旁古木藤与横榜三大字，笔法皆与向所见不类。往复寻所见路旁古庙，卒不可得。始悟真人感来意之坚，化古庙相迎也。乃日两朝三丰铜像，以报真人之意云云。此事甚奇。潜卿非作妄语人，当可信也，是不可不记。

二十六日　晴

览《清议报》，自友人处假观。晚，观恽文。

黄梨洲作《明夷待访录》，明夷离在坤下，如日在地下。恽子居《明夷说》云：晦者，明之渐入地者，登于天之渐。梨洲取其义，以喻乱久必治也。唐铸万著《潜书》亦有曰：自秦以来至今日，可谓乱极矣。天下无终于乱，今其将治乎？二公皆有心人，当明末国初时，发此远识，其言似不验。然当乾隆时，佐治华盛顿已创民主局于美洲，于是欧罗巴君权亦逐年渐减。至同治间，亚东日本复兴起一变，而为君民共治。虽我支那人至今略无改革，然合大地而论之，亦可谓日进于文明矣。明夷之说，其非虚言乎！

或疑民政之国，其国人多以意见分党相争，以为此民主之弊也。答之曰：君权之国，独无争乎？且其所争者，势与利也。民权之国，独以理争耳。今夫市人以饮食货利相争，而士人或以学问辨难相争，同一争也，相去不啻倍蓰矣。争势之国变而为争理之国，是市人变而为士人，可不谓进乎？若夫理犹不争，则非待数千万年后不可，今未易语此。

二十七日　　晴

览恽集。

释氏书云：佛之视人间富贵为甚苦甚危险。而圣人之作《易》也，亦寓斯理，如困卦九二朱绂，九五赤绂，九四金车，皆指富贵言也。困莫甚于富贵，恽子居之言然。

二十八日　　晴

恽子居善作游记，不喜柳子厚诸作，以为体近六朝，未为至。凡状山水，莫如《尔雅》，而《说文》次之。故子居诸记，多学《尔雅》、《说文》意也。

晡，与问槎、希尚闲步出城，风甚，尘起扑面。

二十九日　　晴

部署度岁事，不读书。

光绪二十七年辛丑(1901年)

正 月

一日 晴

昨夜四鼓始寝,晨起冠带,拜先人遗像,向母贺岁毕,复坐观书。铭舫来谈,久之去。过午出城,发电至西安,遂诣石芝谈。

新岁景象,街衢间与平日大不侔。余车所过,见市廛家家闭户,金鼓声闻于外,路上往来者鲜衣华服,三五成群,红男绿女,嬉游道左。马车驰而过者,峨冠博带,端坐直视。亦有衣冠楚楚坐人力车者,情态不一,莫不安舒闲整,熙然有春意。

二日 晴

信侪过谈。

史书宜分五类:曰年,曰国,曰政,曰事,曰人。《通鉴》之类曰年史,《国语》之类曰国史,通考之类曰政史,纪事本末之类曰事史,《史记》、《汉书》之类曰人史。

论文宜分数种,有说理之文,有记事之文,有论事之文,有言情之文。说理取明白透达,推内典;记事取简峭生动,推《史记》;论事取汪洋恣肆,推苏子赡;言情取缠绵悱恻,推汪容甫。

三日 晴

肩舆贺岁归,晓峰过谈。余问:商家有所谓牙行牙帖名目,如何情形？晓峰云：牙行者，承揽行商运来之货，为之行销，其人必至公署领牙帖，乃可充此任。又问：贩盐者每盐一石，纳诸公家几何？曰：每石价不过三千，而须纳一千六百于盐商，其归公者亦无几，馀尽归官吏之中饱及盐商私橐。我国官与民交接之处，弊窦丛生，不可究诘，岂独盐已尔哉！

我国风俗制度，各处不同。欲考究其详者，非遍历十八行省不能知。即如里正一职，自隋以后，视为贱役，动遭官府鞭笞，与奴隶等。然去年偶遇一人自陕归者，云：彼处地保，皆举人进士充当，视之极尊。每易一人，须地方官亲往拜之。此种情形，为我辈闻所未闻。前以语铭舫，铭舫云：江苏溧阳县亦然。

四日 晴

往视佩葱于旅舍中。佩葱昨年偕慕兄西行，在陕居两月，忽得家电，知其太夫人逝世，遂星夜遄归。自云：自庚子五月以来，仆仆道途者六阅月。其太夫人亦因积劳，遂至寿终。道及端刚辈，犹切齿也。案间有日报数纸，取阅之，见有罪己诏千馀言，半罪人之词，又昭雪许、袁诸公。诏犹谓其为敌匪交哄，和战两难时，词意两可，盖犹自护短，不认为误杀，可笑。日中归。晡，复出观剧。

五日 晴

马车出贺岁，访宋芝洞。见日报载徐承煜、启秀、毓贤奉旨正法；庄王及英年、赵舒翘赐自尽；徐桐、李秉衡斩监候；刚毅斩立决，以已死邀免。盖为外人所逼，不得已而从命也。

是日，晚归，车中观书。

六日 晴

诣彦复，与同游味莼园。

七日 晴

诣盛杏孙不遇。访汇东妻弟，谈及去岁变法之诏，实因合肥于十一月间有疏陈请革政，故两宫遂定大计。晡，造彦复谈。晚，过石芝晚饭。夜归，观书。

《石头记》虽小说，而于支那人情世变，官场利病，言之切中，能发人深省。如贾政出任粮道一节，写得一正人君子，竟为家奴书役所愚弄，始知在今日欲做好官之难，法弊则然也。不改法而但责人，未见其可也。

八日 晴

凌霄至自海门，过余小谈。饭后，诣胡二悔，即访仲逊。燕生亦至，纵谈。

泰西男女自择妃偶，世界之公理也，视强为父母所牵合者，相去远矣。支那人多为礼法所箝制，夫妇之道遂苦，有饮恨终身不能自脱者。吾观《石头记》，如迎春之夫，薛蟠之妇，抑何不幸乃尔！宝玉、黛玉两情相结，盟天日，泣鬼神，使贾母能遂其志，何异自择之夫妇哉？乃忍视其一病一痴，卒使病者死，痴者逃。不知者乃讥二人以为无其父母之命，媒妁之言，私相慕悦，败礼伤化，而不责贾母之自违公理，抑何谬耶？他如尤三姐自刎，柳湘莲断发，司棋、潘又安同死，皆令人肃然起敬。

九日 晴，奇暖

睨清至自杭州，过谈，遂同访凌霄，知于昨晡赴武林矣。日中，访襄孙。昳，诣佐伯，习和文。晚归，观书。

吾读《石头记》至得通灵幻境悟仙像一节，而后叹此书实为悟道之作。盖乾阳中爻流入坤，乾变离，坤变坎，故道家取坎填离，最末后一事谓之还丹。宝玉者何？丹也。失而复得，还丹之说也。

故甄士隐谓此玉是天奇地灵锻炼之宝，宝玉复得此物，遂超生死关，绝尘缘矣。

十日　　晴，冷

鲍翔士妻奚氏向蒋姓者索债不得，至相争呼。余往为排解。蒋坚谓其先人已付出，有簿记为证。余索观之，见其笔迹不合，实蒋伪造无疑，为代辨数语，即归。晡，出城见焦乐山。俄诣佐伯师。暮入城。是日，观《石头记》终卷。

此书实为悟道后之作无疑。盖其学非全从《参同》、《悟真》而来。书中有点睛处，如述宝玉应试之先，习作四书文，遂将《南华》、《参同契》等书屏置不观，可知其作书宗旨也。谓太虚幻境即真如福地，宝玉自得原物后，遂视儿女之情极淡，是丹还面壁境界。书中大观园，隐隐为张三丰丽春院写照。读者能参透此说，即知十二金钗之为何物，必具宝玉之性情才智，乃可与闻此道也。书中云将真事隐去，试问所谓真者何事？《说文》真字从化，谓仙人变形而登天也。则所隐者何事可知矣。以俗对真，别有命意。赞云："满纸荒唐言，一把酸辛泪。但云作者痴，谁解其中味。"余谓解味者果无人，能解其味，其人即可解甘露味也。

十一日　　晴

昨归见有自鼎升客舍来书者，启视，知穗卿至自祁门，约今晨视余。向午，穗卿果来。遂偕出城，至雅叙酒楼对饮。醉后谈道。穗卿云：决无此事，此外道也。慈恩宗派如《唯识论》、《师地论》等书，皆有驳外道之说，可细观之。余曰：敬诺。穗卿又自述在祁门时，当去年五六月间，招集义民驱杀外人之旨到，于是百姓麇集治所，求官允许。余计无所出，乃阳许之，令具禀。禀上，又斥其不合，敕修改，遂延迟五六日，阴令教士速治装远遁。迨所禀批准，教院空无人矣。百姓欲肆焚掠,余又禁之,曰:其人已去,财产屋舍,公家所有,不得擅动。乃封其屋,更出赏格曰:获得一教士者,银千两。百姓相顾无如何。又迟二十日,而保卫教民之旨到矣。于是教士晏然归,相与安居乐业如故。天下事固有曲以济其直者,使余稍不慎,则为吴晓村之继矣。又云:余在祁门筹饷练兵,无丝毫之权尽诸绅士。盖纯用君权压服其下,治今日之民,不得已也。居今日苟稍假民权,必为民所杀而后已。又云:今日之民,堕黑暗久矣。吾治之,吾惟潜引之光明之处,骤用高等治法,未有不崩溃者。余皆以为然。是日穗卿大醉。余随至客舍,听其语,渐无伦次。俄浩吾、公恪、信侪、仲宣、仲巽、又陵相继来。晚,又陵宴诸人于外国酒楼。

十二日

访穗卿,问相宗内应读之书。穗卿告以冠道本《俱舍论》,又《唯识论述记》及《瑜珈师地论》三种,皆购自日本。晡,诣彦复,燕公亦在,纵谈。彦复赠余五古,录如下:

"春风扇江海,皎日悬空虚。索居意不适,言访忘山庐。藉问主人谁,宝瑄字仲玙。见道已忘山,见君亦忘予。莫指鹿为马,焉知子非鱼。从君一日游,如读十年书。庄叟齐得丧,尼父谁毁誉。习静摹禅悦,治经乃菑畬。嘉禾苗九穗,非种固必除。幽兰生当门,佳士肯见锄。身脱尘网中,手拨秦灰馀。修竹蔀轩簃,清流绕林渠。稽古异桓荣,下帷同仲舒。庭有稽阮俦,门无卿相舆。始知天爵贵,何翅专城居。坦怀乐疏放,末俗恒龃龉。乃叹世路险,合辙难造车。沧海变为田,宫阙莽成墟。万物类刍狗,天地终蘧蘧。相逢淡忘归,独立空踌躇。"

十三日　　晴

访平阳山人于新鼎升客舍,纵谈。

东国道不拾遗,夜不闭户,自明治维新以前而已然,足征德川氏政治之美。

日本维新有二级,其先为攘夷尊皇之界,其后为共和立宪之界。尊皇之界,吉平松阴诸人开之;立宪之界,大隈重信诸人开之。

日本之能革政开新世界,处士之力也。培养士气之功,仍归于德川氏。使德川氏有天下,竟废其主,改封建为郡县专制之国体,以八比取士,日本安能有今日哉? 尝以难东人,东人无辞。盖东人日以诋德川氏为事者也。

东西诸国,男女之防不严。所以不严者,以男女皆沐文明之化,虽相交游,不必有苟且之事也。其居家无垣墙,夜不闭户,所以然者,以国人无偷盗之事也。

东人视赌博为极下贱者之所为,而我国高等人犹习为之,不以为非。

十四日　　晴

访周寿臣。日中,在严子均家饮,极醉。晡,往视宋芝洞,晚归。

是日,闻人谈及天津之城,已为西人所毁,马路通入矣。京师外垣亦毁数处。自炮火兴而城郭为无用之物,且遇大难,而民人为城所隔,不得逃奔,以致合家惨毙者多矣,毁之便。

东人来我国者,见居民莫不高其垣墉,以为异事。是何也? 是其脑质中无偷盗之一事也。余昨闻燕生言,日本自维新后,凡通商口岸,其民多沾染支那人习气,风俗逊前,故铁车旅舍中,时有失物之虞。此则为吾所未闻。

饮食所以养生,男女所以传种,于世界动物类有极大关系,不可一日无者也。余读书数年,今始悟尚有一轩天盖地之事,亦不能外。此所谓不思议境界。

十五日 晴

观梁任父《饮冰室自由书》。

日本中村正直尝译英国斯迈尔斯氏所著书,名曰《自助论》。其序云:凡人民所以有自主之权者,先有自主之志行也。故谓二三十家相团,则曰村。数村相联,则曰县。数县相会,则曰郡。数郡相会,则曰国。如曰某村风俗纯实,则某村人民之言行纯实者为之也。曰某县多出货物,则某县人民之力农勤工者为之也。曰某郡艺文蔚兴,则某郡人民之嗜学讲艺者为之也。曰某国福祚昌盛,则某国人民之志行端良克合天心者为之也。盖总称曰国,分言曰民。余以为至论。

余分治民之法有二:曰内导,曰外导。内导,教也。外导,政也。始疑东西诸国风化之美,外导使然,与内导无涉。故视世界上之有教,几等赘疣,曰教惟行于据乱耳,若升平、太平之期代,非教之能为功。今又加数年读书观理之力,乃恍然于世界之平因由于内导外导相辅而成者也。内导之力,先贯注于一二人之脑筋,乃能昌明。外导之理,漫衍于千万之脑筋,于是遂因其理而创其法,如卢骚之《民约论》、孟的斯鸠之《万法精理》,其有功于世,岂其微哉!然使先无内导之力,又何由知外导之理,断断然矣。

西儒云:天下无放弃自由之人,则必无侵人自由之人。梁任父谓:法民能悔其放弃自由之罪,故国王贵族不得侵其自由。日本人能悔其放弃自由之罪,故敌国强邻不得侵其自由。

任父记日本伊藤、大隈设东海道铁路一事,乃受英国商人讷耳逊之贷金而成,因表明自信力之可用。

凡人论事,有其词相反,其意相合,要当于理而已。如任父论强权二字,不可不印于人之脑质。中村正直论欲强之一念,大悖于正。其言皆为救世而发,似相反实相合也。

蒙的斯鸠学术,亦以良知为本旨。

十六日　　阴雨

观《饮冰室自由书》。日本人犹病其太学外仿文明而内腐败,当局者一依德国主义,其所以为教者,则以服从政府为之精神,遂使全国少年缺独立自重之气。盖假文明之名,以行焚书坑儒之祸,更惨于秦政十倍云云。嗟夫!人心不知足者,有如是夫!以支那视日本,盖海外之福地,神仙所居矣。乃其人犹诋当局以焚书坑儒,且谓惨于秦政,其言不足为训。

东西国之有兵也,所以使民人人各卫其身家以御外侮也。我国之有兵也,盖朝廷自卫其身家防民之起而夺也。支那今日所修之武备,御外侮不足,平内乱有馀,此支那所以不复见天日矣。

东方朔《十洲记》谓诸洲大都仙家所居。今支那人之望海外文明国,不异神仙,即谓为其地皆仙家所居,无不可也。

晡,诣燕生谈。述及壬午年支那人驭朝鲜始末云:朝鲜国王,庸主也。其始大苑君专政,颇整饬纪纲,号称清明之治。无何,闵妃煽其党与,夺大苑君之权。于是卖官鬻爵,贿赂公行,国民嗟怨。朝鲜有军籍世袭之人,如我国八旗兵丁者,食王家之饷旧矣。自闵妃弄权,不发饷者数月,军籍人噪变,群起拥大苑君入宫,讨闵妃,穷治其党。大苑君为人正直,而不明外交。乱之作也,误毁日本使馆。日人怒,将问罪我国。北洋大臣闻之,命吴长庆、丁汝昌及马建忠往调处其事。马建忠抵朝鲜,闵妃私馈黄金五万两,建忠受之,诱大苑君来见,劫以归。时吴壮武公引兵至朝鲜,建忠谓公曰:凡作乱者,皆叛民也。公受其欺言,乃尽屠军籍民,朝鲜人自是莫不怨支那而亲日本。杀无赦。

燕公又云:甲午之役,朝鲜无所谓东学党。其事为袁(士)〔世〕凯所虚造,而两国因之酿战祸,至于割地赔费,使支那受重辱,损元气。《书》云:惟口兴戎,可不慎哉!初,袁世凯之继吴壮武镇朝鲜也,颇预其政权,尝受人私贿,强国王予以官;或有私怨,亦强国王按捕之。国王间拂其意,世凯乃伪为国王谋叛书,达于朝廷,谋废之。国王亦上书诋袁而自讼。我国北洋大臣李鸿章闻而调停之,然信袁不疑。是年,朝旨以潘某代袁。袁闻而恐,乃电告北洋大臣云:朝鲜有东学党将作乱,某宜暂留,不可归。且请兵。北洋大臣信之,为遣叶志超统一旅赴朝鲜。日本人闻之,疑支那将乘间灭朝鲜,夺其地,亦遣兵往。两国兵皆至,东学党不知所在。日本人遂正告于我国曰:"朝鲜政秕民苦,我二国盍代为改革。朝鲜能自立,斯不虞俄人矣。"朝廷不许曰:"朝鲜,我属国也。我不预其内政,况贵国乎?"日本人覆曰:"贵国指朝鲜为属,朝鲜与我往来,未尝自言属贵国也。所请既不见纳,则各行其是可已。"战祸遂开,支那自是一蹶不振。其后卫汝贵诛矣,叶志超、龚照玙囚矣,李鸿章解任入阁矣,袁世凯独回翔于事外,且奉命与聂公廷各练新军,为朝廷倚重。未几,又巡抚山东,为封疆大吏,无有发其蔀者,不亦异哉!虽然,甲午之祸袁世凯为罪之首,而庚子之变袁世凯又为功之首,前则妄称东学党以召祸,后又镇制义和团以保安东南,以功抵罪,或可恕耶。

有利于人谓之有功,有害于人谓之有罪,正直无私谓之君子,贪利妄作谓之小人。虽然,有功者不必君子,小人有时无心而有功;有罪者不必小人,君子有时无心而有罪。李肃毅,君子也,然其误用匪人,致酿大变,岂得无罪?袁慰庭,小人也,然能从容坐镇,屏蔽东南,岂得无功?然而君子之心公,其有功,常也;不幸有罪,变也,非其本心也,无害其为君子。小人之心私,其有罪,常也;幸而有功,变也,非其夙志也,无救其为小人。

十七日　　晴

览《汇报》论露珠作圆形之故,以水之元粒无所阻,而遂其互吸之力,自成圆形。既圆则不粘于所在之物,故露在石上、菜上皆不湿也。余谓其成圆形者,仍由于所在之物性有拒水性之力,故水不能粘湿之。既不粘湿,然后遂其互吸之力,而成圆性也。

又论化生之说,不可信。谓凡蚊蝇蚤虱皆空中人不能见微虫所传之种。又谓空际飞尘为微虫藏身之地。此论余颇谓然。尝见蚊蚋生水中,人谓水化,余谓实水中微虫所变。若冯虚无端化出动物,万无是理也。

十八日　　晴

诣佐师,授读《哲学论纲》,文颇艰深难晓。访彦复不遇,造芝洞小谈。晚,独饮于万福居,折简招彦复来。云和议复有变动,得信于盛京卿所,细情不知也。是夕,余饮尽醉,醉后与彦复同车至左翠玉家。余眼中视人蒙眬,睹灯光闪灼,自谓别成一世界,不知天地为何物也。每发一语,旁人莫不粲然,亦不解何故。醉中读彦复诗稿,拊案高吟,手舞足蹈。俄随彦复至其家,阅《清议报》,朗诵梁任父《与张之洞书》及《海外奇遇诗》二十首。夜分归,月明如昼。

十九日　　晴

访盛京卿不值。日中归。

览《说文》第七篇,宏字训屋深响宖。盖凡堂屋宽深,则发声不由空气散泄,聚成一处,故声能宏大。又宖从心,在皿上,许谓:

皿,人之食饮器,所以安人也。愚谓车舟衣屋,皆能安人,何必皿器?执皿器者,许之偏说也。窃以臆见度之,皿当是血之省文,心在血上,血能养心,其心自盘。

是夕,仲彝招饮,坐有燕生、信侪、彦复、石芝。信侪正告诸人,谓俄人逼我立东三省和约,万一朝廷许之,各国援利益均沾之说,瓜分之势成矣。我同志当发公电至政府,力争此事,尽我国民之职。在坐诸人,莫赞一词。余先行。

二十日 雨

诣燕公谈。薄午,访盛京卿。谈及东三省密约云:列强啧有烦言,以为如许俄,则我诸国皆欲效尤。而俄人坚持,谓不尽诺则不退兵。议和大臣欲令各国向俄缓颊,各国不许曰:"此汝国地也,我不能预闻。公等但废此约,倘俄人翻然与贵国决裂,则我辈可相助。"合肥以为各国不可信,而俄人可信,乃请政府许俄。东南刘、张二督,闻之力争,谓俄密约当废,否则立致瓜分。合肥不谓然,曰:此二公皆中英、日之毒者也。余曰:"合肥何以袒俄至此?俄人币重言甘诱我也,公宜力争。此事关系甚大。"盛曰:"争之,合肥未必听我。"余曰:"不问其听否,公争之,公之职尽矣。上之对国家,下无负合肥二十年知遇。"盛极以为然。俄严筱舫偕二客至,余因退出,至张让三所坐谈良久,闻李伯行来访盛公密谈,不知何事。如能从余之说,此两君合词电争,或可转移合肥之意。盖合肥所信者,此二人也。

二十一日 晴

日中,余发电至西安。

合肥生平大病,坐不读书。彼于俄人前此之残灭波兰,用种种利动威胁手段,一毫不知,故见俄人以礼貌隆重之,又以甘言饵我,遂谓俄可信,不知皆其诡计也。外人疑合肥受俄贿,实冤。然其受俄人愚,入其彀中,罪不容逭也。此次果能翻然省悟,联列国而与俄绝,功亦不小。否则,尚何面目见天下人哉?

余与合肥虽至戚,甲午以前每每痛诋之,自审知中外政务以来,始不敢厚非,稍稍敬重之。凡遇訾议合肥者,必为力辨,非祖其私,欲伸公义于天下也。其后闻人言合肥联俄,余不信,曰:此诬合肥也。辽东地俄代索还,有功于我。俄权势大伸于东方,天为之也,何能咎合肥。昨闻盛京卿言,始知合肥果祖俄者也,果受俄愚者也。不信各国而信俄,不信刘、张而自信,使果允俄和约,列强将援例效尤,酿成支那瓜分,谁尸其罪欤?合肥,合肥!其知所变计哉!

二十二日　　晴

访蒋信侪不遇。诣耕馀谈,留午食。见案头置姚惜抱选近体诗,圈点极精,因与谈欧洲古史。昳,余将至穿河滨习东文,途遇信侪。归复回车,诣其舍谈,告以要事。余复就佐伯讲解《哲学论纲》。晡,入城,会铭舫过,纵谈,暮去。余秉烛写日记。

二十三日　　晴,风

览《续经世文编》道光以来诸名公盐法论奏。

盐法之弊,在于朝廷多设官吏以病商。凡大小衙门官属胥吏丁役仰食于盐者,不知凡几。故商人于正课之外,所有种种规费,名目繁多,并计所输,几数倍盐价,于是不能不取价于食盐之人,而官盐益贵。官盐贵,则私盐销矣。私盐销,官盐益滞矣,国课愈绌矣。昔者陶文毅、曾文正诸公知其弊也,于是议革浮费。不知此浮费所由起,官吏为之也。既设官吏而禁其取费,譬之畜马而绝其刍束也,彼何以为生哉?且设官多所以缉私也,然官受赂则庇而纵之，是与不设同矣。善夫刘晏之治盐也，但于出盐之乡，置盐官收盐户所煮之盐，转鬻于商人，任其所之，其馀州县，不复置官，可谓千古治盐之良法矣。

二十四日　　雨

出城至日本邮局寄书。昳，诣佐伯，受读哲学书。晡，访琴甫，闻稷塍往视，晚，与宴饮于万福居。

二十五日　　晴

观书。

盐、河、漕为我国三大政，实则何名为政，直弊云耳。然而我国游手不肖之官吏丁役，仰给于此三者以为生活者，不知几千万人。故虽知其弊，而无力以除之。盖除之则此几千万人皆将为饿殍也。是故以顾亭林之论盐，以冯桂芬之论漕，皆深究本原，创为至当不易之法，未尝不震动于人耳目，而献议者宗之，卒为当事者所阻，亦无怪其然矣。治河自古无上策，然如昔年李肃毅巡河而归，建策以泰西法修治之，未尝不可一劳永逸，其如岁岁仰河工之费，分赡其身家者，皆不乐闻，何也？

阻折漕之议者，谓米有时价贱至四钱五钱者，而折银每石必一两，又何尝便民耶？不知征本色而由粮户纳县官，由县官发交旗丁，转运数千里，经时累月，种种脚费规费蠹蚀于官吏丁役之手者，每石岂止一两耶？此费于何出？仍取诸百姓而已。然则折银虽遇米贱时不过一两，折本色断非一两所能济事，请问孰便？

顾亭林据李雯说盐法，谓宜就场定额，一税之后，不问所之。此说极精善可行，乃不但当事者阻之，虽卓识如冯桂芬亦驳之，吾诚不解也。夫谓盐地数百里，苟就场定税，仍不能禁其漏私，请问不就场定税，能禁其漏私乎？夫张官置吏，为疆分界，纷纷者何为？

不过朝廷欲多收盐利而已,欲杜绝私盐而已。然而私之不能绝者如故也,徒多耗蠹,使利为私所夺,则何如就场一税,不问所之之为愈乎?虽曰不免漏税之弊,然以此例彼,所益实多也。陶文毅行票盐法,近于就场定,惜不能不问所之耳。要之,阻斯议者,皆瞀惑于素食盐利之官僚吏卒,盖若辈倚是为生,一旦变法,将为涸辙之鲋矣。

非惟盐、漕等政为然也,即如厘金之病商,捐纳之病官,人人知其当罢,然而不能罢者,亦以食其利者多也。食厘金之利者,外官之候补者也。食捐纳之利者,京官之候补者也。故欲罢此二者,必先为若辈更辟谋生之路。然而朝廷无力为此也,故法终不能变也。

自捐纳开,于是商不安于阛阓,农不安于畎亩,工不安于场肆,士不安于黉宇,稍有力者群趋于仕宦一途,朝廷亦遂以仕宦为养游民之渊薮矣。夫民生在勤,勤能致富。天下皆勤民,天下皆富民矣。天下皆惰民,天下皆贫民矣。今日仕宦之人,大抵惰而坐食之人也。自捐纳开,使向者士农工商之勤民,相率为仕宦之惰民,于是惰民多,勤民日少矣;贫民日多,富民日少矣。天下未有不富其民而能富国也,故捐纳不可不罢。

民之所以不安于士农工商之业者,以民生计之日穷也。所以日穷之故,厘金害之也。自有厘金以来,百物翔贵,而商农之业尤困,故厘金不可不罢。

虽然,我国一种弊之区也,弊政不可胜计;而赖此弊政以为窟穴者,又不可胜计。今议除弊政,是欲破坏若辈之窟穴也。而此窟穴之构结也,数百年者有之,数十年者有之,盘踞把持者不知几千万人。今欲一旦破坏之,彼独无争存之力哉?勿谓我国无民权也。

二十六日　晴

诣彦复谈,偕游味莼园。晚,余翼斋招饮于锦谷春。

二十七日　晴

发电至西安。昳,访张让三,闻东三省事略有转机,可喜。是日,陆莼伯筹善捐无策,于味莼演剧一日,招集海上官商数百人来观,每人出银饼二枚或一枚以助赈。余亦往观。

支那国尚不至遽亡,以好善之人尚多。如去年蓟北遭惨劫,秦中又大荒,东南富民所输,殆各数十万,以救其同种,至仁也。今之谭新者,动谓此等事不足为,曰:此小惠也。余曰:不然。惠无大小,苟能益人,吾曹份内事也。未有不能行小惠而能行大惠者,欧洲人优为之矣。

二十八日　晴

至许南仲家贺寿。诣佐伯习东文。哺,访稷塍。晚,复诣南仲观戏术。

世界上万物皆有定质,不能自无而有,自有而无,惟戏术者能使物之忽有忽无,以欺人之耳目。余昔年在此间之圆明园路,见海西人所演戏术,灵奇变化,不可思议,几疑其有鬼神之助。若我国之为此者,不过手足之轻捷而已,无他技也。

团民之祸,肇始于京津铁路之开。向以挽舟驭车设旅馆为业者,不知几千万人,一旦汽车行,此辈嗷嗷无以为生,于是群聚而为义和团。故其举事也,先拆铁路,盖积忿久矣。使朝廷无端、刚诸公,乱起而剿灭之易易,然亦多杀无辜之民,其情殊可悯怜。夫创铁路不得谓变法也,而其收效如此,则变法綦难。

日本近有新党派,群起而辩团民之非匪,曰:此吾黄人争种之起点也。因出报纸,腾其议论于国中。政府禁之,盖恐西人因此疑日本阴助团民。

二十九日 晴

访平阳先生,与同饮于万福居,纵谭。

平阳云:居今日而议变政,必先求所以安顿仰赖旧政为生之人。故欲裁一事,必先增一事;欲减一官,必先增一官,使此辈人欣然无失所之虞,而后旧弊可除,良法可立。若不议增加而先裁减者,未有不召乱者也。

孙梦岩昨告余曰:余山东人也。山东旧多循吏,其所以致此者,以凡州县收民赋税时,皆有盈馀,足以供州县之用。故肥缺多于他省,因之居官者咸知自爱,而循吏多。自李秉衡来抚其地,将赋税例外之浮费,大加裁省,意欲博百姓之欢心,遂不问州县官之苦。夫其官既苦,其民有不苦哉?官不能自给,仍当百计取之于民,理之常也。余因叹曰:孔子云:百姓足,君孰与不足;百姓不足,君孰与足。吾谓县官足,民孰与不足;县官不足,民孰与足。

二 月

一日 晴

终日不出,观书。

平阳先生云:余前居仁智里,楼上下二间。后有灶舍。瓦隙漏雨,以报屋主。屋主遣匠来葺治,既竟功而雨漏益甚。怪而私询匠人。匠人曰:使塞补完善,吾曹于何谋食耶?嗟嗟!推吾屋可以见支那之黄河。

黄河非不可治也,如刘成忠《刍议》所谓建坝以移溜,筑重堤以保险,他如更埽制放淤诸法,皆切实可行,即河夫河兵老于治河者奚不知！然而岁决之弊不能免者,顾亭林所谓正人心甚于抑洪水也。余谓人心不正,由法之不变,法变人心自正。

二日　雨

诣佐伯。晡,访稷朕。晚归,观书。

余尝不解,自汉武帝塞瓠子决河筑宣防宫,导河北行,复禹旧迹,自是河不为害几及千年。有宋以来,河始南流,或南北分流,由是遂累有河患。岂宋以后之人心不正,宋以前人心皆正耶？说者谓河不为害者,以复北行故道则然耳。然而咸丰间铜瓦厢之决河,径由大清河入海,亦可谓复汉故道矣,而河犹岁岁为灾,山东民不聊生,致议者复创导淮通泗引河南行之说。则河之为害与否,又不系乎南北也。是必有故,必深考而后知也。

三日　终日雨

坐窗间读书。

世界上先有万物,物与物相感而后有万情,情与情相接而后有万事,事与事相引而后有万理。虽然,理之目有二:曰自然之理,曰当然之理。自然之理,属天者也；当然之理,属人者也。惟至人能以人胜天。

《春秋繁露》云:凡物莫不旁折伏从,人题直立端,以是见人之绝于物而参天地。然而今日发明新理者,多不然其说。以为人为万物之贵者,人自言之耳,安知万物中不有聪明过于人者,或小于人或大于人,人特不能见耳。余于是说尚不敢决其是非也。

四日　晴

过午,诣张让三不遇。晡,至邵中丞家,楼阁爽塏,杨柳含新绿。张经甫先生时应中丞之聘,权为课其子读书。余因登楼与先生纵谈。先生教幼童,每设新法,使人乐而忘倦。如教学之法,取古人成句，隐其著眼之字，使诸生各以意猜拟，有所拟不逮原句者，亦有过原句者，极能疏瀹人之脑筋，于诗学大有益。是日，摘一句试余曰：家贫○买书，第三字为何字？余思之良久不得，孰知竟是梦字。用意透过一层，欲别换一字，不可得也。谈久之，去至张园。俄访稷朕，视子丹。暮，入城。夜，读书。

何氏《公羊解诂》曰：男女有所怨恨，相从而歌。饥者歌其食，劳者歌其事。男年六十、女年五十无子者，官衣食之，使之民间求诗。乡移于邑，邑移于国，国以闻于天子，故王者不出牖户，尽知天下所苦，不下堂而知四方。余谓古人无报而有诗，天子采民之诗而知其苦乐，则三代以前，凡民人人识字能歌咏，可想见其文明矣。

五日 晴

诣彦复。昳，偕至味莼园。是日，同志第二次集议，为阻俄密约也。闻俄约限于初六、七日为诺，故海上志士齐集，共议发电至我国政府及各疆臣，力阻其事。又议电告英《泰母士报》馆，告各国援助。到者三四百人，推余首登台演说。余因大声告众曰：中国将亡矣，诸君知之乎？中国将瓜分矣，诸君知之乎？中国何以亡？何以瓜分？有近因，有远因。远因者何？不能变法自强之故。近因者何？东三省密约之故。若允俄人，列国效尤，利益均沾，中国主权由是尽失。凡我同志，稍明公理，须知人人有国民之职分，不得视国家为身外之物。且中国既亡，无论何人不能自保其性命财产。庾子山云：一马之奔，无一毛而不动；一舟之覆，无一物而不沉。诸君闻之，能无惧乎？既知惧，斯不能不共谋挽回之术，即不可无今日集议之事。以下所演，即会中同人所拟宗旨，已登报矣，不赘录也。余演说毕，遂下。馀人相继上演说者共有七八人。中有僧名宗仰，有女子年十五六，名薛锦帆，皆各抒所见，辞气慷慨。

大众莫不鼓掌。

六日 晴

诣稷膌谈。俄诣《中外报》馆。晡，访彦复。晚归，观书。

郑氏《诗谱序》曰：一纲举而万目张。余谓古人所谓三纲，恐是以君臣、父子、夫妇统括人类，故名曰纲。后人不察，妄以父为子纲、夫为妻纲、君为臣纲为言，是大谬也。凡纲所以统目也，必纲少而目多。谓君为臣纲，父为子纲，君父少而臣子多，犹可言也。至谓夫为妻纲，一夫一妻，目之数与纲等，何必以纲系之也。或曰：所谓妻者，统妾而言也。曰：妾与妻不平等，但言妻不足以括妾。

七日 微阴

诣《中外报》馆。俄访稷膌，不遇，视仲巽。晄，复诣稷膌小谭。仍至《中外报》馆，因报纸妄载前日味莼园集议事，以余为主席，余不敢当，因令报馆更正之。晡，访张让三。归，顺道视彦复。夜，读书。

古人所谓七情者何？曰喜、怒、哀、乐、爱、恶、欲也。余谓尚阙二情，仇而怨，恩而感，尤为人类之公例也。当加感、怨二字，合为九情。

余又谓当增一惧字，与欲对，合为十情。

《白虎通》曰：五性者何？仁、义、礼、智、信也。六情者何？喜、怒、哀、乐、爱、恶也。余谓情者，性之已动者；性者，情之不动者。性与情不能分为二也。《中庸》曰：喜怒哀乐之未发，谓之中。发而皆中节，谓之和。未发者，性也；发者，情也。中节者，合乎仁、义、礼、智、信也。当未发时，无所谓仁、义、礼、智、信，必已发而后见。故仁、义、礼、智、信，不得谓之性也，可以谓为情之中节者耳。

董子曰：仁之法在爱人，不在爱我。义之法在正我，不在正人。

此则矫世之弊为是言耳。其实我与人皆当爱,但当权其轻重而定取舍之义;人与我皆当正,但当知其先后而成感应之方。

八日 晴

诣荫亭。还访仲巽,又往视颐斋。颐斋甫归自海外,患呕血,故不能出门。与谭欧洲事甚详。晚,少川叔、如伊、陵斋皆招饮。夜,观优。

《春秋繁露》曰:民皆知爱其衣食,而不爱其天气,天气之于人,重于衣食。斯言也,暗符白种人卫生之学。白种人居室养病,皆以能得空气为主也。余今日闻颐斋自言,其病非难治,惟必多得空气为佳。益信然矣。

《说文》云:妻,齐也,与夫齐也。又云:妇,服也,从女,持帚洒扫也。何以言妻若是之尊,言妇若是之卑,细绎之,始知妇对舅姑而言也,妻对夫而言也。

九日 晴

诣轮船局,访周寿臣。向午,诣佐伯,习东文。晡,诣《中外报》馆,即归,写日记。

郑氏《仪礼注》曰:昏必由媒交接设介绍,皆所以养廉耻也。余谓近日白种人男女自择配偶,岂皆可谓之无廉耻乎?盖文明世界,男虽与女交游,决无苟且可耻之事,故不必设媒以为介绍也。若支那,男女苟非家人至亲,则不可相见,以防可耻之嫌。故昏配必以介绍,职是故也。

赵氏《孟子章指》曰:取与必得其礼,于其可也,虽少不辞;义之无处,兼金不顾。余谓当改之曰:于其可也,虽多不辞;义之无处,一饭不受。

十日 晴

终日在家，督僮仆洒扫屋舍，移置几案。盖余于忘山庐辟一扉，通至内室，室故寄顿猥杂物，尽徙他所，开一牖西向，欲迁书斋于此，牖外围竹篱，颇通明。晡，朱琴甫过谈，晚去。写日记。

《礼记·缁衣》：若虞机张，往省括于厥度则释。注曰：为政亦当以己心参于群臣及万民，可乃后施也。视是则知共和政体。《汉书》亦见及此。

《孟子》：孔子先薄正祭器，不以四方之食供薄正。赵氏《章句》曰：孔子仕于衰世，不可卒暴改戾，故以渐正之。又《春秋繁露》曰：天之气徐，乍寒乍暑，故寒不冻，暑不暍，以其有馀徐来，不暴卒也。观是，则知变法宜渐不宜暴卒。

十一日 晴

检视箧中书画。秉庵来。昳，访徐藩卿。先至《中外报》馆，阅日本近卫公覆电，盖海上志士有电乞其相助拒俄也。晡，与藩卿约谈于四马路茶楼，遂闲步偕至女优金家。晚，对饮于万福居，夜归。

郑氏《仪礼注》曰：太平之治，以贤者为本。此数千年来中外之通理也，惟如何知其贤而任之，岂专恃一人耳目所能为哉？知人古今至难事，欲得贤才，莫如公举。余尝曰：以一人举十人，不如以十人举一人。

又曰：任贤故逸也，不知任公议尤逸。余尝以一人虑十事，不如以十人虑一事。

《韩诗外传》曰：明主有私人以百金名珠玉，而无私人以官职事业者。余谓官职事业，所以治民，其事甚劳，本不当视以为利。自后世视官职事业为利，于是民不胜苦矣。

十二日 晴

检书画。秉庵来。出城访琴甫。晚,藩卿招饮。夜,观剧。

十三日 晴

晚,宴荔轩、荫亭诸人于一品香。夜归,写日记。

士大夫之家,耻与百姓争利,古义也。然必重禄之朝,乃可以此责人。若今日廉奉微薄,在位者人人不能自给,其能自植生产,营利图存,犹为上品之人。较诸贪取于民者,抑有间矣。

《白虎通》曰:若既收藏皆入教学,其有贤才美质知学者,足以开其心;顽钝之民,亦足以别于禽兽而知人伦。观是,则知三代盛时,无不学之人、不教之民。

《清议报》论既有云:支那古时动称以礼乐化民,其实乃抑塞人之志气,使俯首帖耳于民贼之下。是偏激之论也。三代盛时,封建井田,主持世界,君臣上下,不相暌隔,士食旧德,农服先畴,人人亲其亲,长其长,陶然遂然于至平之世。斯时也,有礼乐以范围其志,荡动其情,相安无事,各遂所欲,亦与自由平等奚殊,惜不能持久耳。若一概谓之民贼,是不读书之过也。封建既废,于是独夫民贼始无忌惮矣。余谓古今分二期:一君主期,一民主期。封建井田,君主之期也。议院公举,民主之期也。既不封建,又无议院,故既非君主,又非民主,谓之无主之天下。

孔氏《论语传》曰:礼以安上,乐以移风。安上二字,大有语病,宜今日自由党目礼为便民贼之私也。余谓礼非但安上,亦所以安下。世界未能骤跻平等,既非平等,必有上下,无礼以安之则争,此圣人不得已之苦心也。

《韩诗外传》曰:盘石千里,不为有地。愚民百万,不为有民。今我国号称四万万人,大抵愚民,何得谓有民乎?欲有其民,必以开民智为第一义。

十四日　晴

诣彦复。日报载粤督陶覆奏变法疏，颇中要。又札谕南洋志士，词旨谆切，有解党禁之意。吾知必为人望所归。连日又闻俄约已决不画押，不知俄人意如何，英、日能出而相助否？

世界上相争之事夥矣，物与物相争，人与人相争，国与国相争，教与教相争，贱族与贵族相争，民权与君权相争。争愈久，所争之事愈进于文明，余谓其终也归于人权与天权相争而已。何也？天道扶强抑弱者也。人事不修，为天所胜，此间种种不平事，皆天为之也。我国人所谓气运，气运即天也。自物竞争存之理出，而后人皆知振刷精神，挽回气运，以求所以胜天。为使天权为人所夺，人有权，天无权，乃为文明之极点。

我国人凡创一法，行一政，好称一劳永逸，此所以为天所胜之原由也。天下事，惟永劳乃能永逸。劳，因也；逸，果也。一劳之因，不过得一逸之果，今而欲其永逸，是欲以一因责万果也，庸可得乎？故欲求胜天者，必毋惮劳。《易》曰：自强不息。此之谓也。

天，无知者也；人，有知者也。天，无心者也；人，有心者也。天，自然者也；人，当然者也。一室之内，白壁华榱，明窗净几，数日不洒扫，轻尘翳如矣；数月无人居，蛛丝鸟粪，狼藉上下矣。使人居其内，洒扫弗辍，则向之所谓白壁华榱，明窗净几，虽日久而如新可也。此天人相胜之近譬也，世界亦然。人而不明自由之理，不奋争存之力，于是独夫民贼，遂得肆然盘据于人种之上，而莫敢谁何。是犹一室之内，所谓蛛丝鸟粪，所谓轻尘者也，是不得咎天也，其罪仍在人。何也？天，无知者也，人以有知胜之，则天无权。天，无心者也，人以有心胜之，则天无权。天，自然也，人以当然胜之，则天又无权。故人不可不与天争。

十五日 晴

命仆辈肩书笥十馀具出,启视取书,杂置几案间,饰去霉尘,徐列架上。终日不出。

十六日 晴

访寿臣,为慕兄完夙债,计银五千馀两。晡归,检书。

十七日 微阴

整比图史,拂饰几架,井然洗然。晡,访经甫不遇,遂视受钦。归途见旗仗鲜明,知赛会,遂随行里许,驻足观之。华幡彩盖,骆驿而过。神舆五六乘,前后呼拥者二千馀人。晚归,写日记。

以人理与天欲争胜之说,创于西儒赫胥黎,而我国宋叶梦得已先言之。至阳明开良知学派,亦潜以理属诸人,力救宋儒之弊。居今日而言争存,言物竞,尤不可不发明此理也。西国有天主教,我辈宜创人主教,以与之敌。

十八日 晴

访少川叔。向午,视藩卿,遂偕至四马路酒楼,饮尽醉。晡,遍至所识伎家茗谈。晚,共饭于金谷香。夜,观优。

十九日 晴

束装返杭。晡,登舟行,薄暮过龙华。夜,秉烛观书。

世称顾祖禹《读史方舆纪要》、梅文鼎《历算全书》、李清《南北史合抄》为三大奇书。余谓李书嫌疏漏,不若易以马骕《绎史》。

万充宗《叔嫂有服辨》,据丧服传夫之所为兄弟服,妻降一等以为证,其说甚是。而《仪礼小疏》谓兄弟者,指母之女兄弟,殊属强词之夺理也。

钱大昕论古礼妇人七出之义,非徒可以全丈夫,亦所以保匹妇。纪昀奏请妇女猝遭强暴捆缚,受污不屈见戕者,一例旌表,皆通论。

二十日　晴

舟中观书。

戴东原云:凡有血气心知,于是乎有欲,情之征于欲,声色臭味,而爱畏分。此语正与余增一惧字与欲对之说合。又云:生养之道,存乎欲者也;感通之道,存乎情者也。精论。本朝汉学家善说理者,无过于东原,足以救宋儒之失矣。又云:君子之治天下也,使人人各得其情,各遂其欲,勿悖于道义;君子之自治也,情与欲使一于道义。又云:遏欲之害,甚于防川。绝情去知,充塞仁义。又云:人之饮食也,养其血气;而其问学也,养其心知,是以贵乎自得。皆极精之语,宋儒不能言。

二十一日

昨夜到拱宸桥,黎明雨。食时,肩舆入城。闻张受之暴病,不省人事。向午往视,坐未久,哭声已大作矣。晡,诣星墀不遇,至养正书塾,见邵伯䌹、陈叔通、陈介石、袁文薮、孙耦耕诸人。

二十二日　晴

闻止潜在此,诣同善堂访之,已行。晡,造梅孙谭,知止潜在雪渔家,诸人公饯,遂趋往视之。坐有白叔、蓝舟、仲修、介轩,皆惊起,促余入座,肴酒杂遝。止潜意兴甚豪,盖由苏府浔升荆宜施道,回里扫墓,是日,买舟赴申江矣。酒罢,坐须臾,止潜披衣登舆,余随诸人相率送之,亦遂归。未几,介轩偕蓝舟先生来访。晚,撰联挽受之,录如下:

"读君旅馆诗歌,知巴江楚水,到处是游踪,且欣精爽不衰,白发萧萧还故里;留我家庭文献,冀酒后茶馀,归来谭旧事,何意琴书无恙,青灯寂寂少良朋。"

二十三日　　晴

书挽联。作寄慕兄书。写日记。

当甲午中日之役,海内莫不言战,独吾浙人上书言和,且言之最亟。盖于平壤甫败之时,若从吾辈言,何至割台湾、赔费二万万哉。去年团民麇聚京师,官兵助之攻使馆,遂动八国之兵,而徐、许、袁三公以谏阻罹祸,皆浙人也。今年俄约作鲠,几危大局,争之最力者,亦吾浙人。而疆臣中以言新政为众望所归者,两广制军陶公,又浙人也。盖我国开化之志士,广东、湖南而外,惟吾浙最盛。自康、梁被逐,谭、唐惨死,于是湘粤士气稍挫,独浙人犹激扬慷慨,志不少衰,其亦硕果之仅存耶。

二十四日　　雨

肩舆访亲友。晡,雨甚。至日文学堂视杨凌霄。凌霄在杭习东国语言文字两年矣。有《言海》一书,日本字典也,检字极便,凌霄劝余速购备用。晚,星墀招饮,饮尽醉,谭笑欢甚。

二十五日　　阴

陈仲恕来访,遂为稼霖妹婿延聘汪君敏士为师,言明以新法教授。余廿九偕六妹夫妇回申,故妹婿在海上勾留一月,因邀敏士来沪课读,其教法互相参酌也。支那教小儿,素未讲求良法,故学生进益极迟。非天资超迈者,往往读书十年,与不读无异。幸今日海西教育规制渐流播于亚东,于是师范一途,稍知改良,而祛曩时之弊矣。尝闻人言我国人年长者治小学,小儿反读《大学》,其颠倒无次也有如此。是日午后,介石、叔通、文薮走访,为杭城盐务中拟开学堂,已禀陈上游,事有端倪,欲公举余为总理。

二十六日　　微雨

与孟庚并舆出钱唐门,至杨家牌楼扫墓。在吴老泉家午饭。昳,瞻拜新茔,即归,舆中观书。是晚,季中招饮,酒肴皆用泰西式。

昔顾亭林自云喜居北方,惯餐麦跨鞍,不乐舟行食稻。尝谓泽中有牛羊千,不作江南之想矣。余亦北方生长者也,性格颇与亭林同。记在都时,日日驰马。今居南方,久未尝跨鞍,髀肉复生矣。养成舟行食稻之性,亦渐安之。然平素最心折先生,忘山庐中悬先生一像。而所行与先生异,筋骨不强,志气颓靡,能无愧乎?

亭林不臣二姓,志节不在谢叠山之下,亦君统人物也。

梨洲、亭林二君,为有明一代学术之改良,开本朝乾嘉汉学流派,功不在禹下。

二十七日　　晴

凌霄来谈。俄袁文薮过纵谭,持师范学校条规示余,即前日所谈者。过午,肩舆出访友,至求是书院,见勉哉、仲恕。闻俄人已允将东三省约作废,是大好消息,惟所侵地能还否,则不知也。薄暮,诣月笙谈。晚,在星墀家晚饭。

是日,与勉哉论志。余谓杀身而足以救天下,吾则为之;杀一身而不足以救天下,吾弗为也。全一身而足以害天下,吾弗为;全一身而不足以害天下,吾则为之。保身之说,当今志士皆引为羞,余独不讳。盖保身者,争存物竞之起点,人人固有性,不足耻也,但不得以己之身害人之身耳。

张园拒俄一事,余首登台演说。翼日,报纸腾布,谓是日余为主座。余乃急奔日报馆,令亟更正。或讥余胆小,余曰:此事不足罹祸,余奚畏。只以有兄在陕督电局,万一事闻于行在,名公巨卿皆知某人之弟在海上聚众发电,则于兄实不利焉。惟余尚有所欲改之语，颇碍大局，余未之思也。幸为诸人所持，仅允为辨明主座一条，且加"不敢掠美，谦不敢当"八字。余不胜感，故又尝谓人曰：以己好名，而不顾家中人，吾弗为也。以己不好名，而累及大局，吾亦弗为也。今于是可两全矣。

二十八日　晴

至佑圣观巷叔母处谈久之。过午，走访范高也。高也甫归自辽东，难后荡然无存，为述东三省情形云：俄人入据，于地方无甚扰害，惟兵败时，土匪自焚自掠耳。且云：寿山已身殉，祸首实吉林将军晋昌。盖彼主持开边衅，今又不知逃往何所矣。高也自云：不归故乡者三十年，所见皆异昔时。余与高也别七年，状貌无大改，惟鬇鬇有须耳。

二十九日　晴

过午，偕稼霖暨澜如妹至城外登舟。薄晚，自拱宸桥开驶。夜，秉烛舟中，谭笑甚乐。

三十日　晴

绳伯与余同路赴申浦。其舟在前。余过其舟，方译致西安电，余亦附数语致慕兄。俄还舟，写日记。

东三省约俄人允废，实出意外。余始谓海内人力争，尽人事耳，奚能回天，不期果收效也。虽然，俄兵一日不退出黑龙江，恐诸国未必袖手归耳。事变之来，不可逆料，诸君子且毋快意也。

杭州喧传俄日将开战，不知有无此事。然余固可决于前矣，彼外人岂轻易开衅哉。

晚，大雨。夜二鼓，到沪。潮急，舟不能泊岸。俟潮平，乃维舟。余冒雨黑夜入城。

三 月

一日 雨止

以马车迎稼霖、澜如至西门,然后易肩舆到三多里。晡,余与稼霖同车游味莼园,遇孙颐斋小谈。晚,在金谷香夜饮,邀彦复至,痛谈。

二日 雨

访丽轩归,顺道诣少川叔,不遇,遂入城。

俄约之立也,东南官商士民莫不争言不可画诺也,而合肥独坚持之,世于是争咎合肥。虽然,合肥之主画诺者,抑有故焉。盖是约之原起,以俄据吾东三省,政府乞其退兵,俄人曰:欲退兵非立专约不可,约立则兵可退。故是约也,退兵之约也。增祺首与密订者,利权亏损过甚,合肥亦不谓然。于是增祺罢职。而俄人索款允改,较前轻减数倍矣。然东南疆臣士民,犹力持不可画诺。夫不画诺,何损于俄人,但据地不还,方自谓得计,何必强我国立此约哉?各国见俄据东三省,既不能助我以驱俄,亦必不肯从容订约袖手而归。万一效俄所为,别图占地,是瓜分之局,反因不画诺而成矣。画诺而各国效尤也,不过攫取利权兵权,为暗瓜分;不画诺而各国效尤,则夺据土地,为明瓜分。暗瓜分者,名存而实亡;明瓜分则名实皆去。东南诸君子徒攘臂裂眦,断断然为此争也,以为如此可以拒俄,可以保种,可以免瓜分;及其终也,庭户床灶,依然为外人所践踏寝处,为奴为隶,卒不可免,乃始瞠目无语,悔前力争之无益也,亦已晚矣。虽然,合肥之苦心于是殆可白矣,合肥之心白,天下事已不可问矣。故吾宁愿画诺,而使合肥蒙冤也。

吴彦复有言曰:合肥之主持俄约者,忠于四万万人也。四万万人之力争俄约者,忠于合肥者也。虽戏言而实公论。

三日 阴

偕稼霖至天仙菊部观剧。是日,合埠名班会演,观者极夥。以无日光,微暗不可辨视,遂复至宝来观女优金月梅演《富春楼》一出。观毕,游味莼园。晚,登万福居酒楼小饮。夜归,写日记。

天下有二种人:曰立言者,曰立功者。立言者必先明理,立功者必先明势。不明理,其言无当;不明势,其功不成。虽然,明理而不明势,言虽当而不可行也;明势而不明理,功虽成而不足贵也。故必兼明理与势,而后可也。今日海内号称新党者夥矣,然明理者多,明势者少,故大都为空言,不能密合事理,终成画饼也。

四日 微阴

荔轩为其太夫人治丧于平江公所,余往吊,为代陪宾。晡,易便服,访黄韫甫,遂至《中外报》馆。未入门,有人拍余肩,视之枚叔也,因偕入登楼,见穰卿、信侪。俄闻宗仰禅师来访穰卿,遂同下至客室纵谈。宗仰欲创僧徒学校,与诸人商酌,尚无成议。会汪鉴斋至,因与笑语移日。晚归,观书。

美国伯盖内著《政治学》一书,专论民族国家政治之美,称民族国家创始于偷通种人。偷通种人者,散布于法兰西、瑞典、挪威、日耳曼、奥地利、俄罗斯诸国者也,为白种最聪明杰出之人。此为余素所未闻。又云民族国家之说,足以破大同之说。为大同之说者,原欲保百世太平,无如一由其说,政治无复进步,甚且流为专制,不如民族国家,使人各伸自由之权,与各国交通,互相争竞,以增各人智慧之为愈也。其理甚精。

五日 阴

早出访周寿臣，俄至宝记视石芝，遂造彦复。归，顺道谒少川叔。过午归，佑三来谈。夜，约经甫及稼霖至宝来观剧。

六日 阴

枚叔、彦复、子言三君来访，纵谈。忽得问槎自都来书，称西安政府遣刘光才督师至紫荆关，军容甚盛，大有驱逐联军之势。于是法、德二国各派劲旅前往备战。傅相闻之，大为忧惧。

前见《汇报》论大地种族之不同，由所居地界使然。据所说有数证：一欧人迁美，生儿足小眼大，面白略棕；一加拿大有一百五十万馀法人，变貌几如红人；一葡人至锡兰、印度，有变黑如土人者。既明此理，犹持种族之见者，不亦陋乎？

又云巴黎有人能为蚤戏，教蚤御车放炮。又载车载大厦一节，谓西人自有火车之制，虽高堂大厦，皆能置之车上，迁徙他方。此皆极奇之事，为我国所未闻者。记前穰卿言，西人有照相法，能照人心中所营构之形状。此较照骨法尤奇。

西国所谓催眠术，能将己之想念，灌入他人脑中。又能使人自然被我所驱使。余谓我国向来所称灵爽神通之事，每托诸仙怪，其说极虚，不谓近日西人能以至实之法行之也。

七日 阴

观书。是晚，经甫招饮于一品香，复至丹桂观优。

《国法泛论》：私权利专言利，而公权利兼言义，故有公权利，必兼有公义务。余谓孟子义利之辨，实则公利私利之辨。

英人矮利斯托路氏分政体为三种：曰君主政体，曰贵族政体，曰平民政体。以为政体变迁，一起一仆，循环无已。《政治学提纲》论之，以为与近代政治历史相背实多。盖自立宪政体出，合君权与民权交互而成,世界无所偏重,则不虞其相争,既不相争,安有变迁哉?

八日

观《译书汇编》。

君权之国,难为其下;民权之国,难为其上。何也?权在君,则民居君之下者,皆倚君之喜怒为祸福,稍不遂君之意,重则诛杀,轻则流放,不旋踵矣。权在民,则居民之上者,皆视民之爱恶为去留,稍不满民之意,小事引咎,大事辞职,不稍宽假矣。由前之说,我国历朝被罪之臣是也。由后之说,近日东西国之宰相是也。

九日 阴

访松林禅师。松林,日本僧也,在此间兴宗本愿寺住持。前余居三元宫时,屡与笔谈。嗣松林移住苏州,余迁城内,不相见者二年。今闻其又来海上,而余习东文,未得良师,遂拟就松林学。因与商定,三日一往,月送银饼二枚。松林允诺。晡,诣《中外报》馆,穰卿为余言:汪笑侬排演《党人碑》,北宋蔡京故事,盖隐射戊戌朝政也,明后日同志皆欲往观。余亦欣然曰:愿附末坐。因询笑侬之为人,信侪言其人善谈吐,工诗文,开化党也。遂与方守六、三六桥三多,杭州驻防、汪鉴斋偕访笑侬于三山会馆。是晚,宴于金谷香。夜,观优。

十日 晴

母生日,与稼霖等冠服拜祝。是日,稼霖师汪敏士到馆。日中,藩卿、经甫、颂南、仲逊咸至,相与宴饮。南方俗有以四五人围坐,弹丝吹竹,嬉笑歌唱者,名曰摊簧。是日以寿母故,招业摊簧者,于庭间奏技娱宾。坐中有林步清,丹桂菊部名优也,善诙谐,尤解颐。

十一日　晴

稼霖始入学，余令敏师授以蒙学课本，讲解字义及地理、史学三门。

是日，写日记。观《译书汇编》。夜，至幼徒会，听严又陵演解名学，在坐者三十馀人，称名学会。

孟德斯鸠《万法精理》云：恐惧者，亲睦之媒也。或谓既恐惧，何以能亲睦？曰：凡人惧，则思人之相助，是故能亲睦也。余又为增一语曰：安乐者，仇怨之梯也。或谓既安乐，何以致仇怨？曰：凡人乐，则虑人之相侵害，是以致仇怨也。

又云：在共和政治，则宗教之权有害而无利，故在所必去。在立君政治，则宗教之权有利而无害，故在所必需。若专制政治，尤不可少。斯言也，与余意极合。盖惟无政之国，不可无教；有政之国，可以无教。非无教也，纳教理于政之中，故可以无教也。夫国家苟不修政权，则不得已以教权辅之。既修政权而复用教权，其流弊必至害政权而后已。非教之足以害政也，相害者权也，故在所必去也。虽然，此特为罗马教皇言之耳，若夫儒佛无权之教，即共和政治之世，又奚足为害耶？

十二日　晴

诣松林习东文。晚，在石芝家饭毕，诣天仙菊部观《党人碑》。

十三日　阴，风甚

观书。

《国法泛论》有所谓探理国法论、探迹国法论，由探理而为偏理国法论，由探迹而为偏迹国法论，皆偏于一而为害于国家者也。惟纯正之探理论，必能与探迹论相合；纯正之探迹论，必能与探理论相合。余谓探理国法论者，即余所谓明理者也；探迹国法论，即余所谓明势者也。

余前所谓天权人权之别,人权理也,天权势也。今日支那天权积重,人权为所遏制不能伸,故以人胜天之说行于今之世,盖綦难矣。欲破天之权,非增其人权不可。欲增长人权,非联团体成一大组织,而后可与天角胜。欲成大组织,非民智大辟,人人知物竞争存之义不可。吾辈今日所力能为者,亦惟有开化内地之风气,以辟民智而已,舍代销新书新报,无他术也。民智既辟,不畏人权不增长。

十四日　　阴

诣松林习东文。日中,访徐藩卿。昳,偕至女优金月梅家小坐,薄晚归。饭罢,复偕稼霖至名学会听演说。归已深夜,闻芝生来。

十五日　　晴

晡,至宝记照相馆。俄顷名学会人陆续来,遂偕诣寿生庵后某姓花园拍照。严公首坐,馀或坐或立,计三十人。照毕,诣芝生谈,同至松盛胡同谢桂香家小坐。晚,名学会公饯严先生于一品香。严先生将北行,诸人别延伍君昭扆权摄会长,每遇礼拜一、四演说。是夕,伍君亦到,在坐者二十六人。

十六日　　晴

诣芝生,日中与同饮于金谷香。昳,偕游张园。晡还,至谢家小坐,衣中怀《译书汇编》三卷,取出,卧而观之。

《万法精理》云:立君之国,尚名誉。名誉与品行有互相抵牾者,或有利于名誉而有伤于品行,或有妨于名誉而不害其品行,当此之时,悉听名誉为主。余谓此数语,可为近日好名人下一针砭。

又云:专制之国,苟竭力于教化,以造成国士,适以速其祸患。

盖人民苟有爱国之情,将不受政府强暴之压制,必起而谋所以脱之。斯言也,不可使今日支那柄国者闻之。如彼等知此理,必不肯废科举,必不肯兴学校,盖非愚民,则专制国不可一日立也。

信侪前谓余云:近读《万法精理》,而后悟《墨子·非乐》之有理。其第八章古贤朴力辟斯有言曰:朔北之野,有亚开大人者,苟欲和其性情,柔其风俗,则舍乐之外,无他法也云云。于是可见凡人有慷慨奋猛,图功创业之志者,一闻乐而性格为之和平,意兴为之消阻。故乐也者,害人之物也。余曰:乐之作也,本在天平地成、世界开明之后。如今日者,五洲种类,方逼处于物竞争存大剧场,岂同乐之期会乎?虽然,乐有数种:曰养人德器之乐,琴瑟是也;曰调人性情之乐,笙箫是也;曰发人志气之乐,鼓鼙是也。《礼》云:君子闻鼓鼙,则思将帅之臣。盖其音节奔猛壮厉,能发人之雄心而作其壮志,非他乐之比也。故余生平最爱闻鼓声。

十七日　晴

写日记。晡,佑三来谭,至晚去。

《万法精理》云:立君政治试一旦褫贵族教士之特典,夺府县自治之权利,则其国苟不变为民主政治,必变为专制政治无疑也。斯言也,深为切中。盖国中虽无民权,而有贵族教士及府县自治者以分君之权,较之以一人专制天下者,犹胜也。今并此去之,是直欲专制而已。秦政废天下封建世袭之法,而为一己子孙万世之业,其病正坐此。

卢骚《民约论》云:强力不得为权利,从顺不得为义务。余谓成者为王,败者为寇,此所谓以强力为权利者也;主昏于上,臣忠于下,此所谓以从顺为义务者也。

《国法泛论》所称古今国法学理赜兼备者,如上古之亚立斯度得尔、罗马西施罗、法人白勋、意人希夸、英人伯克勃耳克,又意人马克哀立、法人孟德斯鸠。

《万法精理》论民权政治或丧其德,则其国必乱,且不可救药。是理也,余前曾不虑此,及读希腊史,而后知此弊。希腊之衰也,士帕太王亚治士年少,励精图治,悯国法紊乱,欲复利古尔厄旧宪。国人媮惰,不悦新法,竟捕王杀之。由是观之,民权之极而弊,岂当以君权救之乎?

纯用君权,与纯用民权,皆有弊也。折衷之道,其惟立宪乎?立宪也者,纳君民于法律,而莫敢不遵者也。

《万法精理》云:各人各谋其私利,一国适受其公益。此生存竞争所以大有裨于世界也。

十八日　晴

诣松林习东文。晡,约藩卿、铭舫等至仁寿里手谈,余旁坐观书。

《政法哲学》云:品行道德之高尚,野蛮人种有远出于文明人民之上者,是其不足疑也。盖使举世之人多致力于品行道德,毫不为利己利人之事,则世界何由进于文明耶?难者曰:有品行道德之人,非不愿利人也,但不利己而已。余曰:不利己,何能利人?农者耕田以利己也,而人食其粟。工者制物以利己也,而人用其器。商者转输货财以利己也,而人赖其流通。儒者讲学著书专利,购读者为之纸贵,非不利己,而人之聪明辟焉,才智增焉。故凡利人,即所以利己。利己者,无不利人焉。孟子所以羞言利者,为损人以利己者言之耳。虽然,权利既平,我能损人,人亦能损我,不受人之损而保其利,人亦不受我之损而保其利,于是立公契约而适得其平,故曰一国受其公益也。若夫甘受他人之损,不知自保其利者,道德品行非不高尚也,然使举世多如此,则彼以损人为事者,将益肆志而无所惮,而君子道消,小人道长,适成其为野蛮世界而已。故赫胥黎有言曰:克己太深,自营尽泯者,其群又未尝不败也。

十九日　　阴,风冷

终日不出,复观《天演论》。

哲学家有唯心唯物二大派。唯物之学胜,则以物主持世界矣。唯心之学胜,则以心主持世界矣。心物二学,相持至今,不能相破也。余谓心物二者,交相需也。然心可以胜物,物不可以胜心。何也?物胜心则天权胜,心胜物则人权胜。今日者,扶人权而抑天权时也。唯物学大行,其弊必至。天有权而人无权,世界将退化矣。

人权所以不胜天权者,心不胜物也。奚以言之?凡一人之身,主宰者心也,明理者心也。耳目百体受心之命令者,皆物也,心不能主乎物,为耳目百体所用,斯物胜矣,于是有纵欲之人矣。有纵欲之人,于是有贪横之人矣。贪横之人有主持世界之权,即为独夫、为民贼矣。夫独夫民贼一二人之心为物所胜,遂足以病天下。则知病天下者,非独夫民贼也,物也。何以敌物?曰:心。非独夫民贼之心能自敌也,必借他人之心以敌之;亦非一二人之心所能敌,必合举国人之心以敌之。于是心与物战,心胜物则人权胜天权矣,物胜心则天权胜人权矣。

严先生《天演论》案云:英国平税一事,明计学者持之益久,然卒莫能行,坐其理太深,国民抵死不悟故也。后议者以理财启蒙诸书,颁令乡塾习之。至道光间,遂阻力去而其令大行,通国蒙其利。观是,而后〔知?〕为治当以教民为先。

二十日　　雨

自松林所习和文归,访徐藩卿暨朱毓堂。晡,诣彦复谭。薄晚,至谢家遇秉庵。是夜,藩卿约饮。余携《天演论》,抽暇辄观之。

斯宾塞任天之说,谓任情非任习,苟如其情而止,不患其或过。譬饥而食,食而饱,渴而饮,饮而滋,是情也。使饱而犹食,滋而犹饮,所谓习也,违其情矣。余谓不然。盖任天之情,苟无人理以为之主,未有不过者,非可专以饮食为喻也。好色者恣意于色,无有厌期;好货者恣意于货,无有足境。其或深沮于二者之域,而忽能自拔者,皆以人理自止者也。任天任情,必为祸害。故吾仍取赫氏之论。

赫氏《导言》十三云:人居群中,不能不自营。顾侈于自营,则相争而群道息。所幸人当自营之时,常有物焉以为之宰,字曰天良。天良者,保群之主,所以制自营之私,不使过用以败群者也。余谓天良,即人理也。凡自营而侈者,皆任天任情而或过者也。苟能以人理自止,于保群乎何有?

亚密斯丹创计学,其中有大公例曰:大利所存,必其两益。损人利己非也,损己利人亦非。斯说也,余主持者二十五年,自谓心得之秘,不谓西儒有先我言之者。

严幾道曰:国中生齿日繁,过于其食者,所以使其民巧力才智与自治之能不容不进。格致之家,孜孜焉以尽物之情为事;农工商据其理以善术,而物产之出也,以之益多。余谓诚如是言,则何忧夫人种过庶之患。

二十一日　　雨

秉庵来。晡,往视铭舫。车中观《天演论》。

严先生又云:宇宙生之物至多,不仅过庶一端而已。人欲图存,必用其才力心思,以与妨生者为斗。负者日退,胜者日昌,胜者非他,智德力三者皆大而已。三者大,而后与境相副之能恢而生理大备。愚谓智者,知也;德者,仁也;力者,勇也。《中庸》演此三者为天下之达道,未言其能与宇宙妨生之物战也。今得此说,而后知古今名家之论,此心同,此理同。

拿破仑入埃及时,法人治生学者多挟其数千年骨董归而验之,举古今人物无异可指。由斯以谈,则天演之学,其计数动逾亿年,区区数千年、数百年之间,不足以见其用事也。严先生云。

赫氏《导言》十七云:治国之道,在赏善罚恶,进贤退不肖,必使一国之人,群趋于善而后已。如一壶之水然,熨之以火,而中无数莫破质点,暖者自升,冷者旋降,回旋周流,至于同温等热而后已。又云:不贤者之在位也,譬诸重浊之物,傅以气脬木皮,使一日者取所傅而去之,则本地者亲下,修归其所也。余谓二喻皆极善。惟如何而能取不贤者之所傅而去之,惟有平国人之权,去君主世及之蠹而已。夫不贤者之能有所傅者,一傅于弊法,资格用人是已;一傅于暗主,媚其君以固宠是已。平权立而公议兴,则无弊法矣;破世及而举贤明,则无暗主矣。于是不贤者自退,贤者自进矣。一国之人可如一壶之水,同温等热矣。

《导言》十八云:格物家所用以推证者,撮其大要,可以三言尽焉:始于实测,继以会通,而终于试验。愚谓实测者,观已然之迹也;会通者,察未然之理也;实验者,习当然之法也。彼不过专为格物家言也,余则以总括古今中外之学问。

严先生曰:人道以苦乐为究竟,而善恶则以苦乐之广狭为分。乐者为善,苦者为恶。苦乐者,所视以定善恶者也。余则曰:纵乐之为恶,知苦之为善。纵乐而不知苦,其终卒归于苦也。知苦而不纵乐,其终归于乐也。足以发明严先生之义。

二十二日　雨

至《新闻报》馆，购得严又陵译《原富》一书。晚，访缪杏村于华英大药房。夜归，写日记。

《教源论》云：未有文字以先，谓之野蛮。文字既兴，斯为文明之世。文者，言其条理也。明者，异于草昧也。余谓文明野蛮之等级，亦无穷尽。以有文字之世，视无文字之世，则无文字者野蛮矣。以有文字而有理法条教者，视有文字而无理法条教者，则无理法条教者野蛮矣。以有理法条教而君民平权者，视有理法条教而君民不平权者，则君民不平权者又野蛮矣。故文明野蛮，必相比较而后见也。

生存竞争之世界，其始争力也，其继争智也，又进则争仁。争愈久，所争愈文明。今日地球，盖由争力之期，渐入于争智之期也。《天演论》云：民惟安居乐业，乃有以自奋于学问思索之中。前之争也，争夫所以生；后之争，争夫不虚其更进也。则争有以充天秉之能事，而无与生俱尽焉，所谓争仁矣。

费长房撰《开皇三宝录》，谓佛生于鲁庄公七年甲午，以春秋恒星不见，夜明，星陨如雨为瑞应，与佛书所谓六种震动、光照十方国土者同物。此说存疑而已，不敢决其必然也。

二十三日　晴

往习和文。昳，偕荫亭访金月梅，不遇，因往谢家及花宝林家小坐。晡归，写日记。

佛氏曰：前因后果，人所自为，天无与焉。而赫胥黎驳之曰：天因何如是之不惮烦？此所谓不对针之驳诘也。夫佛氏原未尝谓天与闻人因果事，因果人所自为，与天何与，而忽诘天之不惮烦耶？既与天无与，则亦无所谓为天讼直也。故《天演》佛释一论，吾无取焉。

婆罗门之道为我，佛反之以兼爱，佛之异于婆罗门者在此。

严先生谓佛经不可思议四字，乃最精微之语，与不可名言、不可言喻、不能思议者迥别也。何谓不可思议？姑指一端而论，如太虚无内外，外之外复有外，内之内复有内，万古无始终，始之始复有始，终之终复有终也，此之谓不可思议也。又如寂不真寂，灭不真灭二语，亦是不可思议。

古人云：日进无疆，自强不息。不强则弱，不进则退，无中立势，宇宙内之公例也。国之风俗政化无论已，即以学术言之，师弟之相传授，渊源互接，有越数十世者。苟非弟胜其师，而但知墨守所学者，所传愈久，愈失其本来，观于中外古今学派教派末流之得失，可以知矣。

斯多噶教主乐天任运，乔答摩教主悲天悯人。余谓乐天者，其弊必至天胜人；悲天者，其功可以人胜天。盖既以因果为人自主而天无与，则断非天所能胜者也。

二十四日　　晴

与少川叔同访仲巽，因欲令两弟入绳正学堂读书也。仲巽案头有《北清战史》一部，东人著。俄，枚叔偕虬斋来，少川先行，余留午食。昳，至福安居，以与铭舫约，同诣月梅家。适月梅出观优，因往谢家，藩卿、郁堂皆在，诸人留彼手谈。余坐小车游园，遇法国人生长亚洲者，业商上海，十馀年从未归国，貌亦类支那人。余曰：君籍隶西方极乐世界，何为勾留秽土？答曰：不然。欧洲居大不易，不若东方之省费，故不愿归。晚，复至谢家宴饮。夜深归。

二十五日　　晴

往习东文。日中，在藩卿所午食。昳，诣颐斋不遇，见若愚。

晡归,未至西门,过支应局,入访陵斋,知莹谷是晚招饮。莹谷,汀州人,以武进士授金华督师,先人门下士也。丙戌、丁亥之交,甫应殿试,授侍卫,居京供职,与余业师李清溪先生友善。莹谷虽武人,颇好文学,为先人所赏,因主余家,清溪为讲解粗浅文义,殊获益焉。其后先人没世,而莹谷亦游宦南方,不见者十年矣。丙申秋,余已居海上,莹谷过此,获一握手,自是音息杳然,于今又六年。前日归自城外,见案头陵斋留字云:与莹谷偕访。莹谷明日续娶,赘于大东门外生义衕杨家。有暇蚤来,可畅话离怀。余是日适有事,不能往贺,而今日莹谷之招,犹未之知也。因与陵斋约同往,余坐小车先行,比至,相见纵谈。莹谷神姿磊落,惟较苍老而已。俄,陵斋亦至。晚间,张灯奏乐款宾,推余首座。余畅饮,大醉而呕。夜深,陵斋以肩舆送余归。

二十六日　晴

日中,宴莹谷于一品香,陵斋作陪,纵谈。

今日东西文明国政治法度之日进化,无他术也,能分其权于人而已。今日东西文明国学问技艺之日精,无他术也,能专其利于己而已。权分,则人互结其团力,求政之不平等而不得也;利专,则人各奋其聪明,求学之不造极而不得也。学,知也;政,行也。知行并进,所以去野蛮日远矣。

晡,诣彦复,因与枚叔、虬斋偕游张园。薄晚归,彦复招饮于黛语楼。

二十七日　晴

欲往习东文,会三六桥来访不果。日中始出,在藩卿所午食。复诣丽轩谈。晡,至广学会购得《天文图说》、《地理全志》、《万国史记》、《佐治刍言》,持赠金月梅。月梅,晋产名女优也,聪慧爽阎,解文义,欲舍所业,从事西国语言文字。余谓曰:汝欲通他国方言,宜先明公理,知宇宙大势乃有用。遂购四种书使观之。且为摘示大略曰:熟此能换凡骨。月梅欣然。

二十八日　晴

往习东文。日中,诣彦复。晡,与彦复、虬斋偕访三郎,不遇,因至丹桂观其演新剧。薄暮,招三郎至金谷香宴饮,枚叔亦来。三郎未读书,不识一字,然谈吐极风雅。

二十九日　晴

终日不出,写日记,观书。

禽兽之所以不及人者,以其能品各殊,而不相为用,但能用其所受于天者,以自为养,而于同类,则无利也。惟人则不然,无论劳心劳力,皆有相益之事。试观一贫贱之家,一室所有,至粗极陋,顾其床榻衣枕,刀几鼎铛,与夫饮食饼酒之类,皆必有无穷之人工,与为通工易事而后济,微论富贵者矣。斯密亚丹《原富》云。

人与人所以能通功易事者,无非财与物交易而已。定物之价曰租,曰庸,曰息。生财之道曰地,曰力,曰母。盖有地而后有租,有力而后有庸,有母而后有息也。

四　月

一日　晴

往习东文。晡,偕张冠霞同车游园,观打弹,游人甚夥。薄晚,往松柏园闲步。夜宴于金谷香,少川叔之约也。饮毕,观女优。

二日　晴

诣彦复。余是日为枚叔书扇"元规尘污人"五大字,又为虬斋书赠妓诗,俄复至张园。余先归。晚,昌士来闲谈,即去。观傅兰雅译《佐治刍言》。

人人有维新性质,无守旧性质。何以言之?人之心皆利是趋,而害是避。彼守旧者,惧新之足以害己,恐失其旧利,故坚不肯变革。使一旦知新之利,察旧之害,未有不谈新者也。故余谓无新旧之别,有愚智之别。

野蛮人处于污浊之地而甘心焉,有人引之清洁世界,则大惊,退视其污浊,不可一朝居焉。然则好洁者,人之本性然也。守旧者不知新之利,及闻新理,退视其旧,亦不可一朝居。然则维新者,亦人之本性然也。

三日 晴

习东文归,诣森盛恒茶栈,访藩卿不值,遇颐斋,因偕至金谷香纵谈。晡,同访徐藩卿于公阳里林蕊香家,藩卿方手谈。薄晚归,观书。

余尝不解镑与磅之所由分,读严先生《原富》案云:英法二国泉币,古皆用银,而以一磅为单位。此犹古黄金之称斤,金纹银之称两,皆以重行也,未尝以一磅为造币者。造币初制,乃取银一磅析之,造二百四十枚,号便士,而总十二便士名先令。由是二十先令为一磅。曰先令,曰磅,皆总便士之数,以重为名,无专弊。洎元大德四年,义德华第一析一磅为二百四十三便士,以征其民。自兹一降,代有所增。至依利萨伯,当有明嘉、隆间,析为七百四十四枚,仍名便士,而二百四十便士,犹号为磅,实则七百四十四,分磅之二百四十而已,弱于三分之一也。迨有明之季,查理第二时,民往非洲西部开垦者众,多挟金归,乃造几尼金币,一枚当二十先令二百四十便士,犹今之金镑。镑与镑之分,自此始。

四日 阴

坐小车诣南洋公学,规模洪敞。张菊生新为总理,适不在学中,见伍昭裔。购得严先生译《原富》乙丙部。归,观书。

埃及、印度之俗,凡民之业,皆世守之,不得观异物而迁。此最无理,而害人匪浅。盖人之性质,为天所赋,不能强同。性之不近,而令强为是事,未有不颠蹶者。莫若各因其性,而自择其业之为愈也,子何必循父业哉。于是而后悟世袭之为害,非特君位为然,凡百事皆不可世袭也。

赢利薄,佣钱厚,则其国必富。佣钱薄,赢利厚,则其国必贫。此亦世界之公例也。佣钱既厚,其民勤于操作,操作勤则出产益多,而富者益富也。赢利厚,其民安于坐食,坐食者多,则出产寡而贫者益贫矣。晡,雨。闻子涵来,晚,至一品香叙契阔。

五日 晴

诣豫顺里,与子涵同车吊张子虞太夫人之丧。日中,颐斋、子涵、稼霖及三郎宴集于金谷香。晡,至张园打弹。晚,复至金谷香,稼霖约少川、敏士饮。夜,至宝来观剧。

六日 微阴

是日,束装送稼霖夫妇返杭,晡,登舟。敏士同行异舟。

七日 阴,大雨

舟中读庾子山《哀江南赋》。少陵诗:"庾信生平最萧瑟,暮年词赋动江关。"古今词人惓惓于家国者,前有庾子山,后有杜少陵。其怀才落魄、悲伤身世者,则冯敬通、祢正平、汪容甫三人而已。盖词赋以言情为最高,能哀感顽艳、声满宇宙者,古今不数人也。

晚,舟至拱宸桥,与稼霖登岸,饮于第一春。夜,观剧。

八日 阴

肩舆与澜如妹偕入城,稼霖跨马先行。到竹竿巷,犹未午也。与慕嫂及侄辈相见,甚欢。午后,与稼霖并马出钱唐门,至勤果祠小憩,登楼俯视,游人如织,盖是日为放生日也。丐者持蛇与龟,售与游者,遂投湖中,杭俗如此。良久,复跨马绕山麓行,约十馀里,至灵隐,万木横惨;下马,先至春淙亭小坐,俄闲步壑雷亭中听泉。怪石峭巘壁立,皆生丛树。静坐久之,遂与稼霖循故道归。余不乘骑者三四年,是日两胯酸痛甚厉。

九日 阴

蚤,往谒婶母。日中,至养正书塾见介石、伯绚。伯绚以扇索书,余为作"熟视不见泰山之形"八字,因留午饭。俄至舒莲记,为三郎购扇三柄。遂访星墀,复至清吟巷小坐,因诣贵翰香纵谭。晚,回竹竿巷,敏士已来馆矣。稼霖夜约饮于聚丰园。

十日 阴

将买舟回海上。蚤间,翰香、叔通、凌霄、锡侯咸来视余。饭后出城,至拱宸桥,复诣第一春小饮,招歌伎蒋月红者,来击鼓,唱天津时调。余忽忆昔年卜居三多里时,得城隍签语云:"不必蒋生三径辟,月明先有凤来仪。"何其字字有验也!奇甚。晡,登舟,即解缆,观书。

昨闻翰香言:当今之人,明理者或不明情,明情者或不明势,能明情理势三者,斯为通才。余谓情生于势,理生于情。理自情与势出者,斯为真理;不由情与势出者,其理不足据也。

康、雍之间,苏格兰始设版克,造赊贷法,民大便之,国以日富。其法出财以贷民,使民勤而贫资以为母。民欲贷则联数家有力者为之公保,至少无下二人,名保诚,岁终计息纳之。其法与新莽之赊贷、北宋之青苗钱无稍异。所异者,彼民自为之,而莽与宋则以官管其收发而已。

严先生云:斯密氏成书以来,计学家后起者有二大例,关于民生治乱之源甚巨,一曰理嘉图之田租升降例,一曰马罗达之户口蕃息例。二家皆英人,自其论出,而计学之理益精密矣。

泰东西之旧教,莫不分义利为两途。自天演家、计学家出,而后义利相合,非义不利,非利不义,民乐从善而治化大进。严先生论及此,盖以旧教为不然。吾则谓必治化大进,而后义利可以合。若处野蛮不平等之世界,义利不能不分者,势也。盖公法未立,公权未伸,君子每易得祸,小人有时蒙庥,为义者不必利,为利者不必义,若执义利相合之说以导天下,人谁信之,而慕义者愈少矣。惟分为两途,而后洁然自好者,有托足之地,不为世变所推移。是故天下虽乱,犹有独治之人;百卉虽枯,犹有不雕之松。

十一日　　晴

舟中观书。

泰西工商家业联之法,禁其工不得一时纳二徒。是亦犹治国者惧生齿之繁,禁其民不得一人生二子。业联之设也,所以囿其业之物竞。盖物竞兴,市价将跌;市价跌,则庸与赢日趋于薄矣。故不得已而为约,联以垄断焉。虽然,是法也于本业皆有大利,而于通国则有大损。盖利于在邑之工商,而损于在野之农民也。且其事必绝外交而后可使,其国已弱,力不足禁外交,而他人叩关求通,与为互市,则其术将穷。何也?货之本可贱者,吾有法以使之贵矣,而他国货之贱者,吾不得而禁之。其势非本国之业扫地无馀不止。前此欧洲各国知其然也,于是立护商法,入口皆重税以困之,乃此法行而各国皆病。洎斯密书出,英人首弛海禁,号曰无遮通商。而国中辜榷垄断之为不期自废,荡然维新,平均为竞。此虽智有足称,亦以英之货通于他国者,故乐为用也。自此以还,民物各任自然,地产大出,国用侈富,百姓乐成,而斯密氏之功伟矣。

泰西今日工商家垄断辜榷之法尽废,独其中郊鄙农民,尚有创为田约,欲以保持利权者,蜂起与时之计臣政府为难。而计臣政府亦联通人为会,号反田约党,相持争论。至一千八百四十六年,皮勒当国,反田约党大胜,而后无遮通商之大法始行。严先生云:合前后观之,足以觇泰西世运之升降矣。

斯密《原富》曰:工之良楛,货之真赝,非业联规约之所能为,而视雇与用者之取舍。惟其失业之忧,而后争为其善而不敢惰欺。业联立则,其业其货,无论良楛勤惰欺信,皆必售,则何所劝而为善业乎?严先生云:斯言也,通于治道。国家理民之权,必常使贤者得优,不肖者得劣,则化民成俗,日进无疆。设强而同之,使民之收效取售,贤不肖无以异,人亦何所劝而勉为善人乎?遂以法、乂二国界白山之山夫为喻,甚确也。余谓资格用人之弊坐此。

是夜二鼓,到沪,即登岸入城,宿楼下。

十二日　　晴

作寄杭州诸亲族友人书。晡,诣彦复与枚叔,纵谈。是晚,彦复自述其生平奇遇一节,可惊可愕。余为记之于此。彦复云:余于丁亥岁过海上,识一伎者,曰张宝枝,娆媚动人,每饮必招其至。时芳声未著,犹处子也。友人劝余为其破瓜。余囊资告罄,谢以力薄。一友曰:吾能任之。乃代出银饼二百枚。余遂得宿张家,尽一夕欢。亡何,余轮帆北行,供职京师。逾数年,复以他故来歇浦,欲寻旧好,遍问无所谓张宝枝者。一日,至某书楼品茗,偶与佣者谈,则云:有一林宝枝,名颇重,不识即君意中人否?乃招其来。视之,果其人,光艳犹昔。就坐,低唱数曲,与余若不相识,然睨余微笑者久之。余不能忘情,自是宴会辄邀来侍饮。宝枝与余殊淡然。既又置酒其家,坐中客咸曰:汝二人旧交,今夕不可去。宝枝默然。俄客散,余遂留宿。夜,登榻并枕,宝枝衷服不解。余昵就之,忽厉色曰:以英蚨千来,旧欢可续也。余大失望。翼日,懊丧而归。时盛夏,余偶值晚凉,散步愚园,遇一艳者,呼余曰:吴大少。余惊异良久,询知其人曰金佩香。貌虽不逮张,而娇艳绝世。因探悉所居,由是每宴必呼金至。金勤勤之意过张,余亦移所以爱张者爱金矣。一夕,造其家访之,则与张同居者,始大悟。因设酒款客,张大哗曰:必设双台。余如其请。会金欲留余宿,张大怒曰:汝欲宿,先宿余。然欲宿者以英蚨千来。金私谓余曰:汝何时入都,能少待乎?余不久必他徙,汝可来,彼安能禁我!余诺之。自是金待余情益笃,暇辄与余同车出游,或置酒款余。余心感之,莫解其故。未几,一友告余曰:汝知金佩香意乎?彼志欲嫁汝,曰:阅历风尘数年,可终身仰事者,莫子若。汝其有意乎?彼拥资数万,他人涎其财色者多矣,彼殊不屑而独钟情于子,不可负也。即汝无力,彼能代任繁费,可无忧。余蹙然曰:余妻暴悍,必不相容,奈何?即异室居,终非久计。公为我谢之。然彼之情,吾铭骨久矣。客既去,余忽得都中家书云:妻病重。促余归。余愀然不乐,乃偕数友饮金家,席间谓佩香曰:卿犹未迁耶?吾不能待子矣,吾妻病濒死,将束装北去,图一见。言未已,泪涔涔下。须臾,席散归,客又踵来语余曰:佩香告我矣。彼誓嫁汝,曰:吴生果天下多情人也。吾闻吴生伉俪凤不睦,今闻其疾笃,犹不胜悲,果天下多情人也。吾舍是其奚归?子善为我图之。客语未毕,余曰:佩香爱我,义不可负。然余行在旦夕矣,为我告佩香,秋以为期。客曰:敬诺。越数日,余遂行,比至都,妻病已愈。余心惴惴。自是无暇来南,亦遂置前事。逾数年,有人自淞浦来者,云:闻上海金佩香嫁葛兰荪,挈以入都矣。余错愕久之,叹曰:佩香不负吾,吾负佩香也。为废寝食者累日。京俗永定门外旧有南鼎之会,每春季,游人如织。余时策马往游观,瞥见鬻茶台上无数女子,靓妆丽服,群坐而笑语。中一丽人,貌类金佩香,趋视,果其人也。时诸女子见余至,争呼彦复,招手令上,则皆素相识之满洲贵族。余习与满人往来,故与若辈稔熟,遂忻然下马登台,各就其坐,恣意饮啖。遥睇佩香,佩香见余来,若甚惊者,目不转瞬视余,然始终默然无一语。余不觉凄然泣下。微窥佩香,正垂泪相对。举坐莫知所以然。俄顷,忽见白马银鞍一少年,如飞而至,下马登台,就佩香坐。余意度必葛兰荪也。乃别诸女友,从容下台去。即归,成七绝三十首,遍示诸友,一时传诵。久之,忽阍者入言,一少年来谒。引入,则在南鼎所见者也。揖余曰:"贱妾之志夙在君,君负德矣。天假之缘,与君再遇。君盍来舍,当使贱妾与君叙契阔也。"余诺之,因问所居。逾日往视,佩香艳服而出。余叹曰:"因缘离合,莫非命耶,岂能相强乎?我诚负卿,然卿今日亦得所矣。"佩香默然,与余作他语,复话别后事。俄兰荪出酒肴,三人畅饮而别。余后询知,兰荪亦纨袴子弟也,挥金如土,佩香所积蓄皆供其用,未数年资产荡尽。甲午秋,边警日亟,兰荪将携佩香出都,无资,向余贷百金。余为罗掘白镪四十两,又马一匹赠之。兰荪乃得治装行,遂不知所终。又数年,余以上书言事,与刑部长官龃龉,乞骸骨南归。至上海,问所谓林宝枝者,则已嫁湖州某富家子矣。今年又闻其嫁而复出。一日,在张园见之,貌渐老而姿态犹动人。问所居,则云某所。问何故复出,曰:"新间旧耳,尚何言。"他日,复有客告余曰:"宝枝今日奇窘,前索君英蚨千,公能如其愿乎？彼或能归尔也。"余视客微笑不答。是晚，偕彦复至天仙观孙菊仙《鱼藏剑》，音节苍凉壮厉。

十三日　晴

晨起观诸报。午后，补写日记。

前闻王浣生言：政府已主张变法，所不变者惟心术耳。故观累降谕旨，辄再三注意于心术二字，此何意耶？余曰：心术者，即君权之代表也。彼惧法变而民权之说起，故以心术二字压倒之，然否？浣生曰：然。

十四日　晴

诣松林不遇。昳，约徐藩卿至金月梅家，余至而藩卿已去。俄朱毓堂来，因与毓堂同访藩卿于林蕊香家。晚归，观《原富》。

秦汉而下，盗贼所以为患者，以封建废也。有封建，则无盗贼之虑矣。观于西国，史家谓诺曼并英时，部酋分地，各私其土，督率最密，盗无所容。可知东西一理也。

今人动曰：非不愿隐居也，苦无买山之资。余曰：古之隐退者，岂皆资产饶足之富家翁乎？其所以能恬退不干仕进者，以能耐劳苦，自食其力云尔。试观庞德公躬耕陇上、妻馌于前，元延祖灌畦掇薪自给，今之士夫，能效所为乎？使既作高士，而欲安坐而食者，则亦游民而已，何足贵乎？

十五日　晴

秉庵来。午后，偕出城，晡，游张园。夜，观优。

王阳明云：礼乐不复作矣。今日而欲陶情善俗，转移风化者，其惟留意于戏子乎？盖能勉于善而不知，亦可化人于恶而不觉也。余谓支那菊部之歌调，凡三种，曰秦腔，哀怨激厉，亡国之音，不足尚也；曰昆腔，则柔曼靡丽，但传才子佳人之情绪而已；惟京腔中老生所唱者,虽词涉鄙俚,而音节悲感苍凉,能曲传忠臣孝子仁人志士之胸怀。擅其技者,惟京师之谭心培、孙菊仙二人,余生平所最喜听者也。至西国之乐,发扬蹈厉,固治世之音也,而其感人处不及焉。余尝云:民乐则无诗,既无诗安有乐。

十六日　　晴

晡,秉庵复来,与余偕出,至福安居楼下,雇马车不得,余在楼上小待,秉庵一人别往觅车。俄飞字促余至昌记客寓,始得共坐一车,游张园,遇林质斋、方守六。晚,邀其至金谷香酣饮。夜,至宝来观金月梅《纺棉花》。俄至桂仙聆贾玉书《举鼎观画》。夜,与秉庵、质斋至左翠玉家小坐,又访月梅。归时月明。

十七日　　晴

往习东文。昳归,为彦复撰《买笑记》成,即前彦复自述之奇遇事也。夜,观书。

西人贩卖黑奴之由,盖因西班牙在秘鲁治群矿,横殴土民,力作之劬过于牛马。西印红种被其虐者,户口日稀。神甫拉客沙目击盡然,谋所以救其孑遗者,于是议以非洲黑人代之。今日则已著为禁令久矣。

《原富》云:畜牧之利,当使与耕种之利相等。设牧不及耕,则国虽有至美之田,无由悉垦。此理余今始知之。

严先生云:西国税重,中国税轻,西国物贵,中国物贱,当俗之情,且即以此为民生乐业之据。而岂知中国所以贫弱之由,即在此欲税重而不堪、欲物贵而不能之故乎?盖《原富》有云:欲四境之内,莫不尽辟,而有充物力之所能生,非物产各极其善价不可。不易之理也。今人但知米贵足以利农,不知百物皆贵,则通国劳作之人无不获利,所苦者惟游手坐食之人耳。夫使民见勤之效如此,而惰之害如彼，则人之勉于勤，地利有不尽辟哉？地利尽辟，人人饶足，则虽税重何损。《鲁论》云：百姓足，君孰与不足。此之谓也。

国之贫歉，不在金银之多寡，而在物产之丰歉。余持此说，亦数年矣。盖金银饥不能食，寒不能衣，衣食所赖，仍在物产。物产多则虽无金银，可自他国流入；物产少虽有金银，将不久流入他国。故吾谓秉国之人，若但注意于矿利，而不讲求农桑与田牧，无救于中国之贫也。盖农桑，利之本也；矿产，利之末也。如何能使民争趋本利，曰惟有开通铁路，使物产流通，易消售获利，则民自争为之矣。能以化学导民，使得善法而出产益多，尤为本利之大者也。虽然，今日欲兴办各事，而无资以济之，则本利亦不能出也。于是先借助于矿利，亦无不可。

十八日　　晴

观书。

西人制禄最重，亦佣钱厚之一端也。盖勤为富国之本，所以导其勤者必以重利，而后人争鼓舞于下。官为国理事，民为国殖财，莫非勤也。一国之中，人人能勤其国，无有不日进文明者。

大地日转本轴而不止，江河日注东海而不息，血轮日周肢体而不停，剑戟不用则锈，户枢不转则蠹，天下百物皆以动力自存者也。人居世界上，苟不勤其体，不运其脑，欲图自存，不亦难乎？然佣薄赢厚之国，惰者能自存，勤者反不足自存，于是其国遂多惰民，日益贫弱矣。国贫弱则其国不能自存，国不能自存，人又安能自存耶？

十九日　　阴

往习东文。午归，拟上夔老书，未脱稿，秉庵来。晚，同出饮于雅叙园。夜，观剧。

二十日　雨

终日不出,观书。

余当甲午、乙未之交,始谈变法,今越四五年矣,论议盖凡数变。初则注意于学堂报馆,继则主张民权,以为非先设议院,许公举,则一切法不可变,变之徒滋扰;卒又知偏于民权之不能无弊也,遂主持立宪政体,纳君权民权于法之中,而君民共治,为数年立论之归束。至于铁路矿务诸端,视为末节,不稍措意也。乃今读严译《原富》一书,始知富国之道,在流通物产,欲物产之流通,无铁路其奚望耶?于是乃叹铁路之有益如此。夫铁路之益,人人知之。今举其大有功于国民者,有数端焉。一曰便商贩,货产易销,无粟红贯朽之弊。一曰通声气,消息灵捷,无闻见僿陋之虞。一曰利转输,有无相通,无水旱饥馑之忧。一曰便征调,援救既易,无供亿滋扰之苦。盖货产销,则农利兴矣;闻见捷,则民智开矣;有无通,则救灾易矣;援救速,则寇乱不起矣。由是观之,便国利民,莫大于铁路者也。固当与学堂、报馆、议院并重,而不可轻视也。

辟民之智,莫如报馆。育民之才,莫如学校。兴民之利,莫如铁路。平民之权,莫如议院。

我国未尝无民权也,顾有私权而无公权,有强者之权而无弱者之权,有小人之权而无君子之权。民非无权,但不平耳。议院公举者,所以平其权而已。故不曰扶民权,而曰平民权。

二十一日　晴

约藩卿、郁堂诸人,在金月梅家手谈。彦复亦来。俄随彦复至其家,因留晚餐。夜,至宝来观剧。

二十二日　晴

往视月梅,已雇车将游张园矣。余因至吉陞客寓,访佩葱。

晡，与秉庵同车游园，遇月梅在迤南楼上听昆曲。俄仲宣、藩卿、郁堂、彦复相继来。是日，游客云集。俄闻都下名优二丽来此，年逾二十，顾而长，见余犹相识也。晚，藩卿招饮于金谷香。饮毕，复应仲巽之约。夜，观剧，金月梅演《杀狗劝夫》，极臻化境。

二十三日　　晴

日中，邀金月梅于雅叙园，坐有秉庵及文劭儒。劭儒善京调，音节宏朗，学菊仙得其神。昳，归观书。

观已然之迹，廓其闻见也；察未然之理，增其智识也；习当然之法，储其材能也。古今中外之学问，分此三界，不可稍稍混乱。有闻见者不必有智识，有智识者不必有材能，必兼此三者，而后其学有用。

二十四日　　晴

秉庵来。午后，坚仲偕鉴斋至。坚仲去年避拳乱之难，移家居汴八越月，今春自汴南归。现其家居苏州。履平返杭。坚仲欲东渡游学，前一日到沪，是日得纵谈。俄仲宣亦至。晡，佑三来。久之，坚仲等相继去，佑三谈至夜分，始行。

家庭为自古战争之地，父子之乖戾，妇姑之勃豀，兄弟之龃龉，夫妻之反目，骨肉纷争，人生莫大之苦也。然而支那国中被是害者，十室而九矣。欲免其害，莫若异居。夫妇则自择配偶，家祸于是得稍纾焉。

父母之恩诚大矣。然使于子女之既长也，恣意凌虐，则从前鞠育顾复之德，扫地而无存矣。但责子女，不责父母，非持平之论也。

二十五日　　晴

访坚仲纵谈，见仲寅。晡，至金月梅家，仲宣亦来。晚，入城，作书致慕韩，陈变法所宜先者三端：一开矿造铁路，以辟利源，所以救中国之穷也;一设专科取士,变用人之法,厚其俸禄,所以陶铸中国之人材也;一置议事所,听民公举议员,参与政务,又尊里正之职,使有权与县官抗,所以苏中国之民困也。能行斯三者,谓之变法,不然,虽变如不变也。国家所以贫弱,惰民之坐食者多也。变法者夺惰民之食,以与勤民。国家所以颠乱,小人之得志者众也。变法者夺小人之权,以与君子。勤民获利,君子有权,国以日昌。惰民获利,小人有权,国以日亡。

二十六日　晴

往习东文。晡归,坚仲过谈,遂留宿。余与抵掌论古今,旁通曲证,极畅。

论理需识,办事需才,然自古未有不运其脑思而可以有识者,未有不劳其手足而可以有才者。惟才与识,动而愈出,苟无动力,人人成弃物矣。

坚仲为述内地民风土俗,蛮野獉狉,不见天日之苦,使有人经营开辟,则田土肥美,物产殷盛,皆不患不进于文明也。以北五省视清浦以南,风气差数迟五十年,以江北视吴越繁盛之区,风气差数又迟五十年。余曰:地广大,荒而不治,今日支那之病所以不治,正坐不治也。

二十七日　晴

偕坚仲至月梅家小坐,遂去。遇秉庵,同至公阳里胡翡云。晡,共驰马车游张园。是晚,芝洞招饮于锦谷春。夜,复至新太和馆,赴杨子萱之约。

昨见报纸,知慕兄为东抚袁慰庭所奏保,奉旨由吏部带领引见矣。

朝廷已降旨,择七月十九日回銮。敌兵渐渐撤退。和局以四百五十兆赔款画诺,遂定。

烧毁例案,裁汰书吏,及举行特科,督翰林院诸臣讲治实学诏下,颇有维新之意。

设政务处,掌变法事。荣相奏派陈瑶圃、郭春榆、徐菊人、樊云门及慕兄五人为提调,细阅折奏,斟酌可否,奏请施行。

二十八日　　晴

往习东文。诣子均,留午食。晡归,阅《格致汇报》,已积四五期矣。

我国之民,非无权也,但小人有权,君子无权而已。我国之民,非无利也,但惰民利厚,勤民利薄而已。是故设议会,听民公举,所以抑小人之权,伸君子之权。厚佣钱,许民专利,所以削惰民之利,增勤民之利。一国之中,握权者皆君子,享利者皆勤民,人孰不慕为君子、乐为勤民哉?

权归于君子,则公理出而国安。利归于勤民,则公利出而国富。

君子议政,必平其心。勤民殖财,必劳其力。平心者,静也。劳力者,动也。

君子自爱其身,能使合群皆保其身。勤民自殖其利,能使合群皆沾其利。聚数千万君子以治国,公义所由出也。聚数千万勤民以理财,公利所由兴也。

今日阻变法者,大抵小人与惰民二种之人也。小人与惰民,以旧法为窟穴,可以攘权攫利。一旦破坏其所据者,有不奋然相抵抗者乎?虽然,彼何以甘为小人、为惰民?则亦旧法趋之使然也。欲化小人为君子、化惰民为勤民,惟有变法而已。法变之初,彼小人惰民必不免有失所者,亦不能顾也。盖一时之人受害寡,万世之人受利多也。两害相形取其轻,两利相较取其重,多寡轻重之间,秉者其有所取决乎!

经纬宇宙,鼓荡生机,惟公与勤二者而已。人无争心而后能公,人有争心而后能勤。故平权者所以息天下之争也,专利者所以导天下之争也。

二十九日　晴

终日不出。秉庵来,过午去。补数日日记。

余旬月以来,颇为声色所汩没。日与妻侄秉庵狎妓观优,宴会征逐,无读书之暇。此心荡然泛然,若随风之蓬,若不系之舟,似甚乐也,其实甚苦。思欲徐收放心,静坐数日,温理旧业,不知能如愿否?孟浩然诗云:"一日不读书,我心如废井。"盖腹饥则思食,脑饥则思书,学问智识不进一日,则退一日,可无惧乎?

五　月

一日　雨

观斯密氏《原富》。是日,为金月梅书联云:"寻常一样窗前月,才有梅花便不同。"

古人云:积精为身之宝,积财为家之宝。盖精所以养身者也,又足以传种;财所以赡家者也,又足以殖利。故皆宜宝视之,不可妄消于无用之地也。夫耗精耗财之事,莫如耳目百体之欲。是故善保其身与家者,必以节欲为先。泰西生物学家论植物或生多珠,或生独珠,常分为二式,一以养本身,一以传类。下等植物一珠,或兼养身、传类二用,此盖与身中之精、家中之财无以异也。

斯密氏教人崇俭。俭之道,在损其支费,以益母财。(益

〔盖〕母财能生利者也,支费不能生利者也。

我国生利之人少,不生利之人多,此所以日贫也。

苏格兰人创板克之法,贷财于民,使民贫而勤者,皆足以致富,良法也。顾此非专制政体之所能行,行之未有不扰民者。

二日　　阴,雨止

习东文。诣藩卿,会秉庵亦来,持扇索书。秉庵自绘一僧坐,举杯望云。余因为书"云在意俱迟"五字。窗外雨声大作。晡,造彦复庐,俄访月梅。晚归,观书。

我国有君权而无民约。然而工家商家自立规则章程,往往尽美尽善。故业工商之人,每能循规蹈矩,尔无我诈,我无尔虞。谓此即我国之民约,无不可也。然则民之约,胜于君之令远矣。斯密《原富》云:往在欧洲中古,君上横征暴敛,而未尝为民责然诺。故商贾往往自成风气,亦犹我国之今日者也。二百年来,新治日出,政渐趋平,则转取贾人之规则章程,修之以为理财之政。吾谓支那将来,苟欲修理财之政,亦必取资于民约焉可。

《原富》云:国富而后金银归之,非金银多而后国富也。二语与余意已合。

泰西计学家谓民巧为国富之一。严先生谓于斯密氏所刊农工商贾四端,难定何属,固应更列一门。余谓民巧二字,可以括农工商贾。农有农之巧,工有工之巧,商有商之巧,贾有贾之巧。盖巧也者,业精而熟,能变化也。能变化则获利多。至于操一艺以食于其群者,如医师、画匠、俳优之类,亦可入工业一门。

权平而后国律定焉,于是其民皆依律以各保其权。利专而后民巧出焉,于是其民皆依巧以各享其利。耕田用奴,欧洲之古俗也,农业不进,职是之由。盖奴不得私畜,无利可图,其谁肯尽力于畎亩也。自奴废,用麦太耶法,为世治中一大进境。斯密亚丹云。当一千二百馀年,教皇亚历山大教民纵奴。殁不纵者,固无罚也。故自是奴犹用四百年而后废。

三日　阴

日中,林质斋约饮于雅叙园,坐有林季鸿及都下名伶二丽。酒后,弦歌甚乐。晡归,观书。

自儒家羞言利,于是好高自洁之士,皆不屑治家人生产,而以求田问舍为无志。不知天下未有无利可以立国者也。一人自务其利,无数人受其益。人人各务其利,一国之人交受其益。苟不务利,则相率为游民,为惰民。游惰之人多,其国未有不贫者。孟子曰:鸡鸣而起,孳孳为利,跖之徒也。余谓孟子于利之一字,未分别言之。彼工为巧取豪夺以求利者,固跖之徒;若致力农工商以求利者,何尝非舜之徒。舜当耕稼陶渔之时,岂非亦孳孳为利者耶?故同一利也,舜与跖悬殊矣。何也?舜之利合于义,跖之利不合于义也。后人不问利之如何,一切薄视之,误矣。

西国最隆视殖利之人,尤重商家。盖商人善营运,析利尤精,易致富。民富则税可重,而有利于国。故持论者每谓国中地产,若尽归诸商家,则地利无有不尽辟者。盖商人胸有经纬,谋定后动,非若有田世家徇慹,出财常无所收也。斯密亚丹云:生财之道,无分本末,条理、计虑、精神三者用而后利见。此世家万万不及商贾者也。

四日　阴

诣彦复及枚叔谈。余尝论史分五种:曰国史,曰年史,曰政史,曰事史,曰人史。枚叔于政史之下,为增学史。彦复于国史之上为增地史。合为七史,史学该备矣。

斯密亚丹云：欧洲诸国国君之听民联体立制、自推邑长、立议曹习、民兵也，自侩长之承邑租始。欧洲诸有地豪富争强拥众、侵欺横暴之势所以日减也，自商业工艺之日进始。其说详于《原富》部丙。由是观之，西国民权之所以能日振者，其功皆在农功商贾。

五日　阴

晡，诣石芝谭，遂游张园，枚叔、彦复皆在。余与枚叔在其旧园之楼舍中纵谭。俄雨霏微下，游人未散也。久之雨止，晚阳斜射，平茵如洗，林木晴鲜，景态丽绝。暮归。夜，观《平等觉经》。

《格致报》载，瑞典人赫定，游历中亚洲，跋涉数万里，穷险探幽，不辞劳瘁。盖其地为英、俄、支那分界之处，英、俄相争，各遣兵据要害，极有关系也。其游资皆其国王公大人所助，著有日记一篇，已译我国文，备众览矣。

六日　雨

晨，睡梦侍先人坐，醒而大哭。起赋七绝二首，志感：

"人天离绝十年间，回首门楣缔构艰。半榻晓寒清梦冷，依然杖屦侍温颜。"其一。"有泪如泉流不尽，终身无父奈何天。小楼雨急惊孤枕，起读遗书一惘然。"其二。

是日，观《平等觉经》终卷。因翻阅《解深密经》及华严著述集。

七日　晴

习东文。诣藩卿，为书七言联十馀纸。昳，访月梅，久待楼下。月梅于楼上笞其养女，女宛转啼号，甚惨。俄笞毕，犹不下楼。余大怒，谓其佣曰："月梅如不愿见我，我即去矣。"顷之，月梅始下，神情淡然。余因拂衣去。晡，郁堂招饮于金谷香，坐有子丰、叔雍。闻稷朕来，访之不遇，因诣视勤甫。薄暮，至黛语楼，遇仲宣、梅仙。

梅仙是晚置酒款余。

八日 晴

起观书。得铭舫书,知出口局事已辞退,移居钱江会馆。晡,往访之,与偕游张园。仲巽、彦复、枚叔、仲宣、丽轩、荫亭皆见。晚,仲巽招饮于一品香。饮毕,至天仙观剧。

九日 雨

出城,晡归。观《国家学》,德国伯仑知理著,日本吾妻兵治译。

今日东西文明国之治也,强弱贵贱不相凌矣。然而寡数之民,必屈于多数之民,是亦势之无可如何也。

伯仑氏曰:国家之为物,与无生气之机器浑殊。盖机器亦有诸部众局,然无有支体五官如国家者。又绝不长育,唯有一定不变之动作耳,非随其心之所欲,有临机应变之力。忘山居士曰:尝读《管子·明法篇》云:先王之治国也,使法择人,不自举也;使法量功,不自度也。管子之意,盖欲为国家立法,使与无生气之机器等。不知国家活物也,法不可执一,宜随时变改,若与无生气之机器等,则久之未有不朽蠹者也。惟公举议会立,而后此机器为有生气之机器,此国家为有生气之国家。何也?聚众智,合众权,何患不能随其心之所欲,有临机应变之力。

世界上所以有国者,即人民互结之团体而已,与太虚中之星团无以异。团体既结,则万身如一身,万心如一心,自觉自决自语,铸成随自己意志而动作之一物体。

以力服人而成国者,力衰而国亡矣;以德服人而成国者,德衰而国替矣。惟民智大辟,民权大伸,以其智与权互结而成国者,则其国可以常存,无盛衰之变态也。

伯仑氏曰：古埃及、印度人，以为国家止于神造。忘山居士曰：非独印度、埃及为然，凡世及专制国，莫不如是也。盖必托于神造神授，乃能长此盘据于万民之上，而使人莫敢觊觎也。

十日　雨。晡，雨止

观书。是晚，少塘招饮于西荟芳。

自由之权，人人所各具也。惟彼此皆欲自由，或至以权相争，于是不可不求所以平其权者，而政府之权立矣。虽然，政府之权只能施诸两权之际，而不可侵越人人自由之权，此又政府一定之权限也。若权过其限，碍人自由，是则政府降而与一凡民争权矣，岂非大谬于理耶！

日耳曼自古分等族，曰僧侣，曰贵族，曰市民，曰农民，皆世袭也。然而僧侣、贵族处于逸，市民、农民处于劳，不平等也。今也变四等族皆为营业等族，不拘门阀，就人人职业以分等族，于是遂无贵贱，而各食其力矣。日耳曼贵族，皆才识非凡，长于车战骑斗之术，复能读书作文，修法律政事之学，以视我国满洲贵族之一字不识、一事不知者，相去远矣。

十一日

往习东文。日中，偕藩卿等至金谷香，晡归。观书。

《国家学》云：世袭君治政，其任官或不问贵贱，不论门地，独至于王位，则必限一系，不肯杂异姓，是该政体之所以为优也。何则？一以绝奸雄之觊觎，一以使民免争位、革命之惨祸。忘山居士曰：观是可知传贤之天下，变为传子之天下，亦有所不得已。

又曰：共和国纵令制度得其宜，要之须使政府势威，足以立万民之上，大权足以制御国民。忘山曰：君治世袭之国，不可不扶民权；共和政体之国，不可不重君权。

十二日　　昨夜雨，晨止

闻燕生到，造其客舍，已他出。乃访绳伯，诣南仲，见春卿由杭来，未数日也。晡，过谢家小坐，即归。

世多谓立宪共和政体，其君可以拱手无为，谬也。《国家学》曰：无为素餐，非人君之道。忘山居士曰：君岂可无为？立宪政体特存世袭君位，以杜觊觎争位之乱，其实徒有君之名耳，国中之事，举听命于相，故君可以无为，君之实已移于相，是故立宪国惟以相为真君。若共和国则不立相，君即相也，相即君也。观于立宪国之相，共和国之君，皆不能无为，则知能无为者实非君也。

十三日　　晴

往习东文。日中访燕生，偕至雅叙园纵谭。

政法有是非而无新旧，道德有新旧而无是非。余持此说久矣，与燕公复畅言之。盖施政以适于人民之最宜者为主，无所谓新旧也。盖新者不皆是，旧者不皆非也。论理以发人所未发者为主，故有新旧也。至于是非，有识者自能辨之，然必是者乃谓之理，非者决非理也。既知为理，则是非可不论矣，故曰无是非。

始惟知君权之专制，及读《国家学》，乃知复有民权之专制。何谓民权专制？即乱民之横暴，荡坏宪法，恣行无忌惮也。

法律者，国家之筋骨脉络也。一国之人，无论尊卑上下，贵贱贤愚，赖其组织而合成一体，是故国无法律，譬之人无筋骨。

晡归，观书。夜雨。

十四日　　阴

《国家学》曰：美国以三种法制限民权：一，分议院为二，使互相牵制；其二，付大统领以不允权；其三，法律能合宪法之精神否，审查之权，付于法廨是也。然且不能无弊，盖即代议士之媚选举者,或枉屈小众之权利自由,所不免也。又代议之才,逐年低下,盖宪法之本旨,在利中等以上之民,而方今中等之民,互选为代议士,上等人士却居闲地。此皆余所闻者,姑录于此。

又曰:多蓄常备军,为共和政体所不许,盖惧将帅握兵柄,或至覆共和政以兴君治政也。其所贵者,独有民兵。然民兵终不逮常备军训练之精,不利于实战。乃知共和政体,毕竟不适于外交与交战,独适于平和安宁之时。

人不可无权,而权不可无限。伯仑知理曰:人类皆非可握无限之权者,故无论为君,为贵族,为全国民,必限其权。诚哉是言也。何以限其权? 曰:以理限之,以法律限之。

十五日　　晴

晡,宴集芝洞、次申、少塘、斌生、南仲、仲逊、绳伯于谢家。晚,竺生招饮于黛语楼。夜,观优。

十六日　　晴

观《式训堂丛书》。

钱溉亭与某人书,论及小学,谓:自古字书,多以形为主,吾欲创一字书,以声为主者。盖语言在文字之先,必有声而后有形也。可称卓见。

君权者,集合民权以为权也,故君权与民权实有关系。西儒具洛啾斯之言曰:人之思想,属人之全体,而发露之者,口也。言有善恶,不是非其口,而是非其人。故君权者,其口也;民权者,其人也。

孟的斯鸠曰:国家须分立法、行政、司法三权,不可使一人总之,恐其权过重也。伯仑知理曰:全然分离国权,使各鼎立,抑又不可。盖惧其彼此互争权也。欧洲边阁泯昆士丹氏,欲防三权分离之祸,曰:惟有别置王以统一之,调和之,禁其各出权限之外。

欧洲中古,变官制世袭之法,为世界文明之一进步。
十七日　　晴
日中诣燕公,与偕至雅叙园小酌。

为学之心贵虚,论事之心贵平,待人之心贵公。

在立宪共和国,每大统领及宰相易人,则政府官吏大半见更迭,以为恒例。然此事颇足酿政事上弊害,英人近稍稍矫正其弊。方今政府及王室之官职,因内阁更迭而移动者,仅不过六十名。

晡,次申过谈。晚,宴集于黛语楼,坐有旭庄、芑怀、叔雍、子丰、芸阁诸人,月色朗然。

十八日　　晴
昨午于雅叙园见黄益斋,持新译书一册,曰《男女交合新论》,美人法乌罗著。询以售此书处,曰在第一楼后理文轩。余是日往购一部,遂诣松林习东文。日中,访林质斋,偕至雅叙园,遇邵季英,甫自常熟来,因与纵谭,道及去岁都中团乱事甚详。季英善音律,能歌啸。晡,归写日记。

西国古时,教权盛时,往往教会财产免税,教民犯法不得按律处罪,此亦世间不平事也。其后国家权力渐渐恢复,此弊始除。

《国家学》云:德国诗学大家列盛、哥衣的、西路勒鲁三氏,各著书以一洗宗教上旧弊。哲学大家看度、吷喜爹二氏,忧古来学者拘泥宗教,不能出其范围,始超然于宗教外,议论纵横,阐幽发微,排古说之云雾,以见真理之曙光,于是天下之人初见人心自由之实,靡然归之。由是观之,宗教之衰,由于哲学之日盛也。

十九日　　晴
往习东文。访次申。晡,诣仲犨,遇颐斋,与偕至松盛谢家小坐,因同入城。时微雨,二人坐忘山庐纵谭。是夜,颐斋留宿。

二十日

晨,秉庵偕履平来,颐斋去。俄邵季英过,向午去。日中,诣雅叙园,遇林季鸿。俄黄益斋、文劭儒、邵季英皆至,数人皆知音者,相与弦歌笑语乐甚。晡,访琴甫,共诣枚叔。晚,三人偕至酒楼,彦复亦随往,沉饮尽醉。夜,余至春仙观剧。

二十一日　微阴

观《鲒埼亭集》,有极瑰丽文字,如《湖语》、《剡中九曲》诸篇,皆杰作也。谢山为明末抗节诸臣作碑志,如钱虞孙、张煌言诸人,读之可考见当时许多事迹,为史所未详者。

二十二日　雨

访邵季英。季英云:"余生平奇梦二则。一梦短衣负刀,自午门入,直行宫禁中。则见满目荒凉,殿阙残破,荆棘怒生,阒无人焉。未几,行至乾清宫后,有台锷然而高,登台瞭见垣外人家,遂一跃而出。一梦顾亭林邀余饮酒,并见其夫人,与谈蒙古舆地,争执不休。貌清癯,颇似陈六洲先生。又尝至保定,偶行街市间,瞥见一古寺,林木荫蔚,遂入观焉。行至佛殿后,忽觉为旧游之地,并忆及迤西有圆洞门,门内一院落,草堂三椽,为方丈栖息之所。乃依所默识路径,入探视,果然。自念生平从未来其地,何由知之,岂前身事耶?"

昨夕观《男女交合新论》,美人法乌罗著,论制造子女之法极奇。云:凡交媾结胎时,其父母偶怀一不善之念,则所生必凶恶之子。醉后媾合者,生子女为酒狂。故欲子女之聪明醇善者,必其父母之脑思心术有过于人而后可,屡验而不爽矣。

二十三日　阴

观《华严金师子章》,唐沙门法藏述。初明缘起,二辨色空,三约三性,四显无相,五说无生,六论五教,七勒十玄,八括六相,九成菩提,十入涅槃。

佛书多以金喻真性,解者谓取其不变也。究不知真性之为何物,及以金为喻之所由然。

夜,宴次申、仲宣、叔雍、芸阁、梅仙、旭庄、竺生于松盛谢家。酒罢,诣天仙观孙菊仙演《法门寺》。

二十四日 雨

往习东文,适松林他往,因至大马路亿鑫里,遇李伯渊谈梨园中评语甚多。伯渊自创《繁华报》,销售颇广。上海杂报林立,然皆详于北里掌故,于菊部则从略焉。伯渊于《繁华报》中首列菊部记事及丛谈,意在提倡风气焉。日中,偕至雅叙楼中小饮,雨声渐沥,相对纵谈,颇有逸致。俄,质斋、季鸿相继至。酒罢,与质斋同诣《游戏报》馆,遇伶人余玉琴及法国人葛禄意。晡,至谢家。观路索《民约论》。

路索曰:集合众人之生命财产,而结为团体;因国民之趋向,而定为舆论。又云:一国之人,遵守民约而外,无可遵可守之事;崇奉公论而外,无可崇可奉之人。又云:欲求他人保护我之生命,则我必出其生命以保护他人。今日以前所得安居乐业,非彼苍之所赋畀,实民约之所赐。兹之捐躯以殉者,即以报民约生成之德也。皆极精语。

二十五日 雨

观《王船山遗书》。

船山名夫之,湖南衡阳人,明举人。张献忠陷衡州,设伪官招之,船山走匿南岳。贼执其父为质,船山引刀自刺肢体,舁往易父。贼见其创也,免之,父子俱得脱归。居石船山,杜门著书,有《易》、

《诗》、《书》、《春秋》诸经裨疏,《通鉴论》、《宋论》、《张子正蒙注》、《黄书》、《噩梦》等书四十馀种,为国初大儒。

夜,读龚定庵《能令公少年行》长歌。大风雨。

二十六日　　晴

观《物竞论》,日本加藤和之著。

我谓国家之进步也,以人人自由为归。然则欲世臻极治,必先去兵刑而后可。何也?兵、刑二者,皆以权力压制人,使不得自由也。曰:不然,兵、刑正所以保人人之自由也。盖自由之性,人人所固有,不教而能者也。苟无以限制之,则必有自由过其量,而害人之自由者。所谓强凌弱,众暴寡,欲求人人之自由难矣。兵、刑之设也,盖欲使人毋侵人之自由,乃足保己之自由。苟侵人自由,则不能保己之自由,如斯而已。然则被兵、刑而不获自由者,皆欲害人自由之人。害人自由之人,乌可听其自由耶!

自由而害人者,固不可许其自由;自由而害己者,亦不可许其自由。如年少不守父母之训,而纵欲以戕身、浪财以破家者,所谓自由以害己者也。

《物竞论》云:喜专主之君主,与倡自由之人民,其心皆欲自由者也。余谓君之意,盖谓禁民自由,一人乃得自由;民之意,盖谓夺君自由,万人乃得自由。不知君民皆不可自由者也,君民之权平,而国治矣。

二十七日　　晴

次申返。晡,偕访毛实君,纵谈即归。夜,随母至春仙观优。

二十八日　　晴

观书。

《物竞论》之意,谓民之所以屈于君,而听君之号令者,以君之权强，不得已而许之也。君之所以屈于民，而俯取民之公议者，亦以民权之强，不得已而许之也。故天下无公理，惟有强权。

西国古时君主虽世袭，必由人民择其子孙之贤者而立之。如欧西大陆各国，至西历九世纪之初，袭位者必经人民许可，盖沿用往例也。英国古时亦然。法国则加配珍之际，凡王嗣之适否，必询诸人民。德意志各邦选立嗣君，由人民于王族中选之。余谓《周官·小司寇篇》询立君，则支那三代以上似亦皆然。自立君不询诸民，民与君始疏隔矣。

海尔威尔曰：吾欧人种，古者人民皆有自由，而其后则为君权压制之世。盖往古之自由，在文明未启之时，与禽兽杂居无异。当此之时，苟欲以禽兽之自由，一蹴而进于开明之自由，其势有所不能，故进于开明，须经一番压制。压制者，开明自由之先声，而不可不由之阶梯也。余谓此说与四年前余所持六统之说合。盖禽兽之自由者，据乱以前太平之统也；开明之自由，据乱以后太平之统也。

二十九日　晴

是日送母返杭。晡，登舟，即解缆行。

三十日　晴

舟中观《理财学》，德国李士德著。

此书言贸易工业之盛，首推意大利。十字军起，更增其殷富焉。及意大利衰微，而通商之利为日耳曼联盟府邑所独据。联盟府邑握商权者三百年，至英女王依利萨伯时，始渐为英人所夺。继起者有荷兰，擅制造、贸易、航海业。荷衰，而英人始称雄焉。欧洲商业大略如此。

农者，能蕃育万物者也；工者，能变化万物者也；商者，能流通万物者也。三民者，国富之源也。

晡,舟至拱宸桥,即登岸,乘肩舆入城。到竹竿巷,已曛黑。慕嫂及六妹往游西湖,俄皆归,与母相见甚欢。

六　月

一日　　晴

肩舆出视诸亲族。日中,至雷莹谷家小谭。晡,诣星墀,不遇。

稼霖延一拳教师刘姓者,山东人,自云素以保镖为业,在苏州镖局十五年矣。是晚与纵谭,始知镖客与盗通,其能卫行旅,不专恃武力也。盖习作个中语,遇盗问答不相刺谬者,盗不敢动;稍违失,则盗立毙其人而掠其财,盖以是为符验也。镖客所赢,亦潜以分润于盗,惟不使人知耳。昔者有兄弟二人,一作贼,一保镖,盖镖与贼互倚为生者也。

二日　　阴

与敏士、稼霖、善卿及刘教师四人偕游湖。坐小舟,放至楼外楼,饮啖醉饱。遂泛往高庄,登岸入游观,坐读雪堂中,高竹阴森,使人忘暑。俄,返棹至彭祠,山头云重,未几风雨大作,电耀雷震,遂避祠殿中,不敢行。待风稍息,始解缆归。至涌金门外,雨势甚急。余乘肩舆诣聚丰园,莹谷约饮。

三日　　晴

昳,别母妹出城,至拱宸桥登舟,即返沪也。薄暮放行。

四日　　阴

晨过嘉兴,日昃至嘉善,骤雨,即止舟中。熟读子山《哀江南赋序》。夜二鼓到沪,即登岸入城。

今年福建、浙江、江西三省大水,徐汝霖来书云:浙中之灾,在桐庐、富阳一带,田庐人民淹没者不可计。余有典业在富春山下,幸无损毁。汝霖欲集赈恤之费,向余募金。余在杭作覆书,允以百金矣。此次往返杭沪间,见河两岸田没水者甚多,盖久雨未有不为灾者也。

五日 晴。早间大雨

读数日报纸,知北方连庄会,以抗摊派赔款故,遂至与官军战。官军为所败,溃勇散卒及团乱馀党,往往与之合,掠取兵械甚多,势颇盛,蔓延直隶、河南一带。又刘弹子在东三省倡乱,俄人与战颇不利。北省一时难靖,殊可虑也。

又知醇王赴德谢罪,于初一日过沪,西人甚礼敬之。今晨乘公司船放洋矣。余晏起,不及往视也。

访林质斋。余谓上海价极贵之物有三:曰妓人之身,富人之屋,党人之头。质斋大笑。

访吴彦复,见有日本石印古名人墨迹三册。遇沈幼沂,挈其子,年十二,韶秀,善抛球。

国家不变法,则保皇者忠臣也,革命者义士也。国家果变法,而此辈党人犹不解散,则皆乱民也,可杀。

六日 晴

约林质斋饮于雅叙园,晡归。写日记。

魏默深云:孟子辟墨,止辟其薄葬短丧、爱无差等,而未尝一言及于明鬼非乐、节用止攻。余谓墨子之书,恐孟子未之见也。《墨子·兼爱篇》明明云:爱人不外己,己在爱之中。而孟子讥其摩顶放踵,是与其宗旨正相反,不亦可异耶?

默深云:凡夫可以祈天永命,造化自我立焉。人能与造化相通,则可自造自化。此深思有得语。

古语云:立德,立功,立言。余谓君子先立德,欲德之及人,必赖功与言也。不能立功,则立言以为功。不能立言,则立功以为言。要之,立功者行也,立言者知也;立功者火日外景也,立言者金水内景也。

默深谓:今之治经者皆有所蔽:名物器服蔽《三礼》,象数蔽《易》,鸟兽虫鱼蔽《诗》,皆不谬也。独训诂音声蔽小学一语,则失当矣。何也?治小学者,除求古义古音而外,尚有何物耶?吾为更一语曰:小学蔽群经。

又谓:宁〔学〕圣人而未至,不欲以一善成名,君子之立志也有然;宁以一善成名,毋学圣人而未至,君子之下学也有然。忘山居士曰:君子之志与学,求无愧于己、有益于人而已,岂为名哉?今日不以一善成名,曰宁以一善成名,则平日所反覆颠倒于胸中者,名而已矣。如此立志,如此向学,宜其学圣人而终未至也。

问:如何知死生之说?曰:知寤寐则知死生矣。如何知鬼神之情状?曰:知寤寐则知鬼神矣。盖寐时之梦,寤时之心景也。死者,生之景;鬼神者,人之景。梦中之境,游魂为变鬼神之情状也。境界心所显,情状念所幻,惟至人无念则无梦。默深此数语,可谓洞达也,明能知鬼神之情状者。

默深又云:为身后名字计,而不为身后性命计者,好名之通蔽也。忘山居士曰:身后性命四字,持断见不信众明长存者,决以为迂矣。

七日 阴

往习东文,值松林病不能教,且云将返国,惟以所代购东文书三种畀余。怅然而回。日中,至雅叙园,质斋约饮,并邀伶人刘姓者字永春,燕人也,善演包龙图故事。其人朴静善谈,颇明一切理,且通星命学。余以生年月日时八字告之，彼一览即知余好禅理，甚奇。晡归。写日记。

八日　晴

观书。

默深赞《皇皇者华》之诗曰：为此诗者，其知治天下乎？一章曰周爰谘诹，二章曰周爰谘谋，三章曰周爰谘度，四章曰周爰谘询。世固有负苍生之望，为道德之宗，起而应事，望实并损者，何哉？以匡居之虚理，验诸实事，其效者十不三四；以一己之意见，质诸人人，其合者十不五六。古今异宜，南北异俗，自非设身处地，乌能随盂水为方圆也。自非众议参同，乌能闭户造车、出门合辙耶云云。余谓此当与章实斋《文史通议·公言篇》参观。盖晚近以来，实斋、默深两先生皆明达治体，而知治天下之要道必出于公议。东西国所以日进于文明者，百姓参与政事故也。专制独断，未有能理天下者。远西哲学家某有言曰：君权之国，爱国者独有君一人，无助之者。其言可谓沉痛。

默深谓：春秋以前，列国与夷狄错处。后世关塞险要，尽属王朝，而长城以限华夷，戎狄攘诸塞外，此郡县优于封建之一。斯言大谬。盖秦汉以前，中国所以无戎狄盗贼之患者，正以有封建也。封建废，而盗贼横行、戎狄长驱矣。何也？守土之责分任于众诸侯，则各保其疆，各精其兵，各卫其民，无往而非关塞险要也。逮土地尽属王朝，天子不能独守，遂倚任官吏，官吏又皆视如传舍，无肯尽力者。虽有关塞险要，亦不能守此。船山所以有孤秦弱宋之叹也。区区长城，遂足限华夷乎？迂哉默深之论！

默深谓：后世之事，胜于三代者，如柳子非封建，世族变贡举，皆三代私而后代公。余谓封建世族诚私也，然许天下人各私其私，则私之中犹有公焉。三代以下，惟天子自封建其一人，自世族其一家，而他人则否，此则私之又私者也。而观其治民，则不如三代前精神之易周也；观其捍难，则不如三代前藩篱之易固也。所谓胜于三代者，安在哉？故吾谓如欲废封建，必并天子而郡县之；欲变世族，必并天子而贡举之。夫而后天下可以治也。何也？公议起，而民权立也；民权立，则民皆能佐君之治，爱国之人益多矣。

一国之中，君愈多愈强，君愈少愈弱。郡县之国，一君；封建之国，多君；民权之国，人人皆君。

九日 晴

观书。叔雅过谈。

求人材于山林隐遁之中，此皆据乱世之恶俗也。盖人材必由朝廷设学以造就之。魏默深有言曰：城中曰都，人萃则气萃，气萃斯材薮焉。野外曰鄙，人涣则气涣，气涣斯材少焉。夫学问以成材也，一人独学则难成，与人共学则易成。闻见之广廓，师友之扶持，在野不如在都也。是故国家之兴也，人材自学校出；国家之衰也，人材自山林出。

默深又云：人材之高下，下知上易，上知下难。政治之得失，上达下易，下达上难。忘山居士曰：知此而后知公举议院之法之善。

十日 阴

质斋招饮于一品香。坐有刘、何二伶。未几，李伯渊、胡仲彛皆至。

余谓沪居有三苦：一观剧之苦，一游会之苦，一猎围之苦。万人嘈啐，金鼓和鸣，歌不合律，舞不应节，眼枯头眩，心烦耳倦，意中之人迟徊不出，此观剧之苦也。丰肴衎衎，清酤敩敩，口厌醲脆，腹饥欲死，项直身疲，笑谈寡味，此宴会之苦也。夜行踽踽，言寻所欢,楼空无人,灯烛未阑,顽妪丑婢,献茶拂茵,丽人不归,枯坐沉沉,此猎围之苦也。

晚,复约刘、何二君及林质斋、张冠霞于金谷香。夜,观刘伶演《铡美案》。

十一日　晴

观书。

默深云:天下其一身与? 后元首,相股肱,诤臣喉舌,然则孰为其鼻息? 夫非庶人与? 九窍百骸四支之存亡,视乎鼻息,口可以终日闭,而鼻不可一息泥。

不以言举人,不以人废言,今天下往往反之。有以一言而被知遇者,有以一人获罪而所著书至毁板者。默深曰:古者工瞽刍荛皆获进言,此不以人废言之一证也。然未闻一言可采,即擢以崇高之位,此不以言举人之一证也。

书之有镂板,始于五代,及宋而大行。唐以前所无也。

反切始于魏秘书孙炎;韵书始于晋李登、吕静;四声始于南齐沈约、周颙,当时为诗者称永明体,有平头上尾蜂腰鹤膝八字,以为作诗之病,不可犯也。

十二日　晴

日中,访叔雅。昳,与偕至金谷香,因邀彦复、枚叔及张冠霞至小谈。枚叔辈戏以《石头》人名比拟当世人物,谓那拉,贾母;在田,宝玉;康有为,林黛玉;梁启超,紫鹃;荣禄、张之洞,王凤姐;钱恂,平儿;樊增祥、梁鼎芬,袭人;汪穰卿,刘老老;张百熙,史湘云;赵舒翘,赵姨娘;刘坤一,贾政;黄公度,贾赦;文廷式,贾瑞;杨崇伊,妙玉;大阿哥,薛蟠;瞿鸿(玑)〔禨〕,薛宝钗;蒋国亮,李纨;沈鹏、金梁、章炳麟,焦大。余为增数人曰:谭嗣同,晴雯;李鸿章,探春；汤寿潜、孙宝琦、薛宝钗；寿富、尤三姐；吴保初、柳湘莲；宋恕、夏增佑、孙渐、空空道人。

晡，同马车至张园茗谈。记去岁在宝记，余与枚叔、彦复、叔雅四人同影一像，今日四人又至一处，不易得也。晚，偕访李汇东，薄暮归。夜观《党人碑》第三本。

十三日 微雨，向午止

观书。质斋折简招饮，余谢不出。

《说文》，形书也；《尔雅》，谊书也；《玉篇》、《广韵》，音书也。六书纲领，不出形声谊三端，默深《说文拟雅序》云。

汉学家之转注，宋学家之格物，皆至今无定解。转注有以互训为转注者，有以部首展转贯注为转注者；格物有以读书穷理为格物者，有以格去物欲为格物者。

漆以书简，墨书帛，不聿谓之笔，石墨相著而研墨，漆能书竹不书帛。是笔、墨、研古皆有之。

十四日

晨诣张让三，为覆大兄电，托其转呈盛京卿，发一等报。以前兄贻书，戒余不许再与好议论国事人往来，速迁杭宁以避祸。余复电云："弟近日异常韬晦，绝口不谈时事，萧然物外，交游甚稀。虽在沪，绝不干祸，兄不必虑。"昳，归过王旭庄，谭及陈仲彦之没，相对扼腕；并言其妻以身殉，义烈可风。晡，到家。观书。

默深《明代兵食二政录》叙云：明时举天下仕进，一出于科目，无他途杂乎其间，无色目人分占其间。无论甲乙一第，未有终身不沾一禄者；内而部曹，外而守令，未有需次十数年始补一缺者。遇铨选乏人，则辄起废田间，旋踵录用。士之得官也易，复官也易，则其视去官也不难。又士自成进士释褐以后，则不复以声律点画为重,士得讲求有用之学,故中材之士往往磨厉奋发,危言危行,无所瞻顾。凡本兵、吏部文武之任,往往有非常豪杰出乎其间,虽佚君乱政屡作,相与维持匡救,而不遽亡。忘山居士曰:明人胜于本朝之处在此。

又《进呈元史新编序》曰:元有天下,其疆域之袤,海漕之富,兵力物力之雄廓,过于汉唐。自塞外三帝,中原七帝,皆英武踵立,无一童昏暴谬之主。而又内无宫闱奄宦之蛊,外无苛政强臣夷狄之扰。又有四怯薛之子孙,世为良相辅政,与国同休。其肃清宽厚,亦过于汉唐。而末造一朝,偶尔失驭,曾未至幽厉桓灵之甚,遂至渔烂河溃而不可救者,皆由内北国而疏中国,内北人而外汉人南人也。忘山居士曰:本朝鉴元人之弊,满汉并重,不稍偏视;故洪杨之乱,犹恃汉人为之荡平。迨戊戌以后,渐渐向用满人,摈抑汉人,乃不旋踵祸起辇毂,宗社几至为墟,噫!

十五日　　晴

写日记。

黄河宜北流,不宜南流。元明以来,余阙、胡世宁、本朝之孙文定、裘文达及胡渭、孙星衍辈,皆知之。顾皆无如漕舟直达之无策,由其时尚未有灌塘济运之法,故言改河北流,世至道光间,行之始万全无失也。魏默深力主其说,又云:一人倡议,众人侧目,自非一旦河自北决于开封以上,国家无力以挽回淤高之故道,浮议亦无术以阻挠建瓴之新道,岂能因败为功,邀此不幸中之大幸哉。其后咸丰时,河决铜瓦厢,经由大清河入海,果不出默深之所料。盖自元人断北流后,至是始复故道,为古今河流一大变迁。

默深云:河员愈多,河事愈坏,此千古不易之理也。晡,昌士来,纵谈良久去。

十六日　晴

蛰仙过谈，即去。俄质斋来，日中偕至雅叙园小酌。昳，并坐马车，往曹家渡，时溽暑，烈日悬空，挥汗不止。俄过张园一带，绿阴翁郁，如游深山。车行复七八里，质斋曰至矣。须臾，遥见园林一所，指而示余曰：此郭家花园也。呼门而入，萝栏花架，缭蔽车路，有草堂三椽，闲敞明垲。余二人下车入观，帘栊几榻殊雅洁。坐久之，闻水声瀺灂，苏州河绕其背也，时有帆樯往来槛外，顾而乐之。相与坐卧谈笑，未几聆车声自外来，园主人至矣。主人姓郭，字懋之，闽人。质斋熟友，与余亦相识也。因与纵谈良久，主人解衣往浴，余二人亦登车行。遂复游徐家十景。十景者何？曰杨柳楼台，曰梧桐庭院，曰四时春日，曰水云乡，曰小兰亭，曰曲水流觞，曰茂林修竹，曰曲径通幽处，曰桃李园，曰禅房花木深。因一一往游，竹木亭台，皆曲折幽胜，薄晚归。车驰甚疾，凉风袭人。

十七日　晴

观书。

我国饶富之区，首推东南，其所以致此者，以水道四通八达，物产易流通，农商之业易兴也。西北无水道，故地方贫瘠异常。然则水道之功，不亚于铁轨也。

考之史策言漕运者，自古以水运为便，而陆运为艰。如汉郑当时之请凿山东漕渠，后魏刁雍请造船崞屺水次，以转粟；唐人之治广运潭，明人之开会通故道，是无他故，皆以水运之劳费，大减于陆运也。凡人之性，莫不好简易而趋便利，水运既便于陆运，则舍陆而就水矣。今铁路更捷于水道，筹国者将何以应之耶？

晡，命仆芟竹之蔓生者。晚，坐院中纳凉，待月出。

十八日

起腹痛微泄,诣本愿寺。松林为余荐一师曰茂源者,解汉文,惟不谙华语。余与约迟二日来学。因往视陵斋,即归。天色阴晴不定,坐窗间观书。过午,风起。晡,质斋招饮于雅叙园。

十九日　　阴,风甚

观书。

西国教规,有禁人拜偶像一条,彼意谓野蛮人误奉木土以为神,愚莫甚焉。吾则谓彼教中人之为斯言,其愚过于野蛮。何也?土木之非神,人人知之,野蛮人岂真奉以为神哉,特因神不可见,肖其衣冠形貌而祀之,与西人铸铜像之意无殊,盖以志不忘已耳。西教人不察,竟以凡拜偶像者真奉土木为神,抑何其远于事情耶!

写日记,观《东华录》。

二十日　　阴,风不止

向午至金谷香,折简邀颐斋至,纵谭。晡,偕登黛语楼小坐。晚,复饮于一品香,晤仲宣。

二十一日

终日不出,写日记。

天下之政,有实为利民而施行者,然行之不得其法,适足以病民。如顺治二年敕旨,民间出痘者,驱逐城外,盖防其传染也。而赵开忠谓有身方发热,及生疥癣等疮,概行驱逐。贫苦小民,移居城外,无居无食,抛弃子女,殊失朝廷爱民之意云云。夫保卫民生,而防病之传染,诚国家之职也。西人亦严此法,故凡通商埠岸,遇外船进口,辄有专人搜查,患疾病者悉送医院,不许随众登岸,盖与顺治二年所行者同一意也。然送之医院,较诸驱之城外,则仁暴判焉矣。

元灭宋时,兵渡钱唐,江潮三日不至。本朝灭明,兵渡钱唐,江潮亦连日不止,岂非天耶?

本朝初入关时,汉人投充满洲部下者,辄倚势横行乡里,抗拒官府。今日支那人投充耶稣天主者,亦倚势横行,欺压平民。依傍异种,自贼同种,此我国之古风也。伤哉!

二十二日　　阴

诣茂原习东文。日中,造荔轩谈。昳,归,闻蛰仙过。晡,与川如妹等以骰掷选佛图,颇有禅趣。夜观《东华录》。

顺治五年曾有许满汉缔结婚姻之谕,不知何故迄未遵行。满汉之界,所以犹厘然者,以不通婚姻之故。

本朝创业之功,当推睿亲王多尔衮,自入关以来,理财遣将,用人行政,西平陕蜀,南下吴越,皆其一人之指挥也。顺治帝时方六七龄耳,当时天下惟知有摄政王,不知有帝,使于其时自践大宝,谁敢非之。乃始终拥护幼主,不负太宗付托之重,何其忠也。生平失德,惟纳王妃一事,然其定天下之功,顾可没耶?胡以尸骨未寒,遽行论罪夺爵,谓其有篡窃之志?所刊罪状有二:一以黄袍东珠潜置棺内,一欲于永平府圈房,偕两旗移驻,与何洛会等密谋。夫人有不篡窃于生前、而篡窃于棺内,不谋篡窃于京师、而谋篡窃于永平者乎?此明系挟仇之辈,乘睿王既死,欲取媚于世祖,遂恣意诬陷,以快其私耳。卒之篡窃二字,直与岳武穆之莫须有三字同冤也。虽然,多尔衮可谓有功本朝矣,其于中原百姓,安得无罪。吾但谓本朝之负德云尔。

二十三日　　晴

蛰仙过谈。俄质斋来,向午与余偕出。晡,有杨姓者来质斋家,弹弦作燕赵里巷之曲,嘹亮悦耳。晡,归。观书。

汉光武下诏,不许臣下上书称圣;本朝世祖,亦不许诸臣章奏称圣。其实皆虚文耳。禁臣下称圣,不能禁心之自圣,抑又何益。

日日求直言,日日黜直臣,此本朝列祖之常法也。

宰相者,理天下之事;疆臣者,理一省之事。皆宜用会推法,亦欧西公举之意也。明人廷推,沿至国初犹存遗意,特只用之于督抚耳。此法不知何时始废。

内外官互用,良法也。国初犹行之,如顺治十年谕吏部之旨。

二十四日　晴

是日立秋,蚤,衣冠答拜王觉生祭酒。日中,访陈省三。省三丁内艰,自无锡移家返沪,与纵谈。

余信流转生死之说,故绝不好名。或问何故,余曰:"古今名大者,无若孔仲尼;本朝名大者,无若曾涤生。子安知吾前身非孔仲尼、曾涤生乎?然而今日之名,仲尼、涤生自享之,与吾何与?吾之不好名,盖有由也。"或曰:"如子之言,则忠臣孝子无人肯为矣?"曰:"不然。吾信流转生死,故不好名;惟既信流转生死,故不好名而无害。何也?吾不为身后名字计,不能不为身后性命计也。"身后性命奈何?曰:"吾身可死,吾性不可死,性存将转易无数身,受无数果,一念之善恶,则苦乐随之,如形影声响焉,可不慎哉!"

二十五日　晴

宴王觉生于金谷香,蛰仙在坐,纵谈。晡,与质斋偕游张园。余与质斋谈因果,质斋不信。余曾记燕生有云:凡人于因果,有全信者焉,有半信疑者焉,有全不信者焉。全信者,必为君子;全不信者,必为小人;半信疑者,中人而已。天下半信疑者多,全信者少,全不信者亦少。盗跖、杨广、朱温之流,全不信者也,惟其不信,故敢于为恶而无忌惮。若夫口称不信者,大都半信疑之人,不肯明言者,所以自高也。

晚,杨子萱招饮。夜,诣石芝谈。

余自检生平过恶,于淫杀二字,去杀净尽,未能去淫。身淫不犯,意淫难除。今欲致力佛行,必自扫荡意淫始。余前未觉也,今日觉矣,请自今日始。

天下之人,未有无所为而造因者也。造恶因者,为目前之快乐利益而已;造善因者,最下为名,中等为果报,上等乃为行其心之所安。吾不敢僭附于上等,宁居于中等。

二十六日　晴

观书。晚,访经甫。

观于顺治十五年张悬锡遗疏,所谓皇上严禁逃人,而地方假借逃人之名以诈;皇上轸恤驿递,而沿河纤夫受过往人役需索凌虐至死者,不计其数云云。则知专制政体,虽有英明之君,无益于百姓也。何也?爱国者惟君一人也。

二十七日　晴

晨观书。日中,诣石芝谈。俄访彦复、枚叔及勤甫。晡,游张园。晚,至雅叙楼上,啖蔬饭。

余日来每饭时,见动物之肉,辄作是念曰:此死尸肉也。于是不能下箸矣。

二十八日

习东文,诣大叔。晡,归。写日记。

余前数年,作佛之志甚猛,日读内典,以期薰修,渐入正觉。比年悟仙佛同原之理,始知枯坐单修,仅炼成虚灵之体,不可以入道。乃置佛书不观,欲安坐待缘,遂复浮沉于浊世中,悠悠忽忽,流光逝矣,而德业无进。数日以来,忽发大勇猛,自念此身本有来因,岂可忽令失堕。乃疾振厉精神,收敛此心,使不为外诱所夺。或问余曰:复蕲作佛乎？曰:佛则吾岂敢,但求生生世世不失人身,于愿足矣。

二十九日　晴。大风

观书。枚叔、彦复过谭。

人有肉体之快乐,有精神之快乐。洁饮食,美衣服,肉体之快乐也;诵诗读书,广闻博见,精神之快乐也。

闻邱菽原既就陶督之抚,为文痛诋康、梁,谓其结党营私。夫康之结党营私,岂自今日始耶,何前之默默不置一辞,而乃肆诋諆于两年之后哉？是明明欲藉是避康党之名,图富贵已耳。又《国闻报》中诸生作论,既訾保皇,又贬革命,殆亦见许使臣奏保学生赏给举人进士之谕,因欲自表白于旧朝廷耳。要之,功名利禄不为所动者,天下几人,若辈不足责也。惟愿其既得志勿改前节,善佐国家维新之治,则亦庶乎其可也。

七　月

一日　晴

习东文。诣丽轩。

论均贫富之非曰:凡人得自食于其群者,必其勤而有益于群者也。国中人人能勤,则人人能自得食,而贫富即随其勤力之多寡,以为差等。使勤力均,则贫富亦均矣。今欲以一人之力,而强均之,势必至勤无所劝,惰无所惩,国家之治未有不因是退化者也。

欧西诸国有无政府党,势甚盛,其说近许子并耕之旨。余谓是说之谬有断然者也,盖世及之君可去,公举之君不可去。譬诸衢市之间，必用警察吏是也。或曰：此世运未臻极治耳，极治之时，人化于善，衢无警察可也。曰：不然，所以立君者，欲使人各守权限，不相害也。既人人向善矣，则有心之相害可以免矣，而无心之相害不能免也。譬诸交衢之间，两车互驰，一自东而西，一自南而北，相触而伤也，不相知也。必有警察吏障其一，俟一车过，一车乃行，而后各不相害。此虽极治，又乌可废耶？

二日　　晴

晨，访郁堂。日中，宴于金谷香，三郎在坐。晡，至江南春，李伯渊招饮。刘永春、汪笑秾先在，与笑秾谈，知其人旗籍，于乙酉年入庠，出先人门下。先人时督学直隶也。戊子，应试北闱，中式，遂以候选县官河南。未几犯奸案，发觉褫革，自是无聊赖。甲午，南游海上，遂入菊部，奏技以糊口。又屡至姑苏，博利甚微，落落不为人知。年来在天仙部排《党人碑》一剧，隐射时事，为新党所推重。与之谈，亦略闻新理，颇能读书者。晚，复与少川叔及质斋饮于金谷香楼下，闻京师谭鑫培到此，盖就桂仙部之聘也。桂仙主人亦于是夕设宴楼上，款鑫培，会饮者三十人。有梅五者，善奏胡琴，为南北之冠，与鑫培称二绝。质斋邀其下楼相见，遂同至歌伎高文秀家，遇林季鸿。季鸿善唱青衫，与梅五合奏曲。季鸿病后，气稍促；梅五则响逸弦清，闻之令人芟烦涤俗。有王熙庵者，都下旧相识也，是晚亦不期而遇。

三日　　晴

晨，观书。夜，建斋宴余沈桂云家，遇严又陵、丁叔雅。

闻赫德为我国筹赔款之费，欲设彩票十万纸，每纸售银五十两。获头彩者得银百万两，馀以次递减，买票惟许外国人，不许本国人，示不愿复侵削支那人也。余谓此事行之平日，所以敛财，至可鄙也;而处今日国难之后,以此救急扶危,则与保险无异。尝读《周礼·春官》,以襘礼哀围败,疏谓国被祸而丧失财物,则同盟之国会合财物以归之。余谓即欧人之保险法也。赫德此举,其裨益我国人匪浅也。

四日 晴

履平来自苏州,不见者数年矣。日中,与偕访少川叔,遂同至饱德午餐。昳,往观日本杂戏,时尚蚤,台空无人,遂散。归,独与履平至谢家小坐。俄复诣黛语楼,遂同坐马车游张园、愚园。履平云:去岁携家奔走兵火之间,颠顿危苦,不图复有今日。言之太息。晚,饮于金谷香,三郎在坐。是夕至茶楼,听歌伎奏曲,皆靓妆连襼而坐,或抱琵琶,或执箫管,画中人也。

五日 晴

观书及报纸。

英人不许我国增税之议,仅允值百抽五,满足其数。此英人之失计也,徒令俄人见好于我国耳。闻俄人竭力主持增税,谓此时姑照各国之议,如将来赔款不足,犹可设法增税也。

俄人在东三省,东三省人深感其德。

晡,出城访履平,值他出,因待之于茶楼间。薄暮,履平来,因共饮于吉祥春。

上海一区,盖以声色嬉娱为世界者也,而出入此世界中,大抵闲民最多。闲民约分三种:一维新党人,一依西商为生者,一富豪家子弟。今者前一种人渐就衰减,且多落魄不能自存者;惟后二种人特盛,且力能维持此世界,盖有金城汤池之功也。

上海闲民所麇聚之地有二:昼聚之地曰味莼园,夜聚之地曰四马路。是故味莼园之茶,四马路之酒,遥遥相对。

上海解音律人甚稀,故观剧人虽多,而视之不甚重。故吾谓上海有色世界,而无声世界。

上海每夜所销宴乐之费,并北里中及大餐馆等计之,殆数万银饼不止。若官抽其税,每银一饼税一角,亦可成巨款也。

六日　　晴

访蛰仙不遇。日中,诣石芝谈佛。

论真念妄念之别曰:凡一念之起,当于理者,谓之真念;不当于理者,谓之妄念。人但存其当于理者,祛其不当于理者,斯即学佛之功夫也。使并当于理者之念而去之,斯堕于枯禅家,无益而有损修也。人既有此心,必有此心之用,用则愈灵,不用则愈塞;用之适宜,则为妙用;用之不适宜,则为妄用。若竟废而不用,则使此心为槁木,为死灰,安有槁木死灰之人,而可以作佛哉!故六祖坛经,有生来坐不卧,死去卧不坐之讥。又马祖诮弘忍大师磨砖作镜,皆为枯禅下一箴砭也。石芝喜参禅,故余略为说此。晚,季鸿约饮于一品香,有梅五在坐。明日枚叔将赴苏州,彦复亦在彼设宴饯行,余亦陪饮。

是夜,余寐微觉,闻窗后有人作细语声,知为偷儿,乃呼仆起视,见轩扉洞开,一衣笥失所在。至垣外迹之,笥在而衣无矣。余自三元宫迁来,数年无事,因怠不加防,所以致此也。

七日　　晴

观书。晡,蛰仙过谈,久之去。

八日

蚤,秉庵来,余往习东文。日中,在雅叙园午饭。刘永春、梅五及质斋咸在坐,永春为余推此生命运吉凶顺逆,一一详说。余谓永春曰:凡人一轮之转,一胎之结,皆各有一无心组成之八字随之,据是可决其平生焉。我有八字，其关系直贯于转无量轮，结无量胎，而未有已也。八字云何？曰：无愧于己，有益于人。永春曰：具是八字者，生生世世不遭劫矣。

夜，观谭鑫培演孔明鼓琴却敌一事，纶巾羽扇，潇洒出尘，想见诸葛当年。

九日 晴

凌霄来谈。

男女交合，有肉体之爱，有精神之爱。以肉体之爱而交合者，生子必愚；以精神之爱而交合者，生子必慧。而人自择配偶，有男女为友数年而婚配者，有为友十馀年而始婚配者，皆精神之爱也。凌霄云：人生有三乐：一男女之乐，一山水之乐，一读书之乐。

欧洲好名之士，有慕拿破仑者，有慕亚力山大者。慕拿破仑犹可言也，慕亚力山大不可言也。拿破仑虽以霸力称雄于一时，犹创立良法美制，以利百姓，今日欧洲之文明，不致尽没其功。亚力山大不过以枭杰之资，杀人数百万，并吞数大洲，有何功德足重者耶？亚力山大可慕，则吕政、铁木真何不可慕？使世界上皆亚力山大、吕政、铁木真等为君，则野蛮之极境矣。

众人皆醉我独醒，众人皆浊我独清，众人皆病我独康宁，此名之所由立也。众人视以为可乐，圣人视以为可悲。乐也者，乐人之不如我也；悲也者，悲我之孤立于人中也。满堂饮酒，一人向隅，举坐且为不欢，何况满堂哭泣，一人饮酒，其能下咽耶？

不好名誉，不畏因果，以仁为体，以恕为用，立身行事，处世接物，皆求其心之所安以为乐者，千万人无一人也。

十日 晴

习东文，归过质斋小谈。入城，写日记。夜戴月出，与石芝谈。

余前分别宇宙间学问为三大纲:曰观已然之迹,曰习当然之法,曰察未然之理。今又细别其子目,观迹之学有二:曰因耳目所得之迹,曰因文字所得之迹。习法之学有三:曰致用之法,曰因应之法,曰怡情之法。察理之学有三,曰分别之理,曰原因之理,曰适宜之理。

余生平无他长,能虚而已矣,能受而已矣。

余比年主持无新旧之说,昨闻凌霄一言曰:昨日旧也,今日新也;已过旧也,方来新也;已知者旧也,未知者新也。余曰:新旧必如是解而后可。

人皆曰好利不如好名。吾曰好名不如好利,何也?利可公诸人,名不可公诸人也。利与众共之,而利存;名与众共之,则名亡矣。故好利者必望世之治,何也?众人不利,未有能独利者也。好名者必望世之乱,何也?众人有名,将夺己之名也。

十一日　晴

观书,写日记。仲彝来。

论孙菊仙、谭鑫培之分别。余曰:菊仙,钟鼓之音也;鑫培,箫管之音也。惟汪桂芬,兼两人之所长。

未有文字以前,人与人相通仅赖有口耳之功;自文字兴,而目与手之功大于口耳,盖以目助耳、以手助口也。目与耳主受,手与口主施。

十二日　晴

向午出,即归,写日记。晚,陈果食,杭俗谓之迎祖,以杭人当宋时皆自汴迁来,谓远祖皆在汴,故先一日迎之。

人之心静,虽处扰扰之境亦静;人之心乱,虽居清泠之乡亦乱。凌霄今夏山居一月,看云听泉,日不暇给,胸中扰扰都消止矣。既入城,得句云:"闲行尘世路,无异在山林。"

十三日

蚤,购得东文书数种,曰《普通妊娠法》,渡边光次著;《男女造化新论》,武藤忠夫著;《生植器》,美国佛栗智国著。又《日本新地图》、《万国新地图》两册。

海中微虫能结珊瑚岛,空中冰雪能成六出花纹,山中顽石能自现山水人物形,皆造物之至奇者。山头喷火谓之火山,能致地动,然则地中有火无疑也。今西人分火山为三种:曰活火山,曰睡火山,曰死火山。

专制世界,虽有明圣之君,深知下民之疾苦,而卒不能挽救者,势孤于上也。如康熙十八年六月之诏,盖于地方官吏之谄媚上官,苛派百姓,克敌诸军之掠占子女,攘取财物,及水旱偏灾时,蠲粮赈米,百姓不沾实惠,一一洞悉谆谅,以告其臣下,不可谓非明主矣。然而未见百姓之苦自此减、官吏之弊自此除也。亦不得谓圣祖无救民之心,而虚为是言也爱之。爱国者惟一人,无助之者,其何能济耶!

十四日　　晴

诣耕馀谈。日中,至佑三家午餐。晡归。观书。

余尝持论,以为保险一法,为世界社会上人权胜天权之一,可与分权专利二法并重,何也?分权专利,二者但能禁小人与惰民为一群之蠹,使人与人共处世界中,凡祸福利害,各有自主之权,不相侵损而已。然而殃咎之起,有出于无心,或非人力所能禁止者,如火灾、水旱灾、兵灾之类,亦天权之一也。惟保险一法,足以救之。近日西人但有保火险,而无保水旱险、兵险者,考之我国古时,《周官》以襘礼哀围败,保兵险者也;历朝救荒有设常平仓平粜之法,保水旱险者也。

十五日　　晴

晨,秉庵偕刘永春及于石卿、范序东过,日中去。晡,童亦韩来访,自云:"甫由杭州来,求是书院勉斋已辞,同志议举足下充总理,子其有意乎?"余曰:"鄙人不才无学,深惧不克担此重任。"亦韩曰:"求是书院关浙江一省人才之消长,每年费公款一万馀金,若一时无人肩其事,则已成之局势将堕废,良可惜也。书院之存亡在足下,今日允诺与否。"余曰:"鄙人素喜谈理,从未作事,故不敢自信。但扶持桑梓,亦分内事,如诸公不弃,必欲某出而典领之,所不敢辞。姑先试办数月,如舆论不符,仍当循例告退也。"又曰:"鄙人生平无他长,惟虚心二字尚能自信,将来事事求诸公匡我不逮。且天下之事,断非一人聪明才智所能理,必合众人之力而后有济也。"亦韩曰然。

十六日　　晴

郁堂过谈,俄有蔡鹤卿、刘保良二君来访,纵谈久之去。日中,与郁堂偕至金谷香,招三郎来共饭。晡,诣彦复小谈。薄暮,仲宣来,因与偕访信俦,不遇。见清漪谈佛。

儒家之教,以名动天下人;释家之教,以利动天下人。何也?儒使人求为圣贤,非名而何?释使人免堕苦海,非利而何?儒家之名,非一世之名,千百世之名也;释家之利,非一生之利,无量生之利也。人生世间,不归名,则归利,故不归儒,则归佛。

佛之大有功于世者,使人知灵明长在而已,使人知为身后性命计而已。

夜,与石芝观谭鑫培演《讨鱼税》一剧,确有英雄落魄气概。

十七日 晴

往习东文。携得《冠导本俱含论》、《唯识论述记》归。观书。

千古好学之主,无有过于本朝之圣祖者,非仅耽情翰墨、娱志典坟而已,实有心得焉。如康熙三十一年春,召见群臣,论算数,谓《律吕新书》所言径一围三之法,用之不能合;盖一尺围当三尺一寸四分一厘有奇,若积累至于百丈,所差至十四丈有奇,等而上之,其为舛错可胜言耶?又曰:所言径一围三,止可算六角之数。

圣祖为河工事,屡屡采访百姓舆论,盖事关百姓之利害,必百姓自言之,乃能亲切也。又所用诸名臣,如于成龙、郭琇、张鹏翮、陆陇其诸人,皆访诸百姓,知其贤而用之,可谓明主矣。

十八日 晴

作答慕兄书,论君权民权。余谓:有君权而无民权,则君权有专制之弊;有民权而无君权,则民权亦有专制之弊。必以民权防君权之专制,以君权防民权之专制,君民合权,是谓立宪政体。又立宪政体之所谓君权者,有主决国政之权,有用人之权而已。所谓民权者,有参议国政之权,有举人之权,非有造反之权、作乱之权也。且许其议政,自然不造反;许其举人,自然不作乱矣。

今日之欧西,待国内之人则文明矣,驯国外之人犹野蛮也。故内政属文明之事,不可不兼用民权;外交属野蛮之事,不可不纯用君权。盖凡办交涉之道,如用兵然,顷刻万变,当机立决;若询诸百姓,延以月日,则贻误匪浅矣。故外交政策,俄人处处争先,用君权者也;英人着着落后,用民权者也。

薄暮,张经甫过,即去。夜,观书。

十九日 晴

往习东文,适茂源他出,遂回车过荔轩小坐。因至雅叙园,郁堂邀饮。又遇王旭庄及志仲鲁昆季。久之，颐斋踵来，遂与共饭。晡，偕至黛语楼，见翠玉悄坐窗间梳妆，盖甫归自苏州也。因入坐其旁观之，与颐斋纵谈。余谓：人生有肉体之乐，有精神之乐。目观美色，耳听丽声，鼻闻妙香，舌尝珍味，体被华服，居则高堂广厦，行则怒马轻车，此肉体之乐也。观东西古今之陈迹，探幽明上下之奥理，日新月异，左右逢源，此精神之乐也。颐斋曰：所谓脑中别开世界，故精神之乐，决非肉体之乐所能及也。

晡，偕游味莼园，在"平芜千里"处茗谈，遇李一琴及彦复诸人。

前所论人生三乐，皆非凡夫所能享，何也？日出入于声色酒食之间者，不知男女之乐；日渔樵于江湖岩谷之间者，不知山水之乐；日寝馈于考证琐碎之间者，不知读书之乐。

二十日　　晴

信侨过谈。

信侨颇推重法家，以为法家之法，与今之立宪无以异。余谓不然，盖法家宗旨之误，即专为富强其国，使其君扬威名于天下。其视百姓也，如造物之质料，供其驱使运用而已，是以不许百姓有学问，不许百姓有议政权。自其法行，而封建破坏，酿成数千年专制之政体，乌得与立宪相提并论乎？信侨不服此理，则由成见已深，牢固而不可破也。然而学术之偏，一旦得志，将误天下，吾为信侨危矣。

夏厚庵云：赌博一事，我胜人则不仁，人胜我则不智。诚哉是言。

余谓信侨云：我今日不急求作佛，但愿生生世世住轮回中，教化众生，使由黑暗入光明之境，此我之志也。

二十一日　晴

往习东文,访质斋。日昳,至雅叙园,邵季英亦到,值梅雨田约永春、伯渊、秉庵饮,在隔壁屋中,见余至,咸来周旋,遂皆邀其入坐。须臾,质斋亦来。是日遂易余作主人,而雨田一局改他日矣。纵谈尽欢。晡,偕访谭鑫培。有李华亭,为鑫培击鼓者也,谭八国兵入都事甚详。据云日本待我国人最善,有教民恃势掠取民物,为日本人察知,擒去严惩,因是地方赖以稍靖。亚于日本者,惟英、美而已,德、法、俄最逊。晚,归。观书。

自古大将用兵于外,而指授方略由人主者,惟本朝有之。非惟用兵也,即治河一事,张鹏翮以才短,胥听命于圣祖之擘画,亦从古未见也。是日阅报,知八比文废去三场考试,用中外历史、政治策论及《四书》、《五经》义。

二十二日　晴

秉庵偕季英、益斋过,笑谈终日始去。

益斋精于化学、电学及一切格物学,曾备办各种仪器,征诸实验,自云所费不下三万金。又云因试验电学,有新知之理二:一雷善击精怪之理。盖世上最毒之物,每易引电气,尝发电机,取苍蝇、蚊蚋置其下,虽甚近而顽然无觉,惟蜘蛛、蜈蚣之类,虽相离甚远,已盘旋不自安,此试验而知也。一雷击之人也跪而死之理。自云曾发电机,自击其身,自觉一身官器陡然皆失其功用,手足拳曲,竟与雷击死人无异。自谓从此以后,不敢再试验矣。

二十三日　晴

日中,梅雨田邀饮于雅叙园,坐有季英、季鸿、质斋、秉庵、永春、伯渊。晡,往习东文。晚,诣省三,谭夜深归。

二十四日　晴

穰卿过谈，谓亚东之大局，必坏于俄人之手；而地球之大局，必坏于自由党之手。盖欧洲所谓无政府党、均贫富党，及一切乱党甚多，群挟意见之偏，飙起云合，以与国家相争，势岌岌也。《汇报》云：近来西国盛行一种会党，俗名密密教，分数种：在俄国名除灭会，欲灭去君臣上下善恶之分也。在英、法、德称通财会，欲将殷户财帛分之于众人，必杀尽天下国主、大臣、教长、巨绅，而后寸中方快。故统计五十年中，该党谋弑国君之举，共四十一次。余曰：无伤也，我辈欲救其患，惟有讲学而已。学何以讲？曰：推明世界之公理而已。盖天下之理，界至微极精，差之毫厘，谬以千里，稍不慎焉，则学术所推演，将足误苍生。故凡治是学者，必先虚其心，公其意，精其辨别，沉其智虑，如是久之，则真理自跃然现于吾心，而无一毫之偏。然后笔诸书，腾诸报，使此理炳然如日月经天，山河行地，可为天下法，可为后世师。彼持偏见者，不如魑魅罔两，但伏于夜间耳，晨光一动，则皆潜匿而不敢露形。又如霜雪雾露，见晛而消矣。

坐藤椅上观书。晡，亦韩、鹤卿来访。晚，赴永春金谷香之约。

二十五日　晴

至三元宫后，寄致坚仲书。访菊生及亦韩、鹤卿。日中，在佑三家午餐。

佑三云：我国官制有极可笑者，如两江总督，名为统辖三省文武，体制甚大，其实权力所到，仅及四府，惟沿江上下提镇等官归其调遣耳。其馀如云贵总督，仅管云南一省；两广总督，仅管广东一省；闽浙总督，仅管福建一省。惟于武职，则皆能兼管两省。

晡，习东文毕，坐公家花园中观书。

惜哉，我朝圣祖之不闻立宪政体之美善也！秦汉以下爱民之主,自汉文、光武、唐明宗、宋仁宗等数君而外,一人而已,而用心之公,体人之周,好学之深,则莫能及焉。若能知世界政体必归于立宪,乃可以长治久安,未有不翻然改其专制,而散权于民者也。观其用人与治河,屡屡访问百姓,则因已明其理矣。

圣祖之时,欧洲各国非无民权,而法制亦未尽善,况我国乎?惜也,圣主之生也太蚤矣!使生于今日,必奋然游学各国,考政治之本原,归而变法,虽不能及华盛顿,必在拿破仑之上。

二十六日　　晴

走视汇东,纵谈。

今之称人者,动举其天资学力之优绌。余谓姑无论其学力也,即天资亦二种:一曰高明,一曰沉潜。必兼有是二者,乃可谓完美之天资。若高明而不能沉潜,或沉潜而不能高明,其于天资皆不过得半而已。海上所遇诸志士,能兼高明沉潜者,汇东一人而已。

学问、智识、心术、志趣,四者皆体也,可合而不可分也。志趣不高,虽有学问成就必小;心术不正,虽有智识,见理必偏。故无心术志趣,亦无学问智识也。而学问智识,又交相为用:无学,识将安出;无识,所学安在?秦汉而下,四者分途久矣,今其稍有会合之机乎?

二十七日　　晴

往习东文。归途访质斋,不遇即归。

近日持民权之说者,目君为公仆隶,此亦矫枉而过正也。既云人人平等,何独于君而仆隶之?且以举国所公选之一人,必其学识志品,十倍于人,百倍于人者也,方宜尊之敬之,奈何反轻贱之乎?余比年专持君民共主之议论,故于君民两无所偏也。

二十八日　　晴

览《说文》。

欲读书穷理,讲明东西古今幽明上下之故,不可不先治辨学。欲治辨学,不可不先治名学。欲治名学,不可不先治小学。盖理托于文字而后显,故谓之文理,有文而后有理也。未有不能分别文字,而能分别义理者也。

晡,诣省三。晚,归。观书。

居官之贪与廉,不在其家之贫与富。如圣祖称张伯行家计饶足,而居官甚清是也。盖以我国今日之制度,惟家富而居官清者,其清可信;若家贫而忽得清廉之名者,必有暧昧不可告人之事。何也？官俸既薄,苟无所取,断不足自存也。

《虞书》云:一日二日万幾。此皆君权专制之世界,国事无论巨细,皆君一人躬亲,故有此等名目。若共和立宪之时,人君但总大纲,安有一日万幾之理?

二十九日

终日不出,天色晴朗,坐忘山庐观李通玄《华严合论》。其《会释》盛言《华严》为群藏之海,一切《法华》、《楞伽》、《涅槃》、《维摩》诸经,皆不能及,因细辨其异同之所在。

前见其注,言天界之男女不必交合,但两意相投,即能生子。必有此理。

《长阿含经》云:男女交媾,必两人皆有意,乃能生子;若一人有意,一人无意,断不能结胎。此理亦精。

三十日　　晴

蛰仙过谈,云杭州求是书院,勉斋又暂留矣。因劝余在海上,自创一学校。余然其言。昳,至绳正学堂,索得章程一册。访琴甫,还诣少川叔,晡归。因核算创立蒙学、中等、高等学出入度支之数。

外国办立各种学校,除武备学外,从无公家贴银之理,皆取资于学生所出之费。今我国设学堂,以官款养学生,断不能持久者也。且学生不出学金,而仰给于国家之豢养,是其人铸成奴隶性质,皆难成大器。或曰我国寒士太多,安得出钱。曰:朝廷果停科举,使天下人皆由学校进身,则有志上进者,无有不肯出费。试观乡会试之年,彼由外县赴省,由外省赴京者,远涉数百里,或数千里,所耗之途费甚大,岂亦国家为之供给耶?余尝核算,凡设学校,招学生百人,每人出银饼十枚,则每月有一千之数,每年有一万二千之数。一学用费,宽绰有馀。然学生每年所出,不过一百二十银饼,虽极贫之家,能得亲友月助二饼者,五家即足办此,何难之有。

八　月

一日　微雨

至省三家吊唁,客来甚多。日中归。昳,往习东文,访亦韩、鹤卿不遇。归途视荔轩、荫亭。

荔轩以治佛学为蹈空。余谓:我国向来治佛学者,大抵穷愁郁抑不得志之徒,以此为排遣之计,故堕于空也。若真能治佛学者,其慈悲热力,不知增长若干度,救世之心愈切矣。救世之心切,则一切有益于群之事,无不慷慨担任,且能堪破生死一关,如谭浏阳其人者,谁谓佛学之空哉!且以经济著名如康梁辈,皆研治佛学之人,如谓习佛便空,则此一辈人皆当息影空山,为方外人,何必抢攘于朝堂之上,以图变法救国耶?公辈既不读佛书,不知佛学之大,而妄加訾议,似可不必。

初二日 晴

观书。

枚叔深于小学,力持逐满之议,以夷狄为非人类,谓《说文》西羌从羊,南蛮从虫,北狄从犬,东貉从豸,而豸部以貉为在北方,段氏又以为东北方,究不知在何所。然向来人多称东夷、西羌、南蛮、北狄,称东貉者殊少。如以东夷而论,则《说文》夷从大,大,人也,不得与羊犬虫相比。又云夷俗仁,仁者寿,有君子不死之国。《后汉书·东夷传》云:仁而好生,天性柔顺,易以道御,有君子不死之国焉。满洲处东方,正是东夷,则自古称仁人,称君子,岂在当逐之列乎?余素无种族之见,因枚叔善言小学,严种类之辨,故即据小学与之争。

初三日 晴

亦韩、鹤卿来访,小谈。日中,至雅叙园,约质斋、永春、雨田、怡云诸人饮。晡,访汇东,探问合肥之病愈否。会伯行来,云病已小愈。晡,游味莼园,见信侪、清漪、浩吾诸人,闻美总统麦金丽之丧,盖被无政府党人所刺也。余谓此一党人,实得罪于万国之公理,天下未有无君而可以立国者也。无论今日之世界,即一切进化到太平极郅之时,亦断不能无君。余论之于前矣,今行刺之人,平日与总统略无恩怨,乃忽为此事,自称豪举,所谓病狂丧心者也。闻麦总统之死,美利坚一国人莫不哀感,为之罢市。然则杀麦总统一人,与杀美国一国之人无以异也,乌得不重治其罪?

初四日 晴

访亦韩、鹤卿。日中,视颐斋。颐斋将有京师之行,因与纵谈,问及德国学校规制。

颐斋云:学校之制,各国大略相同,约分三等:曰小学,曰中学,曰大学。小学课语言文字及算法；中学课普通学，因人性之所近，则偏重于某学，以为入大学习专门之基；大学则分教各种专门学问，凡入学者皆自出学金，以为学堂经费。其由小学入中学，由中学入大学，皆按年限以次推升。在大学堂毕业后，由本学教习考验，惟须待国家给札，始可任其事。考法即以所学作为问题，亦令考生撰文字以对，其文许在家构拟，宽以期限。如求助于人亦可，但缴卷后则坐其人于中，主试四人围坐，各取其所撰文字内奥义问之，若一一答皆与文字相符，则取中给凭。给凭后，以兵法取者，往营中充兵三年；以法律取者，往衙署中充吏三年。三年期满，兵可升为队长，吏可迁作法官，皆循资而进。其以医法取者，往内院助人行医三年，由国家再给凭，乃许悬牌，为人治病。馀可类推矣。余又问官制若何。

颐斋云：官制，凡立宪国亦大略相同，凡畿内分设九部：曰内部，曰外部，曰水师部，曰陆军部，曰度支部，曰教育部，曰司法部，曰邮政部，曰公家工程部。其外省有省官，府有府官，县有县官，镇有镇官，皆简用于朝廷。惟但司承上接下之权，至各本地公事，除狱讼外，皆本地公举人办理。如收税一事，即由本处绅董自行收齐，留五分为本地用，以五分归朝廷。每年朝廷自派人来取。惟司法官掌民间狱讼者，省、府、县、镇皆设一人，亦由国家简用。余又问议院之制。

曰：上议院、下议院，惟设于王畿内。若省、府、县、镇事，一切绅董主持。办事之人，即议事之人，不别立议院之名也。又问兵制。

曰：除水陆提督外，每省设提督一人，统制一省民兵，按期操练。提督以上，惟遇大军务，则简放大元帅，提督受其节制。平日则无节制提督之人也。至其练兵阵法,一切有译书可稽,毋俟赘述也。

哺,习东文。茂原师赠余《日本游学指南》一部。夜宴于金谷香,坐有亦韩、鹤卿。俄又赴万年春,有九人公钱颐斋。

初五日　微雨

薄午至金谷香,招冠霞来共饭。饭罢,与偕入城,坐谈。向晚,冠霞始去。

昨与鹤卿论佛书所谓天堂地狱。余谓:曾见《格致报》云:地壳自地面起计,每深三十迈,当合九丈许,热增百度表上一度。大约下至五十馀里,已非坚质,然流动如水浆,或如薄粥,究竟何如,地心之热度当不下三千度。说者谓地狱即在此云云。此言极可信。既有地狱,必有天堂,天堂确在何处,尚难知晓。惟所见某经,云星辰是诸天宫殿。余因疑星球之中,时别开极乐世界,为我辈世界所不及者,即是天堂,亦未可知。

初六日　雨

诣张让三谈。至宝记照像馆,索得桂香倚榻观书图,貌绝丽,因携归置案头,终日玩对。夜,雨甚。观《东华录》。

世宗宪皇帝自谓:用人行政,一秉大公,毫无成见。乃于雍正三年正月,明知蔡珽有罪,因年羹尧参奏,遂将蔡珽宽免,此何说耶?

允禵天性骛傲,蓄异志久矣,既欲全兄弟之爱,当置之闲散之地,奈何复令总机务,又派其管理诸事,直欲酿成其罪而已。故吾谓世宗之于允禵,犹郑庄公之于共叔段也。

察察为明者,非帝王之度。

初七日　大雨

写日记。夜，出观谭鑫培演《群英会》，活画一鲁肃。

八日　晴

自立每日课程：迹学，曰报，曰史，曰事，曰书；法学，曰文，曰字；理学，曰论，曰记。

古者君所用奄人，官家所用奴婢，皆有罪人始为之，可知无罪之人，人人平等也。今则奴婢奄人，皆无罪之人为之，所以不如古也。

《说文》业字，所以饰悬钟鼓，捷业如锯齿。注云：凡程功绩、言事业者，如板上之刻，可计数也。然则无论功业事业，必由积累而成。

《东华录》：雍正五年二月，谕大学士云：功名富贵，是有命焉，不可幸而致也云云。吾不解所谓命者，天命耶，君命耶？若谓天命，则非人君所宜言，何也？朝廷之赏罚黜陟既公，则一切富贵贫贱皆自所自主，不复听命于天；既谓听命于天，则是人不能自主也，人不能自主，朝廷之赏罚黜陟必不公也。故吾谓非人君所宜言也。

世宗于是年三月，忽令会试举人公举其同乡素日推服之人，或数人举一人，或数十人公举一人，此则颇合泰西今日公举之例。

九日　晴

观书。

朝廷降诏：各省大书院，改为大学堂；府书院为中学堂；县书院为小学堂。内地风气从此大辟矣。又令各省督抚，派人出洋游学，国家要筹经费资遣。将来学有成就，许赏给举人进士。又香港邱炜萱，粤中巨富，为南洋之望，前以汉口之役有私助唐才常等军饷事，疆臣行文名捕未获，今自呈愿报效朝廷，奉旨赏给主事，并加四品衔,以为去逆效顺者劝。盖国家既变法,则海外会党皆解散矣,康、梁其败乎?虽然,康、梁不为无功。

《佐治刍言》云:欧西从各国所定法度中,择其尤合公用,得一种格致学问,而治民之具始备。余谓格致学出,其于世界国民利用厚生之道进矣。

野蛮之国,无良法卫生,人多夭折。国既文明,则人寿无不增益者。近时英国有人寿比较数,谓较百年已经增益若干,此信而有征者也。

十日　晴

前为彦复撰《买笑记》,是日以别纸写一通,饭后持以示彦复。又答枚叔书云:"法果变,公再谈逐满,当以乱民相待。"彦复以骑足踏车跌于路,伤胁,乞医于东人,未愈也。晡,至味莼园,遇浑不似三郎,不交一言。晚,归。家祭,先人生忌也。夜,复出观优。

十一日　晴

观书。晡,往习东文,即归。

古人饮食中有极美之品,为今人所不留意者,如作醢一法:先膊干其肉,乃后莝之,杂以粱曲及盐,渍以美酒,涂置甄中,百日则成,名之曰醢。余料其味必佳,惜今人无有仿其法行之者也。

古辨别、幹辦无二义,盖必能辦别,方能幹辦也。二今俗作辨、辦二字。

各国律法,皆从各国风俗斟酌而出,是故凡事不可不顺民情也。

人与人交涉,则有律法;国与国交涉,则有公法。

十二日　晴

晡,三郎来。夜,观书。

雍正时,陆生柟《通鉴论》,叹封建之不复,谓以郡县之故,至于今害深祸烈。可谓特识。

本朝法制之善,以不建储为第一。盖贤不立长,实矫我国数千年弊习,故本朝之君,无甚昏暴者,坐是故耳。

人之性情与其行事,有未可以常理测者。如以世宗操切之主,而忽能释曾静不诛,大是难事。

十三日　　　阴

观书。终日不出。

《佐治刍言》云:英人玛刻骆尝释理财两字,为办理物料之律学。此言殊不可解。然细论之,凡人日用所需,莫非万物,惟有财能化万物,使供我用。是故以财为物料,以理财为办理物料之律。

众人之事,宜听众人自理之。若事事用一人为之经理,鲜有不败者。如欧洲史载:拿破仑以五十万众伐俄,军中所需粮饷,均由拿破仑自定章程,派人拨运,不准就地购取。军人虽有牧人、屠人、磨面人、做馒头人、庖人,以及书办、帐房、监督、总办,大小正副,事事皆有专司,然所办之饷,终不足济五十万人之用。是以经过数国,行至俄界,军饷即不敷,不得已遂于交界处驻兵。其已入俄地之数千人,有因绝粮饿死者,又因饿后得粮过饱致死者,亦有得肉而不能得馒头者,得馒头而不能得肉者,艰苦情形,不能尽述。其办理粮饷各官,因此皆受极刑,有绞死者,有用枪击死者。律法虽严,终无济于事,故入俄之军能生还法国者,十人中不过一二人而已。夫以拿破仑之精神材力,十倍于人,百倍于人,犹不能以一人兼理众人之事,况不如拿破仑者哉? 是故西人于民间地方诸政,皆听民间自理之,君不过偶而干预者,有鉴于此也。凡人从事粗工者,一人能作一人之事;其从事灵巧工者,一人能作千百人之事。

盖粗工用力，灵巧工用智，用力固不如用智也。或曰：然则子云一人必能理众人之事，何也？曰：非谓一人必不能理众人之事也，然所理者，皆纲领而已。若条目琐屑，皆必众人自理。譬诸机器，灵巧工但能掌机器之关键，若夫成物，皆听机器之自动，灵巧工不能代其动也。

《佐治刍言》曰：天地间最珍贵之物，尽人可以公用者，空气、日光而已。余谓二者尚有水、火二物。然饮自来水，用自来火，尚需钱买，惟空气、日光，则不用钱买也。

十四日　　阴

晚，微雨，访益斋。是夕，偕质斋、怡云共饮于九华楼。

十五日　　雨

琴甫过，待三郎不至。

余与张冠霞二人，分等君臣，恩犹父子，爱若兄弟，情同夫妇，交游往来如朋友，盖在五伦之外，而能兼五伦者也。

余三年前移居三多里时，诣神卜，得签有"月明先有凤来仪"之语，今日始验。盖三郎于本月初五始来忘山庐，十二日又来一次，皆在中秋前也。

晡，冒雨与琴甫至茶楼坐谈。晚，归。夜，复出观素云演《辕门射戟》。

十六日　　晴

访省三，不遇。因往视季中，薄午饭于金谷香。三郎在坐。晚，季中邀饮于谢兰卿家，与季中纵谈。季中云：凡人处事接物，以庸为贵。余曰：是则是矣，但万事顺理，不可矜意。有意于奇固非，有意于庸亦非也。季中又云：致知而后意诚一语，圣贤阅历有得之言。余深服其说。是夜，痛饮大醉。观素云《白门楼》。

十七日　晴

又访省三，纵谈。晡，余至味莼园。晚，入城。家祭。夜，复出。素云演《岳家庄》。

前闻人言：美国有某山洞，深约数十里，不见天日。洞中有池，鱼极多，然皆无目，则以生长黑暗中，无睹物之思想，故不生目也。由是可知，天下动物之有官器，皆本身之思想所构造而成。

凡立法，必使人可行，而后人莫敢犯法。立法而使人必不可行，则法虽严而人不听，反致一切可行法皆不足以驭众也。如本朝禁大小官员私交私宴及庆贺馈送，此事为人情之常，何能禁止。以此立法，宜天下人之玩法也。

明太祖苏、松、太之重税，至今日而始稍轻。陈友谅南昌府之浮粮，至康熙时始获减免。君权专制之世界，往往如此。

十八日　晴

观书。

《说文》：小，物之微也，从八丨，见而八分之。余谓：此盖谓分至于无分，言其极小者也。又公字，《说文》谓八犹背也。韩非曰：背私为公。余谓不然，夫公非背私也，分一己之私于天下人，使人人各保其私，故谓之公也。造字之意，盖以八为分，能分己之私以及人，所谓恕也，己所不欲，勿施于人，公之至矣。

余治小学，发明数种义：一君为尹口，官天下也；士为推一合十，公举也；公为分私，人人保自由之权也。

万物中，能有益于人而形体最大者莫如牛，故物从牛。

韩非法家之学，忠于一姓，故以背私为公。盖必使天下人人不敢自遂其私，而后谓之公，即梨洲所谓以一己之大私，为天下之大公也。小学家谬承其说，失古人造字之本意矣。

十九日　　晴

观书。

《佐治刍言》云：凡人用力作事，无论其力为筋骨所出，或由脑子所出，皆可称之为工。忘山居士曰：工也者，心灵出而构撰万物，以益其群者也。无论其力出于筋骨，或出于脑子，皆不能不用心灵。但用筋骨时，费心灵者少；用脑时，费心灵较多耳。

禽兽虫类，亦有知能造物以为己用：如鸟之为巢、獭之筑小屋、蜂之酿蜜，然皆拘执旧法而已。惟人则能时时改变新法，精益求精，其极也能夺天地之造化，如驱水火以驾舟车，运电气以通消息，人所以灵于万物者也。

晡，与秉庵偕出城。夜，至天仙观怡云《宇宙锋》。

二十日　　微阴

观书。

《说文》：周，密也。忠信为周，忠信之人无不周密者。余谓信然，盖忠信之人，其心必沉潜，则接人虑物，无往而不细心。心细有不周密者乎？

晚，访季中于谢兰卿家，小坐，即诣绳伯。绳伯前日到海上，今夜即欲返里。余与匆匆谈数语，为求是书院事，遂至泥城桥金隆大餐馆晚膳，食物精美而价廉。饭罢，诣琴甫谈。夜，归。

二十一日　　雨

余昨夜梦为雷为击，惊恐久之。既睡，则安睡枕上，天已明矣。

《佐治刍言》论西国有准一人或一公司，专造一种货物出售，如他人违例私造，准其人指控拿究者，以为病民之政。盖谓贸易之道，必有数家互相争竞，然后物美而价不至甚贵；若止有一家，则必任意索重价，货虽甚劣，而国人不得不往购之，则买物者受累无穷矣。忘山居士曰：由此说也，则专利一法岂亦有弊乎？虽然，欲救其弊，亦非无法也。其法奈何？曰：凡创新法制器者，除自己售卖外，有他人欲仿造以博利者听，惟所得利必取五分之一于创物之人，如是则创物者不失专利之益，而又无一家居奇之害矣。

人与人共处世界上，必有相抵之权力，乃不敢不尽其职分，而彼此受益。若权力不能相抵，则世间一切事皆将退化。然抵力分二种：一、国家设法律以生民之抵力者；一、听民之互为抵力，而国家不与闻者。如通商贸易之事，即听民互为抵力之一端也，国家万不可与闻。说详《佐治刍言》第二十六章。

同业而争利者，必至两败俱伤。我国人往往昧于此理。

通商与制造工艺二事，能消兵祸于无形，实为至言。

前论内政参用民权，外交则纯用君权，然苟与邻国决战，则又非民权应许不可。何也？盖逞君权之私，则战祸将未有已时，而大有妨于百姓通商之业也。

二十二日　阴

作书致介轩、绳伯。薄午，怡云招饮于聚丰园。余与质斋共饭。晡，入城。大雨。得西安电，知回銮不改期。慕兄于廿二先行。

人之资质，有所长必有所短，悟性与记性往往不能兼：有长于悟，短于记者；有长于记，短于悟者。虽然，长于悟者不患无记性，长于记者未必有悟性也。古今强记之人甚多，如宋何休、五代朱遵度、南宋陆澄，皆于历代书籍能成诵者。又如唐蒋乂，能诵圣历中侍臣图赞，不遗一字。宋杜镐，凡有检阅，以某事见某书第几行告人，取视无差。此种人原为世界上所不可少，然往往无悟性。使举天下人皆效其所能，亦无益于其群也。

国中有银行之设,有赊贷之法,所以浚一国之财源,使国人无论贫富,但能勤于作事,即可获利。

二十三日　　阴

稷塍来自苏州,过谈。履平亦来。过午,履平先去。

稷塍云:孔子曰三军可夺帅也,匹夫不可夺志也,即人人有自主权之理。又己欲立而立人,己欲达而达人,即许人人有自由权之理。又云:《易·乾卦》天行健君子以自强不息,即物竞之理。

又云:近人多高言政治学,薄视工艺农商学,不知无农工商,则政治何用。盖国家必振兴农工商,而后人人足以自立。政治也者,所以使农工商各安其业也。两者必并重,未可有所偏向也。

周末诸子百家,各以其学竞争于国内,厥后诸家皆败,独法家之说胜,为世主所用,遂流毒二千年。盖法家之术,善取媚人主,故能战胜也。

二十四日　　阴

休息日。

闻旧党多以无父无君诋新党,而新党中欧洲无政党之毒,亦俨然以无君自居,误会自由平等之理,亦毅然以无父自居。余谓:旧党固未尽知新党所持之理,而新党亦大谬。夫群类相安,赖有法律,无君则谁为执法,谁为行法。兼爱平等固分内事,然于大有恩于我如父母者,尚不能爱,何能爱人。由是观之,则无父无君之人,诚一群内所不容者也。但我国数千年来,偏重于君父,而无臣无子,固大有弊。然今日偏重于臣子,而无父无君,亦大有弊。必君父臣子平等而后可。

所谓自由者,盖欲天下人人自由,非纵我一人之自由也。我自由而碍人之自由,则我国数千年来何人不讲自由,奚必闻新法新理而后知哉？所谓平等者，非破除一切爵位名分之谓平等，盖欲凡国内无论尊卑贵贱长幼，皆人人各养其所欲，各给其所求，熙然皞然，无不得所，此之谓平等。平等自由，道理极为完美，然毫忽看错，即贻害不浅。

日本学校章程，首列修身一科，可知身之不可不修也，明矣。盖惟修身，而后自由有权限，不至害人之自由。我国古圣贤所发之理，实与欧洲哲学家之语相通也。顾我国有种讲道学者，专治修身学，修身而外无学，所以但成一乡党自好之人，而无益于天下。乃矫其弊者，遂不治修身学，此又大误，而不可为训者也。

二十五日　　晴

观书。薄午，访履平，与偕至冠霞家，邀冠霞共饭于金隆。昳，至宝记小坐。昳，往习东文。晡，坐公家花园内观书。晚，饮于金谷香，唤谢桂香来。既，来者桂香之妹也，云桂香已嫁。余为惘然。俄遂亲至松盛胡同，入桂香所居之房，见几榻床厨如故，而其人杳然，不胜人面桃花之感。与其旧姬谈良久始去。

二十六日

观书。夜至天仙观怡云演剧。

西国人重税而国富，我国人轻税而国贫。诚以为民开利源而民皆富，税虽重不为害；不为民开利源而民皆贫，税虽轻无益于民。试观我朝列祖，裁减赋税之诏，屡屡颁行，其实所减于民者无多，于民无大益。且官家以用度不足，往往仍巧取于民，而民之受害实大也。故余谓减税以惠民，不如加税以增俸。

唐崔佑甫云：非亲非故，何由知其材不材。是故保举人材者，必避亲故之嫌，非也。乾隆初年，诏各省督抚题补人员，不得于同乡世谊违例请补，盖未明晓此理。

国家收赋税于民，而官吏承上接下于其间者，有平馀耗羡之利，何如明增税，以益督藩府县胥吏之俸。

二十七日 微阴

观书。

《东华录》：乾隆三年谕：利之一字，圣人不讳，引《易》利物足以和义为证；谓后人但见利之害，遂将义利分为两途，如冰炭水火之不相入云云。此语甚合公理。

《易》云：理财正辞禁民为非曰义。所谓正辞者，即辨学。

高宗即位诏曰：闻利不十不变法，害不十不易制，政有恒则易守，法数变则奸生云云。此皆君权专制之世界，不得已而创此条理也。若立宪共和之政体，虽年变月变日变，何害之有？

西国凡地方有大工作兴利于百姓者，其费用皆由百姓摊派，此亦甚合理之事，而我国往往动朝廷之币，不欲捐派于民，亦有故也。盖西国捐输之事多，绅董主之，而我国每假手胥吏，故不免于苛扰。

顾亭林曰：古时大官少而小官多，今也大官日渐多，小官日渐少，故有巡检裁、督抚添之叹。余则谓亭林知其一未知其二也。盖共和立宪之政体，小官不可不多；君权专制之政体，小官不可不少。何也？凡居官者，既非本地之人，又无公举之制，则设官愈多愈扰民也。

晚，遇履平、季中于金隆，饭后偕履平访樱塍。夜，复至谢兰卿家，见季中。

二十八日 雨

观书。

《八大人觉经》云：第五觉悟，愚痴生死。菩萨常念，广学多闻。增增智慧，成就辨才。教化一切，悉以大乐。于是可见读书讲学,亦佛家之所重。

《林间录》云:王文公大拜,元宵赐宴于相国寺,观俳优。坐客欢甚。公作偈曰:"诸优戏场中,一贵复一贱。心知本自同,所以无欣怨。"此盖喻人在世间,凡尊卑贵贱贫富,与戏场无异,何必欣怨耶。

《楞严经》云:当知虚空生汝心内,犹如片云点太清里。二语状心体之大。晚,与稷塍饮于雅叙楼。

二十九日 微雨

观书。

观于乾隆七年上临轩试士,以办理耗羡作问题。诸生无所敷陈,且有不知耗羡为何事者。又降旨询问九卿翰林科道并外省督抚等,以期集思广益。而诸臣所答多非所问,即说到耗羡,亦究竟不知原委。则当日朝野上下之愚蔽顽陋,堕于昏暗之中,不窥天日者,可略见一端也。专制政体不得不愚民,而愚民之收效至于如此,可谓惨矣。

虽有形躯,而无知觉,其身已死;虽有知觉,而无智慧,其灵已死。人不食则饥而身死,人不学则愚而灵死;身死而灵不死,犹可化为智慧之人,身死而灵与之俱死,则将化为蠢然之一物。是故凡夫为学,所以求名;至人为学,所以保灵。

九 月

一日 雨

诣张让三谭。让三约饮一品香。薄午,先往视彦复,闻颐斋在都呕血而亡,始闻之以为讹传,急持雨具往一品香,折简询其家中。

得覆信云：廿七酉正呕血，亥刻故。痛极。俄其弟季纲趋来，相对神伤。饭罢，趋至其家，见周企堂，语及颐斋，余涕泪交迸，何天夺吾颐斋之速耶！余自乙未春来海上，与颐斋一见如生平，盖性情志趣相契于无言也。越数年，颐斋游学德意志，余曾与书札往还，闻其学日进。今春始回国，余往视，知其抱病归，体犹弱，尚欲调摄。其后屡见之，见其体稍复，自云：归时，外国医生谓其病不治；比在沪，医者云病渐愈，无性命忧。颐斋言及此，颇忻然，以为获再生矣。又云：凡人若暴病而亡，亦无所惧，若于未死前，有人预告之曰：汝将死。则心中何以堪耶？余曰：生死一关，余读佛书后略能看破。颐斋曰：在自身或可看破，其如堂上亲何？余然其言。此次入都，盖纳粟为部郎，欲入外部供职。上月初五日北行，初四之夕，上海同志十人公饯之于万年春，余亦预焉。不意从此永诀也，哀哉！

人莫不有生死，如旦暮昼夜耳。死者可以复生，犹暮夜必复为旦昼，此佛家轮转之说，余信之不疑。故在颐斋自身，亦何所恨。且今世勤学，来生必复为聪慧之人，学业不虚掷也。惟轮转之后，则凡前生之君臣父子兄弟夫妇朋友，不复相认，离合聚散之间，至可悲耳。夫合者不能无离，聚者不能无散，固宇宙之公例。然既合既聚，则不能无情，以合聚为乐，不能不以离散为苦。余与颐斋，朋友也，而一月之内，合聚离散之速，如梦幻，如泡影，能无伤心！

杏孙，余友中至密者也，以去秋七月二十四没于沂水；颐斋，亦友中至密者也，以今年八月二十七没于京师。两年之中，丧吾密友二人，能无伤心！

二日　早晴

往视子涵表兄。日中，在季中所纵谭。

季中云：凡人于父子兄弟夫妇之间，有难言之苦者，其于相得之朋友，必异常密切。余深以为然。盖我国五伦之中，君臣、父子、夫妇、兄弟皆由天定，惟朋友可随人自择。若西国，则夫妇、朋友皆可自择也。人择之伦，较诸天定之伦自胜，何也？天定者或不相得，人择者无不相得也。

凡谈论之时，必两人相对，则所谈可至深处。若有三人谈，则其言必浮泛矣。盖朋友之情如夫妇，白乐天《长恨歌》云："七月七日长生殿，夜半无人私语时。"朋友密谈之趣近之。

人生世间，于功名利禄文学，略有一端异人之处，而无馀乎其外，未有不盈而骄者，器小则然也。是故观人必先器识，器大者常虚，器小者易盈。

三日　晴

观书。

乾隆时谕旨，有诏御史条奏，往往乘一时风气：办水利则竞言水利，办钱价则竞言钱法，饬刁民则竞言刁民云云。此习殆相沿数百年未改。

南北更调用人，始于明。本朝虽未用其法，而本省人必不许任本省官，皆专制政界内防弊之术也。虽然，本省人不得官于本省，犹之可也；若本省搢绅不许举本省官员，如乾隆十二年之谕者，则大谬矣。夫官之贤否，惟本地方人知之亲切，乃反不许其举，则朝廷将以何术求贤才耶？

晚，石愚招饮一品香。子涵是夕登舟返江宁。

四日　晴

观书。蛰仙招饮江南村。

内忧外患，皆国家之不幸也。然国无外患，必有内忧，惟外患可以消内忧。自秦并六国，开一统之世界，外无敌国，遂任意愚弱其民，于是历数千年凡一统之君，无不奉行其术。国民所以顽蔽困顿，以致屡更大乱也。今日又一变为外患世界矣，宜朝廷之锐意变法图自强，法变则内忧可以弭。

张华《博物志》曰：削冰令圆，举以向日，以艾于后，承其影则得火。此法今人从未试过。

晚，经甫过，谈及宋人之诗，谓与唐人风格虽殊，而诗律加细，神味之厚有耐人咀嚼者。如王荆公诗云："欲写荒寒无善画，赖传悲壮有能琴"二语，极得沉郁苍凉之致。诗之形质曰理，曰境，曰情；诗之精神曰神，曰韵，曰味。

五日　晴

观书。

专制国界，凡人君巡幸所过之地，无有不骚扰百姓者，虽极明圣之君，亦无如之何。盖傔从既多，约束殊难。是故本朝列圣，每于巡幸所过州县，往往蠲免其钱粮，其所以蠲免者，即所以偿前日之骚扰也。

观于乾隆十三年之谕，谓市井之事，当听民间自为流通，一经官办，本求有益于民，而奉行未协，转多扞格。曩者京师办理钱价，屡变其法，讫无成效，只得以不治治之云云。皆深通利弊语。此则非特专制为然也，《佐治刍言》发明此理甚精，余亦论之于前矣。

夜，访季中不遇。是夕，观鑫培《卖马》。

六日　晴

芝兄过，即去。观书。

《妙玄节要》云：此间所宗，要在忠孝、五行六艺、天文地理、医方卜相、兵法货法，草木千种皆识，禽兽万品知名。于此见治佛学者,不废多能。

智,无形之光也;仁,无形之热也;勇,无形之力也。

佛书喜言七宝楼阁,妙丽衣服饮食,及各种音乐女妓,香华幡幢等物者,因众生所重者,惟在宝玉衣食声色之间,故亦以是导引之。

爱与慈有别:爱也者,恋己身之乐境也;慈也者,悲众生之苦境也。故佛断爱而尚慈。

《净土十疑》云:凡夫发大慈悲心,愿生恶世,救苦众生,无有是处,何以故?恶世界烦,脑强无忍力,随境转声色所傅,自堕三途,焉能救众生。是故发心凡夫,要须求生净土,常不离佛,忍力成就,方堪处三界,于恶世中救苦众生。是说也,余犹未见及此,今始知之。

《大弥陀经》四十愿,第五愿,愿我刹土中,自地以上,至于虚空,皆有宅宇宫殿楼阁云云。此不知有此理,然既发此愿,当有此理。

七日 晴

观书。

西儒有言曰:野蛮之世,不得已尊神以驭其民。故我国古时圣人,亦以神道设教。《说文》示字,言天垂象见吉凶。观乎天文,以察时变,示神事也,故遇祸福祯祥等字,皆从示,谓皆为神所示人,因当听天命于神者也。迨民智既开,讲明群学,而后知祸福皆人所自造。盖人权强,则天权衰;无天权,自无神权。

薄午,凌霄过谈。

余日来发一愿,凡与我往来之朋友,虽有明知其为小人者,不忍与之绝交。何以故?曰:小人者,天下至可怜之人也。不幸堕于昏浊之中，无由自拔，能使彼常与我亲近，或能化导之，渐入于光明，未可知也。今与之绝交，是我无仁心矣。

《说文》：福者备也，备者百顺之名也。无所不顺之为备，无所不顺则福之至矣。

夜，至春仙观菊仙演剧。

八日　晴

余于屋东偏开侧门，自彼出入，而闭屋后墙门。观书。

张廷玉为一朝元老，乃以既耄乞休之年，恋恋于配享太庙之故，求荣反辱，可谓不学无术之甚者矣！

九日　晴

沈伯驯来。日中，与偕至雅叙园共饮。晡，至味莼园登高。晚，茗舫宴余花小宝林家，坐有张欣甫，八年不见矣。

十日　晴

观书。凌霄来谈。余昨日购得菊花数十盆，罗置垣下，秋色烂然。晡，阴。凌霄去。薄暮，余出城，习东文。晚，诣石芝蔬食。

余年来立愿，不求净土，惟欲常住轮回，救苦众生。及观《净土十疑》，始知凡夫无此忍力，惧为缠缚，不能自救，安能救人。因复变计，欲从事净土。与石芝言及，石芝固坚持净土者也，每日清晨诵《大悲咒》七遍，能不起一念，亦以是法劝余。余因习诵《大悲咒》，每诵一周，心境为之清凉。

旅居海上数年，往来之友甚夥，约分数种：曰学友，宋燕生、章枚叔、蒋信侪；曰谈友，张经甫、黄益斋、李耕馀、孙丽轩、荫亭、丁叔雅、应季中、朱琴甫、邵季英、刘永春；曰诗友，吴彦复；曰道友，伊陵斋、朱云卿；曰佛友，欧阳石芝；曰情友，张冠霞。

此间宴会，每在北里之中，征歌选舞，习为故事。不知者以为此男女之乐也,余则曰非男女之乐,朋友之乐耳。斯言也,能领悟者,犹鲜其人。

十一日

观书。晴。晚,诣堪宁。

十二日

蚤大雾,楼窗外迷漫一色,如舟行大海中。俄雾敛,积翳未消,薄午始晴。汇东过。

我国聪明英俊之士,多以不信轮回因果为高,即有谈佛者,亦视为下乘,谓不足凭信,是则大谬也。其无轮回因果,则世界众生之受苦乐报者,皆不过数十寒暑间适然之事,死则已矣,佛又何必起大慈,发大悲,求所以度之哉?

大巧若拙,大智若愚,不信因果轮回者自以为智,而笑信者之愚不智。古今大智之人,观其外,固类乎愚也。

曾涤笙有言曰:三家之市,利析锱铢,百钱逋负,怨及孙子;通阛贸易,瑰货山积,动逾千金百金,有无不暇计较。盖以此破浮屠氏为善获报之说,谓小善小恶不必有报。夫谓小善恶无报犹可,若大善恶无报,可乎?且积小善,遂成大善;积小恶,遂成大恶。吾见世之富商大贾,黄金百万者,其与人贸易也,亦毫厘之必较,诚以积微足以成巨、积小足以致大也。祸福之于人也,如影随形,皆人自主,造物岂鳃鳃为人效劳耶。晡,访任逢辛,不遇。诣仲夔。晚,襄孙约饮于一品香。

十三日　　晴

观书。晚,习东文。访荫亭。

伯夷、叔齐,不食蕨薇,饿死首阳山;其后又有鲍焦者,饰行非世,廉洁自奉,种蔬充食,人谓曰:"子恶其君,处其土,食其蔬,何志行之相违？"遂弃蔬饥死。夫以土为君之土，以蔬为君之蔬，抑何重视君而轻视己乎？今日公理大明，回视古人之行事，不直一哂。以老桑煮龟，以神木照妖，诸葛元逊、张茂先何由知之，殆以读古书多也。然此等格物之学，不知古人于何考验而得。

十四日　晴

日中，质斋招饮，坐有阎姓者，燕人，去岁避拳乱之难奔陕西，今年自河南来海上，托迹梨园。此君与内监谙熟，谈及李联英颇谨小慎微，并无跋扈弄权之事，惟其属下之人，不免倚势横暴耳。晡，访彦复，不遇。过信侪。余前复枚叔书云："法果变，公再谈逐满，当以乱民相待。"不意为海上新党人所知，皆哗然，谓余改节，贡媚朝廷。余付之一笑，盖生平力破毁誉一障，但问心之安否，悠悠之口所不计也。晚，杨警卿约饮江南村，遇张硕夫、魏仲良。

十五日　晴

观书。

本朝历圣，每于臣下自举其亲故者，辄被谴责，以为有祁奚之公则可，无祁奚之公则不可也。夫公私在人一念之间，何由知之，当以所举之人贤否为断。苟不问贤否，辄责人无祁奚之公，人不服也。

《政治学提纲》论国家之目的，余谓目的有二：一保卫人民之利益幸福，一增长国民之智识才能。

凡国家，事之缓者，当从公议，用民权；事之急者，当从专断，用君权。

忘山庐八景：曰短垣修竹，曰曲院丛蕉，曰菜圃锄云，曰竹窗洗砚，曰远楼斜日，曰急雨寒渠，曰水阁听棋，曰高斋诵佛。

夜，诣石芝。石芝方与客共饮，客为罗纯伯父子，善吹笛，为吴下之曲。

十六日 晴

写日记。荫亭过谈,留午食。晡,偕游味莼园,晤叔雅、彦复。

园林之幽深奥曲,肴馔之温淳甘美,文章之姿婉周折,三者我国之所独擅于世界上也。西洲之园林整齐适观而已,无入胜之境;肴馔腴洁养身而已,无调和之味;文章朴直达意而已,无传神之笔。

十七日

晚,叔雅招饮一家春,坐有彦复。闻枚叔有书复我,为彦复所毁,不以示余。是夕谈及,有"逐满人,甘十族,盍赠之,邻为壑"之语,皆三字句,颇含怒意。夜,枕上忽思所以答之,得四字句云:"扶桑一姓,开国至今,谈革命者,犹所不禁,宗旨不同,各行其志,伍员包胥,不闻绝交,前言戏之,公毋怒我。枚叔足下,孙淅顿首。"

是日酒坐中,遇自陕西来者,曰魏蕃实,湖南人,云:行在政务,较在都中易办,因公卿大臣群聚一所,有事可面商,省无数文书簿领之繁;恐回銮后,不能若是之简易也。

又云:行在诸臣之有津贴,系仁和相国一人所主持,盖善能体恤人情。

十八日 阴

昨得介轩复书,因又作书答之。介轩新丧子,彭伯于初八故,老境殊无聊。

余昨与彦复论果品,分上中下:曰甘蔗,曰荸荠,曰菱角,曰莲子,曰藕,曰栗子,曰石榴,下品也;曰苹果,曰牙梨,曰柿,曰大橙,曰橘、柚,曰西瓜,中品也;曰荔支,曰蕉果,曰水蜜桃,曰牛乳葡萄,曰橄榄、枣,曰樱桃,上品也。

上品之花,发清香以怡人者,惟三种:曰兰,曰桂,曰梅。兰之香清而恬,桂之香清而甘,梅之香清而秾。

名花之香,以悦我鼻;美人之色,以悦其目;嘉肴旨酒,以悦我舌;哀竹豪丝,以悦我耳。能于一室之内,一时之间,使眼耳鼻舌各得享其所乐,而色声香味毕具焉,斯乐也人生之至乐也。虽然,此惟豪富者居尘市中,则易致耳。若夫高士逸士,惟有闻松柏之香,观云山之色,尝瓜果之味,听林鸟之声,以娱其眼耳鼻舌四界而已。

闻钟声使人思静,闻鼓声使人思动。

是夕,出城,观孙菊仙演《蔺相如完璧归赵》,语语皆根据《史记》,典雅有味。

十九日　晴

芝生过,与偕至少川叔家,贺生孙弥月。午,阴。晡,同诣丝业会馆。晚,饮于金谷香,坐有叔雅、彦复、子言。酒罢,复至一品香,方守六招饮。俄与彦复、守六二人猎围,过谢清云家。闻彦复言:俄人不愿还东三省,英、德二国有欲调兵入长江之说。是说如可信,则瓜分仍不免矣。

余方悟联英联俄,与从前之主和主战,无以异也。主和之辱国,联俄之受欺,人人知之;然而不敢不主和、不能不联俄者,势为之也。俄人虎狼之国,据我之背,兵又最强,若稍稍开罪,则我国葬其腹中矣。英、日政府之用心,路人皆知,岂真能助我耶?是故卑辞屈礼以事俄者,迫于不得已,非乐为之也,盖与主和之命意同也。

二十日　阴

蚤作大字。晡,诣佑三。薄暮过茂原,习东文。晚,独饮于九华楼。诣石芝谈。夜,归。余于东文,即习阅哲学书,近所治者为西洋哲学史,分上古哲学、中古哲学、近古哲学。上古哲学之第一期,余尽知其派别矣,其派维何?曰:迷力多士派,曰伊力阿派,曰皮地廓拉士派。迷力多士派三人，曰他力士，曰阿拿奇西孟的罗士，曰阿拿奇士梅耐士。伊力阿派三人，曰廓息那佛阿耐士，曰巴落梅尼揭士，曰基浓。皮地廓拉士派六人，曰佛伊劳士，曰非拉廓拉伊多士，曰伊睦皮多廓力士，曰罗伊奇子波士，曰揭睦廓多力士，曰阿拿奇萨国拉士。以下所列哲学名人，不计其数，余尚未览及也。此书盖与梨洲《宋元儒学案》《明儒学案》体例正同，盖海西之哲学案也，欲讲哲学者不可不知。

二十一日　　雨

肩舆至仲彛家，吊其祖太夫人之丧。晡，归。观书及报，写日记。

西国人民，凡许其有举议员之权者，必择身家殷实，能出税金若干磅以上之人，此载在宪法，一定而不移也。或疑其于贫富犹未平等，不知此正国家鼓舞之妙术也。人惟能勤，方能致富；既富，方能有权。然则欲争此权者，不能不谋所以致富，欲富则不能不勤。是故使富民有权者，即所以使勤民有权也。彼夫终身贫寒潦倒，大半惰民，惰民者，无益于其群者也，其无权宜也。

专制之朝廷，每以大臣擅权为禁，不知其臣擅权固非，其君擅权亦非。专制者，即擅权之别名也。天下之事，必与天下人议之，专擅于一二人之手者，不问在君在臣，未有不败者也。

前见法国律例，载有息讼官一职。余谓命名之意，仁至而义尽。仲尼曰：听讼吾犹人也，必也使无讼乎？息讼也者，即欲使无讼之意也。观其命名，而我国远愧矣。

二十二日

枕上闻慕嫂已于昨晚到此，卸装长发客栈。急起作书致汝霖。向午，趋见嫂，遂邀善卿、孟庚饮于雅叙园，坐有张冠霞。晡，入城。

修书致慕兄。

陈子言,彦复弟子,为余制《忘山庐八咏》成,诗云:"千挺琅玕节,翛然趣独殊。山阳闻笛后,愁对七贤图。短垣修竹""奇境辟绿天,滕君莫狡狯。要知珍木多,凌寒九州外。曲院丛蕉""猛雨响虚廊,疑有蛟龙泣。万古一朝昏,奔流何太急。急雨寒渠""危楼若飞隼,斜日耀崦嵫。待挽羲和驭,含情独立时。远楼斜日""荒蹊杜门居,植蔬自怡悦。索寞刘豫州,千载有同辙。菜圃锄云""浊世忌盛名,涤却龙蛇字。秦灰有孑遗,太息阿房事。竹窗洗砚""华严一卷经,三昧无挂碍。人我两相忘,便为大自在。高斋诵佛""历历兴亡话,清商变徵多。玉尘输欲尽,小劫竟如何。水阁听棋"

二十三日　　晴

诣长发栈。日中,访少川叔,共饭于金隆,闻醇王自海外归。晡,入城。慕嫂已来。俄孟庚亦至,夜与抵掌谈。

孟庚问曰:"轮回因果之理,庸浅人皆信之,子高明之士,何所见与庸浅人同?"曰:庸浅人之信也,不可凭也,何也?彼据乱以前之太平也,未尝学问也,未尝阅历也。若稍稍从事于学,考知海西格物之理,必翻然不信。人见其已进也,不知实由太平而据乱也。果其人奋志不懈,学问日精,阅历加深,必又将由据乱而入太平,其信轮回因果,当与前无异。虽然,前此之信不足恃也,后此之信乃足恃也。何也?学与不学之别也。释典云:矿金炉金,金质本同,所以异者,已炼未炼之别也。

二十四日　　晴

在城外终日。晡,游味莼园,遇魏仲良、盛元之。晚,宴少川叔及汇东于金隆。夜,送慕嫂登舟。

闻英、日二国,以俄新约问刘、张二督,以为然否?刘、张复力持不可画押,奏太后。太后因电告合肥,令拒俄请。合肥闻之,大惊而病。是日与荫亭谈及,余谓英、日不能以兵力助我拒俄,但为空言,以冀我之不许俄,不亦难乎?夫以我国积弱之势,何力以与俄抗,且东三省在俄手中,苟不允其约,于俄人无损也,彼惟有永据不还而已。失东三省,犹小焉者也,若列强效俄之尤,肆其瓜分,我国何以待之?两害相形,则取其轻,许俄约而各国欲均沾利益,害之小者也;不许俄,则俄人不还地,而各国将效其所为,害之大者也。请问海上诸君子,宁各国瓜分土地乎,抑愿各国均沾利益乎?二者必居其一。荫亭亦恍然是余之言。

今日之联俄,非联也,事俄而已。俄兵强马壮,形势利便,他国不能与争。我国不得已而俯首屈节,以礼敬之,正犹韩、赵、魏之事秦,无可如何也。能缓俄之兵,使俄不骤据我之土地,则瓜分可暂免,我能发奋自强,犹可以国。今若与俄启衅,俄之举兵灭我也甚易,各国既不能助我,必不许俄人独攘土地,则争调兵以取南方,而亚陆果无华世界矣。不观波兰之已乎?波人始恃普人为助以拒俄,不意普人忽变计助俄,共分波地,此载在史策,人人所知也。要之各国外交策,皆在利己,断无不利己而利人之事。东南士夫误信英、日为可恃,盖惑于外国报纸之议论,而此辈发议者,大抵英、日闲散之人,亦不知其政府用心所在也。政府所以纵其发议者,亦欲以此要结我国之人心,至其外交宗旨,则正相反。然必设虚词以恫喝我政府者,盖意谓如此,则许俄约后利益均沾,有以借口也。英、日之腑肝,吾已洞见无遗矣,惜也上海同志诸君子尚梦梦也!

二十五日 晴

昌士过谈。

昌士备述生平游历所至,如两广、两湖、四川,皆足迹所遍及,其间风土人情、山川险要,皆躬亲阅历。凡星相技艺,一切杂术,无不习学,故能与江湖术士往来,知其奥蕴。然当出门时,囊无一钱,而能身行数万里路,盖其所遭遇,皆极奇特故也。所识之奇人伟士甚多,昌士为余一一言之,余劝其自撰游记,必有可观。昌士膂力甚强,胆识甚壮,其所以敢作远游者,盖慕顾亭林一流人也。

昌士立论,以必先和两宫、和满汉、和新旧,而后可以言变法。余深韪其言。

又论学,以为宜由宋入汉,盖先讲正心修身,而后致力于文字训诂,则学有根柢,而不堕歧趋。余告昌士曰:"鄙人甲午以前,未开化之时,即治宋学,坚持三纲五伦名义;及移家海上,穷究海西政治家言,始一变而为民主;今日学再进,复归于立宪政体,于君父臣子两无所偏,不堕新党人过激之弊,犹赖前日宋学以为本也。"

余谓:凡人于天下之书,有应涉猎者,有应阅者,有应读者,涉猎不厌博,阅且读者不厌精。

夜,观剧于丹桂园,鑫培未登台。时余于万人丛中,持一卷书观之,不异明窗净几时也,所观者即译编之《物竞论》。

万国之商业盛,可以隐销战祸,此《佐治刍言》之说也。而《物竞论》亦有此意,盖即利害得失,在各国之民无甚异同,故皆不乐战争,而愿太平也。

二十六日　雨

写日记。内侄女婿卞伯眉昆仲过,即去。晡,吴虎臣来自芜湖,过谈。薄晚,张经甫先生来访。夜,观哲学史。

希腊古代哲学第二期,有所谓诡辨学派,谓天下有对待之理,无绝对之理,其流弊甚大。今日夏冰语、蒋智由一流人,持无是非之说,即此一派人。

二十七日　晴

蛰仙过谈。薄午,去。穰卿亦来小谈,偕出西门,见旌旗翩翻,观者如堵,询知为醇邸将游南洋公学,辟行人。因共登茶楼。少选,马车三乘,飞跃而过,不知王在第几车。因往访虎臣,与同至雅叙园楼下饮,尽醉。晡,至周桂林家小坐。余往习东文。夜,虎臣招饮于林爱香家。

是日闻傅相凶信,疑为误传。然傅相一人之身,关系大局,倘有他故,时事必大变。故余虽在歌筵舞座中,而方寸已乱,对酒不乐。

二十八日　晴

见报纸,始得傅相薨逝确信,为之大惊。因诣张让三谈。日中,与秉庵共饭于饱德。晡,归。

以理论之,东三省约我国虽允俄人,列强断不容利益均沾,何以故?去年各国救使馆之兵,我国与八国开衅也,故议和时我国当与八国立公约。俄人入据东三省之兵,我国独与俄开衅也,故议和时,我国自当与俄立私约。当东三省战时,与各国毫无关涉,岂有订立和约之时,各国反得利益均沾之理。倘去岁东南各处,亦奉伪诏,与各国生衅,各国入占我地,与俄据东三省等,今日允俄利益,而不允各国,是我中国厚于俄而薄待各国,各国不服,宜也。无如东南去岁并不曾开罪各国,有与东三省事同者,是此次俄约为一国与一国交涉之事,岂各国可援例均沾耶?如谓一国与一国交涉,而各国可以援例,则乙未年中日战后,赔费二万万,割送台湾,我国所予日本利益之厚如此,各国何不援例均沾?此理了然易明。使我国办外交大臣持此说,与各国申辨,当无辞以对。俄约虽画,决无妨碍也。但合肥既逝,我国无复支持危局者,各国处强权世界,又欺我国无人，恐不可以理争矣。天乎！

二十九日　晴

部署装具，将返杭迎母归。晡，登舟。薄暮解缆。夜，舟中然烛观哲学史。

海西上古哲学之第二期，首诡辨学派，凡三人：曰伯罗他廓拉士，曰廓落耆阿士，曰飞孪皮阿士。而索格拉的名贤，亦于是时出焉。其后又有小索格拉的派，别为四小派：曰米克阿拉派，其人名涡伊格拉伊基士；曰伊力士派，其人名佛阿伊东；曰犬儒派，其人名安期斯的耐士；曰奇力耐派，其人名阿力斯奇孪博士。继索格拉的起者，曰柏拉图。柏拉图之甥斯波衣西孪博士又创旧阿克阿基穆衣阿学派。其后起与索格拉的、柏拉图并称者，曰阿力斯多的离士。

三十日　晴

舟中观书。

轮回之说，景教所不道。然当西历纪元前四百馀年，希腊名贤柏拉图《宇宙形质论》中，有云人之灵性，自高等世界降而入于肉身，如一生纯粹无过，则死后复归于高等世界；若稍不纯粹，则或再入人身，或入动物身云云。其为此说，固在佛出世之后，然并未援引印度学派为据，可知其系心得也。景教出，昌言天界地狱，而不主轮回之说，此其说之终于不圆也。

柏拉图申言其师索格拉的之概念论，谓概念既是吾人之真正智识，则所谓智识者，必以客观之外物为证据，方得谓实现之观念。此即心物交合论，与吾意正同也。乃阿力斯多的攻击之，以为观念无运动力，不能造成现象之原因，遂标明特殊性质，以为必有造化主为万物始基。不知实非对针之驳难也，柏拉图之言专论为学之宗旨，当以一心驭万物而已。阿力之言则推明万物所由运动变化之原理,与柏拉图所说毫不相涉,何得云攻击,何得云救正其师之说?

夜,舟至拱宸桥,登岸一游,仍归宿舟中。

十月

一日　　晴

平明入城,见母及妹皆无恙。日中,诣星墀,留午食。晡,往九曲巷,见春卿。

余前于穰卿前,辨明俄约之当画,联俄之非失计,于是上海报纸遂不敢复以俄党诋李文忠矣。联俄与主和,既皆不能咎公,则公为完人,奈何又咎其甲午用人之失当,以致败名?如二十九日《新闻报》之论者,大可笑也。夫海上主笔之人,大抵新党言变法者也。甲午之败,败于不亟变法,法不变,人材不出,安有人用,与李公何涉?故既谈变法,即不能责公之用人不当;责公用人不当者,必其不主变法之人也。不意海上新党,主持公议,乃亦染顽固之积习,为是矛盾之辞,隔膜之语,真咄咄奇事!

报纸又译西人责文忠无廉节之风,是盖以家之贫富,定人之贪廉也。须知善理财者,虽廉可以富;不善理财者,虽贪可以贫。以贫富定贪廉,俗人之习见耳,不足与辨。

二日　　晴

仲恕来谈,燕生亦踵至,纵论时事,夜深始去。

余无新旧之见,惟以学问之进境为新旧。何以知其学之进,则以其善变也。善变者,日新月新;不变者,谓之守旧可也。上海同志诸人,惟余之议论见识最善变,故惟余可无愧为新党。

李希圣《政务处条议明辨》谓：变法虽搜括无害，不变法虽不搜括，民不免于坐困。余谓其言近是，而有语病。盖外国取财于民，非搜括也。民自公举一人，敛合众人之财，以待官家之取，故无骚扰之弊。今谓变法则可以搜括，此王安石之变法也，民受其殃矣。

王安石变法，尚专制，不取决于公议，病根在此。《条议》短之，甚是。而李希圣祖安石，余所不服也。

杭州诸老，以争俄约病余，故于求是书院事，肆其阻力。及汤蛰仙致书蓝舟丈，以余所约三章告之，于是诸老始大悔，而劳玉初已就求是，无及矣。三章云何？一章程公议；一年月出入款项贴出示众；一试办数月，如舆论不合，即行告退。

三日　　　阴。晡，雨

观吕新吾先生《呻吟语》。

吕先生云：一则见性，两则生情。故知情生于对待者也。

理自理，性自性，宋儒谓性即理，因有义理之性之名，不通之论也。性岂能混理而言之？又气质亦与性有别，宋儒亦混而为一之，故又有气质之性之名，皆辨之不细也。要之，性无善恶，其顺义理而行则无不善，任气质而行不免于恶。

俗云：养兵千日，用兵一时。余谓集义千日，用义一时。

吕先生谓：童心最难除，凡炎热念、骄矜念、华美念、欲速念、浮薄念、声名念，皆童心也。至论。

先生甚爱万籁无声、萧然一室之趣。余谓：其人非于静中有得者不能。

薄暮，有求是书院学生二人来访：一许姓，一沈姓，皆出色特班生。各手日记一册示余。余且读，且与剖析名理，两君议论皆精，颇有与余合者。

四日 雨

读沈、许日记。许君读论十一,谓古今学者但有直观世界,未有横观世界者,故学理但有日进,后人无不远过前人。今世人尊教主,是反小视教主也。论极新辟。

书素联挽李文忠,即前年所撰二十八字。

文薮来谈。晚,介石、叔通及汪叔敏皆来痛谈。

世未有不通政治之本原而能办一小事者,故往往平日谈民权,稍得志必用专制,其病由于政理未精,不知君民合权之道,而欲偏用之,皆足误事也。

今日海内党派有四:曰变法党,曰革命党,曰保皇党,曰逐满党。变法党者,专与阻变法者为仇,无帝后满汉之见也。保皇党者,爱其能变法之君,舍君而外,皆其仇敌也。革命党者,恶其不能变法之政府,欲破坏之,别立政府也。三党所持,皆有理,惟逐满党专与满人为仇,虽以变法为名,宗旨不在变法也,故极无理,而品最下。

五日 微阴

将出门,勉斋来,遂引至客室坐谈。

以上制下,谓之压力;以下抗上,谓之涨力;平等之人相拒,谓之抵力。一国之中,三力皆不可阙也。盖下无涨力,则君权过其限矣;上无压力,则民权过其限矣;平等无抵力,则自由无权限矣。

遍过亲族家。薄晚,归。撷珊来谈。

余数年来,胸中所铸成之条理甚多,故与人辨论时,用之如坚甲利兵,无往不战胜;而平日组织于脑筋内,有如铜墙铁壁,不可动摇。

六日　晴

将侍母返海上。日中,登舟。晡,至拱宸桥。薄晚,放行。

夜,舟中燃烛观吕新吾《呻吟语》。

凡人之学问,及国家之治化,其进也以渐,其退也亦以渐。吕先生云:人情所易忽,莫如渐;天下之大可畏,莫如渐。故余自名曰渐。

新吾先生亦主持变法,谈民主,其论改法救弊谓:此事动为世人所讪笑,不曰天下本无事,安常袭故何妨;则曰时势本难为,好动喜事何益。至大坏极弊,瓦解土崩,而后付之天命焉。又曰:人君与民,岂可血气不相通,心知不相及。又云:愈上则愈聋,其壅蔽者众;愈下则愈聪,其见闻者真。故论见闻,则君之知不如相,相之知不如监司,监司之知不如守令,守令之知不如百姓。又云:天之生民,非为君也;天之立君,以为民也。

七日　晴

舟中与母闲话。入夜,行黄浦中,烛下观书。

《戴记》所谓天下平,即是平等之义。吕先生云:平字极有意味,盖世间千种人、万般物、百样事,各有分量,各有差等,只各安其位,而无一毫拂戾不安之意,此之谓平,非等尊卑贵贱小大而齐之也。极有精理。

吕先生云:圣人不以天下易一人之命,后世乃以天下之命易一身之尊。悲夫!吾不知得天下,将以何为也?余谓数语可括尽梨洲《待访录·原君篇》、铸万《潜书·室语篇》。

又云:在上者无过,在下者多过。非在上者之无过,有过而人莫敢言;在下者非多过,诬之而人莫敢辨。余谓数语善状法家政体内之气象。

又云：夫礼也者，严于妇人之守贞，而疏于男子之纵欲，亦圣人之偏也。先生能为此语，其胆识千古矣。

八日 蚕阴

昨夜，舟至沪，余已眠。平明入城。俄母亦乘肩舆到家，行李随至。向午，访应季中于客舍。晡，诣彦复谭。微雨，湿衣。晚，与季中共饭于金隆。

余最爱前人格言，有所谓"'振衣千仞冈，濯足万里流'，大丈夫不可无此志趣；'月到天心处，风来水面时'，大丈夫不可无此胸襟；'海阔从鱼跃，天空任鸟飞'，大丈夫不可无此度量；'珠藏泽自媚，玉韫山含辉'，大丈夫不可无此蕴藉"数语，是日书以示石芝。

九日 晴

朱云卿过谭，留午食。

虚空之中，能建立世界，为诸神众之所居，释典中每每言之。此理不敢驳其必无，盖至虚至实，相依而立也。

道家之术，其说已古，然多为世人所不信；其信者，又堕入外道，福薄则然也。

闻西人近创有机化学，能造活动之人，有知觉，能饮食，但不寿耳。余在杭州，见平阳评学生日记，始知之，前所未闻也。宇宙间理，真有愈出愈奇者。

薄晚，访汇东谭，夜归。

十日 晴

陵斋过谈。

闻都中肃王近管崇文门税务，厚增办事人薪俸，而自不取一钱，曰："吾有庄田，岁收足养府中人矣。"以故崇文门税务日益旺盛。此犹商务未大兴之时也，若大局定后，贸易往来者日多，则所收何可量耶？是故得材干之人易，得廉洁之人难；得廉洁之人易，得廉洁而能体下情之人难。使天下办事人尽如肃王，何患不百废俱兴耶！余有友人丁问槎，大为肃王所赏识，曾有书告我矣。

十一日　晴

观书。仲巽过谈。

观《格致报》载：外国人有睡至四十日，或半年始醒者。识者谓：人之睡也，以周身筋脉之缩，筋脉久缩，则人可以久睡。又云：有耐饥之药水，服之可以数月不食，但身体不免消瘦耳。

仲逊在湖州演说，有二语云：人有身则不患贫，但问其身所行者何事；国有民则不患贫，但问其民所办者何事。余为助一语曰：惟有勤而已矣。能勤则富。

十二日　晴

诣叔雅谈。晡，诣茂原，习东文。夜，叔雅宴余于迎春坊。余观哲学史。

哲学家所以异于宗教家者，宗教以敬神为主，哲学以察理为主。余谓即佛家止观二义：敬神，止也；察理，观也。

古今学派之大争端，不外心物知行四种问题，总括之以二字，曰虚实而已。虚实不可偏重。余所持如此。

《龙舒净土文》云：佛尝谓阿难云：人有今世为善，死堕地狱者；今世为恶，死生天堂者。阿难问何故。佛言：今世为善，死堕地狱者，今世之善未熟，前世之恶已熟也；今世为恶，死生天堂者，今世之恶未熟，前世之善已熟也。忘山居士曰：由是观之，则人无论君子小人，苟欲从事瞿昙学者，不可不自忏悔始。盖今生虽无大恶，安知前生无重罪。故《占察经》令人刻木为三轮，自占宿世所作善恶业多少，如恶业多厚者，不得即学禅定，应当先修忏悔之法。

因宿习恶心猛利，若不忏悔，令其清净，而修禅定智慧者，多有障碍，不能克获。此学佛者不可不知也。

十三日 晴

终日不出。观书。

《净土家言经》云：诸佛是法界身，入一切众生心想中。心想佛时，是心即是，三十二相八十随形好，是心作佛，是心是佛。忘山居士曰：此众生心，与佛心通。故海西人所谓以太，以太者，即诸佛之质点也。人人有此质点，故能与佛法界身通。

又云：临命终时，一心不乱，称佛一声，灭八十亿劫生死重罪。乃至极恶逆人，临终狱火相现，十念生净土者。盖仗我称佛名号，威神一隙之功，承佛速疾救护，大愿之力，如壮士正战堕围，得一勇夫与之强弓、锐刀、良马、善策，即便踊身突围而出。忘山居士曰：佛家教人持净土者，犹之景教使人敬神。能归依神者，虽有罪过，可以湔濯，死后必生天界，与所谓诵佛号者身后得往生净土无异。

《净土十疑论》云：设令具缚凡夫，得生净土，邪见三毒等常起，云何生彼即得不退？答：彼有五因缘不退：一、阿弥陀佛大悲愿力摄持，故得不退；二、佛光常照，故菩提心常增进，不退；三、水鸟树林，风声乐响，皆说苦空，闻者常起念佛念法念僧之心，故不退；四、彼国纯诸菩萨以为良友，无恶缘境，外无神鬼邪魔，内无三毒等烦恼，毕竟不起，故不退；五、生彼即寿命永劫，共菩萨佛齐，故不退也。忘山居士曰：尝闻吾友石芝之言，谓净土者，佛家之大学校也。求生净土者，求入学校读书也。国家设立大学校，不得滥许人入读书，必由小学校中考验其材质之可造就者，然后许入，既入之后，则其学问不患无成。

十四日 晴

与经甫先生饮于金谷香,坐有三郎。晡,造宋芝栋谈,俄诣味莼园。海上人士,莫不以此园为聚集之区,然皆注意于安塏第,而旧园"平芜千里"处,往往阒无人。惟好足踏车者,辄游戏于平茵之上,即有一二品茗者,不过坐廊下,而屋内殊修雅整洁,则无有过问者。余性与俗人相反,往往人弃我取,故每至味莼园,必坐其老园之屋内,觉有萧然物外之趣。是日方独坐榻上习静,忽见叔雅自外来,盖前日与余相约,故纵至也。叔雅与余谈及前日所见之饶石顽,谓生平第一知己。盖石顽得曾文正遗传观人之法,以为频年海上所遇新党,无有能成大器者,惟叔雅则不可量,将来必任专阃,而所见一切人材皆为所用云云。叔雅眉宇有奇气,目光奕奕,余谓其言可信。

晚,访汇东,见其所撰挽文忠公联云:"旌麾遍历瀛洲,快乘风破浪,欧美纵游观,昂藏天上神仙,谈笑一时仰丰采;梁栋能支大厦,痛志决身歼,江山勤补缀,辛苦生平筹策,是非千古待评论。"

夜,观三郎演《新安驿》,风姿不减当年。

十五日 晴

铭舫过谈。观书。

美国伯盖司《政治学》云:人类有生之初,惟能建立民族国家而已;待民族国家遍播全球,而后世界国家或有发现之一日。忘山居士曰:余生平热心注目于世界国家久矣,能变全球各国皆为立宪政体,君皆公举,民能参政,有商战而无兵战,凡居世界之人,得以馀暇讲治各种学问,使慧力能力日增而长,保和平之福,是谓大同。不知何日得见此世界也。

日本井上毅《各国国民公私权考》引脱泥生解释白耳义宪法

之言曰：凡国民不问其为何等种族,于外国之执国务,无不禁之。往古之惯习,为今日宪法原之胚胎者,其禁止尤严。在同一主权之下,非有特别交互之约束者,甲州之住民,不得任乙州官职,一市一邑之吏员,惟其地之住民始得选用云云。忘山居士曰:此法本合于公理,乃我国后世人主,防民之拥地而叛也,遂不许本县人任本县之官,并不许本省人任本省之官,甚至南北更调用人,卒致居官者多不谙地方情形,而假其权于胥吏,为害百姓,良可悲也。

晡,习东文。归访谨斋于旅舍,晚共饮于九华楼,纵谈。夜,观优。

十六日　晴

勤甫来谈。晡,叔雅过。晚,观书。

英国有一良法,凡平民之有才识资财或勋功者,皆得列入贵族;而贵族之子弟,则以次降入民籍。盖如是,则人民有入贵族之望,必争自濯磨,以图荣贵;而贵族子弟既降入民籍,亦必有所执业,不至于游惰素餐。事见德国李士德《理财学》。余谓深得鼓舞国民之法。

余前论办理外交,不可参以民权,固矣。然近见日本乌谷部铣《政治学提纲》有云:缔结条约,固为君主之大权,而条约之细目,有不可不待议会之参赞者。盖因执行条约之故,或不能不增损法律,法律苟不为议会承诺,则条约即归无效云云。余于是又增一识。

十七日　晴

日中,诣叔雅,见饶君石顽。石顽与余谭良久,即顾叔雅曰:"此君家境必优于足下,余先试下此一断语,验否?"叔雅与余皆大笑。石顽遂谓余曰:"君心术正大,将来可由部曹至两司,督抚则不敢许,然必能做事,且富贵福泽,享之终身。"因相与作他语。复论及争俄约事,余谓顽石曰:当日虽为此事慷慨登坛,名震海外,然及今思之,非但无益,尚惧有损。盖前因不明时势,今了然矣,故深悔所为。石顽始不谓然,余为辨析种种,石顽亦无以答,既而曰:"君之悔也,何所畏乎?"曰:"余不畏祸也,惟惧瓜分耳。"石顽极言决不至瓜分。余终不敢信,因曰:"余非悔演说,悔认错题旨耳。盖余生平立身行事,但问吾心之安否,不顾天下之祸福毁誉也。"石顽默然良久,曰:"余误矣,此君非寄人篱下者,岂两司所能容耶?"顾谓叔雅曰:"与君抗衡矣。但君任边疆,此人则腹地也,将来必可有益于国,有益于民,为地方所爱戴者。"余曰:"君既许我做事,则我国除督抚外,无有做事之权矣。若我官仅止两司,则宁高卧忘山庐不出。"相顾一笑,遂辞归。

十八日 晴

观书。待谨斋不至。晡,往习东文。薄暮,诣琴甫纵谭。

生平所交之友,各有专长,以雄于世:燕生以诗雄,卓如以文雄,枚叔以记诵雄,彦复以气节雄,惟余以义理雄。考证闳博,章枚叔;文雅纵横,宋燕生;才辨英舒,梁卓如;理想沉虚,孙仲愚;志行卓荦,吴彦复。

夜,与琴甫观剧于丹桂,三郎未出台时,余静坐观书。

古代哲学之第三期,曰斯托阿学派,曰伊皮他落士学派,曰怀疑学派,曰混合学派。其第四期,曰新皮他廓拉士学派,曰皮他廓拉士化柏拉图学派,曰犹太希腊派,曰新柏拉图学派。

中世哲学分二期:曰教父哲学期,曰烦琐哲学期。教父期分二种:一尼挈衣阿宗教以前,廓那基士派,护教派,正教派;二尼挈衣阿宗教会议以后之教父。哲学烦琐期内,有创立时期实在论、名目论之争论,有全盛时期中古亚刺比亚哲学及犹太哲学,又有衰灭时期。

中世及近世之过渡时代,曰古代哲学派之再兴,曰伊大利之自然哲学派,曰政治及法律学派,曰佛兰西之怀疑论派,曰独逸之神学派,曰自然科学之创立。

十九日 晴

晡,至《中外报》馆,与穰卿纵谭。晚,在石芝处饱食。夜,诣丹桂。观书。

海西中、近世哲学过渡期中,所谓伊大利之自然哲学派者,有基罗拉磨克阿落他那氏,建自然哲学之二原理:一所动原理物质是也,一能动原理世界精神是也。运动之原因曰引力,曰拒力。所谓引力、拒力者,即不外爱憎二力。忘山居士曰:此说与余三年前所发之理正合。盖余谓世界之成,以有对待,有对待则有爱力、拒力;爱之极而淫起,拒之极而杀起。

政治法律学派廓罗奇涡士,分法律为二种:一人为法,一自然法。人为法者,即历史中凡民任意所定之契约;自然法者,以人性为基础,永远不变化者也。忘山居士曰:人为法者,所谓专制政体、贵族政体、立宪政体之区分也;自然法者,即君臣父子各尽职分,仁义礼信确守范围是也。

西国古有怀疑学派,其论理之目的,常列为二,无一定之是非,然未尝不讲躬行实践,故其学派犹可以立,如过渡时期佛兰西人米西衣罗及孟定二公是也。今之持无是非论者,多薄视修身学,其弊尤大。

二十日 晴

写日记。晡,访伯驯于长发客栈。晚,谨斋招饮于小普庆。石愚于东荟芳,伯驯叔于清和,二皆设酒款余。是晚,见仲巽,以在湖州学堂演说示余,中有我国以病为身、以债为家、以弊为政三语。余曰:不知卫生之学,故人多病;不知理财之学,故家多债;不知治民之学,故政多弊。

二十一日　　大风。阴。晴,雨

琴甫偕其徒来,即去。余冒雨访汇东。

余与人言不出四种:曰有理,曰有情,曰有趣,曰有交涉。外是则不发一言。

前论上海有三苦,是晚与汇东谈及,又得三乐:一道路平坦之乐,一消息灵通之乐,一避乱免祸之乐。前论人生有三乐,兹又得三苦:一听俗人谈论之苦,一性急盼望之苦,一瞻顾祸福毁誉之苦。前自题独立图一联,锻炼字句,越三四年,经无数人商改,今始成联云:"掌中七万里图浮,此身非小;眼底五千年史传,我寿何长。"

汇东尝为灯船中撰一联,极佳。联云:"寻声欲问谁,料今宵弦管嗷嘈,应有鱼龙潜听;会心不在远,看此际波涛荡漾,试参水月前因。"

汇东今年完娶,余拟赠喜联云:"翩翩浊世佳公子,落落清闺女丈夫。"

二十二日　　晴,风冷

张子虞太守过谈。日中,穰卿招饮于杏花楼,坐有念劬、益斋、蛰仙、菊生,又湘潭罗君顺臣,相与痛谈。谓四书文已废,诚无用之物也。然我国数百年间人之精神,皆聚于此,不可不择其中宏深粹美之作存之,以为将来之纪念。晡,归。观书。

杜氏《通典》载:匈奴单于,以女为狼妻,产子滋盛,为高车国。《后汉书·南蛮传》:高辛氏以小女嫁槃瓠,负入南山,生六男六女,遂为今长沙武陵蛮。如此类事,载于史者不少,由是后人遂确信外夷皆非人种,不知此等说,皆我国人臆造,以示轻贱彼种之意。盖于本国之帝王,则往往尊为神种,如玄鸟生商、朱果呈祥之类;于他国之人,则目为兽种,如狼生犬生之类,皆无稽不可信。乃通人学士,公然援据,以构成种族之见,抑何陋耶!且既信外夷为兽种,则于本国皇室亦信为神种耶?言之可发一哂。

二十三日　　晴

观书,写日记。

余四年前所作绝诗,理境极高,惜有击壤习气,今乃改良其句语,录下:

"历尽荣枯万劫来,六时渊默镇风雷。恒河水发朝朝见,了觉吾心非死灰。""一卷楞严惊幻梦,三千世界破虚空。霎时大海浮沤起,谁信灵光万里通。"《读楞严经》二首。"磨砖难为镜,枯坐不成佛。灵山龙女珠,光照大千国。"《读法华口占偈》。

张经甫先生为题《忘山庐八咏》:

"数竿便作渭川思,风雨潇潇静对宜。莫放墙高遮望眼,丹山仁有凤来仪。短垣修竹""似径横庭数丈延,杂花疏处种蕉联。凉阴便可移床坐,谁信红尘有绿天。曲院丛蕉""小沼天然曲绕庐,最宜槛外雨来初。潜鱼争起尝新水,胜展南华乐事图。急雨寒渠""谁家杰阁矗苍冥,碧树丹霞鸟背明。何必登楼羡王粲,斜阳为我缀诗情。远楼斜日""城居樯事苦难谙,何幸开轩圃在南。邻叟殷勤饷新菜,四时先献北堂甘。菜圃锄云""元精耿耿洗逾浓,大块文章饱眼中。砚之良者,有活眼、泪眼等石。未敢临池轻洒墨,只愁得水便成龙。竹窗洗砚""尘缘露电淡相忘,争奈疮痍触目伤。吾道已穷天未厌,欲将悲悯证空王。高斋诵佛""年来不敢轻投子,全局都因一着差。谁料池边拢袖者,热肠更比局中加。水阁听棋"

二十四日　晴

筠青过。日中,出城访陆醇伯。俄至阜丰公司,午饭留坐。观书。

近世哲学之第一期,即康多以前诸名人,分经验论、合理论二派。创经验论者,曰毕孔,继绍其说者曰陆芝廓,曰皮伊漠,曰巴廓离。创合理论者祁克阿鹿铎,祖述其说者曰施辟那渣,曰来薄尼挚,曰倭六佛。

陆芝廓之哲学,分认识为二种:一直觉之认识,一证明之认识。所谓直觉者,即朴实说理是也;所谓证明者,即援引经验之事物,以为证是也。

二十五日　晴

观书。

冠服之制,自汉及明,数千年相沿无甚改变;虽辽、金、元,初循其国俗,其后仍用汉、唐仪式。盖至本朝而后大改前制,考古者不可不知也。

佛为众生有八万四千烦恼,故设八万四千律仪,盖与国家之律同其繁密矣。

《观佛三昧海经》中,秽物缠裹真金之譬,令人发深省。说见十卷十页。

晚,与石芝偕赴罗醇伯之宴,醇伯父子吹笛度曲侑饮,肴馔丰洁。

二十六日　晴

观书。

所谓平等者,在精神而不在迹象。若欲并迹象而平等之,势必至无贵贱,无贫富;于是国民无所歆动,无所鼓舞,则流于怠惰;而学问智能皆将退化,大有碍于文明之运。

既有迹象,即万不能平等。如一身之中,耳目在上,手臂在中,胫足在下;一屋之中,栋极在上,户牖在旁,砌础在下。苟淆其次序,则不成为身与屋,而况国家,反无尊卑贵贱,皆享自由平等之福。吾则谓为无尊卑贵贱,则人不能享自由平等之福,何也?天下之大,庶民之众,有劳心者,必有劳力者;有治人者,必有被治者;有总挈其纲者,必有分领其目者。而后一国之事可以理。若一概破除之,则人与人不相维系,不相组织,欲国无乱,得乎?国乱,则无非强凌弱、众暴寡而已,民安得享自由平等之福乎?

二十七日 晴

往习东文。晚,饮于金谷香,坐有三郎及穰卿。夜,归。观书。

自由二字,与《易·乾卦》元亨利贞之利字同义。所谓利者,以美利利天下,公利也,非私利也。所谓自由者,欲使天下人人自由,非纵一人自由也。利一人而不利天下,则利可耻;一人自由而碍天下自由,则自由亦可耻。

二十八日 晴

余偶成七律一首,曰《蚁斗》:"独立闲阶观蚁斗,忽传云海动旌旗。九洲狼虎雄风在,一局樗蒲冷眼窥。国势纵横难豫测,天心残酷不胜悲。请看用九群龙日,便是人权战胜时。"

是日星期,诣彦复,偕游味莼园,遇叔雅。

二十九日 晴

观书。

有明风气,重文轻武;本朝虽文武并然,惟于有勋劳之武臣则重视之,若泛泛由科目进者,仍为人所蔑视,此风不能改也。闻诸海外归者云,西人亦有此风。盖武臣除兵略外,往往一无所知,宜其见轻于人。

满洲旧称满珠,三韩者三汗之讹,唐时所称鸡林,即今吉林。见《东华录》乾隆四十二年谕旨。

本朝高宗,隐然自比汉武,故于《北史·文苑传》显斥汉武名者,大以为非。

弓刀石,为武科进身之阶。当乾隆时,已知其无用,然而不能不以此取士者,盖与文科用八比之意同也。观于乾隆四十二年之谕,以为鸟枪虽制胜要器,而民间断不宜演习。山东王伦之变,幸群贼不谙放枪,易于剿灭,此显而易见者。然则朝廷之用心,亦显而易见矣。

晡,冠霞过,偕出街闲步。俄登城堞,望万家烟火,暮色苍然。因北行至大境楼小坐。晚,归。夜,徐锡臣约饮于花文宝家,与杨采南痛谈。

前于《楹联丛话》中,见有某戏台联云:"尧舜生,汤武净,五霸七雄丑末耳,其馀拜相封侯,不过执旗呼拥称奴婢;四书白,五经唱,诸子百家杂说也,此外咬文嚼字,大都沿街乞食闹莲花。"

锡臣云:人不可明白,但可糊涂:糊涂乐,明白苦。余曰:人不可不明白,明白之后,能不问已过、未来,但知有现在,亦未尝不乐。

三十日　晴

观书。

路骚《民约论》云:法律虽可保护利益,而无予夺之权。然则予夺之权,不属之君,而谁属乎?既有君,则不能无尊卑上下矣。盖君不尊则无权,不能统驭全国。故尊也者,权之所集也。或曰:人君之权,众人授之,君安能独尊。曰:常人之权,止于一身一家,而君则兼握万身万家之权,其权自重于常人。权愈重则身愈尊,无疑也。惟人君能尊不自尊,虽执予夺之权,而仍听命于舆论之趋向,此《易·乾》用九群龙无首之旨。然遇勘大难,定大疑,所当排众论以独断者,君固有此权也。不然,何贵有君哉?

日中,仲巽招饮于聚丰园,坐有彦复、叔雅、念劬、信侪、穰卿。

晡,诣惠东,遇杨采南。观惠东为余题《忘山庐八咏》诗:"风舞绿衣瘦,露凝翠袖寒。隔墙何处是,日日报平安。短垣修竹""窗纱分积绿,古径碧天幽。覆鹿休寻梦,孤灯听雨秋。曲院丛蕉""万木静无声,波涵星月朗。忽惊风雨来,溪流作泉响。急雨寒渠""夕阳度西岭,轮奂挹遥辉。吾亦吾庐爱,闲云天外归。远楼斜日""暧曃盈阡陌,茸茸嫩甲生。土香溪水碧,带月一肩轻。菜圃锄云""日光间疏影,春水玉壶新。石古痕微瘦,磨穿绝点尘。竹窗洗砚""净心持妙法,斗室梵声闲。世界因缘转,精灵天地间。高斋诵佛""临流观逝水,静里玩闲声。黑白了了记,江山一局争。水阁听棋"

光明与浅露相似,深沉与阴险相似,精明与刻薄相似,浑厚与糊涂相似,豪爽与浮躁相似,谨慎与畏葸相似。是故光明而能深沉者,自无浅露之病;深沉而能光明者,自无阴险之病;精明而能浑厚者,自无刻薄之病;浑厚而能精明者,自无糊涂之病;豪爽而能谨慎者,自无浮躁之病;谨慎而能豪爽者,自无畏葸之病。

惠东云:学者之寻理,犹矿师之寻五金,盖矿金自在地中,真理自在眼前。

十一月

一日 晴

观书。

《东华录》乾隆四十三年论立储一谕,可谓明白痛快,如云:汉文帝最贤,并非嫡子;使高帝令其嗣位,何至有吕氏之祸。又如:唐太宗为群雄所附,明永乐亦勇略著闻,使唐高祖不立建成而立太宗,明太祖不立建文而立永乐,则元武门之变、金川门之难皆无自而起,何至骨肉伤残,忠良惨戮。此立嫡立长之贻害,不大彰明较著乎?由是观之,则本朝之立贤不立长,已有官天下之意矣。

又云:亿万年后,或有拘泥古说,复立太子者,必不能安然无恙。及祸患既生,而始叹不悟朕言,悔当晚矣。今日义和团之变,果应高宗之言。

宋赵彦彬为贵溪令,书座右曰:"俸薄俭常足,官卑清自尊。"名言也。

二日　　晴

写日记终日。

余生平自负有三绝:一作擘窠字,一唱诗,一说理。

人居世界上,仰给日之光热,以遂其生存者也。入夜则日没而无光,于是然烛以代日之光;入冬则日远而无热,于是围炉以代日之热。

《西厢》、《石头》二书,皆小说中著名者也。《西厢》之词,以写境胜;《石头》之文,以言情胜。

金圣叹善批小说,世称其才之大,然余观其语多枝叶,正如长林丰草,有天行而无人治。

三日　　晴

观书。

我国古说,谓天积气所成,彼固不知离地面二十五里以外已无气矣。如执气为天,则人日游天中,而二十五里以上出空气外,名曰太虚,而非天矣。然则太虚中,凡一世界即一天地,世界如恒河沙数,天地亦如恒河沙数。古人言天地大之极矣,今人言天地小之极矣,今人之眼界胸襟,较之古人盖大至无量倍,不亦奇耶?人于昼间,居此世界,不能见别世界,惟于夜晴时,则三千大千世界皆在目中,是人夜间之眼界大于昼间也。余尝赋《太虚歌》,有云:"明星大如瓜,世界多如沙。"

吕新吾先生云:势之所在,天地圣人不能违也。而圣人每与势忤,而不肯甘心从之者,人事宜然也。忘山居士曰:势即是天行,与势忤即是以人胜天。

又云:秦以后,是一截世道,其治劫之而已,愚之而已。又云:汉以后,是势利世界。皆千古伤心人语。

四日　　晴

观书。

回教、景教,多因争教而开战祸;独儒教行于我国,从不闻与别教争战者。人以为儒家有教理,而无教权。余则以为儒教实未行我国,所行者法家之教也。周末诸子竞争,法家独战胜,为人主所崇尚,数千年来,无不法其意以驭天下。若夫儒、墨二家,特为法家所驱使耳。世治则用儒之礼乐诗书,世乱则用墨之赴汤蹈火,皆奴隶于法家者,何足以言行教,更何能因争教而与人战。

佛家之旨,非净非秽,非实非虚,非空非不空,非有非无,非有我非无我。故《宗镜录》云:二乘虽断人,我常被无我之所漂;外道谬认识,神恒为妄我之所轮转。

夜,秉烛写日记,忽成一联,联云:"黑夜云开,忽见三千大千世界;苦海梦觉,不忘亿劫万劫轮回。"

五日 晴

见《中外报》载:美国某报馆论李文忠,与余所见不侔而合,即为白其联俄之苦衷也。美国人最能持公论,其心平,其识远。文忠薨时,都中各国使馆无下旗者,惟美国下旗。余谓美国下旗,文忠可瞑目矣。何也?美国,世界上最公正之国也。

文忠于古人无可比者,惟春秋时郑之子产可与颉颃。盖以弱国处列强之中,能安内和外,支持数十年,为救时之相,古今只此二人。

美国人称文忠治国之才,不下俾士麦克。信然。

六日 阴,风

余前录日记中四说:一无父无君辨,一自由平等辨,一论修身学,一论君权民权。此说词句略改,非日记原文。送《中外报》馆,迟至今日始为登出。新党人见之,气焰必为稍挫,然于此辈人固大有益也。盖近日偏激之论风起云涌,中于后生小子脑中,流毒无穷。余此论出,或冀稍有挽救。

自由于一人权限之内,不碍人之自由,固可许其自由矣;然一人权限之内,亦有时不可自由者。譬如未成丁以前,不听父母之教,不受师长约束,必至旷废时日,荒其学业,一无成就;既成之后,不守名贤遗训,不纳朋友箴规,必至纵欲败度,自戕其身,自破其家。二者皆自由一人权限之内,无害于人者也,然而足以自害矣。害人固非,自害亦非,然则必如何而后可自由乎?以合理与否为断。合理者可自由,不合理者不可自由。

七日 晴

访叔雅纵谈。晚,饮于雅叙园。

三军可夺帅,匹夫不可夺志,孔子言人人有自主之权也。己欲立而立人,己欲达而达人,孔子言平等之义也。从心所欲,孔子言自由也。不逾矩者,自由而不背于理,不碍人之权限也。凡海西大儒所发公理,与孔子之言若合符契,可见道理本来一致,何有新旧之别。今日我同志中,往往高谈新说,而鄙薄孔孟,不知其所言实不能出孔孟范围,古人可轻视耶!

法国当君权横暴之后,民日受压制,凌虐焦然,不能自由,故路骚创自由之说,以苏民困。我国今日之君,非若法国之虐者也;其民,非若法国之受压力者也。但朝廷政体未变,上下之情隔绝不通,国日以弱、民日以贫而已,其民固未尝不自由也。何也?盗贼横行于路,土豪武断于乡,纳贿以行私者满朝,舞智以欺人者盈市,皆我国之自由民也。自由之效,亦可睹矣。我辈所以欲改公法、扶公权者,正惧其自由太甚,而思所以防止之,岂可复昌言自由以助其焰耶?是知自由之说,在法国当日为疗疾之良方,在我国今日为益病之毒药。或曰:我国向日之肆然自由者,皆小人也;今日谈自由者,皆君子也。小人不可自由,君子不可不自由。曰:吾未见无君无父之人,可以号称君子也;吾未见不治修身学者,可以自居君子也。夫自由之说,为人而言,非为己而言也。故君子之待人也,唯恐人之不自由;其律己也,唯恐其自由。使先以自由自待,必至不顾人之不自由,非小人而何?

八日 晴

荫亭过谈。晡,去。观书,写日记。

本朝一祖二宗,与汉之文、景、武三帝,大略相似,而才识远过之。使生于今日,必能变法,开立宪政体者。盖虽尚宽尚严,康熙用宽,雍正用严,乾隆宽严并用。各异其趣,而宗旨皆在爱民也。惜也专制政界内,爱国者惟一人,无助之者,为可悲耳!

今日之谈自由者,往往欲借此二字,破除一切范围拘束,任意妄为,遂其所欲以为快,此大谬也。夫人立身世界上,虽不当受人之约制,而不能不受公理之约制。公理之为物也,千条万绪,有炳若日星者,有细入毫芒者,凡人一举一动,一颦一笑,莫非公理之所贯注;人而欲自由也,必自审在公理界内则可,若出乎公理界,是为妄行,何得托名自由?

九日 晴

邵季英过谈,为言都中情形甚悉。日中,去。饭后,观书。

朝廷既许各疆臣任土作贡,谓所以通上下之情,即断不能禁疆臣受州县之馈遗,如乾隆四十七年御史郑澂之奏,所谓自相矛盾也。吾尝读《后汉书》,而知卓太傅之识过人远矣。

晚,诣琴甫,见杏孙子砚传作《四辨歌》,意本余日记,拟刊入译社编中。晚,在惠东处谈。

前在张让三案头,见李文忠致盛宫保书,盖录乩坛中语也。文忠自云鞠躬尽瘁,死而后已,而孰知竟未已也。此事人皆谓不可信,而余深信之。

夜,复诣琴甫,谈论平等。余谓:可平等者,精神;不能平等者,迹象。迹象之不平等,正所以保精神之平等,此理至为深细。今日之号称新党者,莫能解也。

与琴甫偕至春仙观优。

十日 晴

观书。

或谓:人之自由不可越公理界,既得闻命矣,至于举动颦笑间,犹有公理防闲不得自由之说,所持毋乃过乎?曰:此说至易明也:譬诸有人揖我,而我傲慢不答,此举动自由之越公理者也;见衰麻哭泣之人,对之大笑,此颦笑自由之越公理者也。何在而无公理乎？何在可越公理以自由乎？

自由而不顾公理,所谓任天而动。任天,则天有权而为虐矣。以公理防闲自由者,所谓以人理与天欲争战,夺天之权以与人也。公理本乎人心之自然,故人理可许其自由,而天欲不可许其自由。

要而言之,一国之中,贤智者许其自由,愚不肖者禁其自由。一人之身为善,许其自由；为不善,禁其自由。贤智为善之所以许其自由者,以能有益于其群及其身也；愚不肖为不善之所以禁其自由者,以能有害于其群及其身也。

夜,诣石芝谈。观优。

十一日 微阴

关锡侯来谈。

谈新旧不论是非,今日浮浪子一大弊也。夫是非之所在,公理之所在也。无是非,则无公理；既无公理,则此世界成何世界？我辈所以痛心疾首于今之世界者,谓其有势利而无公理也。讲明公理,尚不足敌势利之焰,况不论公理乎！

一切平等,有何种族之分,故知凡讲种族者,皆我国平日自尊自大之恶习也。

锡侯云：调和满汉可乎？余曰：言调和,则犹有满汉之见存,莫如无满汉。

余今日入四无党：曰无新旧,无满汉,无帝后,无君权民权。惟善恶是非,则不能无耳。

观书。我国三纲之说所以大谬者,欲使人子轩轾其父母。夫父母平等,岂可判尊卑？且母之恩尤重于父,苟不较恩之重轻则可,乃反欲尊父而卑母,大悖于理也。如本朝乾隆五十三年谕称：

为人子者,遇其父殴母至死,事自当容隐不言;若父被母殴死,经官审讯,应据实诉出,此纲常大义也云云。余谓:人子处此,当一切容隐,无分父母,方为正理。岂得于生我之爱,横生分别?高宗之为此谕,亦误陷于三纲之谬说也。

夜,魏诵梁招饮于迎春三弄。

十二日

星期,诵梁来访,同出城,宴于金谷香,待冠霞不至。晡,偕至陆素娟家猎围,见垂髫女名金兰者,警秀可爱。夜宴于洪兰生家,饱食即归。

十三日　　晴

观书。

汉马少游,愿乘下泽车,骑款段马,出入乡里称善人。唐杜佑,愿致仕之后,买小驷,饱食跨之,著粗布于入市,看盘铃傀儡。此皆不愧为宇宙内高人。

人居官无骄贵气,读书无迂酸气,为将无犷悍气,营商无市井气,是皆能有馀乎其外者也。

凡老年须有少壮气,女子须有丈夫气,优伶须有贵介气,倡伎须有闺秀气。

天下凡民中之最可贵者,无过于营商、务农、勤俭致富之人;最可贱者,莫过于饱食嬉游、无所用心之纨袴子弟。

《石头记》,儿女史也;《水浒》,英雄史也;《西游记》,妖怪史也;《聊斋》,狐鬼史也。四史皆于小说中各开一境界。

晚,访季英,偕至雅叙园。俄彦复、叔雅踵至,畅饮。夜,观优。

十四日　　微阴

诣少叔,甫归自京师,云:在大沽舟搁浅者十馀日,甚苦。昳,归。孟庚至自□,持来慕兄一书,询悉行在情形,云:上海报纸所传,大都不确。

夜,与偕出城,观优。是日买冷金联及珊瑚笺,欲书以赠张冠霞。冠霞于下月四日完娶,妇崔氏。余赠联云:"月圆碧海闻箫鼓,曲谱西厢引凤凰。"盖用君瑞、双文故事也。

十五日　雨

孟庚赴杭州。是日,上海训导邱君来访,与谈佛理,即去。晡,写日记。

是非者,公理所在也。小人行事,往往不论是非、不顾公理,固矣。而君子亦有时不论是非、不问公理,与小人同者。虽然,君子与小人有辨:小人之不论是非、不问公理者,为势所夺也;君子之不论是非、不问公理者,为情所夺也。尼山所谓父为子隐,子为父隐。子舆所谓窃负而逃,遵海滨而居。皆君子之不论是非、不问公理处。

恩怨分明者,常人之情也。上等之人有恩而无怨,下等之人有怨而无恩。或问无怨者未必知有恩,无恩者未必知有怨,上下二等人,殆皆无恩无怨者也。曰:不然,上等人非不知有怨,但不计较耳;其于无恩者,尚不忍薄待,况有恩者乎?下等人非不知有恩,但不感动耳,其于无怨者犹忍于残害,况有怨者乎?

十六日　阴

观书。

一家之中,父母有感子之孝者,一家之不幸也;一国之中,百姓有感君之仁者,一国之不幸也。何也?家运衰,使父母有所患苦,而后见子之孝;国运衰,使百姓有所患苦,而后见君之仁。

德国莱佛孳孳之经验学派以为:精神,物质之精纯者;物质,精神之粗杂者。二语似有见。

智慧为人生莫大之福,盖有智慧者,必有度量,必有胸襟,故能处贫富贵贱福祸毁誉之中,夷然无所动其心,乐何如也。西国哲学家康多,尝有以睿知为幸福之说。余因是悟入。

康多云:所谓纯粹理性者,必由有制约之智识,超入无制约之智识;必由有制约之品行,超入无制约之品行。忘山居士曰:所谓有制约者,不自由是也;所谓无制约者,自由是也。智识而至于自由,品行而至于自由,高矣美矣,蔑以加矣。然必以不自由为基础,而后可造于自由,则亦自然之阶级也。康氏之论精矣。

不平等而后可以平等。不平等者,迹象;平等者,精神也。不自由而后可以自由。不自由者,入德之始;自由者,成德之终也。

康氏之伦理学,亦持严肃主义,所谓欲自由必自不自由始。

十七日　　晴

观书。览《格致报》。

人去故里赴他乡,往往不服水土,不能久居,即草木禽兽亦然。此西人考验而得者。

大千世界中,既有无穷之天地,则亿劫轮回中,亦有无穷之父母。故《佛报恩经》云:一切众生,亦曾为如来父母;如来亦曾为一切众生父母。

余尝论唯心唯物二学派,不可偏重。盖心与物交相为用者也。然必以心为主观,以物为客观,若反用之,未有不生弊害者。此康多门人佛衣襞叠之说也。

我自由而合理者,即以己之自由权,夺人之自由权无不可。譬诸朝廷,遇犯罪之人加之以刑,在执法者自由,而犯罪之人不自由矣。然而不得议执法者自由之逾界也,何也?合理之自由,虽侵人自由,无害其为合理之自由。

十八日 阴

观书。

高宗晚年,内宠和珅,外任毕沅,酿成川楚教匪之变,所谓满则溢也。若蚤能传位仁宗,当不至此;乃必迟至六十年,则年逾八十耄荒,而精神不周,亦奚足怪耶!

高宗自云欲举行庆典之一念,近乎满假。而不知所谓满假,不在此也。余观高宗之满假,在误认天下为太平,百姓疾苦茫然不知;且累于谕旨中宣布临御以来,普免天下钱粮若干次,若唯恐人忘其恩德者。又自以为是,于曹锡宝、尹壮图二人之言,不虚加听纳。是则可指为满假之证。

十九日

醒时望窗外白光辉曜,田畴屋瓦皆积雪至三寸,遂披衣起,奇冷,时雪已止矣。向午,出城买物。至金谷香,与冠霞共饭。晡,诣彦复谭。

余新构成春申八景之名:曰味莼园登高,曰大境楼眺晚,曰龙华寺桃花杨柳,曰四马路灯火楼台,曰曹家渡修竹茂林,曰忘山庐清流平野,曰黄浦滩雪后玉宇琼楼,曰王家库晚行疏林寒月。游味莼园,寥寥无几人,遇林质斋、黄益斋。晚,约冠霞至金隆饱食。夜,至天仙剧场。偕益斋至黛语楼闲谭,论道释相通之处,互有所得。复至天仙观鑫培演《王佐断臂》,极有神采。

二十日 晴

观书。

《东华录》仁宗谕称:纪昀读书多而不明理。此言深中汉学家之弊,纪文达似尚不至此。

明世宗时，严嵩当国，往往群臣参劾之奏，为其私人所阁压，此在明时每有此弊。不意以本朝高宗之英圣，而和珅亦胆敢延阁奏报，此亦非常之变也。

仁宗闻教匪滋事，皆以官逼民反为词，遂恻然将擒获之贼首王三槐，暂停正法，诚不愧为仁矣。盖我国数千年百姓造反者，大都迫于饥寒，不得已之故，不责官吏之失于拊循，而惟咎民之叛上，岂理也哉！仁宗能知官吏层层剥削之弊，归咎于和珅一人，可谓仁而且明。

夜，出诣天仙观剧，遇质斋。

二十一日　　晴

观书。

仁宗四年谕云：自古惟闻用兵于敌国，不闻用兵于吾民，自相攻击，屠戮生灵，朕日夜哀怜，几至寝食俱废。此等诏书，至今不忍卒读。

仁宗善能通下情，颇采舆论。如褒赞偃师县民人杨道纯所递策表四年九月事，及四川举人某所上书，大有圣祖之风。

川楚陕教匪之所以累年不得平者，始误于和珅之延搁军报，继误于福宁之骈诛降人。

禽兽鸣相和，必有言语以互通意见，于古书者甚多，如《周礼》所谓掌与鸟言、掌与兽言者；《左传》介葛卢解牛鸣；《论衡》翁伟解马语。又译书《古教汇参》中，亦有辨鸟兽语言之理。

唐刘晏之妻兄李禩，清介自持，屋中帘敝，晏令人潜度广狭，以粗竹织成，不加缘饰，将以赠之。三携至门，不敢发言而去。其清而令人生畏如此。吾友宋燕生，前旅居海上数年，家赤贫。胡仲巽悯之，尝于除夕怀白金造其庐闲谈，将以赠之，亦竟席不敢发言而去。古今人往往有相类者。

二十二日　晴

诣荫亭不遇。晡,访勤甫,谈及春申八景,又增二景,曰律师路绿阴驰白,曰泥城桥晓日观兵,合成十景。

石芝日来自撰一联,关合佛理及照像者,余为之改正。联云:"圆镜放光明,照见本来面目;幻身观自在,长留不坏金刚。"

二十三日　晴

荫亭过谈。

荫亭论我国欲增长百姓之权,必先培养百姓之实力。所谓实力者何? 农工商贾之业盛而民富,富而后有实力,则民权在其中矣。今但聚三五贫寒书生,谈爱国,谈保种,而囊无文钱,手无寸兵,何补于天下哉!

锡侯前与余谈,亦悟强权之说,在我国尚蚤。盖百姓何由得强权,以与上争哉?

晡,章萃生过,谈佛,谈国事,皆极畅。

我国今日不患无异常人,患无平常人。所以然者,以国无普通学也。东西文明政界内,几人人通普通学,虽下至妇竖,莫不识字,能阅报纸,故人人知爱国,明公理。以我国平常人较之,相去几霄壤焉。然而国家之兴也,苟但恃一二异常人,无益也;必平常人皆治普通学,皆明白浅近政理,而后可以号称文明。

晚,与荫亭偕至万福居小酌。

二十四日　晴

观书。

财之在天下也,分之则甚少,合之则甚多。故善理财者,每分取众人之财,以合办国家之事,法至善也。然而在立宪国内,君民相通,故有事而敛于民,民乐输焉。何也?无官吏藉端渔利之弊也。在专制国内,君民不相通,故有事敛于民,民不乐输焉。何也?君取其一,官吏将取其十,民不胜扰也。是故欲治国者必先理财,欲理财者必先改政体。政体不改而言理财,未有不病民者也。

晚,往程介眉家,贺新屋落成。主人以酒款宾。夜深归。

观海西哲学史,终卷。

欧洲近古以来,折衷于经验合理二家,而独抒伟论者曰康多。继康多起者有四家:曰佛衣襞叠,曰飞罗巴绿多,曰西衣罗陵国,曰飞衣非奇罗。

飞衣非奇罗论伦理学,有家族、社交、国家三阶级。余谓家族即父子、兄弟、夫妇,社交即朋友,国家即君臣。

二十五日　　晴

观书。

本朝列祖列宗,重惩贪吏,所以恤民也。而贪吏仍不绝于人间者,非人不畏法也,盖天下之贪而获免者良多,其事觉而获罪者,百中之一二耳。于是天下视获罪之人,不以其犯贪而动心,但怜其人之不幸而获罪。是故虽以重刑治贪吏,而贪者不畏也。或曰:然则如何而后可使之畏乎?曰:必犯者无弗觉,觉者无弗惩,不使天下有漏网者,则罪虽轻,而人莫敢犯。虽然,此非专制政界内所可望者也。上下壅塞,贪吏易于藏身,其君纵极明圣,而蒙蔽之易易也。惟立宪共和之国,绝无此虑,可以行吾言矣。晚,诣石芝,以所书"素琴轩"三字畀之。

二十六日　　晴

晡,诣味莼园,遇叔雅。晚,宴于雅叙园。夜,观剧。

叔雅自制一联,余为之略改。联云:"百国宝书供我讽籀,一时贤士愿结友朋。"

二十七日　　晴

观书。郁堂过，甫自金华来，略谈去。晡，为叔雅书八言对，即"月到天心风来水面，玉在石间鹤立鸡群"十六字。

国家欲造人材，必令文士皆能讲武，武将皆能知文。文武不分，而后人人皆有用之材，国可以强。东西文明国大都如此。若本朝入关以来，则以文事委之汉人，以武备责成满人，甚至满人有习汉文者，屡加训饬，以为荒疏技勇，沾染汉习风气，将日趋于弱。于是满人益不读书，而流于愚；汉人虽读书不习武，而流于弱。以愚弱之国民，与东西智强之国民并处于物竞生存之世界，其日败也宜矣！

晚飧毕，无事，代汇东弟撰一联。联云："亦来海上作闲人，饱看舞榭歌楼，名园胜水；难遣胸中不平事，且去莳花种竹，赌酒敲诗。"

二十八日　　晴

衣冠往贺芷香娶妇，途遇履平。晡，归。观《格致报》。

《天下江河考》云：支那人谓天下水皆东流，不知水之性，东西南北无一定。尼罗河自南而北，密士失必自北而南，扬子江自西而东，泥日耳自东而西。余谓水性就下，扬子江之所以东流者，以西高而东下耳。若执是以为天下水之通例，此目论也，何足与辨。

晚，宴叔雅、彦复、子言、履平于雅叙园。夜，观剧。

二十九日　　晴

诣惠东，留午食。昳，归。观书。

朝云吹篪，而诸羌来降；刘琨清啸，而胡人解围。声之感人也深矣。

余自闻妙谛,于一切理豁然贯通,遂自谓欲成佛果,必待外缘,亦静以俟之可矣。然自见石芝,专力于净土,亦颇涉猎净土书,始知净土一门,为学佛者下手功夫,能于平日行住坐卧,以弥陀之念,敌一切妄念。待临终片刻,遂一切放下,念佛而去。其说似极有把柄,切实可行,因立愿今生如未能成道,必当以净土为结果。遂亦广劝朋友及家中人,共持此法。

余因净土一说,不觉起疑,恐系佛家权设净土一法,引导下愚者。《法华》所谓以鹿车羊车诱群小儿,使脱离猛虎蛇兽之厄是也。然又不敢决其必然,盖览古时记载,见有多人持净土者,临终显各种灵异,一若净土实有其境。虽然,使净土之境果可信,则于所闻妙谛,不免背道而驰,何也?佛言死归净土者,亲近诸佛,寿命无量,永不退转,则似不复入轮回,受人身;既不受人身,则所谓金刚不坏身者,于何处铸成耶?是故既信净土,则于妙谛不能无疑;既信妙谛,则于净土不能无疑。

晚,出城。夜,还览净土家著作。

三十日　　晴

终日不出,读书如常课。

《戴记》孔子云:货恶其弃于地,不必藏于己;力恶其不出于身,不必为己。四语包括今日东西文明之业。盖货弃于地,则农矿不兴,失天地自然之利矣。力不出于身,则工商不振,失人生自然之利矣。货藏之己,非公利之道;力必为己,非保群之义。精矣,美矣。

净土家教人念佛者,盖以正念制妄念,如以毒攻毒,用兵止兵。

孟子所以辟杨墨者,即是昌明人己两利之说,与西儒暗合。盖杨氏学派利己而不利人,墨氏学派利人而不利己。夫利己不利人固非,利人不利己亦非,惟人己两利,然后谓之公利。孟氏之宗旨也。

十二月

一日 晴

观书。

晡,诣莅生谈佛。余与论净土之有无。莅生云:昔者彭尺木言:余深信净土之必有,唯知修净土而已。即使如来降人间,别以方便法教余成佛,而余亦不信,唯知修净土而已。余曰:我辈既不能决净土之有无,惟有效法彭尺木而已。

二日

补写日记。

三日 晴

休息日。昳,诣彦复谈。

余前所登《中外报》之《忘山庐日记》四段,痛诋新党,彦复以为其理甚正,而不免张旧党之焰。余曰:天下只有是非,无所谓新旧。既知理正,则新旧两党皆宜各悟其偏,而趋于中道,何得曰张旧党之焰耶?且无臣无子一语,诋旧党亦无馀地,张于何有?今以谈理之正者,即目为助旧党,是新党自居于理之偏,而以理之正者归之旧党矣,不亦大可笑耶!

余之为是说者有二故:一以救新旧两党之弊,一以平旧党之心、免新党之祸。煞具苦心,而诸浮浪辈辄不以为然,盖其人以破坏为宗旨,谓天下不大乱则不大治,从《忘山日记》之说,足为破坏之阻力,故心甚恨。抑知今日我国之民受压已久,群力涣散,无权无势;又当列强并峙,火器盛行之时,欲鼓动百姓,破坏大局,难乎其难。盖朝廷所练之兵,御外敌不足,平内乱有馀,即官军力不胜,外人惧损其商利,必助朝廷以除祸乱,虽欲破坏,乌得而破坏?此限于势,无可如何者也。曷若守保全之义,因朝廷变法之机,发明公理,徐辟民智,数十年后全国之人皆通政治本原,则改宪平上下之权,必有此一日。仲尼云:欲速则不达。天下之事必以渐进,从此辈之志,小足以害其身家,大足以为新机之阻,则害在天下,奈何迷而不悟,犹欲侥幸一试耶!

四日　　晴

介石先生来自杭州,过谈。俄卓厚斋过。介石先去,因与厚斋谈。会信侪来书,卧室作复信侪书,而厚斋亦去。晡,访芝兄于客舍。俄铭舫亦来,因偕至樨香馆,坐谈至暮。晚,饮于一品香。夜,归。观书。

养生家谓:人宜寡睡,多睡则气昏,非所以调摄精神也。佛家亦以耽著睡眠为戒,谓如人觉悟,便能修德,造立善本,耽著睡眠,便失此法,故谓愚惑。忘山居士曰:世间愚痴之人,由于不用心,不用心由于懒惰,耽睡眠者即是懒惰之病。

俗谓修德在积善,而积善必遇善缘。苟无缘何由积善,德奚以立?不知所谓善者,不必与人交接始谓之善。凡人平居动静坐卧,于一日十二时中,时存善念,不起邪念,则所积之善已不可胜计。盖昼间存善念,夜间得善梦,皆善也。《出曜经》云:"夫人欲立德,日夜毋令空。日夜速如电,人命迅如是。"

父子兄弟夫妇朋友之间,一话一言,一颦一笑,能求有益于人,莫非善也。故人能行善,则无地而无缘,但欲行大善也,待大缘耳。然小善所积,可成大善,若轻小善勿为者,大善之缘亦恐无由遇也。

五日 晴

观书。昳,访介石,与同坐马车至味莼园,痛谈。

仲尼曰:有德者必有言,有言者不必有德。是故以言举人,不可也。虽然,心术不正者,识解必偏,而常流露于不经意处,则即其言,亦略足窥其德也。但必兼考其素行,而后可以为据耳。

观人之行于其无心,听人之言亦于其无心,而后知其人。

论王安石,余谓:介甫以学术之偏误天下,穷其源,亦心术不正使然也。介石曰:介甫学术则偏矣,必谓其心术不正,未敢知也。观其于败事之后,大有悔意,亦始愿不及此。余曰:然介甫虽非心术不正,好名之病则不能免。好名,即一念之私也。夫三代以下,惟恐不好名者,为中人言之耳。若自居中人以上者,不以好名为戒,可乎?有好名一念之私,遂不虚心;因不虚心,驯致学术之偏;因学术之偏,遂误天下。介甫能辞其咎乎?老泉《辨奸论》以其囚首垢面谈诗书为奸,此则言之过也,好名之一端耳。充好名之极,足以误天下,则好名岂小过也哉!

哲学家所分唯心、唯物二大派,至今相持无定论。唯心家言心母物子,先有心后有物。唯物家物母心子,先有物后有心。两说皆有精理,不能相破。余与介石同车自味莼园归,车中偶然悟得,以为本来是一物,精者名心,粗者名物耳。不能别为二,何由定先后。譬人行一善事,谓事善耶,谓心善耶?谓心善者,若无有事何以见心;谓事善者,若无有心何以成事。譬人出一善言,谓言善耶,为心善耶?谓心善者,若无有言何以见心;谓言善者,若无有心何以立言。夫言与事,即所谓物也。或曰:必先有善心,而后有善言善事,则心仍在物前。曰:当其起念之初,事虽未行而事之形模已成立,言虽未发而言之条理已构结,不得执可见可闻者谓事与言,而人不可见之事非事、人不可闻之言非言也。是故心与物同时而有,非一非二,无有先后。

晚,与介石偕入城,至梅溪书院,经甫约饮,纵谈。

六日

观书。

明人王敩所得之云母,疑即今人所食生木根上新鲜蘑菇之类。

古今人单字姓多,双字姓少,又有三字姓,如《宋史》郑州团练使侯莫陈利用,以侯莫陈三字为姓,古今不多见也。若蒙古、满洲人之姓,不在此例。

《汉书》卜式牧羊,对武帝曰:恶者辄去,毋令败群。即《天演论》所谓择种留良之义,我国言群学以卜式为始。

《出曜经》云:不寐夜长,疲倦路长,愚生死长,莫知正法。其所以不知正法者,以其愚也。悲夫!

七日　　阴

观书。

人有合必有离,有合之乐,必有离之苦。故《出曜经》佛说人有五苦:曰生苦,曰老苦,曰病苦,曰怨憎会苦,曰恩爱别离苦。

佛云:淫火炽盛,便能焚烧诸善之本。忘山居士曰:吾于此语,悟善果之所由成。

余前持论,以为喜怒哀乐爱恶欲之下,当加一畏字,与欲反对。今观《出曜经》所谓:爱欲生忧,爱欲生畏,无所爱欲,何爱何畏。则忧畏诚与爱欲对待。又云:世间妙色,不名为欲,内欲深固,与神相染,心为祸首,殃及身口。是理甚细。

佛又云:智慧厌足者,不复观爱欲。忘山曰:欲爱也者,后天之电气相感应也。有智慧之人,烛见后天电质所凝结者,有形有相,粗浊不净之物，故断其相感之根，使粗浊之质不能相感。

晡，诣彦复谈。晚，同饮于九华楼，又至春仙观剧。

八日　　阴

观书。偶然掩卷凝思，忽悟净土者，佛出其身中之质所化而成。众生念佛生净土，如人投胎，亲为佛子，分得佛之一体，故亦能享无量寿。但神通变化，不及佛耳。是以佛云：生净土者，尚待修持。

晡，肩舆至求志书院，访益斋，以所得质之。益斋云：有此理，但能生净土为佛子，亦必功行圆熟，始有此一日。尝闻道家亦有所谓服仙人之丸药而飞升，不藉正法之力，与此说同也。

景教圣人死于十字架上，七日复活。请问十字架作何理？余忽然有悟，盖即受道之时，其象如此。

益斋云：仲尼曰：朝闻道，夕死可矣。此一死字，即耶稣死于十字架上之死也。盖所死者后天之形，元神入混沌矣。庄周曰：七日而混沌死。混沌死，则天开于子，地辟于丑，人生于寅，故耶稣亦七日复活，从此我命不由天矣。《大易》曰：七日来复，复其见天地之心。《阿弥陀经》云：若有众生持佛名号，若一日，若二日，若三日，若四日，若五日，若六日，若七日，一心不乱，即得往生净土。皆以七日为节候，意者其有相通之旨乎？

益斋又云：世间称小儿以手出精，谓之非法出精。其说见于佛经。

余问：凡人受道，必有器以载道；载道之器，岂生而具者乎？益斋云：道家所谓黄庭，即载道之器，必炼而后成。

益斋又云：世传有所谓欢喜佛像，皆作天地缊状，不知造此何故。

九日　　晴

观《出曜经·无放逸品》,首言戒为甘露道,放逸为死径,不放逸,人虽死而不死。始悟益斋昨日所解之死字,诚不谬也。

佛经所谓暖法、顶法、忍法,疑皆有妙意。

如来成道日,不肯受天上饮食精气,而服食人间之食。于是梵志二女,供给五百牛乳。牛乳之益人大矣哉。近见西人养身者,每食牛乳,盖其功用实能补人。

象以暴战,没在深泥,而智人复推钟鸣鼓,像如战斗。象闻鼓声,遂自拔出。此喻亦佳,见《出曜经》。

十日　　晴

休息日。诣彦复。日中,造渭东庐,与谈道,告以所未知者。渭东霍然大悟。

《老子》云:兵者不祥之器,圣人不得已而用之。以恬淡为上。

为渭东书五言联云:"居高声自远,胜因凤所宗。"

晡,至味莼园,游人众多,遇邵季英。晚,偕至雅叙园。季英歌声朗朗,俄,益斋诸人咸来,畅饮。席散,与益斋至茶楼闲谈。

余昨读《中庸》一卷,始知全部宗旨,于"待其人而后行,苟非至德,至道不凝焉"三语有悟。

人莫不饮食也,鲜能知味也。味字无人能解。余谓即溥博渊泉之味。

君子之道四,惟有父子、君臣、兄弟、朋友,不及夫妇,是何理?

父母其顺矣乎,与《易·系辞》"夫《易》逆数也"一语相呼应。

为政在人,取人以身,修身以道,修道以仁,仁字作何解?

僧家诵经,辄敲木鱼,俗传三藏取经还,渡河失经所在,盖为河鱼所吞。敲木鱼者,欲令吐经。此何意?

十一日　　阴

写日记。晡,益斋、季英偕过,纵谈。

益斋精于格致,盛言电学之功用,谓电化为水火不能干之,电化为火水不能灭之,盖其质乃真阴真阳,所谓太极,非凡火凡水所可例也。非惟能化水火,一切万物皆有其主宰,有其功用,今人于此学甚浅,但知传电通意于数万里外、运电力以动机器等数事而已。

电火落磁器上,与灯火落纸上无以异。盖凡火所不能化者,电火皆能之。

天下有大杀者,必有大生。如人赖吸养气以生,及其死也,养气入则尸坏。砒霜、水银,服之则中毒亡,然于死尸中灌砒霜、水银,则尸久而不腐。此何理也?火遇水则灭,是水能制火也,而论其原质,则水者轻养所成,火遇轻气则焚,增以养气,火焰愈烈,依然轻养二质也。何以水能灭火,此又何理?右皆益斋所言,记之于此。

益斋又言:都中有满人,善黄白之术,能化铜为银,有实验,据云获秘诀不传。其所炼之药有二,曰先天汞、曰出山铅,非凡汞、凡铅也,不知自何得之。皆闻所未闻。

十二日　　雨

季英昨宿余斋中,午前始去。林质斋招饮新太和馆,坐有芝栋、菊仙、季英、翼斋。晚,归。写日记。

智慧固为人生之福,而不虚心者必无智慧。六祖受道时,先题四语曰:"菩提本无树,明镜亦非台,本来无一物,何处染尘埃。"其心虚之极矣,故受大道而能担荷。

人睡时,心中所幻之景,小梦也;人死后,心中所幻之景,大梦也。睡梦时忽见有人击我，我亦觉痛，此固心所构结，而在梦中则为实境。死后幻作地狱相，受种种苦，虽亦心所构造，而在受者亦是实境。人于醒时不为恶，则睡中无恶梦；生前不为恶，则死后无恶梦。或曰：人苟不信佛氏地狱之说，即为恶死后，心中亦未必幻作地狱相。曰：不然。为恶之人，死后其心迷离颠倒，即生前不知有地狱，亦必现种种苦相。如《出曜经》云：罪人生剑树地狱中者，见剑树上有端正妇女，颜貌殊特，心欢意乐，欲与情通，相率上剑树，枝下垂刺坏身体，毒痛难计，欲至不至。诸端正女忽然在地，罪人遥见诸女在地，复怀欢喜，复缘树下，剑枝逆刺，破碎身体，肉尽骨存，高声欢呼，求死不得，罪苦未毕，复还生肉云云。似此情形，彼罪人虽在地狱，犹不自知，尚贪淫欲，何尝生前信有地狱之故耶。

佛言罪人在地狱受苦，每经亿万岁，然梦中之光阴无定，可缩万年于一时中。观于黄粱一梦，可以悟矣。

景教圣人为道受难，所谓受难者，即得道后七日之难也。过此则万化生身，造物在手矣。回教圣人教其徒，战死则登天国，所谓战者，即拔象出淤泥之战斗也。

《书》曰：人心惟危，道心惟微，惟精惟一，允执厥中。尧舜相授之薪传也，可以悟矣。

十三日 　　阴

观书。

国家用人，而惧其专擅，必多设官以牵掣之，于是凡遇公家事，则互相推诿，此怠玩疲懈之习所由来也。嘉庆二十年，以入官地亩积案久延，谕责诸臣之不尽力，谓：若系官吏私产，孰肯听其荒废。因叹先公后私之良臣少，不知非官吏不尽力，实因权不专于一人，遂彼此观望，亦何足怪。

览景教书,其译称之上帝,余改之称曰神物。神物者何?佛家所谓金刚不坏身;儒家所谓发育万物,峻极于天;道家所谓窈窈冥冥,其中有精。

景教状神物曰:无形无象。又曰:无所不知,无所不能,无所不在。其言与儒、佛、老之状道体同。

又谓神物能造天地万物,即《中庸》所谓"致中和,天地位焉,万物育焉"之意。神先造者是光,光者智慧也。佛书云:慧为人宝。神后造者,一男一女:男曰亚当,女曰夏娃。《大易》一阴一阳之谓道也。此二人违犯神禁令,为神所逐,罚其受老死病苦,于是所生子孙,皆有老死病苦。所谓犯禁令者,在神谓之逆,在人间则谓之顺。所谓顺者,即《中庸》"父母其顺矣乎"之顺。又谓神造人之始用土,此土即佛家所谓净土。道家云:只因彼此怀真土,遂使金丹得返还。儒家云:上律天时,下袭水土。

景教圣人爱幼童,曾言:容幼童来就我,不必禁止之。因凡入天国者,皆与此幼童无异。所谓幼童者,即《道德经》之婴儿也。

又谓:神物一体之中分为三:曰神父,曰神子,曰神灵。此即佛书中所谓三宝也。

基督教,其徒祈祷之言,有云:愿神赐我所必需之粮。所谓粮者,佛家之牛乳,儒家之渊泉,道家之金丹也。

孔子,未成道之佛也;释迦,始成道之佛也;耶稣,已成道之佛也。

十四日 阴

观书。

本朝高宗,自诩普蠲天下钱粮数次,以为至德。余窃疑致川、楚、陕教匪之乱者,即以是为祸阶。何也?普蠲之惠,百姓不尽沾恩，徒使官吏饱其囊橐。且恃上时有蠲免之诏，遂于平日百姓所纳钱粮，敢于侵没，以供其骄奢淫佚之资，而阳称拖欠在民。万一上之催逼稍严，则百计搜括于民，以自卸罪。故川、楚之乱，百姓皆以官逼民反为辞，此铁证也。嘉庆以来，虽普蠲稍希，而官吏染此习气，故态依然。观于仁宗累次之谕，可知矣。厥后洪杨之乱，未必不由于此。

晚，益斋招饮于雅叙园。夜，与益斋偕至浴所共谈。

《大学》物格而后致知，所格者何物？即佛祖所称：吾有一物，无头无面无首无尾之物也。知至而后意诚，意诚而后心正，所谓知止而后有定也；心正而后身修，炼己之功也；身修而后家齐，筑基之功也；家齐而后国治，还丹之功也；国治而后天下平，则丹成拔宅虚空粉碎之时。

景教书云：到末法世界时，耶稣再来掌审判大权，凡在墓中者，闻其声皆出，为善入天国获永生，为恶者入地狱受永苦。其理余素所不解，是夕与益斋谈，忽有悟。盖所谓末法者，即《出曜经》所云如来最后所饮乳糜，是极危险之地。善则成佛，恶则堕地。慎之，慎之！

十五日　　阴

诣季中。日中，至叔云家，为冠裳之宴会。晡，诣琴甫。晚，饮于雅叙园。夜，益斋随余至忘山庐，作密谈。

圣人制为亲迎之礼，隐寓妙义。《道德经》所谓：将欲取之，必姑与之也。

燮理阴阳，调和鼎鼐，外黄之功能也。故国之宰相，每以此为喻。

益斋云：闻有人能造珠，盖置药于生蚌之中，养以一年之功，珠可成大颗。惟不知用何法,其法自何而传。

佛说三界:曰欲界天,曰色界天,曰无色界天。不超此三界,终不得作佛。或问:超三界之功用奈何?曰:是在炼己筑基之中。

孟子曰:以直养而无害,其气塞乎天地之间。即是道家温养工夫。

庄周云:鱼相忘于江湖,人相忘于道术。能超三界,所谓相忘。

十六日　　阴

观书。

《出曜经》云:善求出要者,疾求方便,善求伴侣。盖与道家之伴侣同意。

佛家有所谓命财、非命财。命财者,象马牛羊奴僮仆使,是谓命财;非命财者,金银七宝谷食田业养生之具,是谓非命财。凡欲成道者,求法更须求财,而财之来也必以正,乃可为道资。故《华严经》末复有善财童子,遍历五十三刹。

佛家所谓乞食,亦大有微意。

仲尼曰:山梁雌雉,时哉时哉。所谓时者,即《出曜经》所谓:当自防护,时不再遇,时过生忧,遂堕地狱。

晚,咏春招饮雅叙园,益斋、叔雅、彦复俱在坐。益斋为嬉谈云:尝见某经载:佛入定时,有魔登伽于佛前现身,欲试佛之法力。佛乃出其势,绕昆仑山三匝,欲求能容此物者,不可得。一坐大笑。

季中招饮于谢兰卿家,坐客十馀人,诸伎翩然来集。余唤黛语楼不至。坐者一五龄女孩,海上所谓代局者也。客皆大惊,盖余躯干甚伟,而幼女坐其侧,故以为奇。

十七日　　晴

诣省三。昳,访质斋。晡,同游味莼园。薄暮,德国团练兵麇至，以明日德皇生辰，于安凯第演剧相庆。华人旁立而观。剧台左右，丛竹峭倩中，为幕静垂。先有人出立，宣读祝辞，俄卷幕放电光，现人物树石。德兵皆起立，欢呼雷动。良久幕下，遂止。未几又卷，则演数人饮酒状，且歌且语，不解为何事。余遂出登车，访渭东，留晚食。夜，至丹桂观优。复诣天仙。三鼓归，即就寝，与忆荺谈。

仙人每言骑鲤鱼，又云鲤鱼跃过龙门则化为龙。此皆形容道妙。

寻常所食淡菜，即蚌蛤之肉也。蚌蛤育水中产明月珠，珠有大小，大者价值数万金，为人间至宝，商人采得之，可致巨富。故佛家即取以喻天上无价之宝。

十八日　　阴，雨

观书。日中，季英招饮。晡，访叔云。晚，入城。

富阳山中，宋济颠祖师临坛。余尝执礼为坛弟子。去年春间，托人代问北闱利否。祖师降笔，有"金花插朵带露回"之句。又云："金花二字仔细猜，报道前村酒旗歪。"始以为胪唱之兆也，乃秋间团民肇祸，乘舆西狩，天下皆罢试，遂以为祖师之言无验。及今思之，金花二字及酒旗之酒字，大有妙意。《悟真篇》上阳子注云：家园自有金花种子，自可栽培，不须炉火吹嘘，功成丹熟脱胎。又《悟真》七绝诗云："长男乍饮西方酒，少女初开北地花。"意者仙师指示在此乎？

十九日　　阴

经甫为其冢妇设奠，余往吊，留午食。晡，出城，诣季英。晚，归。览《悟真》。

成道之法，虽知药物，不明火候，亦是徒然。而所谓火候者，工夫细微。余无真师传授，故不能知。然观《丹经》所言，大略移一年之气候于一月中，复移一月气候于一日中，又移一日气候于一时中。其进火退符，有一定时刻，不可丝毫错乱。盖法天地消息盈虚之理也。《参同契》注中言之较详，然无师指授，终是隔膜。

月之圆存乎口诀，子之时妙在心传。所谓活子，时已悟得，惟月圆终不能解。细读《丹经》有释月满之说，谓龙虎二弦之气，各以半轮之月相合，合则月满矣。所谓月圆，恐即指此，不知是否。

读《金丹真传》，知道之节次有九：一筑基，二得药，三结丹，四炼己，五还丹，六温养，七脱胎，八得玄珠，九赴瑶池。前三节可谓人仙，中三节可为地仙，后三节可为天仙。余初意以还丹为最后之功，今始知还丹之后，尚须得玄珠，方成正觉。难哉！

二十日　　阴

观书。晡，写日记。夜，观《圆觉经》。

佛喻圆觉之性，未成道时，如金在矿，金非销有，既已成金，不重为矿。忘山居士曰：金何以不重为矿，以受熔炼故也。是以道家目修道曰修炼。

道之难成，有二障为害：一者事障，续诸生死凡夫之贪著者是也；二者理障，碍正知见，坚持孤修者是也。勤断二障，方能悟入，见《圆觉经》。又云：一切众生，皆证圆觉，逢善知识，依彼所作，因地法行。不知何所作、何地、何法。果遇善知识，必能指授。又注云：理障者，由不达一法界义。所谓一法界者何？

佛云：无明真如，无异境界，诸戒定慧，及淫怒痴，俱是梵行。盖入大乘者所谓不可思议境界也。

又云：正知见人，心不住相，不著声闻，缘觉境界，虽现尘劳，心恒清净，乃至示现，种种过患。况复搏财，妻子眷属，善男子于彼善友,不起恶念,即得究竟,成就正觉。佛固明明言之也。

又以四病示人:一者作病,二者任病,三者止病,四者灭病。所谓止者,即永息一切妄念;所谓灭者,即永断一切烦恼。而佛皆以为病。然则所谓不病者安在?

二十一日　　阴雨

观《法界无差别论》。

众生界不异法身,法身不异众生界;众生界即是法身,法身即是众生界。佛家此等语甚多。

道在干屎橛,如金在粪中。如此等语,皆不知作何解。

一粟米中藏三千世界,所谓一粟米者何? 金丹也。

放下屠刀,立地成佛。屠刀者何? 三峰之流,日以杀人为事。孟子曰:不嗜杀人者,能一之。故放下屠刀立地成佛也。

出城买《金丹大要》,不得。晡,与石芝谈。晚,偕质斋、守六饮于雅叙园。夜,观优。

二十二日　　雨

作家书,写日记。

余始悟佛家戒杀之义,盖天下不杀人者,往往杀己;不杀己者,往往杀人。惟不杀己者,又不杀人,此所以为圣人。

犯淫行无伦理者,禽兽之行也;杀人以肥己者,禽兽中之虎狼也。

二十三日

冷甚。起视白光遍野,知夜作雪。向午,衣冠乘车出,先诣渭东,途遇余晋珊出殡,仪从缤纷。见渭东,询知新吾昨夜到,入室相见,犹坐床上未起,略谈数语。即至三三径,为向岷作冰人。女媒徐显民到良久,因坐谈。日中,偕至吴家,盖于是日行聘也。俄顷采币亦至,季英设宴款待。晡,宴罢,复至男家,俟吴处回币来始散。余仍诣渭东,则画堂上灯烛辉映,冠裳跄跻,陈肴果,将款宾。盖渭东亦于是日行聘。暮,归。夜,祀灶。

二十四日　　晴

晨间有人来,自称吴健师嗣子名春荣,字松卿,由固始来,途为土匪劫去白镪三四百两,虽报官而案未结。到此下榻垃圾桥刘家,以其姊为省三之媳,现欲就京职到部。明春北行,丐余作书致京友为之地。又言:今夕乘轮至粤东视子颐,其姊送途资银十馀饼,尚缺五六枚,向余商借。余遂呼仆取银,如数与之,从容而去。昳,出城,至垃圾桥访所谓刘姓者,惟一家南浔人,非省三家属,心知受欺。因忆其人云与吴彦复旧相识,乃诣彦复问:"有吴松卿者,公知其人否?"彦复茫然良久曰:"秋间曾有人,自称吴子健嗣子来拜,向余假钱,未应之,遂去不复来。"问此人作何状。曰:睆目短面,身不满五尺。余曰:是其人矣。惟与余谈,颇能悉吴处家事,一一符合,世情诡诈百端,可畏哉! 晡,访新吾。夜,留汇东家晚食。汇东岳家姓陈,余戏汇东云:佛经有言:我看玉体横陈,犹如嚼蜡。相与大笑。

二十五日　　晴

书春联。晡,诣《中外报》馆。俄访荫亭。晚,造石芝,因过质斋,与共饭于书楼中。夜,至丹桂观剧,演梁山伯祝英台故事。冠霞扮英台,色妙丽不减当年。易男服游学三年,与山伯同卧起,不知其为女子。比英台归家,山伯访之,则靓妆出见。山伯销魂,余亦为醉倒。盖冠霞居然一大家闺阁也。余自叹何幸享是艳福。

二十六日　　晴

整治书案。晡,换春联。夜,祀神。读《金刚经》。

经云:不住相布施,不住色声香味触法布施。不知所住者何相,所施者何物。又云:所以者何,一切贤圣,皆以无为法,而有差别。注川禅师曰:"毫厘有差,天地悬隔。颂曰:正人说邪法,邪法悉归正;邪人说正法,正法亦归邪。江北成相江南橘,春来都放一般花。"此作何解。又云:斯陀含名一往来,而实无往来。又云:不应住色生心,不应住声香味触法生心,应无所住而生其心。

渭东已闻道,近日诗中有"维摩花影空三界,龙女珠光烛大千"之句。

二十七日　晴

观寒山诗,皆隐妙道,无能解者。

观《金仙证论》及《慧命经》,虽知修命之法,而坚执孤修,所谓理障未破。

佛云布施,又曰乞食,皆有妙义。所谓未复一句之句字,乞食之乞字,造立文字者,皆有深心。《金刚》注云:饭来开口,睡时合眼。开口之时即十字街前受道也,合眼之时即七日混沌也。

佛家所谓合十,即是景教之十字架。

晡,诣子英。俄访石芝,又造彦复谈。晚,饭于金隆,招冠霞来共食。夜,到少叔家小坐,遂入城。

昨见谕旨,遣宗室出洋游学,又禁汉人妇女缠足,许满汉通婚姻,惟朝廷选秀女不及汉人。余窥此意,盖欲融化满汉。

二十八日　晴

晨,用嘉过,与偕诣大胜洋行。日中,归。昳,陈省三来谈。晡,复出。薄暮,在孙若愚家小谈。晚,诣用嘉弟,以俗事交涉。夜,入城。新吾在余家晚食,谈至夜深去。

前闻渭东言:李文忠公易簀时,直隶藩司周馥来见,公已昏迷,不省人事。周大哭。公忽张目谓周曰：我国将来如长此贫弱，惟有联俄；倘能富强，则宜拒俄。言已气绝。周哭倒于地。

余今年于三绝图中人物，一一有以报之。于合肥则赠挽联云："与五洲万国缔交，从古英豪谁可匹；为宗社生灵受谤，此中心事几人知。"于燕生则为荐寿春藏书楼教习，月脩白镪五十两。初燕生辞求是，杭人皆嗤薄之，以为生计自此绝矣。闻余此举，皆为夺气。于冠霞则馈银饼二百枚，冠霞得于月之四日完娶，有室家之乐。此三事，如不在一时，不足奇也。所奇者，今冬匝月内并了此三事，则尤天造地设，莫非缘也。

二十九日　　晴

检日记已积七年，盖自乙未起，至今未尝间断也。晚，悬先代遗像，陈酒肴，衣冠瞻拜。

夜，读《周易·系辞》，百姓日用而不知，故君子之道鲜矣。韩康伯注引《道德经》"常无欲以观其妙"一句，甚奇。岂康伯亦闻道之人乎？